중국
언어문화
돋보기

中國言語

중국 언어문화 돋보기

한국외대 중국연구소 지음

HU:iNE

발간사

한국외대 중국연구소는 1972년 격동하는 국제환경의 변화 속에서 중국을 전면적으로 새롭게 인식해야 한다는 시대적 사명에 따라 학계의 전문가들을 규합하여 설립하였습니다. 중국 어문에 대한 연구를 바탕으로 정치 · 경제 · 사회 · 문화 등 중국학 전반에 걸쳐 주체적 연구를 추진해 왔습니다.

또한 연구 성과 아카이브를 구축하고 널리 알리기 위하여 1975년 제1집을 창간호로 시작하여 매년 3·6·9·12월 4회에 걸쳐 한국연구재단 등재학술지 『중국연구』를 발간해 왔고 50년이 지난 올해 드디어 100권을 발간하게 되었습니다.

한국외대 공자아카데미는 2009년 11월 북경외국어대학과의 협정에 의하여 설립하였고 한국과 중국의 우호 증진과 교류 촉진 취지하에 재한 중국어 교사 양성, 학생 및 일반인 대상 중국어 교육, 중국 문화 행사 개최 등을 추진할 뿐만 아니라 중국학 연구 관련 국내외 학술활동을 지원해 오고 있습니다.

올해는 한국외대 공자아카데미 설립 15주년이면서 『중국연구』 100권 발행의 해입니다. 이를 기념하기 위하여 중국연구소와 더불어 『중국 언어문화 돋보기』를 출판하게 되었습니다.

중국 어문학을 전공하는 교수님들이 보내주신 음운, 어휘, 어법, 수사(레토릭), 대조언어, 방언, 데이터 시각화, 문화, 교육, 통번역, 문학 등 다양한 영역을 총망라한 특별 기고를 모았습니다. 기실 현대중국학 연구의 현황과 추이를 파악할 수 있는 시의적절한 내용들입니다. 이러한 뜻깊은 중국학 저서를 출판하게 되어 매우 기쁘게 생각합니다. 옥고를 보내주신 교수님들과 출판해 주신 HUEBOOKs 그리고 편집과 교정을 위해 애써주신 모든 분들께 깊이 감사드립니다.

향후 국제적 우의 촉진과 국내외 학문 교류를 위하여 설립한 한국외대 중국연구소와 공자아카데미는 중국학연구의 지속 발전을 위하여 꾸준히 노력할 것입니다.

2024.12. 한국외대 중국연구소 소장 & 공자아카데미 원장 나민구

目 次

김태성·홍현지
한국외국어대학교
중국언어문화학부

중국 음운학의 이해와 성찰

Ⅰ. 들어가는 말

중국 음운학은 중국어의 음운 체계와 변화 규칙을 연구하는 학문이다. 현재에서 과거로 음운의 기원을 추적하거나 과거에서 현재까지의 음운 체계 변화 과정을 포착하고 기술하는 통시적 연구와 한 시대의 음운 체계를 분석 및 재건하는 공시적 연구가 음운학 연구의 핵심이다. 일찍이 기원전, 중국의 학자들은 이미 글자의 소리에 기반하여 문자를 만들고 이를 운용하여 새로운 형식의 단어를 만드는 등 말소리에 대한 매우 구체적인 인식을 갖고 있었다. 그리고 東漢 末, 중국으로 전파된 불경이 기폭제가 되어 말소리의 체계성에 대한 학자`의 고민과 연구가 본격화되었고 방대한 양의 음운 기록을 후대에 남겼다. 당시의 기록은 현재의 음운학을 만들었고 그 영향력은 앞으로도 계속 지속될 것이다. 본고는 중국 전통 음운학의 발전 양상과 현황을 소개함과 동시에 지금까지의 연구를 성찰해 봄으로써 음운학이 앞으로 나아가야 할 길을 모색해 보고자 한다.

Ⅱ. 反切과 韻書의 탄생

韻書는 음운 체계의 일정한 기준에 따라 시의 압운이 가능한 同韻字를 분류해 놓은 서적이다. 최초의 운서가 어떤 체제로 구성되었는지 확인할 수는 없으나 현존하는 최초의 운서로 꼽히는 『切韻』은 韻字의 배열과 표음 방식이 비교적 정형화된 형태로 구성되어 唐宋을 넘어 明淸에 이르기까지 운서의 편찬 기준으로 작용하였다. 여기에서 우리가 주목해 볼 것은 『切韻』의 체제가 갖추어질 수 있었던 몇 가지 조건이다.

1. 반절의 등장

현대 중국어는 알파벳으로 구성한 拼音을 사용하여 발음을 표기한다. 한자의 80%를 차지하는 形聲字가 소리부와 의미부의 조합으로 만들어졌다 해도 소리부도 결국 상형자이고, 음의 변화로 인해 소리부가 形聲字의 독음을 온전히 표기해 주지 못하기 때문에 중국어에서 표음문자로 된 보조적 표기 수단은 반드시 필요하다. 중국의 옛 지식인들에게도 자체 표음 능력이 없는 한자를 사용해 독음을 표기하는 작업은 매우 큰 과제였을 것이다. 그들이 시도한 초기 방식으로 "兗州와 豫州, 司州, 冀州 일대에서 風은 입가를 열고 입술을 닫아 그 좁은 틈으로 기류를 내보내는 소리라면 青州와 徐州에서는 입가를 닫고 입술을 벌려 그 공간으로 기류를 내보내는 소리이다."[1]와 같이 비유를 통해 단어의 독음을 설명하는 방식과 "璁은 葱과 같이 읽는다."[2] 또는 "貤의

---

1 劉熙, 『釋名·釋天』: "風，兗豫司冀橫口合唇言之，……青徐言風踧口開唇推氣言之，風放也，氣放散也。"

2 許慎, 『説文解字』: "璁，讀若葱。"

음은 移다."[3]와 같이 발음이 같거나 유사한 두 개의 한자를 대응시켜 독음을 알려주는 방식이 있다. 매우 단순하고 직관적인 방법이었는데 당시 중국인에게 하나의 한자는 더 이상 쪼개지지 않는 말소리의 최소단위였던 것으로 보인다. 하지만 東漢시기 중국으로 전파된 불경과 경전은 음에 대한 중국인의 생각을 전환시키는 계기가 되었는데 표음문자인 산스크리트로 쓰인 불경을 번역하며 하나의 음절을 여러 단위로 쪼갤 수 있다는 인식이 중국인에게 생기기 시작한 것이다. 東漢 末에 이르러서는 하나의 한자를 표음하기 위해 두 개의 한자를 사용함으로써 음절을 두 개의 소리 단위로 나누기 시작하였는데 후대 중국 음운학에서는 이를 반절이라고 한다.

반절에 대한 여러 논점 가운데 '反'과 '切'의 의미는 여러 이견을 보이는 문제이다. 明代 학자 呂坤은 '反'과 '切'에 개개의 뜻이 있으나 쓰임새는 같기 때문에 '東'에 대해 '德紅反'이라 할 수도 '德紅切'이라 할 수도 있다고 보았으며 上字를 '反'으로, 下字를 '切'로 해석하였다. 清代 학자 李元 또한 上字는 '反'이고 '反'은 곧 '音'이며 '音'은 '母'로 귀결되고, 下字는 '切'이고 '切'은 곧 '韻'이며 '韻'은 '攝'으로 귀결된다고 보았다. 반면 李汝珍은 "만약 반과 절이 각각 성모와 운모를 구분하는 개념이라면 반역이 두려워 피휘로 지정한 연유로 '切'이라 하였던 당시, 어째서 당원도는 『九經字樣』에서 모가 아닌 운을 사용한 것인가? 그의 말에 오류가 있음이다."[4]라며 李元의 견해를 반박하였다. 그는 '反'과 '切'을 동일한 개념으로 보았고 다수의 학자들이 그의 견해를 지지하였다. 清代 학자 熊士伯는 '反'과 '切'을 각기 다른 유형의 표음 방법으로

3 班固,『漢書·卷六·武帝紀第六』『武英殿二十四史』本: "應劭曰，貤音移。"

4 李汝珍,『李氏音鑒·卷二·第十一問反切總論』: "若謂反、切爲母韻之分，則唐元度撰『九經字樣』時，因藩鎮不靖，諱反而言切，然則元度獨用韻而不用母耶？子言誤矣。"

해석하였다.[5] '居隆、 居隆、 隆居宮'은 세속에 전해지는 反의 방식으로 두 번의 順調와 한 번의 反調를 시도한다. 여기에서 '反'은 표음에 사용된 두 자의 읽는 방향을 순방향에서 역방향으로 바꾼다는 의미이며 세속에서는 이러한 유희적인 요소가 가미된 표음 방법을 사용하여 글자의 독음을 밝혔음을 알 수 있다. 그리고 '於因煙焉'과 같이 성모는 같지만 운모가 다른 글자를 사용해 '切'을 설명하고 있는데 여기에서 '切'는 '쪼개다'라는 의미로 反切上字를 기준으로 같은 운모의 동음자를 쪼개 내는 표음 방식을 의미한다. 그의 해석은 다소 주관적으로 보이지만 '反'과 '切'이 지닌 본의로부터 두 표음 방식을 설명하고 있다는 점에서 기존 '反'과 '切'을 동일시했던 결과론적인 해석과 분명 차별화된 견해임은 분명하다.

『切韻』 序에 기록된 "又支脂魚虞，共爲一韻；先仙尤侯，俱論是切。"의 구절에서 논쟁이 되는 부분은 바로 '俱論是切'이다. '切'이 가리키는 것이 '反切上字'인지 아니면 '反切下字'인지가 논란의 핵심인데 代小軍은 '切'이 가리키는 것은 聲類가 아닌 韻類임을 밝혔고 胡安順 또한 '切'을 '韻'으로 보아 '俱論是切'을 同韻으로 처리하였다. 汪壽明 역시 '切'을 '韻'으로 해석하며 隋代 초기에 '先仙尤侯'를 분별하는 데 어려움이 있었고 顔之推 등의 학자도 예외는 아니라고 보았다. 그러나 '切'을 反切上字로 보는 기록도 있다. 일찍이 宋代의 『切韻指掌圖』에서 反切上字는 '切'로, 反切下字는 '韻'으로

5 熊士伯, 『等切元聲』: "反之說從神珙『九弄反紐圖』來，正反為居隆宮，謂居隆反當為宮字；到反宮閭居，謂宮閭反當為居字也。朱『傳』字俱作反。世傳反法，如宮字居隆反，調云'居隆、居隆、隆居宮'；居字宮閭反，調云'宮閭、宮閭、閭宮居'。謂先順調，後反調，便得其字。……若切法，一以上字為準，切出下同韻字。初學必用'經堅'等過接字，認真本母，隨勢切下。如調云'於因煙焉'，萬無一失。蓋切如利刀切物，分剖無粘滯處。切法既熟，聲入心通，'經堅'等字亦可不用矣。"

기록[6]되었고 이후 金代『五音集韻』에서는 陸法言의『切韻』명칭에 대해 反切上字를 '切'로, 反切下字를 '韻'으로 불렀기 때문에 그렇게 지어진 것이라고 기록하였다.[7] 현대 음운학계에서는 陳新雄이 '切'을 反切上字로, '反'을 反切下字로 해석하는 대표적인 학자이다.

戴震[8]이 먼저 반절이 있음으로써 운서가 탄생할 수 있었음을 밝혔듯이 漢末 이후 반절의 등장으로 음운학자들이 운서에 맞는 최상의 표음 방식을 확보할 수 있었던 건 분명해 보인다. 이제 주목해 볼 것은『切韻』의 체제가 갖추어질 수 있었던 두 번째 조건이다.

2. 四聲의 발견

중국어에서 聲調는 의미 변별력을 지닌 초분절음으로 중국어 음절을 구성하는 매우 중요한 요소이지만 아이러니하게도 상고 중국어에 聲調가 있었는지, 중국인은 四聲의 존재를 언제부터 인지하였는지에 대한 정설은 아직 없다. 다만 음운학의 시각에서 한 가지 분명한 사실은 四聲의 발견이 운서 편찬에 지대한 역할을 하였다는 것이다.

일찍이 清代 음운학자들은 上古중국어의 聲調에 큰 관심을 보였다. 清代 古音學의 시작을 알린 顧炎武는 "四聲一貫"을 통해 고대 중국어에 聲調가 있었고 당시에는 四聲이 구분 없이 사용되었다고 주장하였으며[9] 江永 또한

---

6 司馬光,『切韻指掌圖·卷三·检例下』: "凡切字以上者爲切，下者爲韻。"

7 韓道昭,『改併五音集韻·序』: "斯有陸氏……頂為『切韻』五卷，析為十策，夫『切韻』者，蓋以上切下韻，合而翻之，因爲號以爲名。"

8 戴震,『聲韻考·卷第一·反切之始』: "未有韻書，先有反切，反切散見於經傳古籍，論韻者博考以成其書。反切在前，韻書在後也。"

9 顧炎武,『音學五書·音論卷中·古人四聲一貫』: "四聲之論，雖起於江左，然古人之詩，已自有遲疾輕重之分，故平多韻平，仄多韻仄。亦有不盡然者，而上或轉爲平，去或轉爲平上，入或轉爲平上去，則

'雜用四聲'을 통해 顧炎武와 유사한 주장을 제기하였다.[10] 다만 上古에서 去聲과 入聲이 경계 없이 사용되었기 때문에 中古의 四聲과는 분명 다르다고 보았다. 이후 段玉裁는 『詩經』에서 去聲과 入聲 간의 압운 현상을 통해 '古無去聲'을 주장하였고[11] 黃侃은 이를 보수적인 견해로 간주하고 『詩經』 시대에는 上聲도 없었음을 주장하며 "古有平入二聲"을 제기하였다.[12] 王力은 '舒促二聲'을 주장하였고 舒聲과 促聲을 음길이에 따라 다시 두 개로 소분류하였다. 이후 학자들은 王力의 견해는 소분류를 통해 결국 네 개의 聲類로 구분하고 있다고 지적하였는데 일각에서는 王力의 견해는 긴 조음 시간이 韻尾의 탈락을 유발하여 長入聲이 去聲으로 변하는 과정을 설명했을 뿐 이를 당시의 독립적인 聲調로 본 것은 아니라는 해석도 있다. 周祖謨는 去聲과 去聲 간의 압운 현상을 찾아내 上古에 四聲의 구분이 있었음을 주장하였고 俞敏은 구체적 시기에 대해 언급하지는 않았지만 四聲은 외부의 영향이 아닌 중국어 내부에서 자생하였다고 보았다. 이 밖에 李方桂와 丁邦新 그리고 楊劍橋 등 현대 저명한 음운학자들이 대부분 '古有四聲'설을 지지하고 있다. '古有五聲'설을 주장하는 학자들도 있는데 王國維는 上古중국어에 陽聲韻平과 陰聲韻平, 陰聲韻上, 陰聲韻去 그리고 入聲이 있다고 보았고, 陸志韋는 去聲을 長去聲과 短去聲으로 나누어 長去聲은 平·上聲과, 短去聲은 入聲과 압운할 수 있다고 주장하였다. 그리고 唐作藩은 去聲을 매우 독립적인 聲調

在歌者之抑揚高下而已。故四聲可以并用。"

10 江永, 『古韻標準·例言』: "平自韻平，上去入自韻上去入者，恒也。亦有一章兩聲或三四聲者，隨其聲諷誦詠歌，亦有諧適，不必皆出一聲，如後人詩余歌曲，正以雜用四聲爲節奏。詩韻何獨不然？"

11 段玉裁, 『六書音韻表·古四聲說』: "古平上爲一類，去入爲一類。上與平一也，去與入一也，上聲備于三百篇，去聲備于魏晉。"

12 黃侃, 『音略·略例』: "四聲古無去聲，段君所説，今更知古無上聲，惟有平、入而已。"

로 보았고 入聲을 長入와 短入으로 분류하여 長入이 후에 去聲으로 변하였다고 보았다.[13] 上古 聲調에 대한 관심은 서양학자들도 예외는 아니었다. 프랑스 언어학자인 앙드레조르주 오드리쿠르André-Georges Haudricourt는 上古 중국어에 聲調가 없었음을 주장하며 중고 중국어의 聲調는 상고 중국어의 음절 말 자음 –s 탈락과 밀접한 연관이 있다고 보았고 梅祖麟도 그의 견해에 동참하여 上聲의 기원을 –h로, 去聲의 기원을 –s로 보았다. 오드리쿠르의 선구적 연구를 발전시킨 캐나다의 중국학자 에드윈 풀리블랭크Edwin G. Pulleyblank, 蒲立本는 압운과 외래어 음역 등의 자료에 근거하여 –s > -h를 거성의 기원으로 보았다. 鄭張尚芳은 上古 중국어의 韻尾가 中古 중국어의 聲調로 변해가는 과정을 네 단계로 나누어 설명하였는데 上古중국어에 존재하지 않던 聲調가 先秦 시대에 韻尾의 일부에서 점차 변별력을 지닌 음절의 주요 성분으로 발전하였고 이후 잔여 음가로 남은 韻尾가 탈락하였다고 보았다. 李葆嘉는 先秦·兩漢 시기에 聲調가 韻尾에 수반하는 성분으로 음절의 高低長短을 담당하고 있었다면 宮商角徵羽의 五聲으로 韻을 구분하는 감각이 당시 중국인에게 있었을 것으로 판단하였다. 唐代 徐景安과 清代 鄒漢勛, 王國維 그리고 현대의 何九盈 등은 五聲을 聲調로 해석하였지만 唐蘭은 五聲을 韻部로 간주하였고 姜亮夫는 五聲을 음악적 요소로 보았다. 李葆嘉 또한 五聲을 韻尾에 수반되어 韻尾에 따라 음의 고저가 실현되는 성분일 뿐 四聲처럼 의미 변별의 기능이 있는 초분절음이 아니라고 주장하였다.[14]

四聲의 명칭이 음운학계에 등장한 것은 沈約의 『四聲譜』에서이다. 『梁書·

13 高永安, 『聲調』, 北京: 商務印書館, 2014, pp. 128-137.
14 李葆嘉, 『當代中國音韻學』, 廣州: 廣東教育出版社, 1998, pp. 38-39.

沈約傳』의 기록에 의하면 옛 문인들이 알지 못했던 것을 沈約이 홀로 깨쳐 펴낸 책이 바로 『四聲譜』이다.[15] 또 『南史·陸厥傳』에 따르면 문장이 성행했던 당시에 吳興 지역의 沈約 등이 저마다의 풍격을 지니고 있었고 특히 沈約은 문장을 지을 때 宮商을 쓰고 平上去入의 四聲으로 韻을 세웠다고 한다.[16] 上古의 聲調가 있었는지, 있었다면 中古의 四聲과 어떻게 달랐는지는 여전히 학자들의 다양한 설로 전해지지만 中古의 四聲체계는 분명 沈約과 같이 聲韻에 정통한 문인과 학자들에 의해 발견되어 韻을 세우는 기준으로 작용하였고 이후 그들의 영향으로 음운을 이해하는 지식인이 많아짐에 따라 '音韻蜂出'[17]의 시대가 도래한 것이다.

Ⅲ. 역대 주요 韻書

시에서 단어의 반복되는 소리를 통해 전달되는 리듬감이 韻律이며 이를 실현하기 위해 押韻이라는 장치를 사용한다. 압운의 기준으로서 음운 체계에 맞춰 글자(同韻字)를 모아 놓은 책이 바로 운서이다. 운서는 불교의 영향과 시 장르의 발전으로 음운 연구의 필요성이 부각된 南北朝시대에 많은 저서가 등장하였으나 모두 실전되었고 隋代 陸法言의 『切韻』이 현재 볼 수 있는 최초의 운

15 姚思廉,『梁書·卷第十三列傳第七·沈約傳』: "又撰『四聲譜』, 以爲在昔詞人, 累千載而不寤, 而獨得胸襟, 窮其妙旨, 自謂入神之作。高祖雅不好焉, 帝問周捨曰 : '何謂四聲?' 捨曰 : '天子聖哲是也。' 然帝竟不遵用。"

16 李延壽,『南史·卷四十八·列傳第三十八·陸厥傳』: "時盛爲文章, 吳興沈約, 陳郡謝朓, 琅邪王融以氣類相推轂, 汝南周顒善識聲韻。約等文皆用宮商, 將平上去入四聲, 以此製韻。"

17 顏之推,『顏氏家訓·音辭篇』: "自兹厥後, 音韻鋒出, 各有土風, 遞相非笑, 指馬之諭, 未知孰是。"

서로서 그 잔본이 남아 있다. 陸法言을 비롯하여 당시 저명한 문인 및 학자들이 제작에 참여한 『切韻』은 “지역적으로 남북 사이의 옳고 그름을, 시기적으로 고금 사이의 통하고 막힘을 밝힌다.”[18]는 원칙 아래 편찬되었다. 『切韻』의 영향력은 음운학의 영역을 넘어 문학과 官方에까지 닿았고 그 체제와 음운 체계를 따르는 절운계 운서가 시대를 초월하여 각 왕조마다 등장하였다. 『切韻』은 이전 운서에 비해 상대적으로 정형화된 체제를 지니고 있었을 것으로 보이나 글자를 수록하고 그 뜻을 밝힘에 있어 부족함이 있었기 때문에 후대 학자들의 증수 작업이 대대적으로 진행되었다. 唐代에 王仁昫의 『刊謬補缺切韻』과 孫愐의 『唐韻』 그리고 李舟의 『切韻』 등의 절운계 운서가 등장하였는데 이 가운데 『唐韻』은 宋 範鎮이 “손면이 『唐韻』을 지은 이후 다른 운서는 버려졌다.”[19]라고 기록한 것처럼 唐代에 가장 큰 영향력을 지니고 있었으며 특히 주석에 있어 字典과 같은 전문성을 지녔던 운서였다. 宋代에 陳彭年과 丘雍 등이 칙령에 따라 펴낸 『廣韻』은 孫愐의 『唐韻』과 李舟의 『切韻』에 기반하여 대대적인 증정 및 증수를 감행한 官韻으로 절운계 운서를 대표하는 운서로 꼽힌다. 음운학의 여러 지류 학문 가운데 中古중국어의 음운 체계를 연구하는 분야를 今音學이라 하는데 『廣韻』은 今音學의 핵심 자료로서 후대에 미친 영향력은 『切韻』을 크게 넘어선다.[20] 하지만 『廣韻』은 “옛 문장을 많이 사용하였고 번잡하고 간략함이 이치에 맞지 않는다.”[21]라며 비판받았고 이후 황제의 칙령을 받은 丁度

18 『切韻·序』: “論南北是非, 古今通塞”

19 範鎮, 『東齋記事』: “自孫愐集爲『唐韻』, 諸書遂廢。”

20 顧炎武, 『音論·論韻書之始』: “隋陸法言撰，唐郭知玄附益之者，時號『切韻』。天寶末，陳州司馬孫愐以『切韻』爲謬，略復加刊正，別爲『唐韻』之名。大中祥符元年，改賜新名曰『廣韻』。”

21 丁度, 『集韻·韻例』: “景佑四年，太常博士直史館宋祁、太常丞直史館鄭戩等建言，陳彭年、邱雍等所定『广韻』，多用舊文，繁略失當。”

등이 『廣韻』을 수정한 『集韻』을 편찬하게 된다. 『集韻』은 반절의 규칙 변화, 주석 수정 및 又音 증보 등 여러 부분을 수정하였고 글자의 모든 古體와 異體 및 俗體를 수록하여 『廣韻』보다 무려 2만 7천 자에 달하는 글자가 추가된 그야말로 글자의 音·義·形 각 방면을 집대성한 백과사전이었다. 丁度가 같은 시기에 펴낸 『禮部韻略』은 『集韻』에서 기이하고 생소한 자를 제하고 상용 글자만을 취하여 9천590자를 수록한 과거시험의 필독서로서 官方 내의 영향력이 매우 컸으며 이후 南宋 毛晃의 『增修互注禮部韻略』에서 107韻으로 축약된다. 金代 王文郁의 『新刊韻略』은 『廣韻』과 동시기에 쓰인 『景德韻略』의 206韻을 106韻으로 축약한 관운으로 이후 劉淵에 의해 편찬된 『壬子新刊禮部韻略』의 平水韻 체계의 기반이 되었다. 唐·宋代의 절운계 운서는 당시 문학 장르가 지닌 엄격한 율격에 대응하여 『切韻』의 체제와 음계를 고수했지만 『平水韻』과 『禮部韻略』은 당시 변화된 음운 체계를 적극 반영함으로써 南宋 이후의 과거시험과 詩作에 새로운 기준이 되었다.

元代는 지배 주체의 교체와 漢人에 대한 정치적, 문화적 배척으로 切韻 계열의 관운 편찬이 단절된 시대였다. 다만 정치적 목적으로 몽골족 지배하의 여러 민족의 언어가 파스파 자모로 표음되었는데 『蒙古字韻』은 당시 한인이 사용하는 正音의 체계를 반영한 운서이다. 『蒙古字韻』의 편찬을 주도한 이가 漢人인지 몽골인인지 확증할 수는 없으나 파스파 자모를 필두로 주석 없이 오직 동음의 한자만을 나열하고 있는 구성을 보면 한족에 의해 문학적 수요로 편찬된 종전 관운과는 명백히 다른 의도로 쓰인 운서임은 분명하다. 중국 운서사상 최초로 자모를 활용해 중국의 음운을 표음한 『蒙古字韻』은 당시 절운계 운서의 전형적인 반절 체계와 차별화된 매우 독특한 운서로서 음운학적 가치가 높다. 하지만 한족 정권의 회복과 사회 전반에 걸친 전통 복원의 의

지로 『蒙古字韻』 계열의 운서는 더 이상 등장하지 않았고 후대의 관심 또한 동시대의 曲韻인 『中原音韻』에 집중되었다. 北音學은 근대 중국어의 북방 방언을 연구하는 분야로 元代 周德清의 『中原音韻』을 대표적인 자료로 삼는다. 『中原音韻』에 대한 여러 논점 가운데 "入派三聲"[22]은 『中原音韻』이 반영하는 당시 음운 체계에 입성이 존재하였는지 더 나아가 근대 중국어에서 入聲이 어떻게 변하였는지 등의 문제를 해결할 실마리가 될 수 있어 매우 중요한 부분이다.

한족 정권의 복원으로 복고 분위기가 형성된 明代에 樂韶鳳 등이 칙령을 받아 쓴 『洪武正韻』은 近代를 대표하는 관운으로 그 영향력은 朝鮮에까지 닿았다. 『洪武正韻』은 入聲과 全濁聲母의 구분이 있어 그보다 반세기 앞서 등장한 『中原音韻』과 대조적인 음운 체계를 보인다. 이러한 연유로 南曲 전용 운서가 없었던 당시 戲曲계에 "북방의 잡곡은 『中原音韻』을, 남방의 희곡은 『洪武正韻』을 따른다."[23]는 말이 생겼는데 이는 곧 明代 官話에서 北方音과 南方音이 濁音聲母와 入聲의 존재 여부에서 뚜렷한 차이를 보이고 있었음을 나타낸다. 明末 이후는 私韻 편찬이 성행했던 시대이기도 하다. 관운이 詩作과 과거시험의 기준으로서 正音을 반영하였다면 사운은 南京音으로 대표되는 南方音과 中州音으로 대표되는 中原音 그리고 北京音으로 대표되는 北方音 등 각 지역의 時音을 기록하였다.[24] 明清代는 等韻學이 성행한 시

22 『中原音韻』은 이전 운서와 달리 入聲韻을 따로 분류하지 않고 平·上·去 3聲의 뒷부분에 각각 나누어 첨부해 놓았다.

23 北主中原，南宗洪武。

24 萬曆 丙戌年(1586)에 云南·嵩明사람인 本悟가 쓴 『韻略易通』에는 윈난방언云南方言이, 萬曆 丁亥年(1587)에 南京사람인 李登이 펴낸 『書文音義便考私編』에는 南京音이, 萬曆 辛丑年(1601)에 上海사람인 朱光家가 쓴 『字學指南』에는 吳音이, 萬曆 癸卯年(1603)에 河南·寧陵사람인 呂坤이 쓴 『交泰韻』에는 中州의 口語가, 萬曆 辛亥年(1611)에 河北·內丘사람인 喬中和가 펴낸 『元韻譜』에는 河北의 時音이, 萬曆 43年(1615)에

대이기도 하다. 당시에 等韻의 원리를 적용한 운서가 대거 등장하였는데 清代의 『音韻闡微』가 대표적이다.[25] 李光地의 『音韻闡微』는 글자를 四呼로 구분한 후 각 呼 안에서 36字母에 따라 배열하고 等을 명시하였다. 또한 韻圖를 운서 앞에 첨부하였고 운서 안에서는 각 韻類가 끝나는 곳에 해당 韻類의 呼를 해설함으로써 전형적인 운서와 다른 체제를 보여준다.

Ⅳ. 字母와 等韻圖의 출현

等韻圖는 고대 중국어의 음절을 도표화한 聲·韻·調 결합표이다. 四聲의 발견, 운서의 탄생에 이어 唐末 36字母가 정립되면서 음절표의 형식을 갖출 수 있게 되었다.[26] 초기의 운서는 운모를 기준으로 시의 압운자를 분류하고 聲母의 다름에 따라 小韻을 구분하였지만 당시의 聲母는 일정한 순서 없이 그저 小韻을 나누는 기준으로서 산발적인 모습을 보였다. 字母의 출현은 聲母의 체계적이고 순차적인 배열 규칙의 정립을 의미한다. 林本裕와 李元 그리고 李汝珍 등은 字母를 중국 내부의 산물로 여긴 반면 袁子讓과 潘耒 등은 산스크리트의 영향을 받아 만들어진 것으로 보았다. 그리고 錢大昕은 중립적인

北京사람인 莫銓이 쓴 『音韻集成』에는 北京語가, 天啓 3年(1623)에 湖北·京山사람인 郝敬이 쓴 『五聲譜』에는 湖北京山 방언이, 崇禎 17年(1644)에 安徽·宣城사람인 孫耀가 쓴 『音韻正訛』에는 宣州吳語 방언이 반영되었다.

25 金代에 편찬된 韓道昭의 『五音集韻』은 『音韻闡微』의 제작에 큰 영향을 주었던 전대 운서로 中古중국어가 近代중국어로 향하는 음운 체계의 과도기적인 모습을 반영하고 있다. 본문 구성에 있어 小韻을 字母에 따라 순차적으로 구분하고 等을 명시하는 등 等韻 원리가 적용된 초기의 운서 체제를 보여주고 있다.

26 陳澧 『切韻考·外篇序』: "蓋自漢末以來，用雙聲疊韻爲切語，韻有東冬鐘江之目，而聲無之。唐末沙門始標舉三十六字，謂之字母。至宋人乃取韻書之字，依字母之次第而爲之圖，定爲開合四等，縱橫交貫，具有苦心。遂於古來韻書切語之外，別成一家之學。"

자세로서 산스크리트에서 영감을 받은 중국의 산물로 해석하였다.

산스크리트의 25개 比音(毗声) 字母는 舌根聲, 舌齒聲, 上腭聲, 舌頭聲, 唇吻聲의 다섯 가지 소리로 구분되며[27] 『玉篇』卷末에 수록된 『五音聲輪』에서 五音은 五行과 어울려 '東方喉聲，西方舌聲，南方齒聲，北方唇聲，中央牙聲'으로 표현된다. 『五音聲輪』에 기술된 五音은 결국 산스크리트의 字母 원리에 따라 중국어 성모를 조음위치에 근거하여 분류한 초기의 모습이라 볼 수 있다. 『廣韻』의 권말 『辨字五音法』에서 五音은 '一唇聲并餅唇聲清也；二舌聲靈歷舌聲清也；三齒聲陟珍齒聲濁也；四牙聲迦佉牙聲濁也；五喉聲綱各喉聲濁也。'와 같이 두 개의 글자를 활용해 설명되고 있다. 敦煌에서 발견된 『歸三十字母例』와 『守溫韻學殘卷三十字母表』는 현재 볼 수 있는 가장 이른 시기의 字母 형태이다. 舌音과 齒音이 두 개의 음으로 분화되고 喉音을 清과 濁으로 구분하는 동시에 聲母의 대표자를 字母로 세우는 등 이전의 五音에 비해 보다 정형화된 聲母 체계를 보여준다. 하지만 守溫의 30字母는 宋代의 운도에 반영된 36字母보다 6개의 字母가 부족한데 이에 대해 羅常培는 宋代 학자들이 종전 30字母에 여섯 字母를 더해 지금의 36字母가 된 것이라 주장하였고 馬伯樂는 唐末의 승려가 만든 30字母에 守溫이 여섯 字母를 더한 것이라 보았다. 36字母의 최종 설계자가 누구인지에 대한 의견은 분분하나 한 가지 분명한 사실은 字母를 바르게 세운 후 음운 체계를 정립하는 기준이 명확해짐으로써 음에 대한 학자들의 분석력이 등운도를 통해 보다 직관적으로 형상화될 수 있었다는 점이다.

27 錢大昕,『養新錄·西域四十七字』: "『涅槃』所載比音二十五字，與今所傳見溪群疑之譜小異而大同，前所列字音十四字，即影喻來諸母。然則唐人所撰之三十六字母，實采『涅槃』之文，參以中華音韻而去取之。謂出於『華嚴』則妄矣。"

等韻學은 등운도를 연구하는 학문으로 무려 160권에 달하는 등운도와 계열 운서가 등장한 明清代에 크게 성행하였다. 古音學과 今音學이 중국 음운학의 특정 한 시기를 연구 대상으로 한다면 等韻學은 시기 구분 없이 역대 중국어 음운 체계의 전반을 탐색하는 일종의 연구 방법론이라 할 수 있다. 明代는 이민족 통치에서 벗어나 학자들이 보다 역동적으로 사상을 전개한 시대이다. 지식에 대한 욕구를 충족하기 위해 반절을 이해해야 했고 반절을 이해하기 위해 等韻의 원리를 탐색함으로써 실용적 목적의 관련 저서가 대거 쓰였다. 또한 宋元代에 축적된 等韻 이론과 방법 그리고 규범화된 양식이 당시 等韻學의 기반이 되었기 때문에 등운학자들의 의론은 매우 심도 있게 진행될 수 있었고 운도와 운서 편찬에 온전히 몰두할 수 있었다. 宋元 시대의 등운도가 운서 지향형 운도로 운서의 음운 체계를 그대로 담아내고자 했다면 明清 시대의 등운도는 時音 지향형으로 당시 통용되는 구어음을 반영하는 것이 대세였다.

등운도는 1행에 聲母를, 1열에 韻母와 聲調를 나열하고 각 행과 열의 교차 지점에 해당하는 음을 지닌 小韻을 배치하여 운서가 반영하는 음운 체계를 보다 직관적으로 표현하였다. 각 장에서는 開合을, 각 韻母 행에서는 等을 구분하여 聲類와 韻類의 차이까지 반영하고 있는데 이를 통해 당시 음운 체계에 대한 등운학자들의 분석 능력을 가늠할 수 있다. 合口는 입술을 둥글게 모아서 발음하는 것이고 開口는 입술을 둥글게 모으지 않는 발음이라고 설명한 江永의 해석[28]처럼 開合은 당시에도 명확한 정의가 가능한 개념이었다. 반면 等에 대한 해석은 다양한데 일찍이 明清 시기부터 그에 대한 이견은 컸다.

28 江永,『音學辨微·七辨開口合口』: "音呼有開口合口。合口者吻聚，開口者吻不聚也。"

明의 袁子讓은 『聲音唱和圖』의 "開發收閉"에 대응시켜 四等의 차이를 설명하였고[29] 清의 熊士伯는 輕重의 개념을 인용하였다.[30] 그리고 李元은 당시 四呼를 四等에 대응시켰다.[31] 等에 대한 여러 해석 가운데 洪細의 상대적 개념을 활용하여 等의 차이를 묘사한 江永의 해석[32]이 가장 대표적이며 그의 견해는 후에 많은 음운학자들의 지지를 받게 되는데 대표적으로 칼그렌이 주요모음의 洪細 차이로 四等을 구분하였고 羅常培와 鄭張尚芳(1987)은 等은 개음의 유무와 주요모음의 개구도 차이를 나타내는 것으로 해석하였다. '等'의 개념이 정립된 시기가 운도에 앞서는지 여부도 쟁점이다. 清代 학자인 江永과 戴震 그리고 錢大昕 등은 운도 이전에 이미 等의 개념이 생겼다고 본 반면 현대 음운학자인 李新魁는 等의 구분이 聲類에서 시작되어 음절의 조직성으로 인해 韻類로 확장되었고 그 개념은 等韻의 원리가 생겨난 후에 정립된 것으로 판단하였다.

等韻學 논쟁의 핵심인 '等'에 대한 학계의 이견은 이와 같이 분분한데 그중 四等의 배열에 대한 주장은 크게 2가지로 정리할 수 있다. 위에서 소개한 바와 같이 等의 차이를 주요모음 또는 개구도의 차이로 보는 칼그렌과 羅常培 등의 주장이 하나이다. 이와는 달리 黃侃은 19개 古本聲과 변이된 今變聲이 있음을 주장하며 一等과 二等을 洪音으로, 三等과 四等을 細音으로 분류하

29 袁子讓,『字學元元·卷一』: "等子雖列為四，細玩之，上二等，開發相近，下二等，收閉相近，須分上下等讀之。"

30 熊士伯,『等切元聲·卷二·辨等第』: "攝四等，經世書，分開發收閉，亦概言之。細調則一等音重，二等次重，三等輕，四等尤輕。"

31 李元,『音切譜·四等』: "四等者，開合正副也。正音近喉，副音近齒，正音縮舌，副音伸舌，正音重濁，副音輕清。開口正音，俗稱開口音，開口副音，俗稱齊齒音，合口正音，俗稱合口音，合口副音，俗稱撮口音。"

32 江永,『音學辨微·八辨等列』: "音韻有四等，一等洪大，二等次大，三四皆細，而四尤細。"

여 洪細에 따라 古本聲만을 포함하는 古本韻은 각각 一等과 四等에, 今變聲을 포함하는 今變韻들은 각각 二等과 三等에 배열한다는 주장을 하였다.[33] 즉 四等을 실제 음가에 근거한 구분이 아닌 古今音을 망라하는 절운계 운서의 음운 성질에 입각하여 순수 古音을 유지함과 동시에 변화된 今音을 반영하는 대비적 형태로 풀이한 것이다. 결국 이 두 가지 주장은 모음의 개구도에 근거한 四等의 분류에서 洪音의 一·二等과 細音의 三·四等의 구분이 실제 언어에서 구현될 수 있는 음성적 차이를 반영한 것인가에 대한 인식의 차이로 볼 수 있다.

Ⅴ. 清代 이후 古音學의 발전

清代 언어학의 주류는 고증학이다. 清 조정의 억압으로 학풍이 전반적으로 위축되었고 이에 대한 반대급부로 실증적 연구 방법이 발전한 것인데 清代 음운학계에서도 時音보다 古音을 연구하는 古音學이 당시의 주류를 형성하였다. 古音學은 周·秦·兩漢 시기의 上古중국어의 음운 체계를 연구하는 학문으로 韻部 체계를 밝히는 古韻學과 聲母 체계를 밝히는 古聲學이 대표적이다. 시간에 고금의 차이가 있고 지역에 남북의 차이가 있듯 글자에도 변화가 있고 소리에도 전이가 있음을 주장한 明末 陳第의 학설[34]을 계승한 清代 古音學의 선구자인 顧炎武 이후 清의 古音 연구는 더욱 심화되고 체계화된다.

---

33 黃侃,『聲韻通例』: "凡變韻之洪與本韻之洪微異，變韻之細與本韻之細微異，分等者大概以本韻之洪爲一等，變韻之洪爲二等，本韻之細爲四等，變韻之細爲三等。"

34 陳第,『毛詩古音考·自序』: "時有古今，地有南北，字有更革，音有轉移。"

古韻學에는 韻部를 나눔에 있어 東部·冬部의 分合, 冬部·侵部의 分合, 真部·文部의 分合, 脂部·微部의 分合, 幽部·侯部의 分合 등 여러 논점이 있는데 이 가운데 핵심은 入聲韻部의 독립 여부이다. 顧炎武는 唐韻체계에서 시작하여『詩』韻과『易』韻 그리고『說文』의 諧聲을 분석하여 古韻을 十部로 분류하였고 '四聲一貫'설을 주장한 자신의 견해처럼 入聲韻을 平聲韻에서 분리하지 않았다. 段玉裁는『詩』韻과 先秦의 韻文에 대한 광범위한 분석을 통해 支部에서 脂部·之部를, 真部에서 文部를 나누고 侯部를 독립시켜 古韻을 六類·十七部로 분류하였는데 그 또한 入聲韻을 독립적인 韻部로 보지 않았다. 孔廣森은 東部에서 冬部를, 侵部에서 盤部를 나누고 真部와 文部를 더하여 段玉裁의 十七部를 十八部로 구분하였다. 그 역시 入聲을 독립적으로 보지 않고 陰聲과 陽聲으로만 나누어 陰陽對轉의 원리를 완성시켰다. 반면 等韻 원리에 정통했던 江永은 入聲을 독립적으로 보아 古韻을 二十一部로 분류하였고 真部·侯部·侵部에서 元部·宵部·談部를 분리시켜 당시 '斂(폐모음)'과 '侈(개모음)'의 차이가 있음을 주장하였다. 戴震은 古韻을 陰聲七部·陽聲九部·入聲九部로 나누어 二十五部를 주장하였고, 李元 또한 入聲을 九部로 독립시켜 古韻을 二十三部로 나누었다.

清代의 古音學에서 가장 활발한 논의가 이루어진 古韻分部의 여러 쟁점 가운데 入聲을 독립된 韻部로 보는지 여부는 현대 음운학자들이 古音學의 考古派와 審音派를 구분하는 기준으로 작용하기도 한다. 王力은 入聲의 독립을 審音派의 상징으로 보았고 陳新雄은 等韻 원리에 대한 이해와 入聲韻部의 독립 그리고 陰·陽·入의 삼분화를 審音派의 규범으로 보고 江永을 審音派로 분류하였다. 하지만 그는 자신의 또 다른 저술에서 顾炎武, 段玉裁, 孔广森과 함께 江永을 考古派로, 戴震만을 審音派로 분류하기도 하였다. 唐作

藩은 또한 入聲韻의 독립과 陰·陽·入의 체계, 等韻과 今音에 대한 이해, 等韻 원리의 운용 등을 따져 顾炎武와 段玉裁, 孔广森, 王念孙, 章炳麟 등을 考古派로, 江永과 戴震을 審音派로 분류하였다.

古聲學의 주요 쟁점에는 '喉牙合一'과 '古無輕唇', '古無舌上', '照$_{二}$歸齒頭', '照$_{三}$歸舌頭', '娘日泥一聲', '喻紐歸匣', '喻邪互通' 등이 있다. 錢大昕은 形聲字와 異文, 聲訓 그리고 반절을 분석하여 上古에는 重唇音만 있고 輕唇音이 없었으며 舌上音이 없고 舌頭音만 있었다고 보았고 이후 章炳麟이 錢大昕의 방법을 사용하여 上古에는 娘母와 日母가 모두 泥母와 같이 읽었다고 주장하였다. 上古에 19개 聲母가 있었다고 본 黃侃은 莊組를 精組로 들여보냈고 曾運乾은 喻$_{三}$은 匣母에, 喻$_{四}$는 定母에 들어가야 한다고 보았으며, 錢玄同은 上古에 邪母가 없음을 주장하였다. 上古 聲母와 관련한 또 하나의 쟁점은 복성모이다. 복성모와 관련한 연구 가운데 漢藏語言에서 복성모의 흔적을 찾고자 하는 연구가 매우 활발하게 진행되고 있는데 嚴學窘과 李方桂, 鄭張尚方, 丁邦新, 張世祿·楊劍橋, 鄭再發, 梅祖麟 등의 연구가 대표적이다. 鄭張尚芳(1999)은 이들 학자들의 견해를 종합하여 자음 구조에 따라 복성모의 유형을 후치식 복자음구조와 전치식 복자음구조로 구분하였다. 기본 자음에 또 다른 자음 성분이 후치하는 복자음 구조가 가장 흔한 유형으로 w, j, r, l 등의 자음이 기본 자음에 후치한다고 보았고 s, /h/ , m, p 등의 자음이 기본 자음에 전치한다고 보았다.

段玉裁는 諧聲偏旁에 대해 '同聲必同部'를 주장하였다. 이는 韻部를 두고 한 해석이지만 古聲 연구에서도 諧聲偏旁은 학자들의 이견을 보이는 주요 논점 가운데 하나이다. 王力은 대체로 같은 聲符를 지닌 글자는 같은 聲類이지만 반드시 그러한 것은 아니며 諧聲偏旁과 異文을 활용한 聲母 연구는 많이 부족하다고 주장하며 諧聲의 체계성을 부정하였다. 반면 칼그렌과 陸志韋, 董同龢 그리고 李方桂 등은 諧聲의 체계성을 인정하였는데 특히 李方桂는 諧聲체계를 통해 上古 聲母에 p-, t-, k-, ts- 계열의 복성모가 존재한다고 주장하였다. 馮蒸은 上古의 聲母 연구에도 考古派와 審音派의 구분이 있다고 보았다. 그는 그 기준으로 諧聲의 체계성을 인정하고 이에 대한 광범위한 연구로 上古音의 복성모 체계를 도출했는지 여부를 제시하였고 그러한 연구를 하였다면 審音派로, 그렇지 않다면 考古派로 분류하였다. 또한 馮蒸은 考古派와 審音派의 구분을 현대 음운학자에게 적용하였는데 清代에 일어난 古音 연구의 붐이 현대로 이어져 더 다양한 견해가 古音學에 나오기를 기대해 본다.

Ⅵ. 맺는말

20세기 이후 현대 음운학의 성장을 이끈 것은 음운학의 다양한 연구 방법론이다. 칼그렌 이후 서양 언어학 이론이 중국 전통 음운학에 접목되면서 음운학의 연구 방법론은 더 다양해졌고 중국 음운학은 또 한 번의 발전을 이룰 수 있었다. 그동안 축적된 연구 방법론으로 각 詩의 개별 압운 현상에서 일반적인 음운 체계를 도출해 내는 韻脚字 귀납법과 反切上字와 反切下字를 계련하여 聲類와 韻類를 판별하는 반절 계련법, 고대 문헌에 기록된 異文通假字와 聲訓을 통해 당시의 독음을 유추하는 異文通假聲訓 추론법, 현대 역사비교언어학의 영향을 받은 연구 방법론으로 현대 중국어 방언이나 친족어와의 비교 분석을 통해 음운 체계의 대응 관계를 탐색하고 음운 체계의 변화 규칙을 밝히는 통시 비교법, 통시 비교법에서 사용하는 방언이나 친족어와 같은 음운학 외적의 요소와는 상대되는 개념으로 음운학 내부의 음운 재료를 토대로 변화를 탐색하고 기록되지 않은 고대의 음운을 재건하는 내적 재구법 그리고 대음자료를 통해 당시의 중국어 음운 체계를 추정하고 재구음을 밝히는 대음 대조법 등이 있다.

중국 음운학의 발전은 오랫동안 축적되어 온 음운 자료가 있었기에 가능했다. 하지만 그것이 서사적 자료에 의지한, 과거에 살아 있던 음운에 대한 학문이기 때문에 음운 기록에 명확한 해설이 명시되어 있지 않는 한 학계의 의견이 분분해지고 견해차는 커질 수밖에 없다. 또 대표적인 연구 자료에 대한 반복된 소비는 연구의 질을 높이는 데 한계가 있다. 그럼에도 음운학이 여전히 중국 언어학의 중요한 일부로서 존재할 수 있는 이유는 중국이 견지하는 전통성과 현재 살아 있는 말소리로 이어지는 음운사의 연속성 때문일 것이다. 최근의 음운학은 대음 자료를 활용한 대조 분석과 각 지역의 방언을 활용한 방언음운학이 주류를 형성하고 있다. 현재 살아 있는 음운과 과거에 살아 있던 음운을 하나의 맥락 속에서 고찰함으로써 중국어 음운사를 통시적으로 관찰하는 것이다. 이러한 대조 분석의 목표는 과거에 존재했던 말소리 체계를 재건하고 음운 변화를 재구성하는 데 있다.

과거의 음운학이 음운의 체계를 어떻게 반영하였는지에 집중하였다면 지금의 음운학은 그 실제를 파악하는 실증적 연구가 중심이 되고 있다. 즉 방대한 양의 음운적 사료에 대한 정량적 분석에 현대적 이론에 입각한 정성적 분석이 더해져 음운의 복잡한 층위를 밝히는 것이다. 또한 중국어의 음운 체계는 역사적 흐름에 동승하여 변화해 왔다. 오랜 왕조 시대를 거치며 사회적 변이가 발생했고 인구 이동에 따른 지역적 변이가 일어남에 따라 현대 중국어에는 역사 음운 층위가 겹겹이 쌓이게 된 것이다. 따라서 앞으로의 중국어 음운학 연구는 과거의 일원론적 사고에서 벗어나 다원론적 음운사로 보는 시각이 전제되어야 하며 그에 따른 새로운 연구 방법론이 활성화되어야 한다. 과거 음운학자들의 논지에 대한 무조건적 수용 자세를 벗어나 연구자료 생성 시기의 역사적 조건을 감안한 과감하고도 치밀한 연구가 필요하다. 1952년 타이완대학에서 치학 방법을 강연하던 胡適의 사자후처럼 대담한 가설을 앞세워 세밀한 논증 작업(大膽的假設, 小心的求證)을 해나가는 연구가 음운학의 새로운 전환점이 되어 향후 여전히 논쟁 속에 있는 많은 음운 변화의 양상과 원인이 밝혀지길 기대해 본다.

참고문헌

[東漢]班固,『漢書』,『武英殿二十四史』本.

[東漢]劉熙,『釋名』,『摛藻堂四库全书荟要』本.

[東漢]許慎,『說文解字』, 杭州: 浙江古籍出版社, 2016.

[北齊]顏之推,『顏氏家訓』,『乾隆御覽四庫全書薈要』本, 吉林人民出版社, 1997.

[唐]李延壽,『南史』,『武英殿二十四史』本.

[唐]姚思廉,『梁書』,『武英殿二十四史』本.

[北宋]範鎮,『東齋記事』,『欽定四庫全書』本.

[宋]司馬光,『切韻指掌圖』,『四部叢刊續編』本, 商務印書館, 1934.

[金]韓道昭,『改併五音集韻』,『欽定四庫全書』本.

[明]袁子讓,『五先堂字學元元』, 濟南: 齊魯書社, 1997.

[明]陳第,『毛詩古音考』,『明辨齋叢書』本, 清同治二年.

[明]顧炎武,『音學五書』, 北京: 中華書局, 2005.

[明]顧炎武,『音論』,『欽定四庫全書』本.

[清]戴震,『聲韻考』, 渭南嚴氏孝義家塾 刻本, 民國十二年.

[清]黃侃,『國學文集』, 北京: 中華書局, 2006.

[清]江永,『古韻標準』,『墨海金壺』本, 上海博古齋, 民國十年.

[清]江永,『音學辨微』, 藝文, 1967.
[清]段玉裁,『六書音韻表』, 臺北: 廣文書局, 1966.
[清]錢大昕,『養新錄』,『潛研堂全書』本, 上海古籍出版社, 1989.
[清]李汝珍,『李氏音鑒』,『續修四部全書』本, 上海古籍出版社, 1995..
[清]李元,『音切譜』,『續修四部全書』本, 上海古籍出版社, 1995.
[清]熊士伯,『等切元聲』,『續修四部全書』本, 上海古籍出版社, 1995.

胡適,『胡適演講集』, 台北: 胡適紀念館, 1970.
陳新雄,「怎樣才算是古音學上的審音派」,『中國語文』, (248), 中國社會科學院語言研究所, 1995.
______,『聲韻學』, 臺北: 文史哲出版社, 2005.
代小軍,「切韻序』"俱論是切"考」,『新疆教育學院學報』, (23), 新疆教育學院, 2007.
段亞廣,『中原官話音韻研究』, 北京: 中國社會科學出版社, 2012.
馮 蒸,「二十世紀漢語歷史音韻研究的一百項新發現與新進展(上)」,『漢字文化』, (97), 北京國際漢字研究會, 2010.
______,「二十世紀漢語歷史音韻研究的一百項新發現與新進展(下)」,『漢字文化』, (98), 北京國際漢字研究會, 2010.
高本漢(著), 張洪年(譯),『中國聲韻學大綱』, 臺北: 國立編譯館, 1972.
高永安,『聲調』, 北京: 商務印書館, 2014.
耿振生,『明清等韻學通論』, 北京: 語文出版社, 1992.
______,「古音研究中的審音方法」,『語言研究』, (47), 華中科技大學, 2002.
______,『20世紀漢語音韻學方法論』, 北京: 北京大學出版社, 2004.
______,『近代官話語音研究』, 北京: 語文出版社, 2007.
何大安,『規律與方向：變遷中的音韻結構』, 北京: 北京大學出版社, 2004.
胡安順,『音韻學通論』, 北京: 中華書局, 2003.
李葆嘉,『當代中國音韻學』, 廣州: 廣東教育出版社, 1998.
______,『中國語言文化史』, 南京: 江蘇教育出版社, 2003.
李方桂,『上古音研究』, 北京: 商務印書館, 1980;2001.
林 燾,『中國語音學史』, 北京: 語文出版社, 2010.
劉 靜,「反切源於佛教說辨析」,『陝西師大學報』, (22), 陝西師範大學, 1993.
甯忌浮,『漢語韻書史·明代卷』, 上海: 上海人民出版社, 2009.
______,『漢語韻書史·金元卷』, 上海: 上海人民出版社, 2016.

潘文國,『韻圖考』, 上海: 華東師範大學出版社, 1997.
潘悟云,「高本漢以後漢語音韻學的進展」,『溫州師院學報』, 溫州大學, 1988, (02).
申小龍,「論中國語文傳統之今音學」,『云夢學刊』, 湖南理工學院, 1995, (02).
宋洪民,『金元詞用韻與「中原音韻」』, 北京: 中國社會科學出版社, 2008.
孫 瑾,「上古韻部研究略說」,『綏化學院學報』, (32), 綏化學院, 2012.
唐作藩,『音韻學教程(第三版)』, 北京: 北京大學出版社, 2002.
徐通鏘,『歷史語言學』, 北京: 商務印書館, 1991;1996.
徐通鏘, 葉蜚聲,「内部擬測方法和漢語上古音系的研究」,『語文研究』, (02), 山西省社會科學院, 1981.
楊耐思,『近代漢語音論』, 北京: 商務印書館, 2012.
楊劍橋,「段玉裁古音學的評價問題」,『溫州師院學報』, 溫州大學, 1988, (02).
______,『漢語音韻學講義』, 上海: 復旦大學出版社, 2005.
楊榮祥,「反切、四聲與韻書的産生」,『長江大學學報』, 長江大學, 1994, (01).
遇笑容, 曹廣順, 祖生利,『漢語史中的語言接觸問題研究』, 北京: 語文出版社, 2010.
趙 誠,『中國古代韻書』, 北京: 中華書局, 1979.
鄭張尚芳,「上古韻母系統和四等、介音、聲調的發源問題」,『溫州師院學報』, 長江大學, 1987, (04).
______,「上古音研究十年回顧與展望(二)」,『古漢語研究』, (42), 湖南師範大學, 1999.
朱曉農,「顧炎武的"四聲一貫"說」,『溫州師院學報』, 長江大學, 1987, (01).

박홍수
한국외국어대학교
중국언어문화학부

현대 중국어 어휘론 연구 동향[1]
준접사 '迷'에 대한 연구를 중심으로

Ⅰ. 들어가는 말

현재 국내 중국언어학 연구 동향을 살펴보면 언어의 본체, 즉 음운, 어법, 어휘 중 어법에 대한 연구가 가장 활발하다고 볼 수 있다. 그 이유는 어법이 중국어 교육에서 중요한 위치를 차지하고 있으며, 연구자가 타 분야에 비해서 상대적으로 많기 때문일 것이다. 중국어 어휘론에 대한 연구자는 손에 꼽을 정도이며, 연구 성과도 다른 분야에 비해 매우 적은 편이다.

준접사의 연구는 중국어 어휘론에서 단어의 구조, 단어의 의미, 단어 의미의 발전과 관계가 깊다. 준접사에 의하여 구성되는 파생어는 현대중국어에서 많이 발생하였다. 개혁개방 이후 정치, 경제, 사회, 군사, 문화, 의식 등에서 일어난 변화로 인해 새로운 개념들이 대거 등장하고 이러한 개념들을 반영하는 어휘가 대폭 증가하면서 대량의 신조어들이 출현하였다. 접사는 이 같은 사회 변화를 반영하는 새로운 어휘를 구성하는 주요성분이다. 예를 들면 『新词新

---

1 이 글은 중국연구 제78권(2019.3)에 발표된 논문을 바탕으로 중국어 어휘론 연구 동향을 첨가하여 수정 보완한 것임을 밝힌다.

语词典』의 1,000여 개의 신조어 중 접사 파생으로 구성된 어휘가 169개로 그 비율은 신조어의 13.9%에 달한다.[2] 그만큼 현대중국어 조어법에서 준접사가 차지하는 비중이 크고 중요하다는 것을 의미한다.

중국에서는 준접사의 연구가 중국어어휘론 연구 방면에서 하나의 흐름을 형성하고 있다. 吕叔湘(1979)이 『汉语语法分析问题』에서 처음으로 '준접두사(类前缀)', '준접미사(类后缀)'의 개념과 특징을 제시한 후, 1980년대에는 任学良(1981) 『汉语造词法』, 胡裕树(1981) 『现代汉语(增订本)』, 郭良夫(1983) 『现代汉语的前缀和后缀』, 张静(1987) 『汉语语法问题』 등의 연구가 줄을 이었다. 2000년대 들어서는 赵元任(2001) 『汉语口语语法』, 周荐(2004) 『汉语词汇结构论』 등이 나오고, 王玲芳(2001) 『现代汉语新兴类词缀研究』 등 많은 학위논문이 출현하였다. 최근에는 尹海良(2011) 『现代汉语类词缀研究』, 刘玉梅(2015) 『现代汉语新词语构造机理研究』, 沈光浩(2015) 『汉语派生式新词语研究』 등이 출판되었다. 대부분의 연구는 주로 공시적인 관점에서 준접사의 성질과 특성, 준접사의 유형과 기능, 준접사와 조어법의 발전 등에 대하여 기술하고 있으며, 준접사의 통시적인 변화에 대하여는 논하지 않고 있다.

국내에서는 외국어문학으로서의 중국언어학 연구층이 두텁지 못하며, 특히 중국어 어휘 및 준접사에 대한 연구는 활성화되어 있지 않다.[3] 관련 연구 저술로는 이강재(2012) 『고대중국어 어휘의미론』(차이나하우스), 박홍수

---

2 박홍수, 『현대중국어 준접사 연구』, 한국문화사, 2019, p.1

3 학술연구정보서비스(RISS)에서 '준접사'를 검색하면 학위논문 20편, 국내학술논문 21편, 단행본 6편이 있으며, 범위를 넓혀서 '중국어 어휘'를 검색하면 학위논문 2,640편, 국내학술논문 1,244편, 단행본 985편이 있다. '한자어'를 검색하면 학위논문 2,318편, 국내학술논문 2,897편, 단행본 2,798편이 있다. 실제 목록을 살펴보면 학술적인 주제보다는 중국어 교육 또는 한자 교육과 관련된 연구서 및 학습서들이 주를 이루고 있다.

(2019)『현대중국어 준접사 연구』(한국문화사)가 있을 뿐이다.

이상에서 살펴본 바와 같이 중국에서도 준접사에 관한 연구는 20세기에 들어서 주목받은 상태이다. 국내외를 막론하고 지금까지 새로운 조어법의 관점에서 연구한 결과물은 매우 드물며, 개별 준접사에 대한 통시적 분석 또한 희소한 상황이다. 따라서 단어의 파생력과 깊은 연관성이 있는 준접사 연구는 시의적절하다 하겠다. 또한 조어법의 관점에서 진행하는 준접사에 대한 연구는 국내 중국언어학 연구에서 중국어 어휘론 연구에 기여할 것으로 판단된다. 아래에서는 '迷'를 대상으로 하여 '迷'가 지닌 준접사적 경향을 고찰해 보고자 한다.

'迷'는 실질형태소로서 '迷惑(미혹되다/시비를 가리지 못하다)', '迷恋(미련을 두다)' 등의 단어에서처럼 단어의 가장 앞에 위치하여 단어를 구성할 수도 있고, '昏迷(혼미하다)', '痴迷(사로잡히다)' 등의 단어와 같이 단어의 가장 뒤에 위치하여 단어를 구성할 수도 있으며, 이때 '迷'는 모두 어근으로 사용되었다. 그러나 '歌迷', '球迷', '读报迷', '高跟鞋迷' 등의 단어에서 '迷'는 모두 '한 부류의 사람'을 나타내며, 이 의미로 만들어진 'X迷' 단어는 모두 명사인 것으로 보아 앞의 예시 단어들과는 다른 속성을 지니고 있어 어근으로 사용된 것이 아님을 알 수 있다.

이에 본 논문은 준접사를 규정할 수 있는 3가지 조건인 '의미의 허화, 위치 고정성, 어휘 생산성' 측면에서 '迷'의 준접사적 특징을 분석하고, 'X迷' 구조로 이루어진 단어에서 'X'의 품사 및 음절, 'X'와 '迷'의 의미, 더 나아가 'X迷' 단어의 생성원인에 관하여 분석하는 데 목적을 둔다.

본 논문에서는 준접사 '迷'에 대한 선행 연구 자료인 张晓青(2009)『说"X迷"』, 李秋菊(2010)『"迷"类词的生成分析』, 翟甜(2013)『痴迷类后缀

"迷"、"狂"的组配条件——兼论痴迷类后缀的范畴分布』, 王周(2013)『类词缀"族""党""迷""控"研究』, 黄锦群(2016)『"迷"与"控"使用差异分析』등에서 발췌한 단어 중 '北京大学语料库(CCL)'에 검색되어 나온 단어 148개를 연구 대상으로 하였다.

Ⅱ. 준접사 '迷'의 특징

'类前缀(준접두사)'와 '类后缀(준접미사)'라는 개념은 吕叔湘(뤼수샹)이 처음 제시한 것이다. 吕叔湘에 따르면 "어떤 형태소는 접두사나 접미사로 간주할 수 있을 것 같기도 한데, 순수한 접사와는 차이가 있으므로 '유사접두사[类前缀]'나 '유사접미사[类后缀]'로 부를 만하다. 유사접두사로는 '可, 好, 难, 准, 类, 亚, 超, 半, 单, 多, 不, 无, 非, 反, 自, 前, 代' 등이 있고 유사접미사로는 '员, 家, 人, 民, 界, 物, 品(商品/药品), 具(用具/炊具/雨具), 件(文件/邮件/信件), 子(分子/原子/电子/转子), 种(军种/兵种/工种/剧种), 类, 别(性别/级别/国别), 率, 法, 学, 体(磁体/导体/抗体/垂体), 质, 力, 气(脾气/才气/勇气/运气), 性, 化' 등이 있다. 이들을 접두사나 접미사로 간주하기에는 좀 부적당하므로 '유사[类]'를 덧붙인 것이며, 이것은 이들이 의미상 완전히 허화 되지 않아 간혹 어근으로 출현하기도 하기 때문이다. '人员(인원), 专家(전문가), 各界(각계), 物品(물품), 品物(기물), 品具(기구), 物件(물건)' 등이 이에 해당한다."[4]라고 하였다. 이를 통해 준접사는 의미의 허화가 진행되는 과정으로 준

4 뤼수샹 저/박종한·이창호 공역(2004:115). '유사접두사', '유사접미사'라는 표현은 책의 원문을 그대로 인용한

접사라고 판정될 수 있지만 어근으로도 사용이 가능하다.

또한 张斌에 따르면 "준접사类词缀는 위치가 기본적으로 고정이 되어 있고, 의미상 유화类化[5]가 일어나고 있으며, 독음을 유지하고 있는 접사真词缀이다. 준접사는 어근이 접사로 변화하는 중간에 놓인 과도기적 형식이다. 준접사는 반개방半开放적인 부류이며, 그들 중 일부분은 접사에 비교적 가깝고, 일부분은 어근에 가깝다. 준접미사 중에서 사람을 지칭하는 것은 많으며, 긍정적인 의미도 있고, 부정적인 의미도 있다. 결합하는 면이 넓은 것도 있고, 좁은 것도 있다. 그중 환유[6]식借喻式의 준접미사는 부정적인 의미를 가지고 있다. 영어의 er, or, ar, ee, iee와 비교했을 때, 중국어 인칭指人준접미사의 함의는 생동감 있고 구체적이며 풍부하고 다채로우나 결합면이 대부분 비교적 좁다."[7]라고 하였다. 이를 통해 준접사마다 허화의 정도가 다르다는 것과 준접사의 위치는

것이나 본고에서는 현재 '类词缀'에 대한 한국어 용어로 가장 많이 사용되는 '준접사(类词缀)', '준접두사(类前缀)', '준접미사(类后缀)'로 통일해서 사용하고자 한다.

5 '类化'에 대한 정의는 크게 의미적 측면과 품사표시기능 측면 두 가지로 나눌 수 있다. 沈光浩(2011:110)는 의미적 측면에 대하여 "여기서 말하는 유화는 의미 측면에서의 유화이고, 어떤 학자들이 제기한 품사 표시기능 측면에서의 유화와 다르며, 즉 하나의 준접사가 공통의 형태소로 구성하는 파생어는 모두 어떤 부류의 단어 의미를 가진다는 것이다. 이러한 의미는 일반적으로 그 형태소의 본의 혹은 기본의에서 파생되어 온 것이며 이미 기본의 혹은 기본의의 개괄의미에서 벗어난 것이고, 사전의 의미항목 배열에서 통상적으로 비교적 뒤에 위치한다(당연히 어떤 준접사 의미는 생겨난 시간이 비교적 짧기 때문에 안정되지 않아 사전의 의미항목에 반영이 되지 않았기 때문이다)."라고 하였다. 张小平(2003:24)은 품사표시기능에 대하여 "유화성은 하나의 준접사가 새로운 단어를 만들 때, 품사를 표시하는 역할을 하는 것을 지칭한다. 유화성은 중국어 접사의 특징이며, 준접사에서 필수적인 특징이다."라고 하였다.

6 이정민·박영남(1993:555)에 따르면, 환유[metonymy]를 다음과 같이 정의하고 있다. "수사법 가운데 비유법의 한 가지. 한 낱말 대신에 다른 낱말을 사용하는 표현법, 즉 하나의 관념을 연상시키는 그 무엇이 그 관념의 표시를 위해 쓰인다. 예를 들면, '왕' 대신 '왕관'을, 'porter'나 'MP' 대신 'red cap'을 사용하는 따위. 이것은 두 대상의 의미 사이의 인접성(contiguity)에 기초를 두는 것으로, 두 대상의 의미 사이의 유사성(similarity)에 기초를 두는 은유(metaphor)와 구별된다.

7 张斌(2006:171-174): "类词缀是指位置基本固定，意义正在类化、读音保持不变的词缀。类词缀是由词根向真词缀转化的中间过渡形式。类词缀是一个半开放的类，它们一部分比较接近于真词缀，一部分接近于词根。在类后缀中，有相当一些是指人的，有褒义也有贬义的；有的结合面宽，有的结合面窄。其中一些借喻式的类后缀多带有贬义。比起英语er、or、ar、ee、iee，汉语指人类后缀含义生动形象、丰富多彩，但结合面大都比较窄。"

고정되어 있다는 것을 알 수 있다.

汤志祥에 따르면 "중국어의 파생어 조어법의 발전은 주로 두 가지의 형태로 나타난다. 첫 번째는 '준접사'의 증가이고, 두 번째는 이러한 '준접사'의 조어 능력이 강화되고 있다는 것이다."[8] 이에 준접사의 조어 생성 능력이 크며 신조어 또한 준접사에서 파생된 것이 많을 것이라는 것을 추측할 수 있다. 따라서 준접사는 '의미의 허화'와 '위치고정성', '어휘생산성'이라는 특징을 지니고 있다는 것을 알 수 있고, 이에 본고에서는 '迷'가 상기 세 가지 특징에 부합되는지 살펴보고자 한다.

1. 의미의 허화

현대 중국어의 준접사 중 어근에 가까운 준접사들은 의미 허화 정도가 약하고, 접사에 가까운 준접사들은 어근일 때의 의미를 거의 잃어버려 허화된 것들이다. 준접사는 접사처럼 허화 과정을 거친 것도 있지만 대다수의 준접사는 의미가 실제적이면서도 기본의미[9]와는 다른 의미로 사용되면서 의미가 확장되었다.[10] 정리해 보면, 어근과 접사를 평행선상에 놓고 봤을 때, 접사에 가까운 축에 속하는 것보다 어근에 가까운 축에 속하는 준접사가 많으나 이 준접사들은 사람들이 일반적으로 많이 사용하고 있는 의미와는 또 다른 의미인 것이다.

---

8 邹晓玲(2006:13) 汤志祥先生曾说过："汉语派生构词法的发展，主要是表现在：(1)'类词缀'的增多；(2)这些'类词缀'构词能力在增强。"

9 符淮青(2004:68-69)에 따르면, "기본의미란 현대에서 가장 상용되는 주요한 의미이다. … 현대 중국어 사전에는 기본의미가 일반적으로 첫 번째 의미항목으로 되어 있다(基本义就是词在现代最常用最主要 的意义。……在现代汉语的语文性词典中，基本义一般列为第一义项)"라고 정의하였다.

10 박흥수·김영희(2010:31-33).

'의미의 허화'에 대하여 沈光浩의 주장에 따르면, "준접사의 허화 추세는 주로 '유화类化'와 '범화泛化'[11] 두 가지로 나타난다"[12]라고 하며, 유화에 대해서는 준접사 '热'를 예시로 하였고, 범화에 대해서는 준접사 '软'과 '嫂'를 예로 들어 설명하였다. 본 절에서도 沈光浩의 주장에 근거하여 '迷'의 의미가 허화되었다는 것을 '유화'와 '범화' 두 가지 측면에서 분석해 보고자 한다.

우선 '유화类化'의 측면에서 분석해 보자. 『现代汉语词典』(第七版)에 따르면, '迷'가 동사로 사용될 때는 '판단 능력을 잃다失去判断能力' 혹은 '어떤 사람 혹은 사물로 인해 특별히 좋아하고 심취하는 감정이 생기다因对某人或某一事物产生特殊爱好而沉醉' 라는 의미로 쓰이고, 명사로 사용될 때는 '어떤 사물에 심취한 사람沉醉于某一事物的人'이라고 쓰인다. '迷'가 준접미사로 사용될 때는 '어떤 사물에 심취하거나 혹은 어떤 행위에 푹 빠진 사람沉醉于某一事物或者入迷某种行为的人'을 나타낸다. 예를 들어 '电脑迷'는 '컴퓨터 하는 것을 좋아해 푹 빠진 사람喜欢玩电脑而入迷的人'을 일컫고, '集邮迷'는 '우표 수집에 매우 심취된 사람喜欢收集邮票而入迷的人'을 말하며, '莎翁迷'는 '셰익스피어의 작품을 좋아해 푹 빠진 사람喜欢莎翁的作品而入迷的人'을 나타낸다. 준접미사 '迷'에서 파생된 단어들은 모두 '특별히 어떤 사물을 좋아하거나 행위를 하는 것을 좋아하는 사람'을 나타내며, 이 단어들에서 '迷'는 모두 준접미사의 유화의미类化意义이다. '迷'의 준접사 의미는 『现代汉语词典』(第七版)의 세 번째 의미항목에도 수록되어 있으며, 이는 '迷'의 의미가 허화 되어 나타난 의미이다. 준접사로 사용된 '迷'

11 沈光浩(2011 : 110)에서 '범화(泛化)'의 의미 참고. 범화란 어떤 형태소의 결합 범위가 계속해서 넓어 지기 때문에 다양한 조합에서 점차 의미가 실에서 허로 확대화(扩大化), 추상화 혹은 허영화(虚灵化) 되는 현상이 나타나는 것을 말한다.(有些语素由于搭配范围的不断扩大, 在多种组合中逐渐产生了意义 由实到虚的扩大化、抽象化或虚灵化。)

12 沈光浩(2011 : 110): "类词缀的意义趋向虚化主要有类化和泛化两种表现。"

와 결합한 'X迷' 단어와 어근으로 사용된 '迷'와 결합한 'X迷' 단어의 의미는 다르다. 예를 들어, '迷路'의 '迷'는 '분명하게 분별하지 못하다, 판단 능력을 잃다分不清、失去判断能力'라는 의미로 사용되었고, '迷恋'에서 '迷'는 '어떤 사물을 과도하게 좋아해 포기하지 못하다指对某一事物过度爱好而难以舍弃'라는 의미를 지닌다. 비록 'X迷'에서 '迷'는 어느 정도의 실질적 의미가 남아 있긴 하지만 이때 'X'는 어근으로 사용된 것이 아니다. 예를 들어 '集邮迷'는 '우표 수집을 분명히 구분하지 못하다' 혹은 '우표 수집을 몹시 좋아하여 포기하지 못하다' 라는 의미를 나타내는 것이 아니라 이때 '迷'는 단지 허화 과정 중에 있는 '迷'의 의미를 나타낸 것이다.

다음으로 '迷'가 준접사화 되는 과정에서 일어난 '범화(泛化)'에 대해 살펴보고자 한다. 『尔雅•释言』에 따르면 "迷, 惑也。(迷, 미혹하다)"라는 구문이 있고, 『诗•小雅•节南山』에 따르면 "天子是毗, 俾民不迷。(천자를 도와 백성들을 미혹하게 하지 않다)"라는 구문이 있다. 이에 '迷'는 가장 먼저 '분명히 분별하지 못하다' 혹은 '미혹하다'와 같은 동사 의미로 사용된 것을 알 수 있다. 또한 『现代汉语词典』(第7版)을 통해 ①〈动〉 失去判断能力：~了路｜~了方向。(〈동사〉 판단 능력을 잃다: 길을 잃다｜방향을 잃다.) ②〈动〉 因对某人或某一事物产生特殊爱好而沉醉：~恋｜他~上了武侠小说。(〈동사〉 어떤 사람 혹은 어떤 한 사물을 특별히 좋아하고 심취하다: 미련을 두다｜그는 무협소설에 푹 빠졌다.) ③ 沉醉于某一事物的人(어떤 한 사물에 심취한 사람) ④〈动〉 使看不清；使迷惑；使陶醉(〈동사〉 잘 보이지 않게 하다, 미혹하게 하다, 도취하게 하다)와 같이 '迷'의 4가지 의미항목을 볼 수 있다. 이 중 ②는 의미상 이미 어느 정도의 허화가 진행되었음을 나타내어 주는 의미항목이라 할 수 있다. ①의 예시로 나와 있는 '迷路'나 이와 유사한 의미를 가진 '迷

失'라는 단어에서 '迷'는 길이나 방향이라는 의미적 제약을 받으나 ②의 예시로 나와 있는 '迷恋'이나 '迷上'에서 '迷'는 길이나 방향과 같은 의미적 제한을 받지 않는다. 더 나아가 '迷'는 ③과 같이 '어떤 사물에 심취한 사람沉醉于某一事物的人'이라는 의미를 나타낼 수 있게 되었고, 이때 '迷'의 대상은 길이나 방향에서 사람으로 확대되었다. 이러한 의미로 사용될 때 '迷'는 단어구성 측면에서 단어의 뒤에 위치할 수도 있게 되었고, 명사라는 품사적 특징도 지니게 되었다. 이후에 '迷'는 점차 범화되어 '어떤 사물에 심취하거나 어떤 행위에 푹 빠진 한 부류의 사람沉醉于某一事物或入迷某种行为的一类人'을 일컫게 되었다.

이처럼 준접사 '迷'가 'X迷' 단어를 구성할 때, 준접사 '迷'가 나타내는 의미 범주는 '迷'의 본의에서 허화가 진행된 '어떤 사물 혹은 행위를 특별히 좋아하는 한 부류의 사람'이며, 'X'의 범주는 '어떤 사물 혹은 행위'가 된다. 따라서 'X迷'는 '어떤 사물이나 행위를 좋아해 푹 빠진 사람' 혹은 '어떤 사물이나 행위에 매우 심취된 사람'이라고 나타낼 수 있다. 이에 '迷'는 본래 사람을 지칭하는 의미는 없었으나 준접사로 사용되면서 사람을 지칭하게 되었으므로 의미 허화의 정도가 비교적 강하다고 볼 수 있으며 어근보다는 접사에 더 가까운 준접사라는 결론을 내릴 수 있다.

2. 위치고정성

위치고정성은 접사, 준접사가 어떤 의미항목에서 위치가 고정적으로 나타나는 것을 지칭한다. 접두사와 준접두사는 조합组合에서 가장 앞에 위치하며, 접미사와 준접미사는 거의 조합의 가장 뒤에 위치한다.[13] 단어를 구성할 때 위

13 曾立英(2008:78): "所谓定位性是指词缀、类词缀在某个义项上出现在组合的固定位置上, 前缀和类前缀

치고정성은 준접사를 판단할 수 있는 필요조건이나 위치고정성에 대한 이해는 의미항义位[14]의 일치성이 뒷받침되어야 한다. 하나의 형태소가 단어를 구성할 때 위치의 고정 여부로 그 형태소의 준접사로서의 가능성을 판단해서는 안 된다.[15] 이를 통해 위치가 고정되어 나타난다고 해서 모두 준접사로 판단할 수 없다는 것을 알 수 있고, 준접사가 단어를 구성할 때 의미항이 동일하게 나타나야 한다는 것을 알 수 있다. 아래의 예시를 통해 '迷'의 준접사 여부를 분석해 보고자 한다.

(1) 迷路, 迷信, 迷失, 迷茫, 迷糊

(2) 着迷, 痴迷, 沉迷, 入迷, 昏迷

(3) 狗迷, 金庸迷, 足球迷, 时装迷, 指环王迷

(1)은 '迷'가 단어의 제일 앞에 위치하는 경우이다. '迷路'는 동사로서 '길을 잃다, 정도에서 벗어나다'라는 뜻이며, 명사로서 '미로, 미궁'을 나타내기도 한다. '迷信'도 동사로서 '맹신盲信하다'라는 의미이고, 명사로서 '미신'이라는 뜻도 가진다. '迷失'는 동사로서 '(길·방향을) 잃다', '迷茫'은 형용사로서 '망망하다, 아득하다', '迷糊'는 형용사로서 '모호하다, 혼미하다'라는 의미를 나타낸다. (1)에서 '迷'는 '판단력을 잃다, 헷갈리다, 빠지다'라는 의미로 해석될

只出现在组合的最前, 后缀和类后缀大多出现在组合的最后。"

14 아래는 '의미항(义位)'에 관한 학자들의 견해이다. 따라서 '义位(의미항)'는 '义项(의미항목)'과 다르며 둘 다 한국어로 '의미항/의미항목'으로 해석될 수 있으나 전자는 의미적인 측면에서 사용되는 단어이고, 후자는 사전적인 측면에서 사용되는 단어이다.

15 尹海良(2007:58): "构词定位是类词缀判定的必要条件, 但对构词定位的理解一定要遵从义位的一致性。也就是说, 不能因为一个词素在组词中构词定位而在组词中不定位就轻易否定该词素作为类词缀的可能性。"

수 있으며, 각 단어에서 모두 '실질 형태소实语素'로 사용되었으므로 (1)의 단어들은 준접사로 구성된 단어들이 아니다.

(2)는 '迷'가 단어의 제일 뒤에 위치하는 경우이다. (2)에서 '着迷'는 동사로 '~에 몰두하다, ~에 사로잡히다'라는 의미이며, '痴迷'는 동사로 '사로잡히다, 매혹되다', '沉迷'는 동사로 '깊이 미혹되다, 깊이 빠지다'라는 뜻이다. '入迷'는 동사로 '매혹되다, 정신이 팔리다'라는 뜻을 지니며, '昏迷'는 형용사로 '혼미하다'라는 의미를 나타낸다. (2)에서 '迷'는 '심취하다, 빠지다, 매혹되다'라는 의미를 가지며 실질 형태소로 사용되었으므로 '迷'는 준접사가 아님을 알 수 있다.

(3)도 '迷'가 단어의 제일 뒤에 위치하는 경우이다. '狗迷'는 '개를 몹시 좋아하거나 개를 기르는 것을 매우 좋아해 푹 빠진 사람'을 나타내며, '金庸迷'는 '중국 홍콩 특별행정구의 무협 소설 작가이며 언론인인 '金庸(진융)'을 매우 좋아하거나 그의 작품에 푹 빠진 사람'을 의미한다. '足球迷'는 '축구 경기 보는 것을 좋아하거나 축구에 매우 심취된 사람'을 나타내고, '时装迷'는 '유행하는 의상에 매우 심취된 사람', '指环王迷'는 '〈반지의 제왕〉 영화나 소설을 좋아해 푹 빠진 사람'을 나타낸다. (3)에서 '迷'는 '어떤 것이나 어떤 행위에 푹 빠져 심취된 사람'이라는 의미를 나타내므로 '迷'의 본의에서 허화가 진행되어 나타난 것이다. 이때 '迷'는 실질 형태소가 아닌 준접사로 사용되었음을 알 수 있다.

3. 어휘생산성

陈光磊는 생산성에 대해 다음과 같이 설명한 바 있다. "접사가 단어를 구성하는 결합 능력은 어근의 결합 능력과 같이 강한 것도 있고, 약한 것도 있으며 혹은 이를 생산성이 있거나能产 생산성이 없는 것不能产이라고 말할 수도 있다. 생산성이 있는 것은 결합면이 넓은 것으로 예를 들면 접미사의 '子', '儿', '头' 등이 있다. 생산성이 없는 것은 결합면이 좁은 것으로 예를 들어 접두사의 '初'가 있으며, '初'는 1부터 10까지 10개의 숫자를 나타내는 단어만 결합할 수 있다. 또 접미사 '巴'의 결합면도 비교적 좁은데, 구성하는 모든 단어에 제한이 있다. 생산성이 있는 것과 없는 것은 절대적인 제한이 없으며 정도의 문제이다."[16] 이를 통해 생산성은 유무로 판단하는 것이 아니라 강약의 정도로 판단해야 하며, 각 접사마다 생산성의 정도가 다른 것으로 보아 준접사의 어휘생산성의 정도도 각자 다를 것이라는 것을 추측할 수 있다. 또한 邵玉玮의 "하나의 준접사가 나타난 후에는 주로 유추나 모방의 방법으로 단어가 또다시 만들어진다. 그러므로 준접사는 기타 어휘를 구성할 때 같은 구조를 형성한다."[17] 라는 설명을 통해 유추나 모방 기제를 통해 준접사로 구성된 단어가 계속 생겨날 수 있음을 알 수 있다.

이를 바탕으로 'X迷' 단어 중 세 가지를 예시로 들고자 한다. 첫 번째로 '车迷(차 타는 것을 좋아하거나 차에 매우 심취된 사람)'가 생기고 나서 이와 관련된 '汽车迷(자동차 타는 것을 좋아하거나 자동차에 매우 심취된 사람)', '自行车迷(자전거 타는 것을 좋아하거나 자전거에 매우 심취된 사람)', '摩托车迷(오토바이 타는 것을 좋아하거나 오토바이에 매우 심취된 사람)' 등이 생겨난 것을 통해 'X+车+迷'의 구조를 지닌 단어가 파생되고 있음을 알 수 있다.

---

16 陈光磊(1994:20): "构词词缀同词根的结合能力有强有弱，或者说有能产的和不能产的。能产的，就是结合面宽广，如后缀"子"、"儿"、"头"等；不能产的，结合面就窄，如前缀"初"，它能结合的就只有一至十这么十个数词，后缀"巴"结合的面也较窄，所构成的词有限。能产与不能产并没有一个绝对的界限，往往只是一个程度问题。"

17 邵玉玮(2011:40): "一个类词缀产生后，主要是通过类比(Analogy)和仿拟(Parody)的手法进行再造词。因此，类词缀在构成其他词汇时，产生了一系列相同结构的。"

두 번째로 '球迷(구기 종목을 하거나 구기 종목 경기 보는 것을 좋아해 푹 빠진 사람)'의 출현 후 'X+球+迷' 구조를 지닌 단어가 파생되었다. 예를 들어 '篮球迷(농구를 하거나 농구 경기 보는 것을 좋아해 푹 빠진 사람)', '网球迷(테니스를 하거나 테니스 경기 보는 것을 좋아해 푹 빠진 사람)', '足球迷(축구를 하거나 축구 경기 보는 것을 좋아해 푹 빠진 사람)' 등이 있다. 세 번째로 '剧迷(연극을 좋아해 푹 빠진 사람)'라는 단어가 사용된 후 각 지방에 따라 지방극을 나타내는 명칭이 '迷' 앞에 붙어 'X+剧+迷' 구조의 '川剧迷(쓰촨 지방의 전통극을 좋아해 푹 빠진 사람)', '桂剧迷(계극(광시 장족壮族 자치구의 지방극)을 좋아해 푹 빠진 사람)', '京剧迷(경극을 좋아해 푹 빠진 사람)', '评剧迷(평극(화베이·둥베이 등지에서 유행하던 지방극)을 좋아해 푹 빠진 사람)', '粤剧迷(월극(광둥성 지방극)을 좋아해 푹 빠진 사람)' 등의 단어가 파생되었고, '韩剧迷(한국드라마韩国电视剧를 좋아해 푹 빠진 사람)'라는 단어도 생겨나게 되었다.

또한 준접사 '迷'는 '문학·예술文学艺术, 사물事物, 행위·활동动作行为, 체육활동体育活动, 인명人名, 동물动物, 과학기술科学技术, 브랜드명品牌名, 국가명国名, 직업职业, 식물植物' 등 여러 방면 의미를 나타내는 단어와 결합하여 'X迷' 어휘를 만들어 낼 수 있는 것으로 보아 비교적 높은 생산성을 지녔다고 볼 수 있다. 그리고 준접사 '迷'에서 파생된 'X迷' 단어는 모두 명사이므로 '迷'는 명사성 표지를 지닌 준접사라고 할 수 있다.

Ⅲ. 'X迷' 분석

본 장에서는 'X迷' 단어를 'X'와 '迷'로 나누어 'X'의 품사 및 음절, 의미에 대해 살펴본 후 '迷'의 의미에 대하여 살펴보고자 한다.

1. 'X'의 품사 및 음절

본 절에서는 'X'의 품사 및 음절에 대해 분석해 보고자 한다. 우선 'X'의 품사를 살펴본 후 음절을 분석할 것이다. 본 논문의 연구 대상인 148개의 'X迷' 단어를 분석한 결과 'X'의 품사를 아래의 표와 같이 3가지로 구분할 수 있다.

<표1: 품사에 따른 'X迷' 단어 구분>

구분[52]	단어
명사성[53] (名词性)	冰迷、笔迷、财迷、彩迷、虫迷、车迷、蝉迷、歌迷、鸽迷、狗迷、官迷、红迷、花迷、

18 명사성 단어에는 名词(명사) 또는 名词短语(명사구)가 포함되고, 동사성 단어에는 动词(동사) 또는 动词短语(동사구)가 모두 포함된다.

19 명사성 단어에 속하는 'X迷' 단어들의 의미는 다음과 같다.

冰迷: 花样滑冰(피겨스케이팅) 팬을 일컫는 단어
笔迷: 周笔畅(가수)의 팬을 일컫는 단어
红迷: 『红楼梦』(소설)을 일컫는 단어
张迷: 张爱玲(소설가)의 팬을 일컫는 단어
星迷: 明星(스타) 혹은 星巴克(스타벅스: Starbucks)의 팬을 일컫는 단어
皇马迷: 皇马(레알마드리드: Real Madrid)의 팬을 일컫는 단어
松下迷: 松下(파나소닉: Panasonic)의 팬을 일컫는 단어
琼瑶迷: 琼瑶(소설가/드라마작가)의 팬을 일컫는 단어
三毛迷: 三毛(작가)의 팬을 일컫는 단어
王朔迷: 王朔(작가)의 팬을 일컫는 단어
亦舒迷: 亦舒(작가)의 팬을 일컫는 단어
岑凯伦迷: 岑凯伦(작가)의 팬을 일컫는 단어
贾平凹迷: 贾平凹(작가)의 팬을 일컫는 단어

구분	단어
명사성 (名词性)	军迷、酒迷、剧迷、卡迷、马迷、鸟迷、钱迷、球迷、棋迷、书迷、诗迷、网迷、舞迷、 星迷、戏迷、乐迷、影迷、张迷、芭蕾迷、八股迷、宠物迷、川剧迷、唱片迷、电脑迷、 动漫迷、电视迷、动画迷、动物迷、风筝迷、歌剧迷、功夫迷、古董迷、桂剧迷、钢琴迷、甘地迷、韩剧迷、皇马迷、航模迷、金庸迷、京剧迷、甲鱼迷、昆曲迷、科学迷、科技迷、科研迷、科幻迷、篮球迷、溜冰迷、麻将迷、漫画迷、魔术迷、美术迷、玫瑰迷、苹果迷、乒乓迷、评剧迷、扑克迷、啤酒迷、琼瑶迷、汽车迷、乔丹迷、奇石迷、气功迷、日本迷、松下迷、三毛迷、莎翁迷、书画迷、时装迷、事业迷、摔跤迷、体育迷、体操迷、网球迷、围棋迷、文学迷、武术迷、武侠迷、王朔迷、戏曲迷、小说迷、相声迷、游戏迷、摇滚迷、粤剧迷、亦舒迷、英国迷、足球迷、钻石迷、中国迷、岑凯伦迷、大熊猫迷、郭富城迷、 高跟鞋迷、交响乐迷、贾平凹迷、计算机迷、莫扎特迷、摩托车迷、蛐蛐儿迷、舒马赫迷、太极拳迷、瓦格纳迷、小提琴迷、自行车迷、游戏机迷、指环王迷、张恨水迷、 电子竞技迷、德沃夏克迷、福尔摩斯迷、哈利波特迷、集体运动迷、民意测验迷
동사성[54] (动词性)	画迷、捕鱼迷、藏书迷、登山迷、读报迷、钓鱼迷、工作迷、集邮迷、捐款迷、建厂迷、 赛车迷、摄影迷、收藏迷、跳水迷、修路迷、游泳迷、养花迷、饮茶迷、运动迷、植树迷
영어자모	ufo迷

상기 분류한 'X迷' 단어에서 각 항목별 단어의 개수와 비율을 표로 나타내면 다음과 같다.

〈표2: 품사에 따른 'X迷' 단어의 수량 및 비율〉

구분	명사성	동사성	영어자모	총합
개수(개)	127	20	1	148
비율(%)	85.81	13.51	0.68	100

20 '跳水迷'와 '游泳迷'에서 '跳水'와 '游泳'은 동사와 명사를 모두 가지는 '겸류사(兼类词)'이다. '跳水迷'는 다이빙 보는 것을 좋아하는 사람일 수도 있고, 다이빙을 하는 것을 좋아하는 사람일 수도 있다. 또한 '游泳迷'도 수영을 보는 것을 좋아하는 사람일 수도 있고, 수영 하는 것을 좋아하는 사람일 수도 있다. 그러나 본고에서는 'X迷' 단어의 정의를 한국어로는 '어떤 사물(事物)에 심취되어 있거나 어떤 행위를 하는 것을 몹시 좋아하는 사람'이라고 하였고, 중국어로는 '沉醉于某一事物或者入迷某种行为的一类人'라고 하였다 이에 '다이빙'과 '수영'은 무엇을 하는 동작행위의 범주에 포함되므로 우선 동사의 범주에 포함시켰다.

표2를 통해 'X'의 성분은 명사성이 주를 이루며, 그다음이 동사성이라는 것을 알 수 있다. 또한 2음절 'X'를 단어의 결합구조 측면에서 보면, '赛车迷', '藏书迷', '读报迷', '钓鱼迷', '跳水迷' 등과 같이 술목구조인 것도 있고, '奇石迷', '川剧迷', '时装迷' 등과 같이 수식구조인 것도 있다.

다음은 'X'의 음절을 표로 나타낸 것으로 아래의 표와 같이 5가지로 구분할 수 있다.

〈표3: 음절에 따른 'X迷' 단어 구분〉 * 표 안의 단어는 a-zh까지 병음순으로 나열함.

구분	단어(총 148개)
단음절 (32개)	冰迷、笔迷、财迷、彩迷、虫迷、车迷、蝉迷、歌迷、鸽迷、狗迷、官迷、画迷、花迷、 红迷、军迷、酒迷、剧迷、卡迷、马迷、鸟迷、钱迷、球迷、棋迷、书迷、诗迷、网迷、 舞迷、星迷、戏迷、乐迷、影迷、张迷
2음절 (91개)	芭蕾迷、八股迷、捕鱼迷、藏书迷、宠物迷、川剧迷、唱片迷、电脑迷、动漫迷、电视迷、 动画迷、登山迷、读报迷、动物迷、钓鱼迷、风筝迷、歌剧迷、功夫迷、古董迷、工作迷、 桂剧迷、钢琴迷、甘地迷、韩剧迷、皇马迷、航模迷、金庸迷、京剧迷、集邮迷、甲鱼迷、 捐款迷、建厂迷、昆曲迷、科学迷、科技迷、科研迷、科幻迷、篮球迷、溜冰迷、麻将迷、 漫画迷、魔术迷、美术迷、玫瑰迷、苹果迷、乒乓迷、评剧迷、扑克迷、啤酒迷、琼瑶迷、 汽车迷、乔丹迷、奇石迷、气功迷、日本迷、赛车迷、松下迷、三毛迷、摄影迷、莎翁迷、 收藏迷、书画迷、时装迷、事业迷、摔跤迷、体育迷、体操迷、跳水迷、网球迷、围棋迷、 文学迷、武术迷、武侠迷、王朔迷、戏曲迷、小说迷、修路迷、相声迷、游戏迷、摇滚迷、 粤剧迷、养花迷、游泳迷、饮茶迷、运动迷、亦舒迷、英国迷、足球迷、钻石迷、中国迷、 植树迷

상기 분류한 'X迷' 단어에서 각 항목별 단어의 개수와 비율을 표로 나타내면 다음과 같다.

구분	단어(총 148개)
3음절 (18개)	岑凯伦迷、大熊猫迷、郭富城迷、高跟鞋迷、交响乐迷、贾平凹迷、计算机迷、莫扎特迷、 摩托车迷、蛐蛐儿迷、舒马赫迷、太极拳迷、瓦格纳迷、小提琴迷、自行车迷、游戏机迷、 指环王迷、张恨水迷
4음절 (6개)	电子竞技迷、德沃夏克迷、福尔摩斯迷、哈利波特迷、集体运动迷、民意测验迷
영어자모 (1개)	ufo迷

표4를 통해 'X'의 음절은 2음절>단음절>3음절>4음절 순으로 비중이 높다는 것을 볼 수 있다. 현대 중국어 단어의 주요 음절 형식이 '双音节化(2음절화)'라는 것을 'X迷' 단어를 통해서도 알 수 있으며, 이에 'X迷' 단어는 3음절 형식이 주를 이루고 있음을 확인할 수 있다.

〈표4: 음절에 따른 'X迷' 단어의 수량 및 비율〉

구분	단음절	2음절	3음절	4음절	영어자모	총합
개수(개)	32	91	18	6	1	148
비율(%)	21.62	61.49	12.16	4.05	0.68	100

2. 'X'의 의미

본 논문의 연구 대상인 148개의 'X迷' 단어를 분석한 결과 아래의 표와 같이 'X'의 의미를 11가지로 구분할 수 있었다.

〈표5: 의미에 따른 'X迷' 단어 구분〉

구분	단어
문학·예술 (文学艺术)	歌迷、剧迷、诗迷、舞迷、戏迷、乐迷、影迷、画迷、红迷、书迷、八股迷、川剧迷、动漫迷、动画迷、歌剧迷、桂剧迷、钢琴迷、韩剧迷、京剧迷、昆曲迷、漫画迷、 美术迷、评剧迷、书画迷、文学迷、戏曲迷、小说迷、相声迷、摇滚迷、粤剧迷、 交响乐迷、小提琴迷、指环王迷、福尔摩斯迷、哈利波特迷

구분	단어
사물 (事物)	财迷、彩迷、车迷、酒迷、卡迷、棋迷、钱迷、唱片迷、电脑迷、电视迷、风筝迷、 古董迷、航模迷、扑克迷、啤酒迷、汽车迷、奇石迷、时装迷、钻石迷、高跟鞋迷、 计算机迷、摩托车迷、自行车迷、游戏机迷、ufo迷
행위·활동 (动作行为)	捕鱼迷、藏书迷、登山迷、读报迷、钓鱼迷、工作迷、集邮迷、捐款迷、建厂迷、 麻将迷、魔术迷、赛车迷、摄影迷、收藏迷、事业迷、围棋迷、修路迷、游戏迷、 养花迷、饮茶迷、植树迷、电子竞技迷、民意测验迷
체육활동[21] (体育活动)	冰迷、球迷、芭蕾迷、功夫迷、篮球迷、溜冰迷、乒乓迷、气功迷、摔跤迷、体育迷、体操迷、跳水迷、网球迷、武术迷、武侠迷、游泳迷、运动迷、足球迷、太极拳迷、 集体运动迷
인명 (人名)	笔迷、张迷、甘地迷、金庸迷、琼瑶迷、乔丹迷、三毛迷、莎翁迷、王朔迷、亦舒迷、岑凯伦迷、郭富城迷、贾平凹迷、莫扎特迷、舒马赫迷、瓦格纳迷、张恨水迷、 德沃夏克迷
동물 (动物)	虫迷、蝉迷、鸽迷、狗迷、马迷、鸟迷、宠物迷、动物迷、甲鱼迷、大熊猫迷、 蛐蛐儿迷
과학기술 (科学技术)	网迷、科学迷、科技迷、科研迷、科幻迷
브랜드명 (品牌名)	星迷[22]、皇马迷[23]、苹果迷、松下迷
국가명 (国名)	日本迷、英国迷、中国迷
직업 (职业)	官迷、军迷
식물 (植物)	花迷、玫瑰迷

21 '체육활동'이라는 범주도 '행위·활동' 범주에 속할 수 있으나 의미의 세분화를 위해 범주를 따로 나누어 살펴보았다.

22 '星迷'가 '星巴克(스타벅스)'가 아닌 '明星(스타)'의 의미로 사용되었을 경우, 이때 '星迷'는 '인물'의 범주에도 속할 수 있다.

23 '皇马迷(레알마드리드 팬)'는 특정 축구팀의 팬을 지칭하는 것으로 축구라는 운동종목으로 볼 때, '체육활동'의 범주에도 속할 수 있다.

상기 분류한 'X迷' 단어에서 각 항목별 단어의 개수와 비율을 표로 나타내면 다음과 같다.

〈표6: 의미에 따른 'X迷' 단어의 수량 및 비율〉

구분	문학과 예술	사물	행위·활동	체육활동
개수(개)	35	25	23	20
비율(%)	23.65	16.90	15.54	13.51
구분	인명	동물	과학기술	브랜드명
개수(개)	18	11	5	4
비율(%)	12.16	7.43	3.38	2.70
구분	국가명	직업	식물	총합
개수(개)	3	2	2	148
비율(%)	2.03	1.35	1.35	100

문학과 예술, 사물에 속하는 단어의 비율이 40.55%로 높은 비중을 차지하고 있으며, 행위·활동, 체육활동에 속하는 단어의 비율도 29.05%로 비교적 높은 비중을 차지하고 있다. 이에 사람들이 심취해 있는 대상이 주로 문학과 예술>사물>활동 순이라는 것을 알 수 있으며, 네 가지 항목의 비율 합이 69.6%인 것을 통해 향후 'X迷' 단어는 이 네 가지 분야 위주로 파생될 것이라고 추측할 수 있다.

3. '迷'의 의미

본 장에서는 시대의 순서에 따라 『说文解字』, 『古代汉语词典』, 『近代汉语词典』, 『现代汉语词典』(第7版) 순으로 '迷'의 의미를 분석해 보고자 한다. 또한, 『汉语大词典』에 수록된 '迷'의 의미항목도 함께 살펴볼 것이다.

〈표7: '迷'의 자형 변화 과정〉

		 郭.語4.13	 說文·辵部	迷
甲骨文	金文	战国楚简	小篆	楷书

1)『说文解字』[24]

迷，或也。从辵，米聲。(迷, 미혹하다. 辵을 따르고, 米성이다.)

1)에서의 '迷'는 본의인 '미혹하다'라는 동사의 의미만 설명하고 있으며, 본의에서 파생된 다른 의미나 준접사의 의미는 없는 것을 볼 수 있다.

2)『古代汉语词典』[25]

① 分辨不清，迷失。(분별을 분명하게 못하다, 잃어버리다.)

② 迷惑。(미혹하다.)

③ 媚惑，迷恋。(홀딱 반하게 하다, 미련을 두다.)

④ 弥漫。((연기나 안개가) 자욱하다.)

②의 의미항목을 통해 '迷'는 고대 중국어에서도『说文解字』에서 풀이된 의미와 같이 여전히 '미혹하다'라는 의미로 사용된 것을 알 수 있다. 의미항목이 4개나 되는 것으로 보아 '迷'의 의미 분화가 점차 이루어지는 과정에 있다고 볼 수 있다.

24 许慎 著(1963:41上).

25 古代汉语词典编写组 编(2003:1048).

3) 『近代汉语词典』[26]

① 惑乱，使人失去本性。(혼란시키다, 사람에게 본성을 잃게 하다.)

② 微物落人眼中而视线不清。(미물이 눈에 떨어져 시선이 분명하지 못하다.)

③ 眼微合微开， 犹眯。(눈을 조금 감고 조금 뜨다, 마치 실눈을 뜬 것과 같다.)

④ 沉迷，醉心。(깊이 미혹되다, 심취하다.)

⑤ 迷失，摸不着道路。((길·방향을) 잃다, 길을 찾아낼 수 없다.)

⑥ 迷惑，分不清是非。(미혹하다, 시비를 구분하지 못하다.)

⑦ 走失，找寻不着。(실종되다, 찾지 못하다.)

⑧ 蒙，笼罩。(덮다, 덮어씌우다.)

『古代汉语词典』에서의 의미항목은 4개였으나 『近代汉语词典』의 의미항목은 8개로 고대에 비해 근대로 와서 '迷'의 의미 분화가 활발히 이루어진 것으로 추측된다. 또한 ②, ③, ⑦, ⑧을 통해 고대에서는 사용되지 않았던 새로운 의미도 파생되었음을 알 수 있다. 현대 중국어에서 준접사로 사용되는 '迷'의 의미는 ④와 가까우며 근대에서는 사람을 지칭하지 않고 동사로만 사용되는 것으로 보아 현대로 와서야 준접사의 의미가 생겨났다고 사료된다.

4) 『现代汉语词典』(第7版)[27]

①〈动〉失去判断能力：~了路 | ~了方向。

---

26 许少峰 编(2008:1267-1268).

27 中国社会科学院语言研究所词典编辑室(2016:896).

(〈동사〉 판단 능력을 잃다: 길을 잃다 | 방향을 잃다.)

②〈动〉 因对某人或某一事物产生特殊爱好而沉醉：~恋 | 他~上了武侠小说。

(〈동사〉 어떤 사람 혹은 어떤 한 사물을 특별히 좋아하고 심취하다: 미련을 두다 | 그는 무협소설에 푹 빠졌다.)

③ 沉醉于某一事物的人：球~ | 戏~。(어떤 한 사물에 심취한 사람: 구기종목의 팬 | 연극팬)

④〈动〉使看不清；使迷惑；使陶醉：~人 | 财~心窍。

(〈동사〉 잘 보이지 않게 하다, 미혹하게 하다, 도취하게 하다: 사람을 미혹시키다 | 돈에 눈이 멀다.)

①의 의미는 『近代汉语词典』에서 ⑥의 의미와 유사점이 있다고 볼 수 있으며, 이에서 파생되었다고 할 수 있다. ②의 의미는 『近代汉语词典』 ④와 비교했을 때 대상이 특정된 것으로 보아 의미가 확장되었다고 볼 수 있다. ③의 의미는 고대와 근대에서 나타나지 않았던 의미로 현대로 와서 새롭게 파생된 것이며 현대 중국어에서 준접사로 사용되고 있는 '迷'의 의미이다. 고대와 근대, 현대 중국어에서 사용된 '迷'의 의미를 비교·분석한 결과, 『说文解字』에서 풀이된 본의인 '미혹하다'라는 뜻이 현대까지 꾸준히 사용되고 있었다. 또한 고대와 근대에는 동사로서만 사용되었으나 현대로 와서 의미가 분화되어 파생되면서 명사로서의 의미도 가지게 되었고, 이는 준접사로서 사용되어 많은 단어를 파생시키는 요인이 되었음을 알 수 있었다.

5)『汉语大词典』[28]

① 本义：(动)分辨不清，失去判断能力：~路。

(본의: (동사) 분별을 분명하게 못하다, 판단 능력을 잃다: 길을 잃다.)

② (动)因对某人或某事物发生特殊爱好而沉醉：~恋。

((동사) 어떤 사람 혹은 어떤 사물을 특별히 좋아하고 심취하다: 미련을 두다.)

③ (名)沉醉于某一事物的人：球~。((명사)어떤 한 사물에 심취한 사람: 구기 종목의 팬.)

④ (动)使看不清；使迷惑；使陶醉：~航 | ~误 | ~宫。

((동사) 잘 보이지 않게 하다, 미혹하게 하다, 도취하게 하다: (비행기·배 따위가) 방향을 잃다 | 시비를 잘 분별하지 못하여 생긴 잘못(실수) | 미궁.)

『现代汉语词典』(第7版)의 첫 번째 의미항목과 『汉语大词典』에 수록된 첫 번째 의미항목이 일치하는 것으로 보아 현대 중국어에서 '迷'의 기본의미는 '분별을 분명하게 못하다, 판단 능력을 잃다'이며 동사의 품사로 가장 많이 사용되고 있음을 추측할 수 있다.

따라서 『古代汉语词典』, 『近代汉语词典』, 『现代汉语词典』(第7版) 의 의미항목 분석을 통해 '迷'가 준접사의 의미로 발전된 과정을 다음과 같이 정리할 수 있다.

다음으로는 'X' 성분과 '迷'를 합친 'X迷' 단어의 의미에 대해 간단히 살펴보고자 한다. 단어 의미에는 단어의 어휘 의미, 어법 의미와 색채 의미 3가지가 있다. 단어의 어휘 의미는 단어가 나타내는 모든 객관적인 세계의 사물, 현

---

28 汉语大词典编写委员会编(2003:747).

〈표8: 준접사 '迷'의 의미 발전 과정〉

〈고대〉		〈근대〉		〈현대〉
迷惑(미혹하다) 分辨不清, 失去判断能力 (분별을 분명히 못하고, 판단 능력을 잃다)	➡	沉迷, 醉心。 (깊이 미혹되다, 심취하다.)	➡	沉醉于某一事物的人 (어떤 한 사물에 심취한 사람)

상 그리고 관계된 의미를 지칭하며,[29] 단어의 어법 의미는 단어가 나타내는 어법 기능의 의미를 지칭한다.[30] 단어의 색채 의미는 단어가 나타내는 모든 어떤 경향 혹은 정서의 의미를 지칭하며, 이 의미는 사회에서 장기간 사용함으로써 모든 사람에게 인정된 것이다.[31] 이 3가지 측면에서 'X迷' 단어를 분석해 보면, 'X迷'의 어휘 의미는 '어떤 사물이나 행위에 푹 빠진 사람'이며, 어법 의미는 'X迷'가 모두 명사이므로 주어, 목적어, 관형어 역할을 한다는 것을 지칭한다. 색채 의미는 중성(中性)으로 어떤 것을 매우 좋아한다는 의미가 있으나 그 의미가 어떤 것을 바람직하게 여기는 태도도 아니고 폄하하는 태도도 아니므로 중성의 색채를 가진다고 볼 수 있다.

---

29 葛本仪(2018:110): "词义包括着词的词汇意义、语法意义和色彩意义三个部分。词的词汇意义是指词所表示的客观世界中的事物、现象和关系的意义。如"装订成册的著作"就是"书"一词所表示的词汇意义。"(예를 들어, '제본하여 책으로 만든 저서(装订成册的著作)'는 '书(책)'한 단어를 나타내는 어휘 의미이다)。

30 葛本仪(2018:111): "词的语法意义是指词的表示语法作用的意义。词的语法意义是语言中词的语法作用通过类聚之后所显示出来的，所以它是一种更抽象更概括的意义。如语法作用的"名词"就是对语言中表示客观事物名称的词的一种语法概括，"主语"就是对名词等某些词类的语法作用的一种概括。"(단어의 어법 의미는 언어 중 어법 기능을 유취한 후 드러나며, 이는 일종의 더욱 추상적·개괄적인 의미이다. 예를 들어 어법 기능이 '명사'이면 언어에서 객관적인 사물 명칭의 단어가 나타내는 일종의 어법 개괄이며, '주어'는 명사 등 어떤 단어류의 어법 기능에 대한 일종의 개괄이다)

31 葛本仪(2018:111): "词的色彩意义是指词所表示的某种倾向或情调的意义，这种意义也是社会约定俗成的。"

Ⅳ. 'X迷' 어휘 생산 기제

본 장에서는 'X迷' 어휘의 생산 기제에 대해 살펴보고자 한다. 생산 기제에 대한 분석은 언어 내부적 요인과 외부적 요인 두 가지 방면으로 나눠서 진행할 것이며, 내부적 요인에는 유추 기제와 경제성 기제가 있고 외부적 요인에는 사회의 변화 및 발전과 대중의 '求新求简(새롭고 간단한 것을 추구하다)' 심리가 있다.

1. 언어 내부적 요인

1) 유추 기제类推机制

'유추类推'는 '유비추리类比推理'의 줄임말로, 언어학에 있어서 한 부문component에서 어떤 규칙rule이 기능상 혹은 형식상으로 다른 부문의 어떤 규칙과 유사할 때 '유비(类比)'가 있다고 하며, 현존하는 형태의 모형을 근거로 하여 새로운 단어를 만들거나 또는 그것에 맞추어 단어들을 수정하는 과정을 '유추类推'라고 한다.[32] 즉, 유추는 의미나 형태가 유사한 단어가 어떤 규칙을 통해 그 구조를 모방하는 과정이라고 볼 수 있다. 현대 중국어 어휘에서는 유추를 통해 형성된 단어들을 많이 볼 수 있으며, 그중 'X迷' 구조를 가진 단어에도 유추 기제를 통해 만들어진 단어를 볼 수 있다. 예를 들면, '科学迷(과학을 좋아해 푹 빠진 사람)'라는 단어가 생겨난 후, '科技迷(과학기술을 좋아해 푹 빠진 사람)', '科研迷(과학 연구에 매우 심취된 사람)', '科幻迷(공상과학에 매우 심취된 사람)' 등의 단어가 사용되기 시작했으며 이는 과학과 관련된 단어

32 이정민·배영남(2000:85)에서 'analogue[類比]'와 'analogy(or analogical change)[類推]'에 대한 정의 참고.

가 의미나 형태적으로 유추 과정을 통해 만들어진 결과이다. 또한 어휘생산성의 측면에서 분석한 예시인 '车迷'에서 파생된 '汽车迷', '自行车迷', '摩托车迷'와 '球迷'에서 파생된 '篮球迷', '网球迷', '足球迷', 또 '剧迷'에서 파생된 '川剧迷', '桂剧迷', '京剧迷', '评剧迷', '粤剧迷' 등도 이에 해당한다고 볼 수 있다. 'X迷' 단어들을 포함하여 준접사로 구성된 단어에는 '유화类化' 및 '유추' 과정을 통해 생겨난 것들이 많으며 앞으로도 이 기제의 영향을 받아 많은 단어들이 파생될 것이라고 추측할 수 있다.

2) 경제성 기제

王周(2013:70)에 따르면, "'경제성 기제'를 최초로 제기한 사람은 프랑스 언어학자 앙드레 마르티네(André Martinet)로 이 원칙은 인간의 언어활동 규율을 지배하는 원칙이라고 강조하였다. 경제성 기제는 언어 의사소통의 효율을 강조하는 것이고 가장 간단하고 명료한 방법을 이용해서 가장 많은 정보를 전달하는 것이며, 이 과정에서 되도록 언어의 소모를 줄여야 한다. 중국어에서 생략이나 축약어의 사용, 중음中音의 탈락은 모두 언어의 경제성 기제와 관련된 것이다."[33] 이를 통해, 가장 간단한 언어 표현으로 가장 많은 정보를 나타내는 것이 경제성 기제의 핵심이라는 것을 알 수 있다. 준접사로 구성된 단어는 대개 '부가식附加式' 구조이고, 이 부가식 구조는 사람들이 비교적 쉽게 새로운 단어를 만들어낼 수 있는 구조 중 하나이며 경제성 기제를 토대로 형성된 것이라 볼 수 있다. 예를 들어, 본고의 'X迷'는 '어떤 사물에 심취되어 있거나 어

---

33 王周(2013:70): "马丁内(法)首次提出了语言的"经济原则"，强调这一原则是支配人们言语活动的规律。经济机制强调语言交际的效率，用最简明的方法表达最多的信息，在这个过程中应尽可能的减少语言的消耗。汉语中的省略、缩略词的使用、中音的脱落等现象，都与语言的经济机制有关。"

떤 행위에 푹 빠진 사람沉醉于某一事物或者入迷某种行为的一类人'을 칭하는 단어이다. '迷'라는 단어 하나로 '~的一类人(~한 부류의 사람)'이라는 의미를 포괄할 수 있으며, 아래 다섯 개의 단어[34]를 통해 경제성 기제가 반영되었다는 것을 확인할 수 있다.

(1) 彩迷: 喜欢买彩票而入迷的人。

(2) 歌迷: ①喜欢听歌曲或唱歌而入迷的人。②指对某位歌星十分喜爱或崇拜的人。

(3) 网迷: 喜欢上网而入迷的人。

(4) 舞迷: 喜欢跳舞而入迷的人。

(5) 影迷: 喜欢看电影而入迷的人。

상기 예시 단어에서 (1)의 '彩迷'는 '복권 사는 것을 좋아해 푹 빠진 사람'을 나타내며, (2)의 '歌迷'는 ①'음악 듣는 것 혹은 노래 부르는 것을 좋아해 푹 빠진 사람', ②'어떤 가수를 몹시 좋아하거나 숭배하는 사람을 가리킴'이라는 의미를 가진다. (3)의 '网迷'는 '인터넷 하는 것을 좋아해 푹 빠진 사람'이라는 의미를 지니며, (4)의 '舞迷'는 '춤추는 것을 좋아해 푹 빠진 사람', (5)의 '影迷'는 '영화 보는 것을 좋아해 푹 빠진 사람'을 의미한다. 상기 'X迷' 단어에서 'X' 성분 하나로 어떤 사람이 빠진 사물이나 행위를 알 수 있으며, 'X'가 단음절도 있고 다음절도 있지만 사전에서처럼 길게 풀어 설명할 필요가 없어 'X迷'는 상당히 경제적인 단어라고 볼 수 있다.

---

34 각 단어에 대한 의미는『现代汉语词典』(第七版)을 참고함.

2. 언어 외부적 요인

1) 사회의 변화 및 발전

사회가 변화하고 발전함에 따라 과학기술도 발달하게 되면서 새로운 사물도 점차 생겨나게 되었다. 사람들의 의사소통 속에서 이와 같은 사회의 변화 및 새로운 사물의 출현이 반영된 단어 및 언어현상이 나타나게 되었고, 이는 언어사회에도 영향을 미치게 되었다. 사회의 변화 및 발전은 신조어 생성의 주된 요인이 되었으며, 'X迷' 단어에도 사회변화와 발전이 반영되어 나타난다. 예를 들어, 과학기술의 발달로 인해 텔레비전, 컴퓨터, 인터넷 등이 생겨나면서 '电视迷(텔레비전 시청하는 것을 좋아해 푹 빠진 사람)', '电脑迷(컴퓨터 하는 것에 매우 심취된 사람)', '网迷(인터넷 하는 것에 매우 심취된 사람)', '电子竞技迷(e스포츠를 하는 것을 좋아해 푹 빠진 사람)'과 같은 단어들이 출현하였다. 또한 텔레비전이나 컴퓨터를 통해 중국에서도 한국 드라마를 볼 수 있으므로 '韩剧迷(한국 드라마를 좋아해 푹 빠진 사람)'라는 단어도 나타나게 되었다.

2) 대중의 '求新求简' 심리

현대 사회에서 언어는 대체로 의사소통을 하기 위한 도구로서 사용되며, 언어를 사용하는 주체는 바로 대중이다. 대중은 사회문화의 발전과 변화, 과학기술의 발달, 새로운 사물의 출현 등에 영향을 많이 받으며, 이러한 대중의 심리는 언어의 변화 및 발전에 상당히 큰 영향력을 끼친다. 대중들은 남들과는 새로운 단어, 개성 있는 단어를 추구하는 경향이 있으며, 언어의 경제성 원칙에 근거해 간단한 단어를 사용하고자 하는 심리가 있다. '迷'라는 글자 하나를 사용함으로써 어떤 것을 매우 좋아하고 심취되었다는 표현을 새롭고 간단하게 나타내었다고 볼 수 있다. 또한, '중국 가수 周笔畅의 팬'을 일컫는 '笔迷', '중국 소설가 张爱玲의 팬'을 일컫는 '张迷', '중국 소설『红楼梦』의 팬'을 일컫는 '红迷' 등의 단어에서 周笔畅, 张爱玲, 红楼梦을 대표할 수 있는 글자 하나만 따온 것은 간단한 것을 추구하는 심리에 적합한 예라고 볼 수 있다.

Ⅴ. 나오는 말

이 글에서는 중국어 어휘론의 중요한 연구 대상인 준접사 중 '迷'의 특징과 'X迷'에 대한 분석을 진행하였다. '迷'는 일반적으로 준접사가 가지는 특징인 의미의 허화, 위치 고정성, 어휘 생산성을 모두 지녀 준접사라고 볼 수 있다. 이 세 가지 측면에서 볼 때, '迷'의 준접사 의미는 본의와 멀고 사람을 지칭하는 의미가 되었으므로 어근보다는 접사에 가깝기 때문에 허화의 정도가 높은 준접사라고 할 수 있다. 이 준접사 '迷'가 '어떤 사물이나 행위에 푹 빠진 사람'이라는 의미를 나타내려면 단어의 가장 뒤에 위치하여야 하므로 위치 고정성 측면에서 준접미사라는 것을 알 수 있었다. 또한 어휘 생산성의 측면에서 '迷'는 한 단어가 출현한 후 그와 유사한 의미를 가진 단어가 여러 개 파생되기도 하고 같은 구조를 지닌 단어가 여러 개 파생되기도 하는 등의 예를 통해 비교적 높은 생산성을 지닌 준접사라는 것을 알 수 있었다. 이렇게 만들어진 'X迷' 단어는 모두 명사이므로 '迷'는 명사성 표지를 지녔다고 할 수 있다.

'X迷'에 대한 분석은 'X'의 품사 및 음절, 'X'의 의미, '迷'의 의미, 'X迷'의 의미적 측면에서 진행하였다. 'X'의 품사는 명사성이 주를 이루었으며, 그다음은 동사성이었다. 'X'의 음절은 2음절이 주를 이루어 'X迷' 단어는 3음절 위주이며, 그다음은 단음절, 3음절 순이었다. 'X'의 의미항목은 11개로 나눌 수 있었으며, 그중 문학과 예술, 사물, 행위·활동, 체육활동 순으로 주를 이루었다. '迷'의 의미는 고대·근대·현대중국어사전 등 여러 사전을 통해 의미를 분석한 결과 고대, 근대에는 준접사적 의미가 없었으나 현대로 와서 생겨난 것을 알 수 있었다. 또한 'X迷' 단어를 전반적으로 분석한 결과, 'X迷'의 어휘 의미는 '어떤 사물이나 행위에 푹 빠진 사람'이며, 어법 의미는 명사의 품사를 지녀 주어, 목적어, 관형어 등의 문장성분을 담당할 수 있다는 것을 나타내며, 'X迷'는 중성적인 색채를 가진 단어임을 알 수 있었다. 마지막으로 'X迷' 단어가 생겨난 기제에는 유추 기제, 경제성 기제와 같은 언어 내부적 요인이 있으며, 사회 변화와 발전, 대중의 求新求简 심리와 같은 언어 외부적 요인도 있음을 알 수 있었다.

종합해 보면, 'X迷'는 '어떤 사물이나 행위에 푹 빠진 사람', 즉 '어떤 것에 심취한 사람'이라는 의미를 지니므로 사회가 발전하고 변화함에 따라 새로운 사물이 출현할 수 있고 이를 활용하여 어떤 새로운 행위나 활동 등을 할 수 있으므로 이에 더욱 다양한 방면에서 'X迷'로 표현될 수 있는 단어가 많아질 가능성이 높다고 추측할 수 있다.

참고문헌

〈사전류〉

이정민·배영남, 『언어학사전』, 박영사, 1993/2000.

古代汉语词典编写组 编, 『古代汉语词典』, 商务印书馆, 2003.

汉语大词典编写委员会编, 『汉语大词典』, 商务印书馆, 2003.

许少峰 编,『近代汉语词典』, 中华书局, 2008.
中国社会科学院语言研究所词典编辑室,『现代汉语词典』(第7版), 商务印书馆, 2016.

〈단행본류〉
뤼수샹(吕叔湘) 저/박종한·이창호 공역,『중국어 문법 분석록』, 학고방, 2004.
陈光磊,『汉语词法论』, 学林出版社, 1994.
符淮青,『现代汉语词汇(增订本)』, 北京大学出版社, 2004.
贾彦德,『汉语语义学』, 北京大学出版社, 2017.
许慎,『说文解字』, 中华书局, 1963.
张斌,『新编现代汉语』, 复旦大学出版社, 2006.

〈논문류〉
박흥수·김영희,「준접사의 조어 특성에 관하여」,『언어와 언어학』48권, 2010.
沈光浩,「现代汉语类词缀的界定标准与范围」,『河北师范大学学报』第34卷第3期, 2011.
黄锦群,「"迷"与"控"使用差异分析」,『集美大学学报(哲社版)』第19卷第1期, 2016.
蒋绍愚,「打击义动词的词义分析」,『中国语文』2007年第5期(总第320期), 2007.
李秋菊,「"迷"类词的生成分析」,『现代语文(语言研究版)』第2期, 2010.
邵玉玮,「语法化过程中的类词缀特征与类型」,『现代语文(语言研究版)』第10期, 2011.
王周,「类词缀"族""党""迷""控"研究」, 扬州大学 硕士学位论文, 2013.
尹海良,「现代汉语类词缀研究」, 山东大学 博士学位论文, 2007.
曾立英,「现代汉语类词缀的定量与定性研究」,『世界汉语教学』第4期, 2008.
邹晓玲,「现代汉语新兴类词缀探析」, 华中科技大学 硕士学位论文, 2006.
翟甜,「痴迷类后缀"迷"、"狂"的组配条件——兼论痴迷类后缀的范畴分布」,『汉语应用语言学研究』, 2013.
张小平,「当代汉语类词缀辨析」,『宁夏大学学报』第25卷第5期, 2003.
张晓青,「说"X迷"」,『现代语文(语言研究版)』第3期, 2009.

김종호
한국외국어대학교
중국언어문화학부

누가 나의 이름을 불러 다오[1]
생성문법학과 생물언어학의 만남

Ⅰ. AI 시대 언어학 이름표 생물언어학(Biolinguistics)

김춘수(1922-2004) 시인은 부쿠이不斷의 명시 “꽃”에서 “나의 이 빛깔과 향기에 알맞은” 나의 이름을 불러달라고 한다. AI 시대 ‘그것의 빛깔과 향기에 알맞은’ 언어학Linguistics의 이름은 무엇일까?

구조주의 언어학Structural Linguistics은 소쉬르(1857-1913)에 의해 비롯된 이래 20세기 초부터 이 이름표를 달고 100년이 넘는 세월을 장수했다. 또, 노엄 촘스키(1928-)에 의해 1950년대 후반부터 시작된 생성문법Generative Grammar도 60여 년의 기간을 지내왔다. 그간 이들을 대체할 여러 유력한 이름이 나오기도 했다. 필자는 통사론적 관점에서 대표적인 예로 구문문법Construction Grammar을 들어본다. 구문문법은 1970-80년대 시작되어 한때 꽤 유행하여, 이 문법 방법론이 언어학의 무슨 난제를 해결해 줄 것처럼 언어학자라면 너도나도 한 번쯤 달려들었던 때가 있다. 한편, 응용언어학적 관점에서 코퍼스

1 이 글은 김종호(2018)과 김종호(2023)의 관련 내용을 인용하고 수정·보완한 것이다. 특히 1-2절의 내용은 조장희(2021), 조장희 외(2022)에 대부분 근거하였음을 밝히며 심심한 사의를 표합니다.

언어학Corpus Linguistics도 거명된다. 코퍼스 언어학은 1990년대 이후 컴퓨터의 비약적인 발달과 더불어 대량의 말뭉치를 다양한 각도에서 분석함으로써 인간 언어의 비밀을 해석해 주리라는 부푼 기대를 준 적이 있다. 그러나 필자의 관찰에 의하면 이들은 모두 한 세대, 즉 30년을 힘 있게 유지하지 못하는 것 같다. 주로 과학의 발달에 따른 더 좋은 도구(예를 들면 엄청난 화상畫像의 fMRI나 빅 데이터 등)의 출현 때문이다. 그러나 생성문법만은 달랐다. 생성문법은 구조주의 언어학의 경험주의에 기초한 귀납적 방법론에 반발하여 과학적 가설에 기초하는 연역적 방법론에 입각하기 때문이리라. 그것은 '표준 이론Standard Theory', '지배결속 이론Government and Binding Theory', '최소주의Minimalist Program' 등등 끊임없이 스스로 수정하면서 옷을 갈아입고, 생성문법이라는 한 이름으로 60년을 넘게 달려오고 있다. 이제 2024년 지금은 '코퍼스 시대'와는 비교할 수도 없는 '빅 데이터 시대'이다. 생성문법은 이제 또 다른 옷을 준비하리라. 그것은 아마도 '생물언어학Biolinguistics'일 것이다. 생물언어학은 생성문법에서 가정되는 인간의 언어 능력을 뇌 과학Brain studies·생물학Biology의 연구와 접목하여 인간 언어 능력의 존재, 메커니즘, 기원 등을 밝혀내려고 시도한다. 이처럼 생물언어학은 현대 과학과 밀접한 관계를 가지는 융합학문integrated science, converging science이다.[2]

2 Biolinguistics can be defined as the study of biology and the evolution of language. It is highly interdisciplinary as it is related to various fields such as biology, linguistics, psychology, anthropology, mathematics, and neurolinguistics to explain the formation of language. https://en.wikipedia.org/wiki/Biolinguistics

Ⅱ. 인간 언어 공장 대뇌 피질

인간의 대뇌 피질은 바로 인간 언어를 만드는 공장이다. 현대 뇌 과학 연구 결과에 의하면, 인간의 뇌에서 직접적으로 언어를 관장한다고 알려진 곳은 세 군데이다. 그 하나는 브로카 영역으로, 프랑스 의학자인 Paul Broca(1824-1880)가 1861년에 보고한 것이다. 다른 하나는 베르니케 영역으로, 독일 의학자인 Carl Wernicke(1848-1904)에 의해 1874년 보고된 것이다. 또 다른 하나는 20C 중엽에 들어서 미국의 Norman Geschwind (1926-1984)가 보고한 게쉬윈드 영역$_{\text{Geschwind's Territory}}$이다. 이상 언어와 관련되는 대뇌 피질의 대체적인 위치와 신경회로의 모습을 살펴보자.

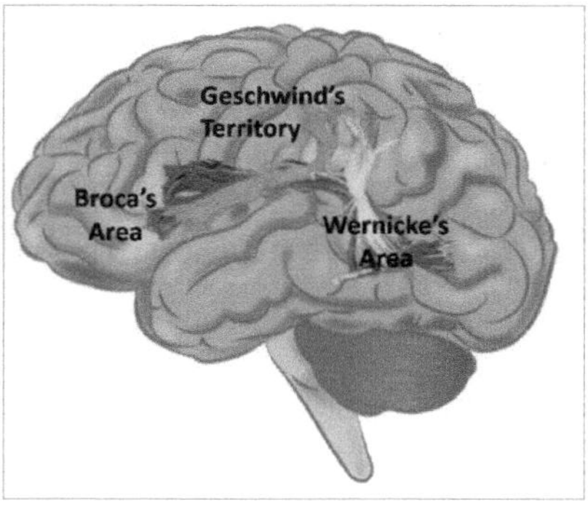

(1) 좌뇌 피질 언어 영역[3]

이를 다시 브로드만 영역$_{\text{Brodmann's Area, BA}}$[4]에 근거하여, 신경 물질을 이동하

3 출처: https://opentextbc.ca/psyclanguage/chapter/language-in-the-brain 인용.

4 브로드만(Korbinian Brodmann, 1868-1918)은 1909년 뇌의 영역을 52개의 구역(BA1-52)으로 나누고 각각 번호를 붙였는데, 이를 브로드만 영역(Brodmann's Area)이라 한다.

는 '베르니케 영역→게쉬윈드 영역→브로카 영역'의 순으로 살펴보자. 먼저 베르니케 영역(BA 22)은 톤$_{\text{tone}}$의 구분, 음소와 단어 서열 이해, 문장의 이해 등에 관여한다고 여겨진다. 즉, 이 영역은 언어적 정보에 대한 감지$_{\text{perception}}$와 이해에 초점이 있다. 한편, 게쉬윈드 영역(BA 39, 40)에서는 음성이나 음운적 정보를 언어적 정보로 전환시키는 기능이 있다고 여겨진다. 즉, 이 영역은 신경물질을 신경 언어로 전환$_{\text{transfer}}$시키는 영역으로 믿어진다. 마지막으로, 브로카 영역(BA 44, 45)은 주로 조음$_{\text{articulation}}$과 문법적(통사적)인 것에 대해 관여한다고 여겨진다. 이는 뇌의 해당 부분이 손상되었을 때 보이는 실어증$_{\text{Aphasia}}$을 통해 알 수 있다.[5]

뇌 신경 과학자로 양성자 방출 단층촬영술$_{\text{Positron Emission Tomography, PET}}$ 분야에 있어 세계적인 석학 조장희(趙長熙, 1936-)교수는 언어가 뇌의 어디에서 어떤 과정을 거쳐 만들어지는지에 대해 채색화한 정밀한 이미지$_{\text{imaging}}$ 사진으로 보여준다.

그림 (2)는 좌뇌 피질의 측면 그림으로, 신경전달 섬유 다발$_{\text{fiber}}$이 만들어내는 신경 회로$_{\text{neural pass way}}$를 볼 수 있다. 그림에서 뇌의 후반부(측두엽과 후두엽 포함)에 청각(Auditory, BA 41, 42), 시각(Visual, BA 17, 18), 체감각(Somatosensory, BA 5, 7) 등 세 개의 주요 감각 영역이 있다. 조장희교수는 여기에 베르니케 영역(BA 22)과 게쉬윈드 영역(BA 39, 40)을 포함하는 언어 허

5 이런 점에서 뇌의 베르니케 영역에 문제가 생긴 환자는 감각이나 말의 이해에 어려움을 겪게 되고, 뇌의 브로카 영역에 문제가 생긴 환자는 발음이나 문장의 문법적 구성에 어려움을 겪게 된다는 것이다. 다시 말해, 베르니케 영역에 문제가 생긴 환자는 유창하게 말은 하지만, 발화 내용에 대한 이해에 문제가 있다는 것이며, 브로카 영역에 문제가 생긴 환자는 언어적 이해력은 있지만, 구체적인 조음이나 제대로 된 문장을 말하는 데 문제가 있다는 것이다. 전자를 베르니케 실어증(Wernicke's Aphasia)이라 하고, 후자를 브로카 실어증(Broca's Aphasia)이라 한다. 그러나 이 둘이 동시에 발생하는 수도 있고, 서로 간에 일정 부분 영향을 주고받기 때문에 둘 사이를 명확히 구분하기가 어려운 경우도 있다.

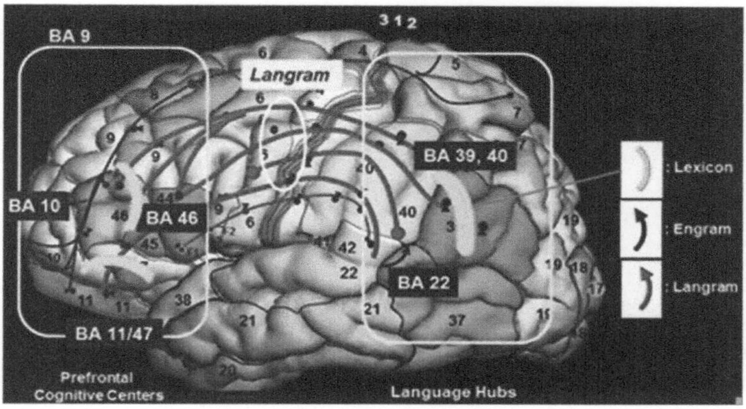

(2) 브로드만 영역에 표시된 언어 허브와 인지 센터[6]

브$_{\text{Language Hubs}}$를 설정한다. 한편, 뇌 전반부(전전두엽 및 측두엽의 일부)는 주로 운동과 인지 영역이다. 여기에는 브로카 영역(BA 44, 45), 전전두 인지 시스템(BA 46, 9, 10), 전전두 결정 시스템(BA 10, 11, 47) 등을 포함하는 인지 센터$_{\text{Cognitive Centers}}$가 설정된다. 이 둘 사이에 비언어적 요소$_{\text{Engram}}$를 언어적 요소$_{\text{Langram}}$로 전환시키는 많은 신경회로가 있다는 것이다.

한편, 언어의 기본 운용 단위인 어휘$_{\text{Lexicon}}$는 언어 허브와 인지 센터에 모두 존재하는 것으로 보인다. 위의 사진을 인지와 신경 어휘$_{\text{n-Lexicon}}$ 정보의 흐름 차원에서 더 세부적으로 표현한 조장희 외(2022)의 다음 그림을 보자.

그림(3)은 언어 허브와 인지 센터 사이에서 신경 전달물질에 의해 일어나는 일련의 현상에 대해 보여준다. 먼저 대뇌 측두엽의 청각기관$_{\text{Auditory}}$을 통해

6 이 사진은 'https://www.youtube.com/watch?v=_8Mkb1hXzE8 조장희 박사-GCU, 뇌를 만나다'에서 인용. 한편, 최근에는 과학과 영상 기술의 비약적인 발전으로 브로드만의 뇌 지도를 2-5개 정도 더 세분화한 뇌 지도(Brain Atlas)를 그린다. 이는 실로 컴퓨터 공학, 신경학 등이 언어학에게 주는 큰 선물이 아닐 수 없다. Lingzhong Fan, Tianzi Jiang(2016) 참조

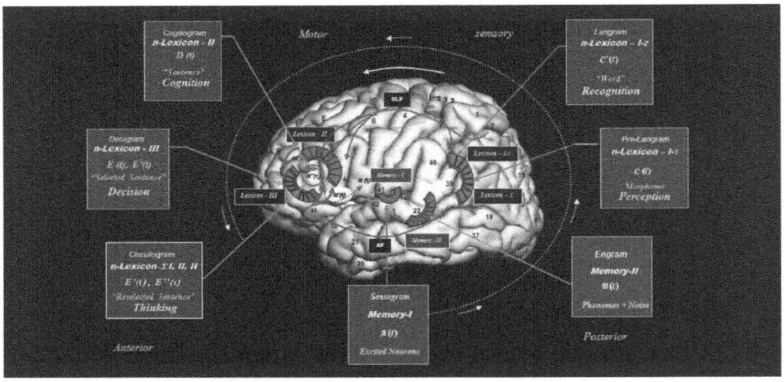

(3) PET 이미지 사진으로 본 어휘의 생성과 흐름도[7]

청각 영역(BA 41, 42)으로 들어온 정보는 베르니케 영역에서 장단기 기억장치(Memory-Ⅰ, Memory-Ⅱ)를 거쳐 분류된다. 그러나 아직은 언어적 어휘가 아닌 신경 물질 'Engram'이다. 이 정보는 게쉬윈드 영역(BA 39, 40)을 통과하며 언어적 신경 어휘 Ⅰ(n-Lexicon Ⅰ)로 전환$_{\text{transfer}}$되므로, 이것을 'Langram'이라 한다. 이 언어 정보는 이후 전두엽의 인지 센터(BA 46, 9, 10) 로 이동되어 언어적 신경 어휘 Ⅱ(n-Lexicon Ⅱ)가 되며, 이것을 'Cognogram'이라 한다. 언어 정보는 이후 결정$_{\text{decision}}$에 관여하는 영역(10, 11, 47)[76]에서 언어적 신경 어휘 Ⅲ(n-Lexicon Ⅲ)이 되며, 이를 'Decigram'이라 한다. 이렇게 선택되고 결정된 어휘 정보는 운동 영역(Motor, BA 6, 4)으로 전달되고, 다시 척수신경을 통해 우리의 손발이나 입술, 눈 등의 생체 기관을 통해 구체적인 운동으로 표현된다.

---

7 이 뇌 이메징 그림은 조장희 외(2022) 'Human Cognition and Language Processing with Neural – Lexicon Hypothesis'의 'Figure 14'를 인용한다.

8 이 영역은 전전두 하단의 변연계(The Limbic System)와 연결되므로 감정(emotion)과도 연계되는 영역이다. 즉, 인간의 선택과 결정은 감정과 깊은 관계가 있다.

조장희(2021)는 좌하 'Circulogram'에서 보듯, 신경 어휘 Ⅱ (n-Lexicon Ⅱ)와 신경 어휘 Ⅲ(n-Lexicon Ⅲ)이 운동 영역으로 출력되지 않고 융합 축적되는(/빙빙 도는) 현상을 '생각$_{\text{Thinking}}$'이라고 정의한다.

이상의 내용에 대해 조장희(2021)의 신경 흐름도$_{\text{flow diagram}}$를 보자.

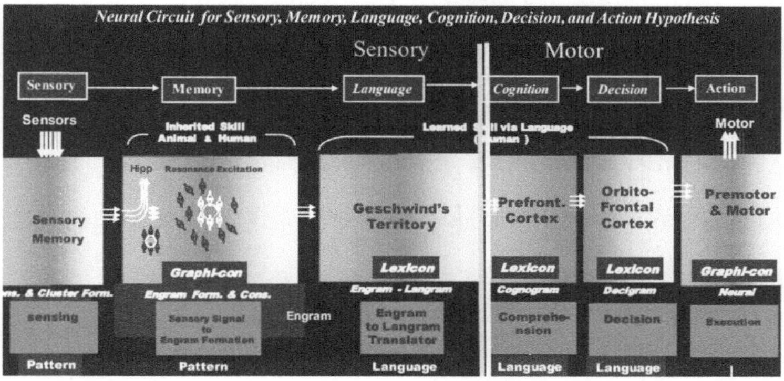

(4) 언어 정보처리 신경 흐름도[9]

위 그림에서 보듯, 센서를 통해 대뇌로 들어오는 정보$_{\text{Sensorgram}}$는 베르니케 영역(BA 22)을 통과하며 일정한 패턴$_{\text{pattern}}$으로 이해된다. 그러나 이들은 아직 언어화되지 않았으므로 'Engram'이라 칭한다. 이미 언급되었듯, 이 정보가 게쉬윈드 영역(BA 39, 40)을 통과할 때, 언어적 정보로 전환되며, 이를 'Langram' 이라 칭한다. 이들 정보는 다시 인지 영역(BA 46, 9, 10) 등에서 인지되어지고, 이를 'Cognogram'이라 칭한다. 이들 정보는 다시 결정 영역(BA 10, 11, 47)에서 선택(/결정)되어지고, 이를 'Decigram'이라 한다. 이렇게 단계별로 성숙해진 언어 정보는 운동 영역(motor, BA 6, 4)으로 이동한다. 이상 우리는 그림 (2)-

9 조장희(2021), 'Summer School of Neuroscience Lecture Ⅴ, Cognitive Processing of Human Brain' 인용

(4)을 통하여 감각기관을 통해 대뇌 피질로 들어오는 정보가 어떻게 어휘화되고 운동되고, 또는 생각이 만들어지는지 등에 대해 알아보았다.

한 인간이 태어나 언어를 배우고 구사하며 산다는 것은 경이로운 일이 아닐 수 없다. 그러나 인간이 어떻게 언어를 구사하게 되는지를 설명한다는 것은 단순한 문제가 아니다. 이에 대해 노암 촘스키$_{\text{Noam Chomsky}}$는 인간이 언어습득 장치$_{\text{Language Acquisition Device}}$를 가지고 태어난다고 본다. 이는 LAD를 마치 인간의 성장판$_{\text{physeal plate}}$처럼 하나의 생물학적 기관으로 보는 것이다. 촘스키는 인간의 뇌 속에 언어습득 과정에 중심적 역할을 하는 일종의 특수기관이 있으며, 이 가상의 장치가 언어습득 장치$_{\text{LAD}}$라고 주장한다. 이에 대해 현대 뇌 과학은 이것이 인간의 좌뇌 측두엽 피질 속에 있는 베르니케 영역$_{\text{Wernicke's Area}}$, 브로카 영역$_{\text{Broca's Area}}$, 게쉬윈드 영역$_{\text{Geschiwind's Territory}}$ 등을 포함하며 엄청난 수의 신경회로에 의해 연결되는 실체임을 보여준다.

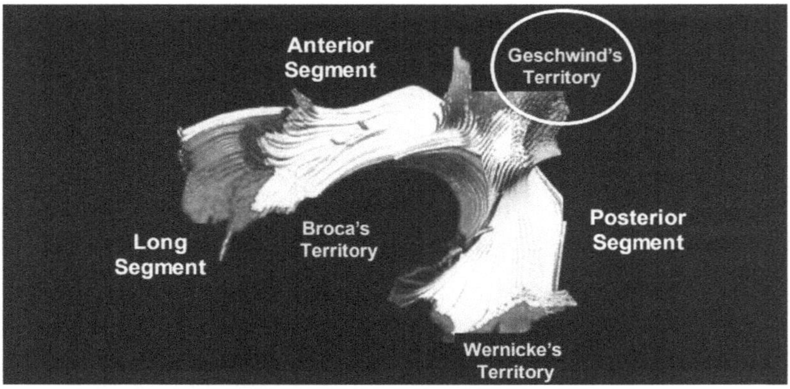

(5) 베르니케, 브로카, 게쉬윈드 영역 신경 다발[10]

10 조장희(2021), 'Summer School of Neuroscience Lecture Ⅳ, Human Brain Connectome'에서 인용한 Catani's Two Segment Theory with DTI(2005)의 그림을 재인용 함.

언어습득 장치 안에는 모든 언어에 필요한 기본 원칙이 담겨 있고, 인간은 누구나 선천적으로 언어적 능력을 타고나며, 언어를 사용하는 사회 환경에서 해당 언어에 접촉하게 되면, 자신 속에 내재하는 일차 언어 자료$_{\text{primary linguistic data}}$를 기초로 하여 해당 언어를 자신의 모국어로 습득하게 된다는 것이다. 이들 언어 영역을 연결하는 신경회로에 대해 조장희(2021)의 회로를 보자.

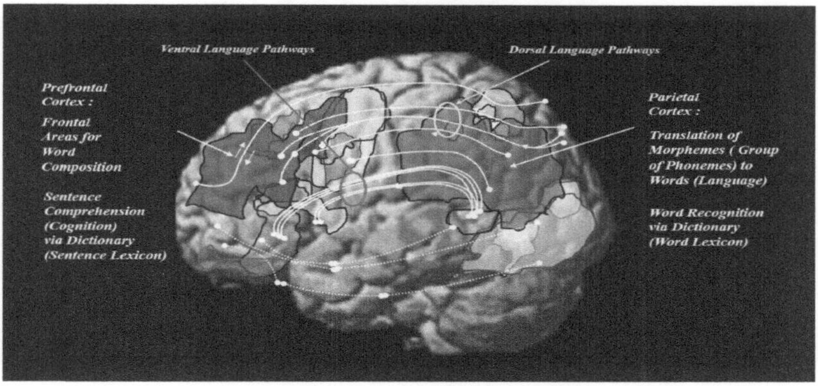

(6) 베르니케, 브로카, 게쉬윈드 영역과 신경회로[11]

그림에서 보다시피, 그는 언어 영역을 연결하는 10여 개의 신경회로를 그린다.

생성문법학이 창시자인 촘스키도 '스페인어를 구사하는 약'을 만들 수 있을 것이라고 말한 데서 알 수 있듯, 궁극적인 답을 생물언어학에서 찾고자 하는 것 같다. 그는 최근 논문 Angela D. Friederici, Noam Chomsky(2017)[12] "언어

---

11 사진은 조장희(2021) 서울대 언어학과 콜러큠; Oct29, 2021의 PPT 사진을 인용한 것으로, 좌뇌 측두 엽을 종단으로 잘라서 베르니케 영역-게쉬윈드 영역-브로카 영역 등을 연결하는 신경 다발의 흐름을 보인 것이다. 참고로 그는 이 부위의 측두엽을 흐르는 10개의 신경회로(neural pass way)를 설정한다.

12 Angela D. Friederici, Noam Chomsky, Robert C. Berwick, Andrea Moro & Johan J. Bolhuis (2017), Language, mind and brain.

와 정신 그리고 뇌Language, mind and brain"에서 언어 신경 회로망을 다음과 같이 그린다.

(7) 촘스키 외(2017)의 언어 신경 회로도

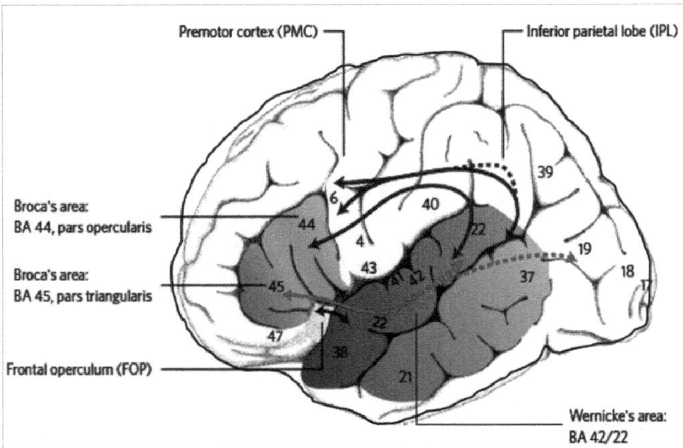

그림에서 보듯, 언어 신경망은 대뇌 좌 측두엽에 분포한다. Angela D. Friederici, Noam Chomsky(2017)는 언어 전달 신경회로를 등 쪽 회로Dorsal fiber tracts와 배 쪽 회로Ventral fiber tracts로 구분하고, 이에 속하는 각각 2개의 회로를 그려 총 4개의 회로를 그린다. 등 쪽의 하나는 하위의 BA 22-40-44 회로[13]이고, 다른 하나는 상위의 BA 22-39-40-6 회로이다. 배 쪽도 두 개를 그리는데, 하나는 상위의 BA 22-45 회로이고, 다른 하나는 하위의 BA 22-47, 45 회로이다. 등 쪽 혹은 배 쪽의 구분된 두 회로는 각각 상하와 앞뒤의 차이를 보이기는 하지만, 기

13 이 회로는 기존에 말해지던 베르니케 영역에서 브로카 영역을 거치는 회로에 해당한다. 전체 그림을 통해 보듯 촘스키 외(2017)에서는 등 쪽과 배 쪽의 두 회로 영역을 나누어 상정한다.

본적으로 베르니케 영역인 BA 22를 출발점으로 하며, 브로카 영역인 BA 44, 45를 귀착점으로 한다. 결국, 이들의 그림도 우리가 이미 (2)-(6)의 그림과 설명을 통해 보인 내용과 일맥상통한다.

Ⅲ. 단어는 언어의 집을 짓는 벽돌

1. 단어는 자질 집합체

단어$_{\text{word}}$란 무엇인가? 그 정의를 말하자면 백 가지가 넘을지도 모른다. 우리는 단어가 인간의 뇌 속에서 발생하는 인지 작용의 한 결과물이라고 본다. 이미 언급한 바 있듯, 언어란 외부로부터의 어떤 정보가 시·청각 등 감각기관을 통해 대뇌 피질로 들어온 후, 베르니케 영역을 통과하면서 이해되고, 게쉬윈드 영역에서 언어(/단어)적으로 전환된 후, 브로카 영역을 통해 통사구조를 만들고, 운동기관으로 보내져 발화되는 것이라 믿어진다. 이 언어(/인지) 정보의 흐름 속에서 대뇌 피질로 들어온 감각 정보를 기존의 기억장치에 저장되어 있는 것(단어/정보)들과 비교한다. 그 결과 분류되고$_{\text{Classified}}$ 범주화된$_{\text{Categorized}}$ 결과물이 음운과 문자의 옷을 입고 사람의 입 밖으로 나온 것이 바로 단어이다.[14] 비유하자면 '단어'는 마치 문장의 집을 짓는 가장 작은 운용 단위인 벽돌 같다. 문장이라는 건축물을 잘 만들기 위해 이 벽돌들의 속성을 잘 이해해야

---

14 조장희(2019, 2021세미나, 2022세미나)는 단어(lexicon)란 "언어부호 저장 단위(Language CodeStorage Unite)"라고 말하며, 분류화와 범주화 및 체계적 구조화의 도움을 통해 "ENGRAM"이 "LANGRAM"으로 전환된 입력 데이터로 게쉬윈드 영역에 있을 것으로 믿어지는 것이라고 본다.(It is believed to be in the Geschwind's Territory with which the input data "ENGRAM" can be translated to "LANGRAM" by help of classification, categorization and systematic organization.). https://www.youtube.com/watch?v=_8Mkb1hXzE8 조장희 박사-GCU, 뇌를 만나다.

한다. '소재/자질'에 따른 벽돌의 종류가 매우 다양하듯 단어도 그 자질에 따라 다양한 기능을 한다. 우리는 이미 언급한 '자질$_{\text{Feature}}$'에 근거하여 단어를 다음과 같이 정의한다.

(8) 단어(word)는 자질 집합체(Feature Inventory)이다.

생성문법에서는 통사부에 형태소보다 더 작은 단위인 자질이 통사부 운용에 참여한다고 본다.[15] Chomsky(1995)는 통사부의 운용 단위를 자질로 간주하고, 이러한 자질의 종류와 기능, 해석에 관한 이론을 전개했다. 이러한 논의가 바로 '자질 점검 이론$_{\text{Checking theory}}$', '자질 일치 이론$_{\text{Agree Theory}}$' 등이다. Chomsky(1995:277)는 통사부에서 운용되는 대표적인 통사 자질로 범주자질, 일치자질(/파이자질), 격자질, 강자질 등의 형식자질을 제시한다.

언어학에서 말하는 '자질$_{\text{Feature}}$'을 건축자재에 비유한다면, 건축의 재료의 속성, 즉 '소재'가 되겠다. 예를 들어 벽돌의 소재만 보더라도 흙, 시멘트, 플라스틱, 금속 등 매우 다양하며, 골조도 나무나 철근뿐만 아니라 다양한 '자질'의 금속 혹은 비금속 소재를 사용할 수 있다. 문장의 '집'을 짓는 가장 작은 단위인 '자질'도 건축의 '소재'처럼 역시 다양하다. 건축에 있어 여러 자재들을 결합시켜 최종적으로 건물을 짓듯, 문장의 '집'을 지을 때도 여러 자재들을 결합시켜 구조화시킨다. 그 출발점이 바로 '자질$_{\text{Feature}}$'이다. 우리는 통사론적 관

15 생성문법에서도 '단어(/어휘, Lexicon)'는 물론 중요한 개념이다. 그러나 단어는 '자질들의 집합체'라는 관점에서 보듯, 각 단어가 가지는 '자질'을 중시한다. 한편, 전통문법에서 말하는 최소 문법단위인 형태소는 정의와 기능 차원에서 자질과 다르다. 특히 기능적인 점에서 형태소는 주로 단어 구성 (word compounding) 차원에서 다뤄지나, 자질은 '통사부의 운용(주로 이동의 동인)' 차원에서 다뤄 진다.

점에서 이러한 자질을 '형식자질formal Features', '문법자질' 혹은 '통사자질'이라 한다. 중국어 단어 '牛(소)'를 예로 살펴보자.

(9) 소(牛)의 자질

a. 음운자질: [설첨중비음], [비원순고원음], [원순고원음], [제2성]

b. 의미자질: [포유동물], [뿔이 있음], [꼬리가 있음], ……

c. 형식자질: [+ 명사성]

예(9)에서 보듯, 하나의 단어는 일반적으로 여러 개의 자질로 구성된다. 음운자질에 해당하는 부분은 'niú'(중국어 병음)로 그 표현이 간단하다. 그 조음造音 위치와 방법을 간단히 묘사해 주면 그만이다. 또 형식자질도 [+ N]으로 역시 간단하다. 그러나 의미자질은 다르다. 우선 '포유동물이고, 몸이 크고, 한 쌍의 뿔이 있고, 꼬리 끝에는 긴 털이 나 있고, 힘이 세고, ……'[16] 등등으로 매우 복잡하며, 주관적인 관점에 따라 계속적으로 나열될 수 있다.

위에서 살펴본 바와 같이, 어휘부에서는 '소(牛)'에 대해 음운자질, 의미자질, 형식자질의 모든 자질을 포함한다. 그러나 건축 현장에 해당하는 통사부에서 관심 가지는 것은 자재들을 어떻게 구조화시키느냐이다. Chomsky(1995)에 의하면 형식자질만이 통사부에 사용되어 연산(/계산)에 적용된다. 즉, 형식자질은 통사적 운용(건축자재들을 당기고 이동시키켜 조합하는 등)의 동기를 부여함으로써, 병합Merge을 강요하는 출발점이다. 이처럼 자질Feature은 병합Merge과 더불어 최소주의 통사론의 핵심 개념이다.

---

16 『现代汉语词典』(第五版), 商务印书馆(2005:1002-1003).

2. 단어 벽돌의 종류

우리는 단어가 가지는 자질의 특성에 근거하여 단어를 분류한다. 단어의 분류에 대한 전체 내용을 종합하여 표로 나타내면 다음과 같다.

(10)현대중국어 단어 분류표

<table>
<tr><th colspan="2">명사성 단어 [+ N]</th><th colspan="3">동사성 단어 [+ V]</th></tr>
<tr><td>내용어(- F) 어휘범주</td><td>기능어(+ F) 기능범주</td><td>내용어(- F) 어휘범주</td><td colspan="2">기능어(+ F) 기능범주</td></tr>
<tr><td>명사(N)</td><td>경명사(n)</td><td>동사(V)</td><td colspan="2">경동사(v)</td></tr>
<tr><td>구별사(Dw)</td><td>양사(Cl)</td><td>형용사(A)</td><td colspan="2">경형용사(a)</td></tr>
<tr><td></td><td>수사(Num)</td><td>전치사(P)</td><td colspan="2">정도사(Deg)</td></tr>
<tr><td></td><td>한정사(D)</td><td>부사(Adv)</td><td colspan="2">경전치사(n)</td></tr>
<tr><td></td><td></td><td></td><td colspan="2">상조사(Asp)</td></tr>
<tr><td></td><td></td><td></td><td colspan="2">태조사(Voic)</td></tr>
<tr><td></td><td></td><td></td><td colspan="2">비교(Com)-대상사(Tar)</td></tr>
<tr><td></td><td></td><td></td><td colspan="2">양태사(Mod)</td></tr>
<tr><td></td><td></td><td></td><td colspan="2">시제사(T)</td></tr>
<tr><td></td><td></td><td></td><td rowspan="3">보문사
(C)</td><td>초점사(Foc)</td></tr>
<tr><td></td><td></td><td></td><td>화제사(Top)</td></tr>
<tr><td></td><td></td><td></td><td>어기사(Force)</td></tr>
<tr><td></td><td></td><td></td><td colspan="2">접속사(Conj)</td></tr>
</table>

단어는 범주자질Category Feature인 [+ N]과 [+ V]에 근거하여 이분하고, 다시 단어의 기능성 유무, 즉 [± F]에 근거하여 재분류한다. 우리는 통사적인 관점에서 단어의 의미자질이나 음성자질보다 형식자질을 매우 중시한다.

Ⅳ. 물은 'H2O', 문장은 'CP'

'물'을 의미적으로 정의하자면 아마 백 가지도 넘을 것이다. '문장'도 마찬가지이다. 그러니 이들에 대해 가능한 한 과학적으로 간단하게 정의할 필요가 있다. 다 알다시피 물의 화학식이 'H2O'이듯, 우리는 문장을 'CP'라고 정의한다. 여기서 보문사구$_{CP}$에 관련된 사항에 대해 좀 더 알아보자.

1. 벽돌을 나르는 자질의 힘

자질 중 형식자질(/문법자질)은 두 언어 덩어리를 하나로 병합$_{Merge}$시키는 기능을 한다. 그러므로 형식자질은 문법현상의 출발점이라 할 수 있다. 형식자질은 또 그 특성의 강약에 근거하여 '강 자질'과 '약자질'로 분류할 수 있다. 이때 강자질은 이동의 동인이 되는 자질로, 해당 자질이 이동을 통해서 점검되어야 하는 자질이다. 강자질은 Chomsky (2000) 이후 확대투사 자질$_{EPP\ Feature}$[17]이라는 명칭으로 통합되었다.

(11)확대투사 자질

가시적 이동 동인 자질
EPP 자질

17 확대투사원리(Extended Projection Principle)를 만족시키는 자질을 EPP자질이라 한다. Williams (1980), Chomsky(1981, 1986), Rothstein(1985) 참조. 주어 이동을 유발하는 이러한 자질에 대해 촘스키는 '강 명사구 자질(strong NP-Feature, Chomsky 1995)', '강 한정사 자질(强限定词, strong D-Feature, Chomsky 1995)', '확대투사자질(EPP Feature, Chomsky 2001)', '해석되어지지 않은 굴절 자질(uninterpretable inflectional feature, chomsky 2007)', '일치자질(agreement, Feature, Chomsky 2008)' 등 여러 명칭으로 부르기도 한다.

강 자질인 확대투사지질은 통사부$_{Syntax}$에서 반드시 해석되어야 하는 자질이다. 즉, 반드시 해석되고 삭제되어야 하는 자질이다. 소위 핵 단어나 모종의 논항을 이동시키는 힘을 가진 확대투사 자질을 가리킨다. Chomsky(1995)에 따르면, 소위 '강 자질$_{Strong\ Feature}$[18]'은 해석되지 않으면 음운형태부에서 충돌을 일으키기 때문에 문자화/음운화 이전에 반드시 점검을 통해 삭제$_{deletion}$되어야 하는 자질이다. 예를 들어보면, 우리가 문장이라는 집을 지을 때, 기둥처럼 반드시 있어야 하는 경동사구, 시제사구, 보문사구 등의 핵인 경동사$_v$, 시제사$_T$, 보문사$_C$ 등은 모두 가시적 이동을 일으키는 EPP 자질을 가진다. 예를 들어 경동사의 경우는 동사를 아래로부터 당기어 병합하고, 자신의 지정어 자라에는 향우 주어가 될 한정사구(DP)를 배열한다. 또, 시제사와 보문사의 핵도 EPP 자질을 해석하기 위해 모종의 논항을 각자 자신들의 지정어 자리로 이동시키는 작용을 한다. 또, 각종 구문을 만드는 핵, 즉 초점 구문을 만드는 초점표지핵 (FOCUS), 양사구를 만드는 양태사 핵(MOD), 화제사구를 만드는 화제사 핵(TOPIC) 등도 모두 가시적 이동을 일으키는 EPP 자질을 가진다. 다음 중국어의 예(12)를 보자.

수형도에서 보듯, 경동사(v), 시제사(T), 보문사(C) 등은 모두 가시적 이동을 일으키는 EPP 자질을 가진다. 이 자질은 강자질이며, 비해석성 자질이다. 따라서 이는 반드시 해석(/점검)되어야 한다. 이를 만족시키기 위해 이들은 각각 동사 '读过', '我', '『红楼梦』'을 이동시키고 삭제하는 연산이 발생한다. 수

18 강 자질이란 T핵이나 C핵 등이 가지는 자질로 음운형태부에서 충돌을 일으키기 때문에 문자화 이전에 점검을 통해 반드시 삭제되어야 하는 자질이다. Chomsky(1995) 3장 참조. 영어는 의문사구의 경우 비해석성 보문사(C)가 가지는 비해석성 강자질 Q는 해석성 자질 'wh-Feature'의 이동을 통해 반드시 점검되어야 한다. 따라서 'wh-' 의문사는 반드시 문두로 이동한다.

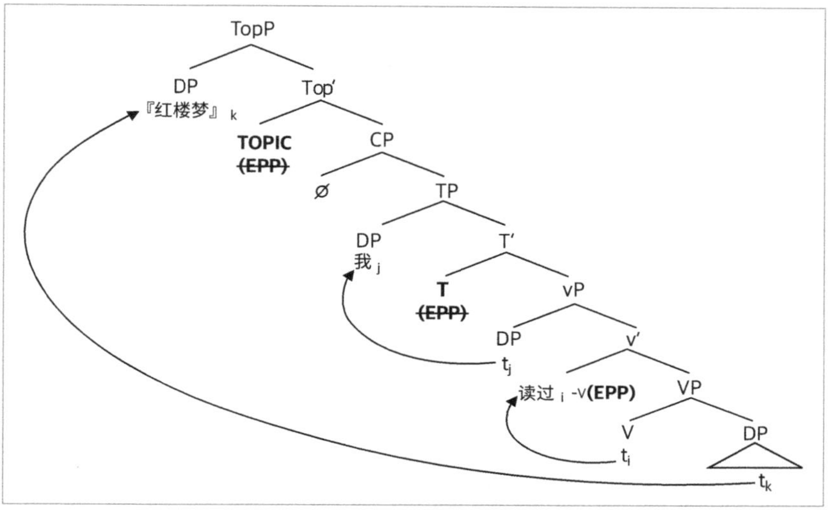

(12) 『红楼梦』我读过。'의 도출에서 보이는 EPP 자질 점검

형도에서 t_i, t_j, t_k는 각각 '读过', '我', '『红楼梦』'이 삭제되고 흔적trace을 남긴 자리이다.

2.'CP'는 층차적 병합으로 안전하게 지어진 집

이제 가장 안정적인 문장의 집 보문사구CP의 모형도를 보자. 보문사구(CP)는 보문사 핵(COPLEMENTIZER)이 시제사구를 보충어로 취하여 최대투사된 구이다. 다음 수형도(13)를 통해 통사부에서 보문사구가 도출되는 위치를 찾아보자.

수형도에서 보듯 보문사(COMPLEMENTIZER / C)는 통사부 최상위 계층의 핵이다. 보문사 핵인 'C'는 전통문법에서 말하는 어기사 '啊, 吧, 的, 了, 吗, 呢', 초점사 '是', 화제표지 '啊, 吧, 嘛, 呢' 등이다. 이들은 문장을 보충어로 취하고 문장(TP)에 대해 기능적 유형sentence type, 즉 진술문, 의문문, 명령문, 감탄문의 기능을 확정해준다.

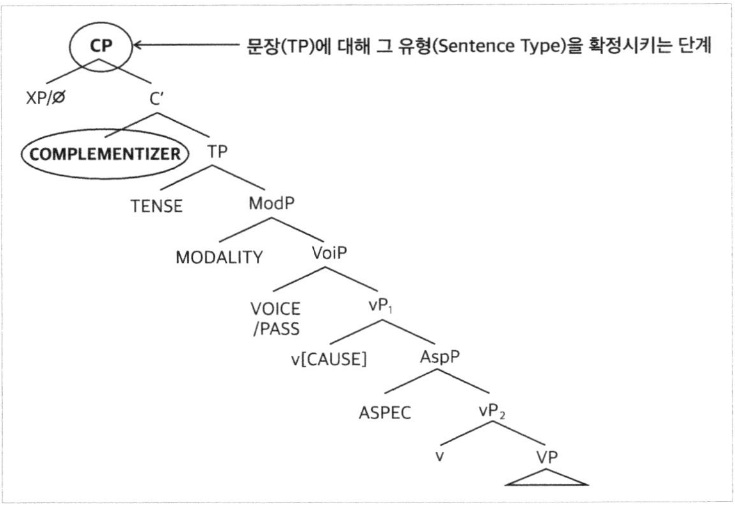

(13)보문사구(CP)의 통사 위치

Ⅴ. 실례 해석

나는 학부 중국어문법작문 강의평가에서 "교수님은 한 말을 또 하고 또 합니다."라는 평을 들은 바 있다. 처음에는 속상했는데, 생각해 보면 저들의 심정이 이해가 간다. 이론을 반복하여 강조하다 보니 그렇다. 이제 실례를 보자. 이런 예는 원어민에게 물어도 시원한 대답을 기대하기 어려운 것들이다.

1. '两位他们'은 왜 성립하지 않나요?

만약 전통문법에서 말하는 것처럼 '他们'이 소위 '대명사代词'이고, 대명사는 명사의 한 부류에 속한다면, 중국어의 어순구조상 위의 '수사+양사+명사' 구조는 성립되어야 마땅하다. 그러나 '两位他们'은 명백한 비문이다.

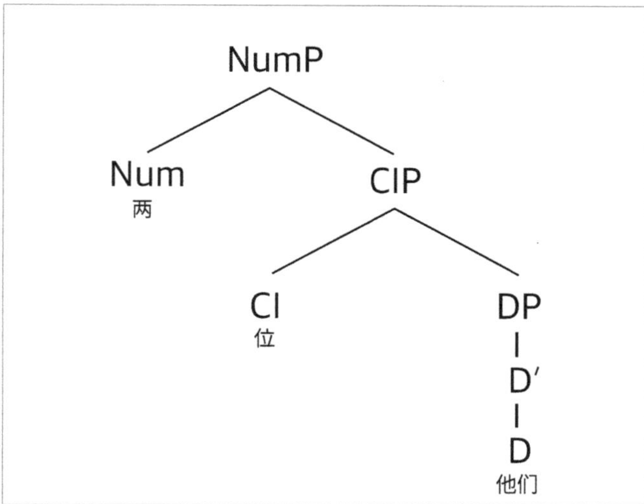

(14)'*两位他们'의 도출

'他们'은 한정사구에서 가장 높은 계층에 속하는 한정사이다. 그러나 수형도에서 보듯 가장 낮은 계층, 즉 양사나 수사의 보충어 위치에 배열함으로써 성립하지 않는다.[19]

그러나 위계가 높은 한정사 '他们'이 정상적인 위치에서 도출된 수형도 (15)를 보자.

'他们两位客人'는 '他们'이 정상적인 위치에서 투사된 구로, 그 도출 과정은 위의 수형도와 같다. 즉, '客人'는 명사이며, 최종적으로 명사구로 투사되어 양사 '位'의 보충어로 쓰이고, 그것은 다시 수사 '两'의 보충어로 쓰이고, 최종적으로 한정사 '他们'의 보충어로 쓰여 한정사구로 투사된다. 한정사 '他们'은 가장 상위의 계층에 놓인다. 이상의 사실은 중국어의 '인칭대명사'는 한

19 Tang(1999), 邓思颖(2002) 참고

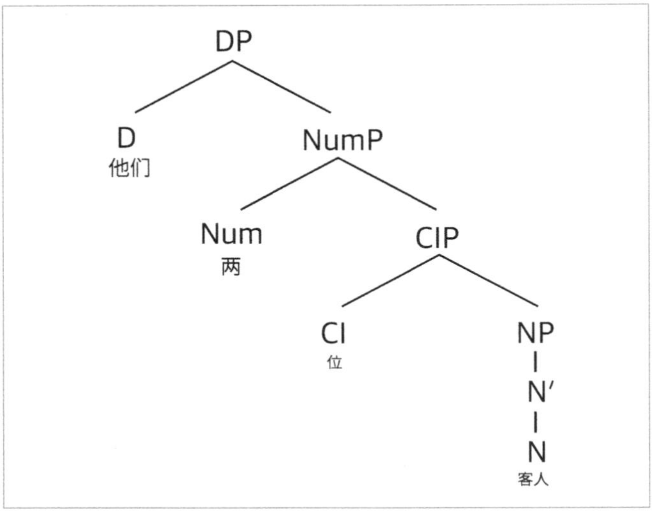

(15)'他们两位客人'의 도출

정사(D)에 속하며, 한정사구(DP)의 가장 높은 위치에서 도출된다는 것을 말한다.

2.'只吃了一个面包'가 왜 중의적으로 해석되는가요?

명사성구는 수사구로 투사되면 그 용도가 비교적 광범위해진다. 이런 점에서 어떤 구가 수사구인지 한정사구인지 구분하기 쉽지 않은 경우가 있다. 즉, '一+양사+명사' 구조가 어떤 경우에는 수사구(NumP)로, 어떤 경우에는 한정사구(DP)로 해석되는 경우가 있다. 다음 예를 보자.

(16) a. 他没吃什么, 只吃了一个面包

그는 뭐 먹은 게 없고 빵 하나만 먹었다.

b. 他面包吃得不多, 只吃了一个面包。

그는 빵을 많이 먹진 못하고, 한 개의 빵만 먹었다.

(16)a의 경우, '一'는 앞뒤 문장의 문맥상 생략할 수 있지만, '面包'는 절대 생략할 수 없다. 반면, b의 '面包'는 앞뒤 문장의 문맥상 생략할 수 있지만, '一'는 생략할 수 없다. 陆俭明(2005)은 이러한 현상은 초점 민감 연산자 '只'의 의미지향과 관련이 있다고 본다. (16)a의 '只'는 명사성 성분인 '面包'를 지향하므로, '面包'는 생략할 수 없다. 이때 수사 '一'은 생략이 가능하다. b의 경우는 그 반대 현상이다. (16)b의 '只'는 수사 '一'을 지향하므로 생략할 수 없다. 결국, 전자는 수사구(NumP)보다 더 높은 계층의 한정사구(DP)로 투사되기 때문이고, 후자는 수사구로 투사되기 때문이다. 두 경우를 설명하는 다음 수형도를 보자.

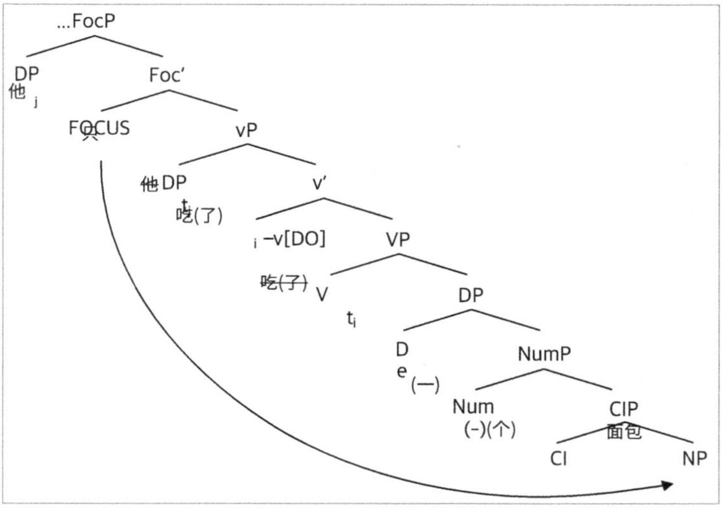

(17)'一个面包'가 한정사구(DP)로 이해될 때 '只'의 의미지향

이때의 '只'는 '面包'를 지향한다. 또, 다음 수형도를 보자.

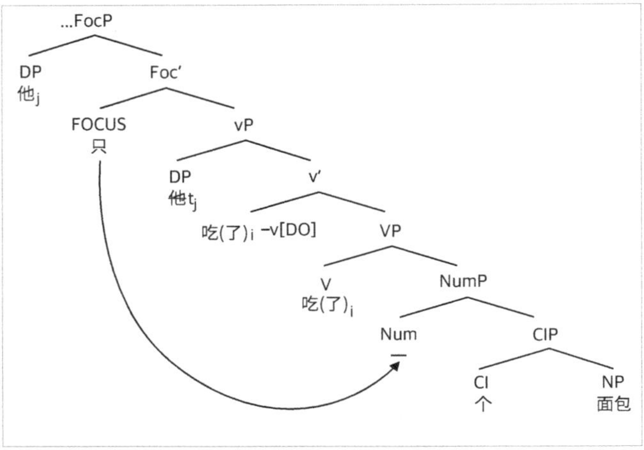

(18) '一个面包'가 수사구(NumP)로 이해될 때 '只'의 의미지향

이때의 '只'는 수사 '一'를 지향한다. 결국, (16)a는 '面包'의 한정성에 초점을 두는 한정사구(DP)로 이해되고, b는 수사 '一'에 초점을 두는 수사구(NumP)로 이해된다. 한편, 이러한 중의 현상은 초점 민감 연산자인 '只'가 위치적으로 수사와 한정사를 모두 성분통어(C-command) 하기 때문에 발생한다. 그러나 이런 중의성은 (16)a나 b의 각 앞 절과 같은 문맥 상황이 주어지면 즉시 해소된다.

3.'台上坐着主席团'의 주어는 무엇인가요?

다음 문장의 주어는 무엇인가?

(19) 台上坐着主席团。

단상에 주석단이 앉아 있다.

어떤 학자들은 '主席团'이 주어라고 주장했고, 어떤 학자들은 '台上'이 주어라고 주장했다.[20] 지금도 여전하다. 분포를 중시하는 구조주의적 관점의 학자들은 여전히 '台上'을 주어라고 하며, 의미론자들은 〈행위자〉 의미역을 받는 '主席团'을 주어라고 한다.

이 문제를 설명하기 위해 熊仲儒(2013:90)는 유사한 영어 구문을 예로 든다.

(20) a. **There** is **a man** in the classroom.

어떤 남자가 교실에 있다.

b. [$_{TP}$ there [$_{T'}$ [T] [$_{vP}$ [v is] [$_{pP}$ [a man] [$_{p'}$ [$_{p}$] [$_{PP}$ the classroom [in]]]]]]]

위의 예에서 'it'과 더불어 허사$_{expletive}$로 분류되는 대명사 'there'가 시제사$_{T}$ 'is'의 격 일치 영향으로 주어의 위치인 시제사구의 지정어 자리(TP-Spec)를 선점하였다. 그러나 'there'의 phi-자질(인칭, 수, 성)은 불완전하다. 따라서 시제사 'is'의 비해석성 phi-자질은 체크하고 삭제할 길이 없다. 이에 'is'는 자신의 비해석성 phi-자질을 삭제하기 위해서 아래로 탐침$_{probe}$을 진행한다. 이때 T와 가장 가까운 'a man'의 phi-자질은 완전하므로, 서로 간에 자질 점검$_{Checking}$이 이루어진다. 'a man'은 T의 비해석성 phi-자질을 삭제하고, T는 'a man'의 비해석성 격자질을 삭제한다. 결국 예(20)에서 2개의 성분, 즉 'there'와 'a man'이 T인 'is'와 일치 관계를 이루므로, 2개의 성분이 모두 주어 기능을 담당한다고 말할 수 있다. 이 사실은 다음 예를 통해 확인할 수 있다.

---

20 한편, 沈家煊(1999)은 '台上'과 '主席团'을 모두 '비전형적인 주어'로 처리했다. '台上'은 화제일지라도 행위자(Agent)는 아니며, '主席团'은 행위자이지만, 화제는 아니라는 것이다. 그는 의미론과 정보론의 관점에서 말한 것이기는 하지만, 이 짧은 문장에서 주어 설정의 곤혹스러움을 느끼게 한다.

(21) a. **Is** there **a man** in the classroom?

교실에 사람이 있어요?

b.There **is**/*are **a man** in the classroom.

교실에 한 사람이 있다.

c.There **are**/*is **three men** in the classroom.

교실에 세 사람이 있다.

a에서 보듯, 영어는 의문문 구성에서 주어와 BE 동사의 도치$_{\text{inversion}}$가 일어난다. 이를 통해 'there'가 주어라는 것을 증명할 수 있다. 또 b에서 보듯, 영어의 주어와 술어(T) 사이에는 수(phi-자질) 일치가 있어야 한다. 즉, 'is'는 'there'와 일치를 보이는 것이 아니라 'a man'과 일치를 보이는 것이다. c처럼 'three man'으로 바뀌면 술어(T)가 수의 일치를 위해 'are'로 바뀐다. 이를 통해 'a men'도 주어가 된다는 것을 증명할 수 있다. 이런 설명이 맞다면, (19)의 문장 '台上坐着主席团。'은 하나의 구조 속에 T와 일치 관계를 맺는 명사구가 복수인 경우이다. 즉 '台上', '主席团'과 각각 부분적인 일치를 이루기 때문이다. 이를 다음 수형도를 통해 살펴보자.

'坐'는 존재 의미를 나타내는 v로 확대되며, '坐-v'는 2개의 논항 '台上'과 '主席团'을 선택하여 경동사구(vP)를 구성한다. 이어서 시제사(T) 핵은 이 vP를 보충어로 삼아 격자질을 점검한다. T는 phi-자질이 완전하므로 아래로 내려가면서 '台上'을 먼저 탐색하고 이것과 우선 일치관계를 맺는다. 그러나 '台上'은 phi-자질이 불완전하므로, T의 비해석성 phi-자질을 삭제할 수 없다. 따라서 T는 계속 아래로 내려가면서 탐색을 하다가, phi-자질이 완전한 '主席团'을 발견하고 일치를 이루면서 '主席团'에게 주격의 자질 값을 부여한다. 이러

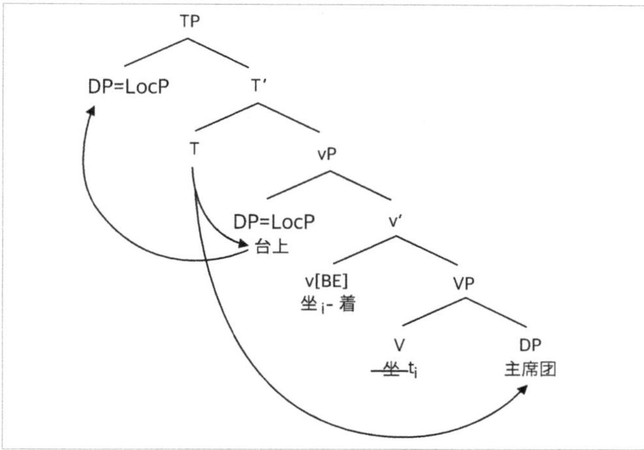

(22) '台上坐着主席团'의 도출

한 과정을 통해, '台上'과 '主席团'이 모두 T와 일정한 일치 관계를 가짐으로써 모두 주어로서 행세하게 된다.[21] 결국, 이 문장에서 형식적으로는 '台上'이, 내용적으로는 '主席团'이 주어라 하겠다.

Ⅵ. 결론

인간의 생득적인 언어 능력(LAD, UG, I-언어) 등은 언제 우리 인간의 뇌 속에 생겼을까? 다윈$_{\text{Darwin}}$ 같은 진화론자들은 인간이 단세포에서 다세포로, 해양생물에서 육지생물로 진화하였다고 주장한다. 그렇다면 언어도 수많은 세

---

21 향후 '台上'은 비명시적 시제사( )가 가지는 확대투사자질(EPP F)를 점검하기 위해 시제사구의 지정어 자리(TP-Spec)으로 이동한다.

월 동안 진화한 결과물일까? 우리는 이런 관점에 동의하지 않는다. 아마도 인간이 셈하는 연대로는 정확하지 않지만[22] 창조주$_{\text{Big creator}}$가 인간을 만들 때 이미 우리 뇌 속에 부여한 것이리라. 다음 성경 구절을 보자.

(23) 여호와 하나님이 흙으로 각종 들짐승과 공중의 각종 새를 지으시고 **아담이 무엇이라고 부르나 보시려고** 그것들을 그에게로 이끌어 가시니 아담이 각 생물을 부르는 것이 곧 그 이름이 되었더라『창세기 2:19』

성경에 근거하면, 인간이 흙으로 지음을 받은 창세 이래부터 인간은 언어적 존재이다. 하나님이 지으신 아담은 언어를 구사하여 각 생물에게 이름을 부여한다. 즉, 아담은 사물에 대한 개념을 분류하고 범주화하여 이름 짓고, 단어를 만들어 기억하고, 이 단어들을 병합시키고, 그 병합체의 구조 관계에 대해 인지하여 '이름 붙이기/표찰 달기$_{\text{Labelling}}$'를 할 수 있는 능력을 부여받은 존재로 창조되었다.

이제 인간 스스로도 놀라는 AI 시대요, 빅 데이터 시대가 도래하였다. 좋은 데이터만 다량으로 확보하여 심층학습$_{\text{Deep Learning}}$을 시키기만 한다면 뭐든 다 될 듯싶은 환상에 빠지기도 한다. 그러나 이는 역시 기계조작일 뿐이다. 다시 인간의 본질로 돌아가야 한다. 생물학적 관점에서 언어를 생성하는 뇌$_{\text{Brain}}$에 집중해야 한다. 일개 언어학자로서 감히 예언해 본다.

'21C에 생물언어학$_{\text{Biolingustics}}$은 인간을 가장 잘 이해하고 설명하는 엄청난

22 인간의 언어 기원에 대해 진화론자들은 "언어는 오랜 기간에 걸친 자연적 선택의 결과로 의해서 생 겨난 것"이라고 보는 반면, Chomsky는 "약 5만 년 전쯤 특이한 돌연변이에 의해 생겨난 것"이라고 본다. 金镇宇(2012[2011]:8) 인용 및 참조.

융합학문으로 발전할 것이다.'

참고문헌

김종호(2011),『현대중국어 화제화 이중명사구문 연구』, 서울, 한국문화사

______(2018),『중국어 최소주의 생성문법 13강』, HUIN

______(2023),『현대중국어 최소주의 생성문법』, 한티미디어

______(2019),『한문 해석 공식 : 촘스키가 논어를 읽는다면』, 한티미디어

______(2020),『AI 시대 기초 한문공부 : 생성문법으로 한문 해석하기』, 한티미디어

______·강희명(2017),『현대중국어 화제의 두 위치 해석』『중국언어연구』71집, 한국중국언어학회

______·박혁재(2016a),『현대중국어 술목 离合式 "V+谁的+O"구조의 도출과 해석 –경동사 사건구조를 중심으로-』『중국학보』77

______·서지영(2020)『현대중국어 비대격 동사 '紅'의 통사적 특징 연구 – 사건의미와 논항구조를 중심으로 – 』『中国学研究』(제91집), 서울, 중국학연구회

______·이정인(2014a),『"V得比较句"中"比Y"的移位问题考察』『중국연구(제61권)』, 한국외국어대학교 중국연구소

______·전원홍(2014b),『與汉语宾语对应的韩语形式研究— 以韩语状语形式为中心 —』『중국문학연구』(제54집), 서울, 한국중문학회

______·한수진(2023),『공식으로 한문 텍스트 읽기』, 서울, 한티미디어

______·황후남(2021),『现代汉语述补结构"洗累了"类与"吃腻了"类比较分析』『중국연구(제87권)』, 한국외국어대학교 중국연구소

Andrew Radford저, 이홍배 역(2019),『(최소주의) 통사이론과 영어)』, 한신문화사

Angela D. Friederici, Noam Chomsky, Robert C. Berwick, Andrea Moro & Johan J. Bolhuis(2017), Language, mind and brain. Nature Human Behaviour VOL1 pp713–722 www.nature.com/nathumbehav

Bertrand Russell(1997[1912]), The Problems of Philosophy, Oxford University Press.

C.-T. James Huang, Y.-H. Audrey Li, Yafei Li(2009), The Syntax of Chinese. Cambridge. Cambridge University Press

Chomsky, N. (1995), The Minimalist Program. Cambridge: MIT Press.

__________, N. (1965) Aspects of the Theory of Syntax, MIT Press, Cambridge, Mass.

__________, N. (1972) Language and Mind (enlarged edition), Harcourt Brace Jovanovich, New

__________, N. (1981) Lectures on Government and Binding, Foris, Dordrecht.

__________, N. (1995) The Minimalist Program, MIT Press, Cambridge, Mass.

__________, N. (2002) On Nature and Language, Cambridge University Press, Cambridge.

__________, Noam(1957), Syntactic Structures. The Hague: Mouton.

David McNeill(1966), The Acquisition of Language: The Study of Developmental Psycholinguistics

Feng, Sheng li(2003), Light verb syntax in classical Chinese. Paper presented in the Conference on Research and Pedagogy in Classical Chinese and Chinese language History. Columbia University, New York.

Giuseppe Longobardi(1994), A Theory of N-Movement in Syntax and Logical Form. Linguistic Inquiry, Vol. 25, No. 4

Grimshaw, J. (1990). Argument structure. The MIT Press.

Hale & Keyser(1993), On argument structure and the lexical expression of syntactic relations. The View from the Building 20: Essays in Linguistics in Honour of Sylvain Bromberger. University of Arizona Library Document Delivery

Huang, C.-T. James(1982), Logical relations in Chinese and the theory of grammar. Doctoral dissertation. MIT.

_______, C.-T. James(1984), On the distribution and reference of empty pronouns. Linguistics Inquiry 15. Reprinted in C. -T.

_______, C.-T. James(1987), Remarks on empty categories in Chinese. Linguistic Inquiry 18.

_______, C.-T. James(1989), Pro-drop in Chinese: a generalized control theory. In Osvaldo Jaeggli, and Kenneth J. Safir, eds. , The Null Subject Parameter, Dordrecht: Kluwer Academic Publishers.

_______, C.-T. James(1997), Lexical structure and syntactic projection. Journal of Chinese Languages and Linguistics 3.

James Huang(2010), Between Syntax and Semantics, New York and London: Routledge. Journal of Chinese Linguistics Monograph Series, No. 14

Li & Sandra A, Thompson(1981), 『Mandarin Chinese A Functional Reference Grammar』, University of California Press

Li & Thompson(1976), 「Subject and topic」, A new typology of language.

Li, Y.-H. Audrey(1999), Plurarity in a Classifier Language. Journal of East Asian Linguistics 8.

Noam Chomsky(1995), 박명관·장영준역(2001), 『최소주의 언어이론』, 서울: 한국문화사

Norbert Hornstein(2009), A Theory of Syntax, Minimal Operations and Universal Grammar. Cambridge University Press.

Pan, Haihua and Jianhua Hu(2002), Licensing dangling topics in Chinese. Paper Presented at the 2002 LSA Annual Meeting in San Francisco, CA, USA.

Radford, Andrew(2012[2004]), Minimalist Syntax: Exploring the structure of English. Cambridge. Cambridge University Press, 5th edn

Rizzi, Luigi(1997), The Fine Structure of the Left Periphery. Elements of Grammar: A Handbook of Generative Syntax. Ed. Liliane Haegeman. Dordrecht: Kluwer.

______, Luigi(2004), Locality and Left Periphery. In A Belletti(ed), Structure and beyond: The cartography of syntactic structure 3. New York: OUP

T.-H. JONAH LIN(2014), Light Verbs, The Handbook of Chinese Linguistics, Edited by C.-T. James Huang, Y.-H. Andrey Li and Andrew SimPson. WILEY Blackwell.

Tang, Sze-Wing(1998), Parametrization of features in syntax. Doctoral dissertation, University of California, Irvine.

______, Sze-Wing(2006), A minimalist view on the syntax of BECOME. In Changguk Yim, ed., Minimalist Views on Language Design, Seoul: Hankook Publishing Company/The Korean Generative Grammar Circle.

Tang, Ting-chi(汤廷池)(1977), Studies in Transformational Grammar of Chinese, Vol.1: Movement Transformation(中文版), 臺北, 学生书局

Tsai, Wei-tien Dylan(1994), On economizing the theory of A–bar dependencies. Doctoral dissertation, MIT.

Tzong-Hong Lin(2001), Light Verb Syntax and the Theory of Phrase Structure. DISSERTATION DOCTOR OF PHILOSOPHY, University of California, Irvine.

Wei-Tien Dylan Tsai(2015) The Cartography of Chinese Syntax. The Cartography of Syntactic Structures. Volume Ⅱ

Zang-Hee Cho, Nambeom Kim, Sungbong Bae, Je-geun Chi, Chan-woong Park, Seiji Ogawa(2014), Neural Substrates of Hanja(Logogram) and Hangul(Phonogram) Character Readings by Functional Magnetic Resonance Imaging, J Korean Med Sci, 2014 Oct; 29(10)

고희정(2018),『생성통사이론의 변천과 발전 전망』『한국어학』 한국어학회 Vol.81, 1-33.

김광섭(2018),『최소주의와 최후의 수단』 서울, 한국문화사

김랑혜윤(2006[2005]),『최소주의와 자질』『최소주의의 최근 흐름』 서울, 한국문화사

김용석(2012),『최소주의 문법 Glossary』 서울, 글로벌콘텐츠.

김용하·최기용·이정훈(2018),『한국어 생성 통사론』 서울, 역락

金镇宇(2012[2011]),『인간의 언어와 뇌 –생물언어학의 전망- 』 서울, 한국문화사

邓思颖(2010),『形式汉语句法学』 上海, 上海教育出版社

______(2018),『语法分析』 香港, 商务印书馆

刘丹青(2003),『语序类型学与介词理论』 北京, 商务印书馆

______.徐烈炯(1998),「焦点与背景, 话题及汉语“连”字句」『中国语文』 年第4期)

柳英綠(1999),『朝韩语对比』 延吉, 延边大学出版社

陆俭明(2001[1986]),「周遍性主语及其他」『 陆俭明自选集』 长春, 东北师范大学出版社

______(2015[2003]),『现代汉语语法研究教程(第四版)』 北京, 北京大学出版社.

李临定(1990),『现代汉语动词』 北京, 中国社会科学出版社

满在江(2015),『DP新假说-最简方案框架下的子句论元-』 北京, 外语教学与研究出版社

梅广(2015),『上古汉语生语法纲要』 臺北, 三民书局

范开泰·张亚军(2000),『现代汉语语法分析』上海, 华东师范大学出版社
范晓(1996),『三个平面的语法观』北京, 北京外国语学院出版社
____(2000),『汉语的句子类型』上海, 书海出版社
____·张豫峰(2003),『语法理论纲要』上海, 译文出版社
傅玉(2011),『最简句法的推导与表征』上海, 上海交通大学出版社.
傅雨贤·刘街生(2002),『现代汉语语法学』广州, 中山大学出版社
徐杰·李英哲(1993),「焦点和两个非线性语法范畴, "否定" "疑问"」『中国语文』第2期
徐丹(2003),『"使"字句的演变—兼谈"使"字的语法化』『语法化与语法研究(一)』商务印书馆
徐烈炯·刘丹青(1998),『话题的结构与功能』上海, 上海教育出版社
______·潘海华(2005),『焦点结构和意义的研究』北京, 外语教学与研究出版社.
石定栩·胡建华(2006),『"了2"的句法语义地位』『语法研究和探索(十三)』北京, 商务印书馆
신준호(2007),『Topic-Focus Structure and Quantification of Dou 'all'』『Taiwan Journal of Linguistics』 Crane Publishing
양동휘(2004[2003]),『최소주의 가설』서울, 한국문화사
______(2015),『신 최소주의 이론: 비결정론』서울, 한국문화사
呂叔湘(1974[1942-1944]),『中國文法要約』臺北, 文史哲出版社
吴中伟(2004),『现代汉语句子的主题研究』北京, 北京大学出版社
王力(1980),『汉语史稿』北京, 中华书局
王广成(2013),『汉语无定名词短语的语义和句法』北京:北京大学出版社.
熊仲儒(2004),『现代汉语中的致使句式』合肥: 安徽大学出版社
______(2013),『当代语法学教程』北京大学出版社
原口庄辅·中村 捷(1992), 강명윤 역(1998),『촘스키 언어학 사전(Kenkyusha's Dictionary of Theoretical Linguistics) 』서울, 한신문화사.
袁毓林(1996),『话题化及相关的语法过程』『中国语文』第4期
尹翡翠(2016),「韩汉敬语形式对比研究」吉林大学博士论文
이선우(2005), 촘스키의 이해 I 』서울, 한국문화사
이성하(1998),『문법화의 이해』서울, 한국문화사
이슬기(2015),『现代汉语系词类动词的省略研究』北京大学博士论文
이정모 · 김문수 · 김영진 · 이재호 외(1999),『인지심리학』서울, 학지사
이정인(2019),「현대중국어 방향표지구문 연구」한국외국어대학교 대학원 박사학위논문
이지현 · 이창호(2017),『현대 중국어 배치/창조 의미 존재 동사 NP 목적어의 한정성 비교 분석』『중국언어연구』69
张伯江 · 方梅(2001[1996]),『汉语功能语法研究』南昌, 江西教育出版社
张斌主编, 陈昌来(2000),『现代汉语句子』上海, 华东师范大出版社
张志恒(2013),『从制图理论探索汉语话题与焦点的分布』『现代外语』第36卷 第1期.
장흥석(2011),『현대 중국어 비전형 목적어문 연구』『중국언어연구』36

宁春岩(2011),『什么是生成语法』上海, 上海外语教育出版社
曹逢甫(1995[1979]),『A FUNCTIONAL STUDY OF TOPIC IN CHINESE』臺北, 学生书局
宁春岩(2011)저, 김종호·조일신·황후남·전원홍·이정인·손지윤·강희명·박비채윤·권혜리·한춘희 역(2015),『생성문법이란 무엇인가』한국문화사
曹逢甫(1979[1995],『A FUNCTIONAL STUDY OF TOPIC IN CHINESE(主题在汉语中的功能研究)』臺北, 学生书局
赵元任(1968), 吕叔湘译(1981),『A GRAMMAR OF SPOKEN CHINESE』台北, 敦煌书局
______(1979),『汉语口语语法』北京, 商务印书馆
朱德熙(1982),『语法讲义』北京, 商务印书馆
陈俊光(2007),『对比分析与教学应用』台北, 文鹤出版有限公司
陈昌来(2003),『现代汉语语义平面问题研究』上海, 学林出版社
蔡维天(2015),『从微观到宏观 – 汉语语法的生成视野』北京, 商务印书馆.
______(2016),『论汉语内, 外轻动词的分布与诠释』『语言科学』第15卷 第4期(总第83期)
______(2017),『及物化, 施用结构与轻动词分析』Contemporary Research in Modern Chinese No. 19
崔健(2002),『韩汉范畴表达对比』北京, 中国大百科全书出版社
최기용 편저(2006[2005]),『최소주의의 최근 흐름: Chomsky(1995) 이후』서울: 한국문화사
沈家煊(1999),『不对称与标记论』南昌, 江西教育出版社
沈阳·黄新骏荣(2017),『现代汉语的新型使动结构和意动结构』『阅江学刊』第4期
汤廷池(1979),『国语变形语法研究』臺北, 臺湾学生书局
冯胜利(2005),『轻动词移位与古今汉语的动宾关係』『语言科学』第4卷 第1期(总第14期)
何元建(2011),『现代汉语生成语法』北京, 北京大学出版社
黄正德(2007),『汉语动词的题元结构与其句法表现』『语言科学』第6卷 第4期
______·李艳惠·李亚非着, 张和友译(2013),『汉语句法学』世界图书出版公司北京公司
黃后男(2013),「현대중국어 'V_1+V_2'식 수식구조 연구」한국외국어대학교 대학원 박사학위논문

최재영
한국외국어대학교
중국어통번역학과

현대중국어는 언제부터 생겨났을까?

Ⅰ. 두 가지 서로 다른 언어시스템

현재 통용되는 중국어는 아래의 예문에서 볼 수 있는 것처럼 『논어论语』, 『맹자孟子』의 중국어와는 완전히 다른 체계여서 별도로 공부를 하지 않는다면 이해가 쉽지 않다.

1-a) “学而时习之，不亦说乎？有朋自远方来，不亦乐乎？人不知而不愠，不亦君子乎？”『论语·学而』

1-b) “学了，然后按一定的时间去实习它，不也高兴吗？有志同道合的人从远方来，不也快乐吗？人家不了解我，我却不怨恨，不也是君子吗？” (공부하고 나서 정해진 시간에 실습하는 것 또한 즐겁지 않습니까? 뜻이 맞는 사람이 멀리서 오면 또한 즐겁지 않습니까? 남들이 나를 알아주지 않아도 내가 원망하지 않으면 또한 군자가 아니겠습니까?)

2-a) 王曰：“何以利吾国?，大夫曰：‘何以利吾家?’ 士庶人日：‘何以利吾身?' 上下交征利而国危矣。『孟子·梁惠王上』

2-b) 王假若说：'怎样才对我的国家有利呢?' 大夫也说：'怎样才对我的封地有利呢?' 那一般士子以至老百姓也都说：'怎样才对我本人有利呢?' 这样，上上下下互相追逐私利，国家便会发生危险了。(왕께서 만약 '어떻게 해야만 내 나라에 유리한가?'라고 말하고, 사대부도 '어떻게 하면 내 땅에 유리한가'라고 말할 것입니다. 그러면 일반 선비들, 나아가 백성들까지도 모두 '어떻게 하면 나에게 유리한가?'라고 말할 것입니다. 이렇게 위아래로 서로 사리사욕을 추구하다 보면 나라에 위험이 발생할 수 있습니다.)

원문과 현대중국어 번역문을 살펴보면 1음절 단어가 2음절로 대체(实习, 高兴, 快乐, 了解, 怨恨/ 有利, 封地, 本人, 互相, 私利, 危险)되거나 새로운 단어로 대체(它, 吗, 了, 从, 也, 是/ 怎样, 才, 对, 那, 都, 我, 呢, 会, 发生, 了)되었음을 알 수 있다.

그렇다면 『논어论语』, 『맹자孟子』의 중국어와는 전혀 다른 현대중국어는 언제부터 생겨난 것이고, 어떻게 알 수 있는 것일까? 자세한 내용을 아래에서 살펴보자.

Ⅱ. 중국어사와 중국어의 분기

국내 대부분의 중어중문학과에는 '중국문학사中国文学史'라는 과목이 개설되어 있다. 중국문학사는 간단히 말해서 '중국문학의 발전사'라고 할 수 있는

데, 중국의 저명한 고전문학자인 위안싱페이袁行霈(2005)는 중국문학사를 다음과 같이 크게 상고시기, 중고시기, 근고시기 세 시기로 분류한 후 다시 각 시기를 세분하여 총 7단계로 분류하였다.

〈표 1〉 중국문학사의 분류

상고시기: 선진양한先秦两汉
제1단계: 선진先秦
제2단계: 진한秦汉
중고시기: 위진魏晋 ~ 명중엽明中叶
제3단계:위진魏晋~당중엽唐中叶제4단계: 당중엽唐中叶 ~ 남송말南宋末
제5단계: 원초南宋末 ~ 명중엽明中叶
근고시기: 명중엽明中叶 ~ 5·4운동五四运动
제6단계: 명가정초明嘉靖初 ~ 아편전쟁鸦片战争
제7단계: 아편전쟁鸦片战争 ~ 5·4운동五四运动

1. 중국어사

'중국문학사'가 중국문학 전공자들이 반드시 공부해야 하는 과목 중 하나라면, 중국어학 전공자들이 반드시 공부해야 하는 과목 중 하나로 '중국어사汉语史' 과목이 있다. 국내에는 '중국어사' 전공자가 많지 않아서 중어중문과에 거의 개설되어 있지 않기에 전공자들에게도 생소한 편인데, 중국어사란 '중국어의 발전사와 내부 규칙에 대한 학문'[1]이라고 할 수 있다.

일반적으로 알고 있는 것처럼 언어는 '음성(말소리), 어휘, 문법'이라는 3요소로 구성되어 있는데, 중국어학의 연구 대상은 연구 시기에 따라 아래의 표와 같이 나타낼 수 있다.

1　汉语史是关于汉语发展历史和内部规律的一门学科。(张美兰(2023:1))

어휘와 문법 연구는 고대 또는 현대에 만들어진 텍스트에 반영된 어휘나 문장을 통해 진행한다. 반면에 음성(말소리)은 일반 텍스트에 반영되어 있지 않으므로, 다음과 같은 음성 정보가 반영되어 있는 텍스트인 음운서韵书나 음운도韵图, 또는 녹음된 음성 분석을 통해서 연구를 진행한다.

〈표 2〉 시기별 중국어학의 연구 대상과 명칭

고대	음운/음운학	어휘/어휘학	문법/문법학
현대	음성/실험음성학		

2. 중국어사의 분기

중국어의 분기는 중국어의 역사적 변화를 기준으로 분류하는데, 기존 분류는 크게 음운의 변화를 기준으로 한 분류와 문법·어휘의 변화를 기준으로 한 분류 두 가지가 있다.[2]

〈표 3〉 음성(말소리) 연구 대상 및 방법

고대	음운서韵书 -『광운广韵』, 『중원음운中原音韵』 등 음운도韵图 -『절운지장도切韵指掌图』, 『운경韵镜』 등
현대	실제 발화 - 녹음 - 소프트웨어로 분석

1) 음운 기준

① 4분법: 과거에 보편적으로 사용하던 분류법으로 왕리王力가 『중국어사개설汉语史稿』에서 제시한 분류.

2 중국어사의 분기는 蒋绍愚(2005/2017:1~7), 吴福祥(2015:1~3), 张美兰(2023:1~2)을 참고하였음.

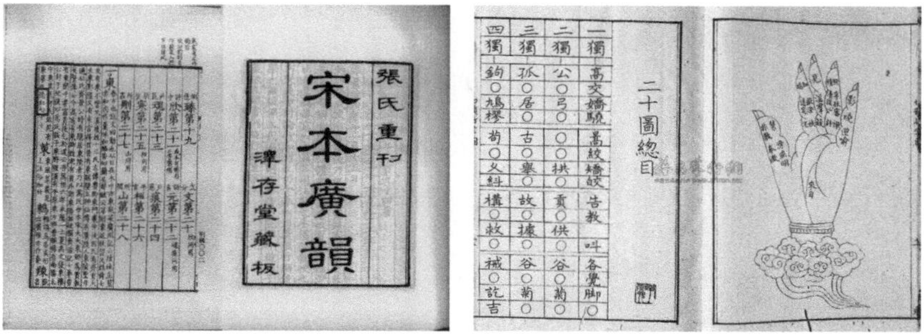

〈그림 1〉 음운서(韵书)와 음운도(韵图)

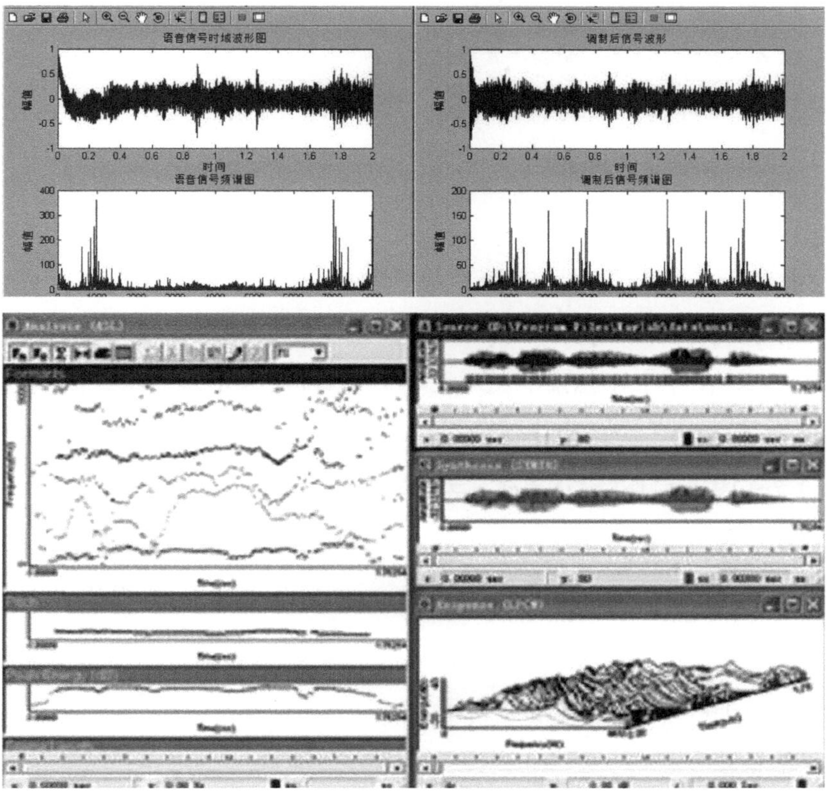

〈그림 2〉 실험음성학 분석도 예시

- 상고시기: ~ AD3세기(5호16국五胡十六国)

- 중고시기: 3세기 ~ 12세기(남송南宋전반기)

- 근대시기: 12세기 ~ 19세기(아편전쟁) [예로는 북방방언에서 유성음의 소실, -m운미의 소실, 입성의 소실 등이 있음]

- 현대시기: 20세기(5·4운동 이후)

② 5분법: 스웨덴의 중국언어학자 베른하르드 칼그렌Berndhard Karlgren, 高本汉이 제시한 분류.

- 태고太古중국어: ~『시경诗经』

- 상고중국어:『시경诗经』~ 동한东汉

- 중고중국어: 위진남북조魏晋南北朝 ~ 당대唐代

- 근고중국어: 송대宋代

- 관화老官话: 원명元明

2) 문법·어휘 기준

③ 2분법: 뤼수샹吕叔湘이『근대중국어 지시대체사近代汉语指代词』에서 제시한 분류. 중국어사의 분기는 고대중국어와 근대중국어 두 가지로 분류할 수 있으며, **현대중국어 역시 근대중국어의 일부**라고 주장하면서 이후의 연구에 많은 영향을 끼쳤다.

- 고대중국어: ~ 만당오대晚唐五代

- 근대중국어: 만당오대晚唐五代 ~

④ 3분법: 장사오위蒋绍愚가『근대중국어 연구개황近代汉语研究概况』에서 제시한 분류.

- 고대중국어: 선진先秦 ~ 위진남북조魏晋南北朝

- 근대중국어: 당唐 ~ 청초清初

- 현대중국어: 청중엽清中叶 ~

⑤ **4분법**: 고대중국어를 상고중국어와 중고중국어로 재분류한 관점으로 현재 가장 일반적으로 사용하고 있는데, 근대중국어의 상한선과 하한선에 대한 학계의 이견이 있다.

- **상고중국어**: 선진先秦 ~ 서한西汉

- **중고중국어**: 동한东汉 ~ 위진남북조魏晋南北朝 / 동한东汉 ~ 초당初唐

- **근대중국어**: 당唐 ~ 청초清初 / 만당오대晚唐五代 ~ 청대清代

- **현대중국어**: 청중엽清中叶 ~ / 20세기 이후 ~

앞에서 설명한 것처럼 문법·어휘 연구는 고대 또는 현대에 만들어진 텍스트에 반영된 당시의 언어, 즉 어휘나 문장을 통해 진행하게 된다. 언어는 회화에서 사용하는 입말口语과 글에서 사용하는 글말书面语 두 가지로 분류할 수 있다. 텍스트에 반영된 언어는 글말书面语인데, 글말은 다시 정통문학 작품에서 줄곧 사용되었던 문언문文言文과 입말口语이 반영된 백화문白话文으로 분류할 수 있다.

〈표 4〉 입말, 글말, 문언문, 백화문의 관계

언어	입말口语
	글말书面语 = 문언문文言文 + 백화문白话文

문언문文言文은 선진先秦시기에 출현한 후 청대清代까지 실제 언어의 변화를 반영하지 않고 그대로 사용되었기에 중국어사 연구에 적합하지 않다. 동한东汉 이후 입말에서 변화가 조금씩 나타나기 시작하여 당송唐宋시기 이후 더욱 크게 출현하였는데, 이러한 변화는 백화문白话文에 반영되어 있으므로 중국어사 연구에 적합하다. 이러한 상황을 표로 제시하면 아래와 같다.

〈표 5〉 문법·어휘 기준으로 살펴본 중국어의 역사적 변화

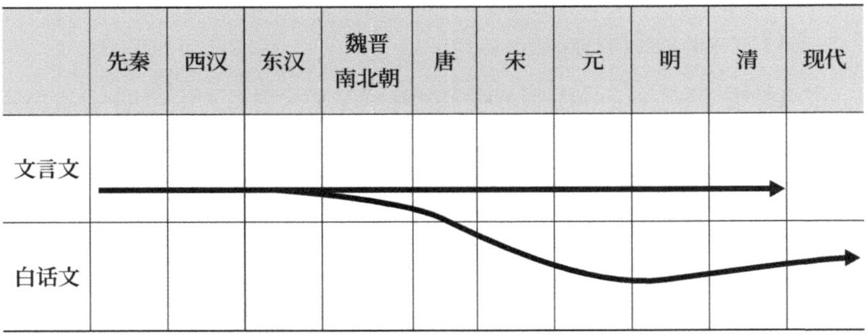

그렇다면 백화문白话文이 반영된 텍스트에는 어떤 것들이 있는지 아래에서 살펴보겠다.

3. 근대중국어의 연구자료

근대중국어시기에 출판되어 현대까지 전해져 내려오는 많은 텍스트들이 있는데, 이러한 텍스트는 다시 동시자료同时资料(당시의 언어를 반영하고 있는 자료)와 후시자료后时资料 (특정 시기에 저술되었지만 후대인들에 의해 수정 또는 가필된 자료)[3]로 구분한 후 동시자료만을 연구할 필요가 있다. 후시자료에 반영된 언어 현상은 출현시기와 역사적 변화의 선후 관계를 파악할 수 없기 때문이다. 다음은 근대중국어의 연구자료이다.[4]

1) 백화문으로 쓰인 문학 작품

중국의 고대 문학 작품 중 산문과 시는 줄곧 문언문으로 쓰인 것이 위주였

---

3 동시자료와 후시자료라는 개념은 오오타 타츠오(太田辰夫)가 『中国语历史文法·跋』에서 처음으로 제시하였다.

4 아래 내용은 蒋绍愚(2005/2017:18~26)을 참고하였음.

는데, 당송唐宋 이후에는 아래와 같은 일부 민간 문학 작품에서 백화문을 사용하였다.

- 당오대唐五代의 돈황敦煌문서 : 돈황곡자사敦煌曲子词, 돈황변문敦煌变文
- 송원宋元시기의 화본话本소설 : 『대당삼장취경시화大唐三藏取经诗话』, 『청평산당화본清平山堂话本』 등
- 금원金元시기의 제궁조诸宫调 : 『류지원제궁조刘志远诸宫调』, 『동제원서상기董解元西厢记』 등
- 원대元代의 잡극杂剧 : 『신교원간잡극30종新校元刊杂剧三十种』
- 명대明代의 소설 : 『수호전水浒传』, 『금병매사화金瓶梅词话』, 『서유기西游记』 등
- 청대明代의 소설 : 『홍루몽红楼梦』, 『아녀영웅전儿女英雄传』 등

2) 특정한 목적을 위해 쓰인 입말로 된 실록

- 당송唐宋시기의 선종어록禅宗语录 : 『조당집祖堂集』, 『육조단경六祖坛经』, 『경덕전등록景德传灯录』) 등
- 송대宋代의 유가어록儒家语录 : 『주자어류朱子语类』
- 송대宋代의 외교담판기록 : 『삼조북맹회편三朝北盟会编』
- 원대元代의 사법문서 : 『원전장·형부元典章·刑部』
- 원대元代의 번역체/강의체 문헌直译体/直讲体[5] : 『대학직해大学直解』, 『중용직해中庸直解』, 『효경직해孝经直解』 등

5 원나라의 통치 민족인 몽골족은 문언문을 배우기 위해서 대신들에게 문언문으로 쓰인 고전을 당시의 입말로 번역하거나 풀이하도록 하였는데 이를 '번역直译', '강의直讲'이라고 한다.

- 회화책 : 『노걸대老乞大』, 『박통사朴通事』 등

3) 문학 작품 중에 흩어져 있는 백화자료

예를 들어 시诗, 사词, 곡曲에 반영된 입말로 된 구절이나 단어, 수필笔记, 역사서에 반영된 입말로 된 단락이나 단어 등.

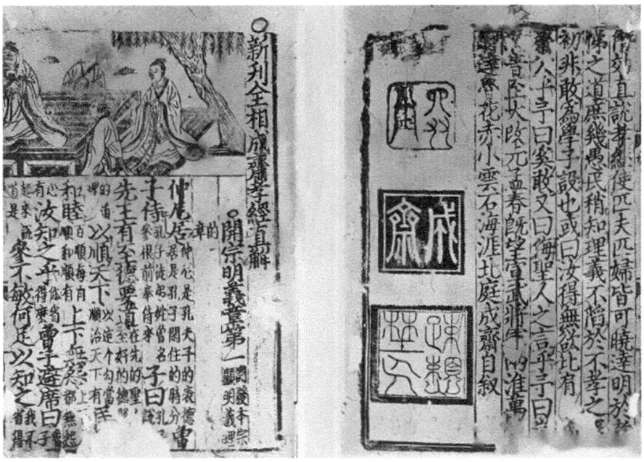

〈그림 3〉『효경직해孝经直解』

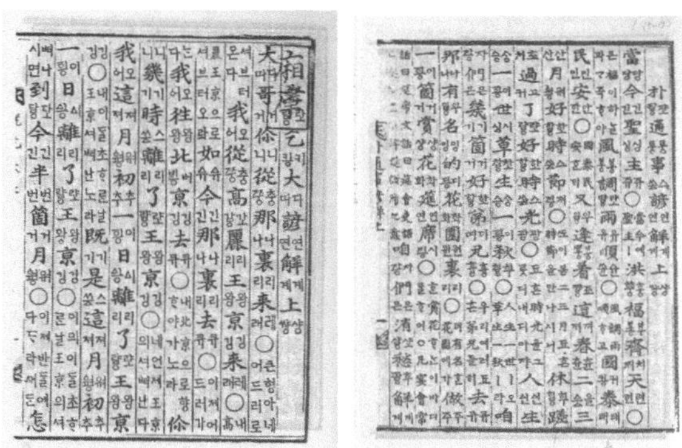

〈그림 4〉『노걸대언해老乞大谚解』와 『박통사언해朴通事谚解』

Ⅲ. 현대중국어의 시작

뤼수샹吕叔湘은 중국어사를 '고대중국어'와 '근대중국어'로 양분하면서 "현대중국어의 문법과 상용어휘는 근대중국어의 기초 위에서 발전한 것에 지나지 않는다."라고 주장하였다. 다시 말하면, 『논어论语』, 『맹자孟子』의 중국어와는 완전히 다른 현대중국어의 어휘나 문법 체계는 대부분 근대중국어시기에 형성되었거나 중고중국어시기에 출현하여 근대중국어시기에 광범위하게 사용된 후 오랜 시간의 역사적 변화를 거치면서 형성된 것이다. 이러한 변화는 다음 문법항목에서 두드러지게 나타난다.

- 새로운 대명사 체계의 생성과 발전
- 새로운 어기사 체계의 생성과 발전
- 상조사 '了', '着', '过'의 생성과 발전
- 구조조사 '地', '底', '的'의 생성과 발전
- 전치사의 발전과 전치사구의 위치 선택
- 술보구조의 생성과 발전
- '把'구문의 생성과 발전
- 새로운 형식의 피동문의 생성과 발전
- 새로운 형식의 비교문의 생성과 발전

아래에서는 대명사와 어기사 체계의 생성과 발전을 중심으로 살펴보겠다.[6]

6 상고중국어의 상황은 郭锡良(2010)을 참고하였고, 근대중국어의 상황은 蒋绍愚(2005/2017)을 참고하였음.

1. 새로운 대명사 체계의 생성과 발전

근대중국어시기 이후에는 상고중국어시기부터 사용하던 1인칭 대명사 '我'와 의문대명사 '谁'를 제외한 '你(2인칭)', '他(3인칭)', '们(복수접미사)', '这(근칭)', '那(원칭)', '什么(what)', '怎么(how)' 등이 새롭게 출현하여 발전하였다.

1) 인칭대명사

(1) 상고중국어의 1, 2인칭대명사는 기능에 다음과 같이 여러 가지가 있었으며, 3인칭대명사는 출현하지 않았다.

a. 1인칭대명사 : 我 [주어, 관형어, 목적어로 사용] , 吾 [주어, 관형어로 사용] , 余(予)[주어, 목적어로 사용]

b. 2인칭대명사 : 尔 [주어, 관형어, 목적어로 사용] , 汝(女) [주어, 목적어로 사용] , 而/乃 [관형어로 사용]

c. 3인칭대명사 : 지시대명사인 '其', '之', '彼' 등으로 대체하여 사용하였으며, 3인칭대명사는 출현하지 않았다.

3) **我**善养**吾**浩然之气。(나는 내 마음 속의 호연지기 키우는 것을 잘한다.) 『孟子·公孙丑』

4) 吾与**汝**事夫子于洙泗之间, 退而老于西河之上, 使西河之民疑**汝**于夫子, **尔**罪一也。(너와 나는 주수洙水와 사수泗水 사이에서 공자님을 섬겼었다. 네가 나이가 들어 물러나 서하西河에서 노년을 보내면서, 서하西河의 백성들로 하여금 너를 우리 스승인 공자님으로 여기게 하였으니 너의 첫 번째 죄이다.) 『礼记·檀弓』

(2) 복잡했던 인칭대명사는 중고중국어를 지나면서 단순하게 재편되어 1인칭대명사 중 '我'만 계속 사용되었고, 2인칭대명사는 새로운 '你'로 대체되었으며, 3인칭대명사 '他'가 새롭게 출현하였다.

a. 1인칭대명사 : 我

b. 2인칭대명사 : 你 [위진남북조魏晋南北朝에 출현]

c. 3인칭대명사 : 他 [당대唐代에 출현]

5) **你**父亲打我时，竟不来救。(그대의 부친이 나를 때리려 할 때, 뜻밖에도 구하러 오지 않았다.)『北齐书·卷12』

6) 使人欲得知姓名，良久问**他**不开口。(세상 사람들이 그의 이름을 알려고 하나, 오래 물어도 그는 입을 열지 않네.) 唐·高适『渔夫歌』

(3) 또한 근대중국어시기인 송대宋代에는 인칭대명사 뒤에 출현하여 복수를 나타내는 접미사 '们'이 출현하였다.

7) 郎君**们**意思，不肯将平洲画断作燕京地分。(그대들(관리들)의 뜻은 평주平洲를 연경燕京처럼 조각내는 것은 원하지 않는다는 것이구려.)『三朝北盟会编·燕云奉使录』4.5

2) 지시대명사

(1) 상고중국어의 지시대명사는 다음과 같이 여러 종류가 있다.

a. 근칭: 是, 此, 斯, 兹

b. 원칭: 彼, 夫

c. 범칭: 之

8) 以**是**观之。(이것으로 그것을 본다.)『左传·襄公十三年』

9) **彼**一时也，**此**一时也。(그때는 한 때이고, 지금은 (그때와는 다른) 한 때이다.)『孟子·公孙丑上』

(2) 복잡했던 상고중국어의 지시대명사 역시 근대중국어에서는 모두 '这'와 '那'로 대체되었다.

a. 근칭: 这(這) [당대唐代에 출현]

b. 원칭: 那 [당대唐代에 출현]

10) 夏天将作衫，冬天将作被，冬夏递互用，长年是祗**這**是。(여름에는 가져가다 적삼으로 만들고, 겨울에는 그것을 이불로 쓴다네. 겨울과 여름에 번갈아 쓰는데, 일 년 내내 단지 이것뿐이라네.)『寒山诗』

11) 必是**那**狗。(분명히 저 개다.)『朝野佥载』

3) 의문사

(1) 상고중국어의 의문사

a. 사람을 묻는 의문사 : 谁, 孰 [때로 사물을 묻기도 함]

b. 사물을 묻는 의문사 : 何 [술어, 부사어, 목적어, 관형어로 사용]

c. 방식을 묻는 의문사 : 胡 [부사어로 사용], 曷 [부사어로 사용], 奚 [부사어, 목적어로 사용]

d. 장소를 묻는 의문사 : 安, 恶, 焉 [부사어, 목적어로 사용]

12) 吾子与子路**孰**贤?(당신曾西과 자로子路 중 누가 재능이 있습니까?) 『孟子·公孙丑上』

13) 夫子所论，欲以**何**明？(선생님司马迁께서 논하시는 것은 무엇을 설명하려고 하시는 겁니까?)『史记·太史公自序』

14) **胡**不见我于王？(어째서 나를 왕에게 알현시키지 않습니까?)『墨子·公输』

15) 天下之父归之，其子**焉**往？(세상의 모든 아버지들이 그周文王에게 돌아가는데, 그 아들들이 어디로 가겠는가?)『孟子·离娄上』

(2) 근대중국어의 의문사

a. 사람을 묻는 의문사 : 谁

b. 사물을 묻는 의문사 : 什么 [당대唐代에 출현]

c. 방식을 묻는 의문사 : 怎么 [송대宋代에 출현]

d. 장소를 묻는 의문사 : 뤼수샹吕叔湘(1985)에 따르면 那는 당대唐代에 출현한 이후 줄곧 4성으로 읽으면 지시대명사, 3성으로 읽으면 의문사로 사용하다가 5·4 이후 구분을 위해 哪를 사용하기 시작하였다. 장소를 나타내는 '那里(현대의 哪里)' 역시 당대唐代에 출현하였다.

16) 俗人频频入院，讨个**什麽**？(속세의 사람이 빈번히 절에 들어가는데, 무엇을 찾으려는 것인가?)『庞居士语录』上

17) 欲执此二者之中，不知**怎么**执得？(이 두 가지 중의 하나를 잡으려 하는데, 어떻게 잡을 수 있을지 모르겠구나.)『河南程氏遗书』

18) 师对云："到了也。" 峰曰："到**那里**？"(선사가 "도착하였습니다."라고 대답하였다. 설봉스님雪峰(玄沙和尚)이 "어디에 도착하였는가?"라

고 물었다.)『祖堂集·玄沙和尚』

2. 새로운 어기사 체계의 생성과 발전

상고중국어에서 사용하던 어기사 역시 근대중국어에서는 모두 소멸하고, '啊', '吗', '呢', '吧' 등이 새롭게 출현하여 발전하였다.

1) 상고중국어의 어기사

a. 也 [판단문, 서술문, 의문문, 명령문, 감탄문에 사용]

b. 矣 [서술문, 의문문, 감탄문에 사용]

c. 乎, 与(欤), 邪(耶) [의문문에 사용]

d. 哉 [감탄문에 사용]

19) 二者不可得兼，舍鱼而取熊掌者**也**。(두 가지를 모두 얻을 수는 없으니, 물고기를 버리고 곰발바닥을 취해야 한다.)『孟子·告子上』

20) 鸡既鸣**矣**。(닭은 이미 울었다.)『诗经·齐风·鸡鸣』

21) 此龟者，宁其死为留骨而贵乎? 宁其生而曳尾于涂中**乎**? (이 거북이는 죽어서 뼈를 남겨 고귀함을 드러내길 바라겠는가, 아니면 살아서 흙에서 꼬리를 끌기를(평범히 지내기를) 바라겠는가?)『庄子·秋水』

22) 楚国若有大事，子其危**哉**! (초나라楚国에 큰 일이 생기면, 당신子常이 위험해질 것이요!)『左传·昭公二十七年』

2) 근대중국어의 어기사

a. 啊 [청대清代에 출현 : 의문문, 명령문, 감탄문, 가설문에 사용]

b. 吗 [청대清代에 출현 : 의문문에 사용]

c. 呢 [송원宋元시기에 출현 : 서술(강조, 과장)문, 의문문에 사용]

d. 吧(罢) [송대宋代에 출현 : 명령문, 청유문, 추측의문문에 사용]

23) **那里这些东西，不是妹妹要开杂货铺啊？**(저기 물건들은 누이가 잡화점을 열려고 하는 것은 아니겠지?)『红楼梦·67回』

24) **这是爆竹吗？**(이것은 폭죽인가요?)『红楼梦·22回』

25) **问道："担子呢？"应到："撺在河里。" "匾担呢？" "撺在河里。"** ("짐은?"이라고 묻자 "강에 던졌습니다."라고 대답했다. "멜대는?"이라고 묻자 "강에 던졌습니다."라고 대답했다.)『警世通言·万秀娘仇报山亭儿』

26) **姑娘今夜大概比往常醒的时候更早罢。**(아가씨가 오늘 밤에는 아마도 평소보다 더 일찍 깼나 봅니다.)『红楼梦·82回』

Ⅳ. 문법화와 새로운 허사의 출현

영어에는 인칭대명사의 격변화(예: I, my, me, mine), 시제에 따른 동사의 변화(예: start, started, started), 품사 변환에 따른 단어의 형태 변화(예: run, running) 등이 있어서 문장 안에서 주격인지 목적격인지, 현재인지 과거인지, 동사인지 명사인지를 파악할 수 있다. 반면에 중국어에는 이러한 형태 변화가 결여되어 있어서, 문장의 문법 의미는 어순과 허사에 의하여 드러나게 된다. 중국어에서 사용하는 적지 않은 허사(예를 들면 전치사, 부사, 조사, 접속사 등)는 문법화grammaticalization(의미를 가진 실사가 문법기능만을 하는 허사로의 변화)라는 현상을 통해 생겨난 것이다. 이러한 문법화는 현대중국어가 상고 중국어와는 다른 모습을 가지게 하는 주요한 원인 중의 하나인데, 아래에서는 예를 통해서 간략히 살펴보겠다.

1. '把'의 문법화

현대중국어에는 'S행위자가 O수동자를 V하여 어떤 결과 또는 변화가 생겨나도록 만들다'라는 의미를 나타내는 '把'구문이 있다.

27) 我**把**衣服洗干净了。(나는 옷을 깨끗이 빨았다.) [결과] ⇔ 我洗干净了衣服。

28) 你**把**书包放在这儿。(너 책가방을 여기에 내려놓아라.) [변화] ⇏ 你放在这儿书包。(X)

이러한 '把'가 어떻게 생겨났는가에 대해서는 여러 가지 관점이 있는데, 그 중 하나는 다음과 같이 동사의 연동식 [把+O+V]에 출현하여 문법화되었다고 보는 것이다.

29) 诗句无人识，应须**把**剑看。((검에 새겨진) 시구를 알아보는 사람이 없으니, 검을 잡고 (검에 새겨진 시구를) 읽어야 한다.) 姚合『送杜观罢举东游』

30) 两鬓愁应白，何劳**把**镜看。(양쪽 구레나룻이 근심 때문에 희어졌는데, 어찌 거울을 잡고 (거울에 비친 양쪽 구레나룻을) 보려 하는가.) 李频『黔中罢职将泛江东』

위 두 예문에서 '把'는 동사로 '쥐다, 잡다'의 의미이다. 따라서 검을 잡고 보는 것은 예문 (29)의 경우 (검에 새겨진) 시구(诗句)이고, 예문 (30)의 경우 (거울에 비친) 양쪽 구레나룻(两鬓)이다. 아래 예문에서도 동일한 구조 [把+O+V]가 출현하지만, '把'를 단순하게 동사로만 이해하기는 어렵다.

31) **莫愁寒族无人荐，但愿春官把卷看。** (가난하고 문벌이 없는 집안이라 추천해 줄 사람이 없다고 걱정하지 않고, 채점을 맡은 관리가 답안지를 쥐고 봐주기만을 바랄 뿐이네/답안지를 봐주기만을 바랄 뿐이네.) **杜荀鹤『入关因别舍弟』**

32) **图把一春皆占断。** ((모란은) 봄날을 전부 차지하려고 하네.) **秦韬玉『牡丹』**

33) **莫把杭州刺史欺。** (항주 자사(고대의 관직명)를 얕보지 말게.) **白居易『戏醉客』**

예문 (31)에서는 '把'를 '쥐다, 잡다' 의미의 동사로 보고 '답안지를 쥐고 답안지를 보다'라고 이해할 수도 있고, 또는 '把'를 '~을' 의미의 전치사로 보고 '답안지를 보다'라고 이해할 수도 있다. 한편 예문 (32)와 (33)에서 '把'와 결합하는 성분은 추상명사 '봄날一春'과 '항주 자사'이므로, 이 두 성분은 손으로 쥐거나 잡고서 다음 동작(차지하다, 얕보다)을 할 수 없다. 따라서 이 경우의 '把'는 '~을/를'이라는 의미의 전치사로만 이해할 수 있다. 이와 같이 '把'와 결합하는 성분이 변화함에 따라 '把'가 동사에서 전치사로 문법화되었다고 할 수 있다.

2. '要'의 문법화

현대중국어의 일부 단어는 다양한 품사로 사용되기도 하는데, 이러한 현상은 한 단어가 여러 번 문법화를 거친 결과이다. 대표적인 예로 동사, 조동사, 부사, 접속사 등 다양한 품사로 사용되고 있는 '要'를 들 수 있다.

1) 要

① 동사(원하다)

34) **他只要了一瓶饮料。**(그는 음료수 한 병만 달라고 했다.)

② 조동사(의지, 의무, 추측)

35) **三个人要看戏，可只有一张票。**(의지: 세 명이 연극을 보려고 하는데, 표가 한 장밖에 없다.)

36) **说话要简单明了。**(의무: 말은 간단명료하게 해야 한다.)

37) **会议大概要到晚上才能结束的。**(추측: 회의는 아마도 저녁이 되어서야 끝날 수 있을 것이다.)

③ 부사(곧~할 것이다)

38) **天要晴了，不必带伞。**(날이 개려고 하니, 우산을 가져갈 필요 없다.)

④ 접속사(만약~한다면, '要是'로도 사용함)

39) 你**要**不去，早点儿告诉我。(너 만약 가지 않을 거면, 좀 일찍 내게 알려줘.)

⑤ 접속사(~하든가 혹은 ~하든가, '要么'로도 사용함)

40) **要**就去逛公园，**要**就去看电影，星期天我不想工作了。(공원에 놀러 가든지, 영화 보러 가든지, 일요일에 나는 일하고 싶지 않다.)

3. 다양한 문법화의 예

현대중국어의 다양한 허사는 이런 문법화 과정을 거쳐서 출현한 것이다. 아래에서 관련 예를 더 살펴보자.

1) 전치사

① 在 zài 동사: ~에 있다 → 在 zài 전치사: ~에(서)

41) 你的钢笔**在**桌子上呢。(네 만년필은 책상 위에 있어.)

42) 我弟弟**在**一家网络公司工作。(내 동생은 인터넷 회사에서 일한다.)

② 被 bèi 동사: 당하다, 입다 → 被 bèi 전치사: ~에 의해 (~당하다)

43) **被**灾(재해를 입다), **被**难(조난당하다) -현대중국어에서는 일부 단어로만 드물게 사용됨.

44) 小张**被**大家批评了一顿。(샤오장小张은 모두에게 한차례 질책을 받았다.)

③ 比 bǐ 동사: 비교하다 → 比 bǐ 전치사: ~보다

45) 你不相信？咱们**比比**看。(너 못 믿겠니? 우리 한 번 비교해 보자.)

46) 他的热情**比**年轻人还高。(그의 열정은 젊은이보다 더 크다.)

④ 给 gěi 동사: ~에게 ~을 주다 → 给 gěi 전치사: ~에게

47) 这是朋友送的纪念品，他不会**给**人的。(이것은 친구가 선물한 기념품이라서 그는 다른 사람에게 주지 않을 거야.)

48) 我书上的序言是老师**给**我写的。(내 책의 머리말은 선생님이 내게 써주신 것이다.)

2) 부사

⑤ 要 yào 조동사 ~하려 한다 → 要 yào 부사 곧 (~할 것이다)

49) 我**要**学游泳。(나는 수영을 배우려고 한다.)

50) 比赛马上**要**开始了。(경기가 곧 시작될 것이다.)

⑥ 没+有+명사 méiyǒu 소유하지 않다, 없다 → 没有+동사 méi·yǒu 부사 ~하지 않았다

51) 我**没有**多余的圆珠笔。(나는 여분의 볼펜이 없다.)

52) 他去了，我**没有**去。(그는 갔지만, 나는 가지 않았다.)

3) 조사

⑦ 了 liǎo 동사: 마치다, 끝내다 → 了 le 조사 (동작의) 완료

53) **这事儿已经了啦！**(이 일은 이미 끝났어.)

54) **我买了三张票。**(나는 표 세 장을 샀다.)

⑧ 着 zhuó 동사: 부착하다 → 着 zhe 조사 (상태의) 지속

55) 附**着**(부착하다) **着**陆(착륙하다) -현대중국어에서는 일부 단어로만 사용됨.

56) 他穿**着**一身新衣服。(그는 새 옷을 입고 있다.)

⑨ 过 guò 동사: 지나가다 → 过 guo 조사 경험

57) 大江大河我们都**过**了，这小河算什么？(큰 강은 모두 건넜는데, 이까짓 작은 강이 무슨 대수인가?)

58) 我们曾经谈**过**这个问题。(우리는 일찍이 이 문제에 대해 이야기한 적이 있다.)

4. 전치사구 출현 위치의 변화

연구에 따르면, 한국어와 일본어 등의 SOV형 언어는 일반적으로 후치사를 사용하며 후치사는 명사구와 결합한 후 동사 앞에 출현한다. 반면에 영어를 비롯한 SVO형 언어는 일반적으로 전치사를 사용하며, 전치사는 명사구와 결합한 후 동사 뒤에 출현한다. SVO형 언어인 중국어 역시 전치사를 사용하지

만, 명사구와 결합한 후 동사 앞에 출현한다는 독특한 특징을 가지고 있다. 이러한 특징을 정리하면 아래 표와 같다.

〈표 6〉어순 유형에 따른 전치사구와 후치사구의 출현 위치

어순	예	전치사/후치사	출현 위치
SVO	영어, 독일어 등	**전치사+명사구**	동사+전치사구
	중국어	**전치사+명사구**	**전치사구+동사**
SOV	한국어, 일본어 등	명사구+후치사	**후치사구+동사**

아래의 예문에서 볼 수 있는 것처럼 상고중국어에는 전치사구가 동사 앞과 뒤에 모두 출현할 수 있었다.

59) 姜与子犯谋，醉而遣之。醒，**以戈**逐子犯。(강씨姜氏는 자범子犯과 상의하여 중이重耳를 술에 취하게 한 후 제나라齐国로 보내버렸는데, 중이重耳가 술에서 깨어나자, 창으로 자범子犯을 쫓았다.)『左转·僖公23年』

60) 杀人**以梃与刃**，有以异乎？(몽둥이로 사람을 죽이는 것과 칼로 사람을 죽이는 것이 다른 점이 있습니까?)『孟子·梁惠王上』

그러나, 현대중국어에서 소수의 경우[7]를 제외한 대다수의 전치사구는 동사[8] 앞에만 출현한다. 현대중국어에서 도구를 나타내는 전치사 '用'의 사용례를 살펴보면 아래와 같다.

---

7 '我来**自韩国**。(나는 한국에서 왔다.)', '我毕业**于韩国外国语大学**。(나는 한국외국어대학교를 졸업했다.)', '本次列车开**往上海**。(본 열차는 상하이로 출발합니다.)'와 같은 소수의 전치사구는 동사 뒤에 출현하기도 한다. 이러한 비전형적인 출현 위치는 상고중국어의 잔존 현상으로 이해할 수 있다.

8 중국어의 경우 형용사가 단독으로 서술어가 될 수 있으며, 비교를 나타내는 '比+N', '有+N', '像+N'과 거리의 멀고 가까움을 나타내는 '离+N' 등의 일부 전치사구는 형용사 앞에도 출현한다.

61) **用**高压锅做饭。(압력솥으로 밥을 짓다.)

관련 예는 위의 예문 이외에도 앞의 예문 (27), (28), (32), (33), (42), (44), (46), (48) 등에서 확인할 수 있다. 결론적으로, 상고중국어에서는 전치사구가 동사 앞과 동사 뒤 모두 출현할 수 있었지만 중국어의 발전과 함께 동사 앞에서만 출현하게 된 것이다.

Ⅴ. 변화하는 중국어

이상으로 『논어论语』, 『맹자孟子』의 중국어와는 다른 현대중국어가 언제, 어떻게 출현했는지에 대해 간략히 살펴보았다. 언어는 시대에 따라 발전하고 변화한다. 중국어 역시 예외는 아니며, 위진남북조魏晋南北朝시기 이후 변화가 생겨나기 시작하다가 당대唐代에 이후에는 여러 측면에서 본격적인 변화가 출현하였다. 많은 변화가 있지만, 위에서 살펴본 내용을 정리해 보면 새로운 대명사, 어기사, 전치사, 조사, 접속사, 부사 등의 출현과 전치사구 출현 위치의 변화 등이 있다. 또한, 이러한 새로운 허사의 출현 뒤에는 문법화grammaticalization라는 현상이 작용한 것도 주목할 만하다. 오랜 시간 동안 변화를 거쳐서 지금의 중국어가 생겨난 것처럼, 현대중국어 역시 오랜 시간이 지나면 또 다른 모습으로 변화할 것이다.

참고문헌

郭锡良,『古代汉语语法讲稿』,北京: 语文出版社 2010.

蒋绍愚,『近代汉语研究概要(增订本)』, 北京: 北京大学出版社, 2017 / 최재영·임미나 역,『근대중국어연구방법론1』, 서울: 피비프레스, 2019.

蒋绍愚·曹广顺 主编,『近代汉语语法史研究综述』,北京: 商务印书馆, 2005.

金立鑫,『什么是语言类型学』, 上海教育出版社, 2011 / 최재영·안연진·김동은 역,『언어유형론이란 무엇인가』, 서울: 한국문화사, 2015.

吕叔湘 主编,『现代汉语八百词(增订本)』, 北京: 商务印书馆, 1980/1999.

太田辰夫 著,『中國語歷史文法』, 東京: 江南书院 1958 / 蒋绍愚·徐昌华 译,『中国语历史文法』, 北京: 北京大学出版社, 1987/2003.

吴福祥,『语序选择与语序创新-汉语语序演变的观察和断想』,『中国语文』, 2012第4期.

吴福祥 主编,『近代汉语语法』, 北京: 中国社会科学出版社, 2015.

袁行霈 主编,『中国文学史』, 北京: 高等教育出版社, 2005.

张美兰,『汉语历史句法概要』, 北京: 北京大学出版社, 2023.

이성하,『문법화의 이해』, 서울: 한국문화사, 1998/2000.

나민구
한국외국어대학교
중국언어문화학부

중국어 수사학

Ⅰ. 서론

레토릭rhetoric을 우리말로 번역하면 수사학修辭學이다. 이 한자어 용어를 풀이하면 '말을 닦는 학문'이다. 일반적으로 수사학은 청중의 설득을 목적으로 하기에 고대 서양 수사학자들은 '설득을 효과적으로 전개하는 기술에 관한 학문'으로 정의했다. 이 수사학은 동양과 서양에서 동시에 발아하여 지금까지 평행하게 각자도생各自圖生하며 발전하여 왔다.

오늘날 아직도 수사학이 단지 미사여구를 활용하여 진심을 숨기고 대중을 선동하는 도구라는 인식이 완전히 지워지진 않았다. 사실 고대 그리스의 플라톤Platon B.C. 428-348이 진작 이 문제를 제기했던 만큼 진리와 정의를 추구해야 하는 학문적 가치로서의 수사학은 윤리 문제 해결을 늘 숙제로 짊어지고 왔다.

그럼에도 불구하고 수사학은 우리 시대에 필수 불가결한 삶의 방법론이자 매일 펼쳐지는 일상의 무늬이다. 그 어떤 생각과 말도 이 수사학의 영역과 장치를 피해 갈 수 없기 때문이다. 무엇이든지 표현하고 전달하며 살아가는 모든 움직임 그 자체가 바로 수사학이다. 중국어 수사학은 바로 중국어라는 언어로 표현하여 전달하는 수사에 관한 학문을 일컫는다.

Ⅱ. 서양과 중국의 수사학 기원 및 정의

서양에서 수사학rétorique:프랑스어이란 용어는 '변론적oratoire:프랑스어이라는 의미의 형용사였다. 서양 최초의 수사학 교과서라고 할 수 있는 코락스 Corax B.C. 5세기가 사용한 그리스 용어 'Technè rhétorikè'(수사기술)을 아리스토텔레스 Aristoteles B.C. 384-322는 간단히 줄여 'rhétorikè'라고 사용하였다. 퀸틸리아누스 Quintilianus B.C. 35-95는 'bene dicendi scientia:라틴어'(말을 잘하는 학문)'이라고 했으며 20세기 프랑스어 사전『Le Petit Robert』에도 'art de bien parler'(말 잘하는 기술)이라고 정의했다.

그리스 시대 아리스토텔레스는 "수사학은 모든 주어진 것에서 설득적인 요소를 궁리를 통해 발견하는 능력"이라고 했는데 이것은 "각각의 특수한 상황에서 유용한 설득의 수단들을 찾는 능력"을 의미한다. 로마 시대의 뛰어난 정치가, 사상가이면서 연설가인 키케로Ciero B.C. 106-43는 "재주의 규칙들에 의거한 말솜씨"라고 정의했다. 또 고대 서양 수사학을 완성한 퀸틸리아누스 Quintilianus B.C. 35-95에 따르면 "수사학은 훌륭하고 효과적이고 아름다운 말에 관한 재주와 학문"이다.

중국의 문헌에서 '修辭'란 개념이 제일 먼저 나타난 것은 先秦시대-B.C 206의 『易經』으로 "修辭立其誠"(수사는 정성에 의해 다듬어진다)이란 문장이 나온다. 아직 '수사'란 개념이 정립되지 않은 당시에 이미 말은 꾸준한 조탁과 성실함에 의해 완성된다는 중국 수사학의 기초 개념을 읽을 수 있다. 梁代(502-557)의『文心雕龍』『情採』편에서 "言以文遠"(언어는 수식을 통해 멀리 전달된다)라는 수사적 개념을 알 수 있다. 여기서 '文'은 '수식하다'라는 뜻으로 쓰였으므로 말이 잘 전달되려면 장식과 기술이 필요하다는 전제가 함의되어 있다.

문헌상의 해석을 두루 종합해 보면 '修'는 '수식하다', '辭'는 '말'이란 뜻이므로 修辭란 '말을 수식하며 닦는다'라는 의미가 된다. 언어학적 해석을 가미하면 '언어형식을 선택하여 표현 효과를 높이는 행위를 연구하는 학문'을 지칭한다. 중국 현대수사학의 아버지 陳望道는 『修辭學發凡』(1932)에서 "수사는 언어를 조정하여 의미와 감정의 전달이 적절할 수 있도록 하는 노력"이라고 정의했다. 중국에서의 수사란 결국 '말하는 사람의 의도를 잘 전달하기 위하여 적절한 언어형식을 선택하여 표현 효과를 높이는 활동'이며 수사학이란 '이러한 수사적 활동을 연구하는 학문'이다.

Ⅲ. 서양 수사학의 체계

수사학은 연설문을 생성하는 기법을 알려주기에 연설가뿐만 아니라, 글쓰기와 말하기를 하는 사람 특히 설득의 효과를 염두에 둔 사람 모두가 이용하는 방법론이다. 연설가가 발휘해야 할 수사학적 능력의 영역에는 착상inventio, 배열dispositio, 표현elocutio, 기억memoria, 그리고 발표pronuntiatio 등이 있다.

연설은 듣는 청중에 따라 보통 세 종류로 나눌 수 있다. 옳고 그름의 판단을 내리는 청중이 재판관과 배심원일 때에는 법정연설, 일반 대중을 향하여 행하는 미래의 일에 대한 주장이나 권유는 정치연설 그리고 현재 즐거움이나 슬픔을 공유하는 자리에서 하는 식장연설 등이다.

1. 착상inventio

착상이란 논증할 것을 발견하는 영역이다. 그래서 '논거 발견술'이라고 한다. 연설하고자 하는 주제에 대한 근거를 논거들의 저장소인 '토포스'(topos, 우리말로는 '말터')에서 찾아낸다. 키케로는 『생각의 수사학』에서 수사학적 능력 중에 착상은 "자기가 설득하길 바라는 사람에게서 신뢰를 획득하는 방법과 그 사람의 감정을 자극하는 방법을 찾아내는 것"이라고 설명한다. 즉, 수사적 논증의 전제는 개연성이므로 '참일 것 같은 일'에서 자기주장의 타당성을 끌어내야 한다. 아리스토텔레스는 수사적 논증으로써 생략삼단논법Entyme-ma과 예증법Paradeigma을 제시했다.

한편, 아리스토텔레스는 설득의 3요소인 에토스ethos, 로고스logos, 파토스pathos를 제안하였다. 논거들을 토대로 논증을 구성하는 방법이 로고스logos로서 근거를 토대로 논리적으로 설득하는 방법이다. 연설가가 상대를 설득하기 위해 말로써 자신의 인품을 드러내는 것이 에토스ethos이다. 에토스는 연설의 도입 단계에서 연설자가 자신을 신뢰할 만한 사람으로 믿게 하는 것이다. 파토스pathos는 청중의 감동을 끌어내어 연설가의 말에 기울도록 마음의 변화를 일으키게 하는 방법이다. 이 파토스는 정념, 정서, 감정 등으로 번역하는 설득의 매우 중요한 요소이다. 연설가가 파토스를 잘 사용할 수 있을 때 연설가의 감정에 같이 빠져들면서 청중의 마음에 커다란 변화가 일어난다. 특히 법정 공방에서 차가운 이성적 사고와 더불어 따뜻하고 연민을 불러올 수 있는 감정을 적절하게 투영시켜 청중의 마음을 한껏 부추길 수 있다.

2. 배열dispositio

착상에서 연설을 형성하는 데 필요한 논거와 내용들을 어디에 놓을지 나열하는 영역이다. 다음은 법정에서 검사나 변호인 측의 일반적인 연설 패턴이다.

> [서론] 재판관의 호감을 산다.
>
> [예비 본론] 재판관에게 불쾌감을 주는 내용을 줄이고 자신에게 불리한 내용은 생략한다.
>
> [핵심 본론] 논리적인 주장을 전개하여 재판관이 상대방 측 논거들을 잊어버리게 한다.
>
> [결론] 재판관의 동정심을 일으킨다.

① 서론principium

청중의 호감을 사고 관심을 끌며 이해를 도와서 청중이 주장하는 이야기를 끝까지 듣고 싶어 하는 마음이 들도록 연설을 시작하는 부분이다. 흥미를 끌어 청중이 집중하기도 하지만 청중이 지루해하면 다시 새롭게 주의를 환기시켜야 한다.

② 예비 본론narratio

과거나 미래의 일을 설명하여 핵심 본론에 들어가기 전에 사안의 전체를 알려주는 역할을 한다. 연설가는 정확한 내용을 간결하고 명확하게 전달해야 하고, 청중이 기억하기 쉽게 요점을 추려줘야 한다. 또한, 이해하기 쉽도록 신뢰할 수 있는 내용으로 엮어야 청중이 집중할 수 있다. 예를 들어, 법정에서 피고와 원고는 사안의 시비를 따질 때 법적 책임을 져야 할 일이 어떻게 일어났고 어떤 결과를 낳았는지 요목조목 간결하고 명확하게 전달해야 한다.

③ 핵심 본론argumentatio

핵심 본론은 신뢰 획득에 필요한 논거를 찾아서 그 논거를 배열하는 부분이다. 연설가가 자기주장의 신빙성을 얻고 주장을 관철하기 위하여 필요한 논거들 특히 증인, 문서, 증언 등 필요한 모든 증거들을 펼쳐내는 부분이다. 주장하는 바를 입증하는 과정이며 로고스가 가장 발휘된다.

④ 결론peroratio

연설을 구성하는 마지막 부분으로 가장 중요한 요소는 주장하고자 하는 핵심 내용을 강조하고 청중의 감정을 최대한 북돋는 것이다.

3. 표현elocutio

말의 내용이나 글을 작성하는 표현의 영역은 설득력을 높이기 위하여 다양한 방법을 동원하는데 이를 수사적 표현 문체style라고 하며 일반적으로 수사법이라고 일컫는다.

장식성은 가장 효과적인 표현 원칙이다. 청중은 장식적 표현에 매력을 느끼면 즐겨 들으려 한다. 이러한 장식성 원칙은 모든 '수사적 일탈'을 정당화한다.

아리스토텔레스는 표현의 원칙으로 그 밖에 정확성과 명확성 그리고 적절성을 들고 있다. 문체의 정확성은 문법에 맞게 표현을 정확하게 하는 것이며. 명확성이란 전달하고자 하는 의미를 분명하게 제시하는 것이다. 적절성이란 표현이 "연설가의 마음과 품성을 잘 나타내고 주제에 맞게 잘 어울리는 경우"를 말한다. 법정 연설에서 가장 많이 사용되는 수사법은 '수사적 의문문(설의

법Interrogatio)'이며 그 외에 지금까지 다양한 수사법이 개발되어 왔다.

4. 발표actio

발표는 연설의 실행 그 자체이다. 그러므로 '육체의 말솜씨'로 불리는 발표는 장소와 상황에 따른 언어사용 방법이다. 격렬한 자리에서의 날카로운 목소리, 조용한 자리에서의 가라앉은 목소리, 감동적인 자리에서의 깊숙한 목소리 등 세 가지로 구별하였다. 발표는 바로 연기술이라고 하는데, 목소리와 그에 맞춰 실행하는 몸짓으로 이루어진다.

연기술은 목소리의 음량과 어조 및 리듬의 세 가지 단위로 구성되어 있다. 목소리에는 안정성과 유동성이 있어야 하는데, 처음 시작하는 서론에서 목소리는 낮은 톤으로 하고 숨은 될 수 있으면 길게 쉬도록 한다. 이 유동성에는 세 가지 톤이 있는데, 이완의 효과를 자아내기 위해서는 일상적인 '대화톤', 활력 넘치게 증명과 반박에 적합한 '논쟁톤', 청중을 분노하게 하거나 연민을 불러일으키는 데 적합한 '증폭톤' 등이다. 연설가는 주장하는 내용을 청중에게 효과적이고 설득력 있게 전달할 목적으로 다양한 소리와 몸짓을 표출해야 한다.

Ⅳ. 중국어 수사학

수사학은 설득력을 높이기 위하여 표현 효과를 극대화하기 위한 방법을 연구하는 학문이다. 중국어 수사 실력을 잘 발휘하려면 우선 적절한 어휘와 문장형식을 선택하는 요령을 습득하게 한다. 또 전달하고자 하는 내용을 상대방에게 각인시키기 위하여 유효적절하고 일탈적인 표현 방법 즉 다양한 수사법을 익히게 한다. 그다음 語體와 風格에 대한 지식을 갖추게함으로써 작품과 작가의 변별적 특징을 더욱 쉽게 이해시킬 수 있다. 일반적으로 이러한 내용들이 모두 중국어를 사용하는 수사학의 골간을 이룬다.

1. 어휘 선택

어떻게 하면 적당한 어휘를 잘 선택하여 사용할 수 있을까? 중국어는 『現代漢語詞典』에만도 오만 육천여 자가 수록되어 있듯이 매우 풍부한 어휘를 보유하고 있다. 이러한 어휘들을 文語, 방언, 전문용어, 외래어, 동의어. 반의어, 단음절 어, 쌍음절어. 다음절어 등 다양한 종류로 나눌 수 있으며 成語, 관용어, 歇后語, 속어 등도 있다 이러한 수많은 어휘는 언어의 기본적인 요소라고 볼 수 있다. 각각의 어휘에 대한 개념을 숙지하고 용법을 정확하게 이해해야 언어의 표현 효과를 높일 수 있다. 또한 중국어 품사의 기능에 따라 兼類 즉 여러 품사를 겸하고 있는 어휘들을 변별적으로 사용해야 하며 언어 대상과 환경을 잘 파악하여 어휘의 뉘앙스와 음성학적 장치도 고려할 줄 알아야 한다.

(1) "古老的濟南, 城內那麼俠空, 城外又那麼寬放, 山坡上臥着些小村莊 小村莊的房頂上臥着點雪, 對. 這是張小水墨畫, 也許是唐代的名手畫的吧。" (老舍『濟南的冬天』;『初中語文』第一冊) (유서 깊은 제남, 도시 안은 비좁고 도시 밖은 또 매우 넓네. 산등성이엔 작은 마을들이 누워 있고, 그 작은 마을 지붕마다 점점이 눈이 누워 있구나. 그렇다. 그 모양은 장소의 수묵화요 당나라 때 유명 화가의 그림이다)

이 글은 중국의 중학교 어문교과서 제1권에 실린 老舍의 글이다. 동사 '臥'

는 '눕다', '엎드리다'란 사전적 의미를 지니고 있다. '小村莊'과 '雪'을 의인화하여 각각 산비탈 위 그리고 지붕 위에 드리워진 모습을 정감 있는 풍취로 묘사하였다. 만약 다음과 같이 평이하게 동사 '有(있다)'를 사용하였더라면: " 山坡上有壁小村莊 小村莊的房頂上有着點雪", 수묵화를 연상시킬 만큼의 적절한 표현효과를 거두기 힘들 것이다. 이와 같이 어휘의 선택에 따라 작자가 의도하는 표현 효과가 크게 달라질 수 있다. 그러므로 작가가 사용한 동사 '臥'를 대체할 수 있는 다른 유의어들과 비교하며 전체 문장의 의미가 어떻게 달라지는가를 고려해야 한다.

중국 고전수사학 저서에서 어휘 선택의 문제를 거론하며 자주 인용되는 송대 王安石의 絶句『泊船瓜洲(과주에 배를 대놓고)』를 예로 들어 보자.

(2) 京口瓜洲一水間, (京口에서 瓜洲까진 일순간이네)
鐘山祗隔數重山。(鐘山은 첩첩산의 바로 뒤에 있어 지척으로 느껴지네)
春風又綠江南岸, (봄바람은 또다시 강남언덕을 파랗게 물들여 놓았네)
明月何時照我還? (명월은 언제쯤 내가 돌아가는 것을 비추어줄꼬)

이 시는 王安石이 京口(지금의 江蘇성의 鎭江市)에서 재상으로 재임명되어 그 당시 수도인 개봉으로 가던 도중 瓜洲에 도착하여 쓴 것이다. 당시 왕안석은 정치적 이상인 '新法'을 주장하여 여러 가지 도전을 받고 있었고 복잡한 정치투쟁으로 인하여 피곤함을 느끼고 있었다. 때문에 시인은 언제고 그리운 자신의 고향(남경)으로 다시 돌아갈 수 있으리라 꿈꾸며 이 시를 읊었다.

그래서 시인은 먼저 새로이 임금의 부름春風'을 받아 더없이 기쁘게 된 자신의 마음綠江南岸을 가장 잘 표현하기 위하여 세 번째 구에 처음엔 '到'를 썼다가, 過'로 바꾸었다. 그다음 다시 '入'으로, 또다시 '滿'으로 바꾸고 또 바꿔가며 10여 개의 글자 가운데 고민 끝에 마침내 '綠'을 선택하였다고 한다. '到, 過, 入' 등은 단지 바람이 본래 움직이는 특징을 겨냥하여 쓴 것이지만 시각적으로 보이지 않는 '봄바람(임금의 부름)'을 묘사하기엔 매우 추상적이다.

그러나 '綠'은 봄바람이 불고 지나간 후에 생겨난 기묘한 효과 즉, 변화된 자신의 기쁜 심정을 반영할 수 있고 시각적인 표현 효과가 나도록 선명한 푸른 형상으로 변화시켰다. 또한 생기발랄한 초봄 풍경과 다시 부름을 받아 개봉으로 향하는 시인의 변화된 기쁨의 심정을 절묘하게 나타내고자 문법적으로는 파격적으로 형용사인 '綠'을 동적인 동사로 사용한 것이다. 예문에서 알 수 있듯이 작가는 그만큼 심혈을 기울여 어휘를 결정하였다.

2. 문장형식 선택

문장은 언어의 실제적 표현 단위이다. 중국어의 문장형식은 다양하다. 어떠한 문장형식을 취하느냐에 따라 화자나 작자의 의도가 완전히 달라질 수 있다. 문장 구성을 살펴보면. 단어와 구가 문장을 구성할 수 있으며. 크게 주술문과 비주술문으로 나눌 수 있다. 문장의 용도를 기준으로 볼 때, 진술문. 의문문, 명령문, 감탄문 등으로. 문장의 결합구조에 따라 단문. 복문. 포유문, 연합문 등으로, 길이에 따라 長文과 短文으로 나눌 수 있다. 또 능동문, 피동문. 긍정문. 부정문, 생략문. 도치문 등으로 분류하기도 한다.

이처럼 여러 형식의 문장은 일정 정도의 조건에서 서로 호환 사용이 가능하다. 화용론적 맥락을 고려하여 어떻게 가장 알맞은 문장형식을 선택하느냐는 바로 유효적절한 전달 효과와 직결된다.

(3) 難道還有什麼不適合人民需要的思想, 難點, 意見, 辦法, 舍不得丟掉的嗎? 難道我們還歡迎任何政治的灰尖, 政治的微生物來玷污我們的清潔的面貌和侵蝕我们的健全的肌體嗎? 難道我們還
有什麼個人利益不能犧牲, 還有什麼錯誤不能拋棄嗎? (『批困自我朋祚』; 『初中語文』第三冊)
(어찌 아직도 인민의 수요에 맞지 않는 사상, 어려움, 의견, 방법 같은 것들을 버리기 아쉬워하는가? 어찌 아직도 우리는 우리의 청결한 모습을 오염시키고 건전한 몸을 훼손시키는 무슨 정치의 잔재, 정치의 미생물 같은 것들을 환영하는가? ...., 어찌 아직도 우리는 개인 이익을 희생하지 못하고 잘못을 버리지 못하는가?)

중국의 중학교 어문교재 제3권에 실린 글이다, 첫 번째와 세 번째 문장은 '難道~ , 馬?'를 이용한 反問형식과 부정사 '不'가 삽입되는 부정형식으로써 긍정을 유도하는 문장이고 두 번째 문장은 반문형식과 긍정형식으로 부정을 유도하는 문장이다. 둘 다 의미와 상반되는 부정 혹은 긍정의 어기를 첨가하여 전달하려는 의미를 강조하고 있다, 만약 반문 형식을 사용하지 않고 그대로 부정형식과 긍정형식을 사용했더라면 매우 일반적인 표현에 머물렀을 것이다. 이처럼 문장형식의 선택은 독자 혹은 청자에게 전달되는 공감의 강도를 좌우하게 한다.

이처럼 어떠한 문장형식을 선택하느냐에 따라 작자가 주장하고자 하는 메시지의 강도가 달라진다.

(4) 一剎那間電光消滅了 , 天地又合成了一體, 一切又被無邊無際的黑暗呑沒了。(峻靑『黎明的河邊』) (일순간 전깃불이 나갔다. 천지가 또 하나가 되었다.

모든 것이 끝없는 암흑에 의해 침몰되었네.)

(5) 這時, 他才告訴我他是一個革命者, 剛由被捕而釋出, 衣服和書箱全被沒收了, 連我送他的那兩本。(魯迅『爲了忘却的紀念』)
(이제서야 그는 비로소 나에게 그가 혁명가이고 막 잡혔다가 풀려났기에 의복과 책장은 물론 내가 준 두 권의 책도 몰수당했다고 말했다.)

위 예문은 모두 피동문이 삽입된 단락이다. 능동문과 피동문은 작자의 의도에 따라 선택적으로 사용될 수 있다, 능동문은 행위 유발자가 주어이며 술어의 동작은 주어에 기인하므로 행위 유발자를 강조한다. 한편 피동문은 행위 수혜자를 주어로 삼고 술어의 동작이 주어에 의해 지배되므로 행위 수혜자를 강조하게 된다. 일반적으로 능동문은 피동문에 비해서 전달 의미가 명쾌하고 정확하므로 일상생활의 언어습관에 부합한다고 볼 수 있다, 그러나 표현상의 필요에 따라서 피동문을 적잖이 사용하기 때문에 양자 간의 용법 차이를 명확히 이해해야 한다. 아무튼 행위 유발자를 주어로 삼느냐 혹은 행위 수혜자를 주어로 삼느냐 하는 선택의 기로는 오직 글쓴이의 결정에 달려 있다.

첫 번째 예문에서 작자가 만약 능동문을 선택했다면 "無邊無際的黑暗吞沒了一切"라고 썼을 것이다, 그러나 '一切'를 강조하기 위하여 의식적으로 피동문 형식을 빌려서 문장의 주어로 삼았다. 그다음 예문에서도 능동문은 "(他們)全沒收了衣服和書箱"이다. 그러나 작자는 전체 단락의 화용론적 맥락을 고려하여 의도적으로 '衣服和書箱'을 주어 자리에 위치시키는 피동문을 사용한 것이다. 문장과 문장 사이의 의미 맥락을 잘 이해해 가며 작자의 문형 선택 취지를 가늠해야 한다.

3. 수사법 사용

중국어 수사학에서는 수사법을 일반적으로 '修辭格'. '修辭方式' 혹은 '辭格'이라고 부른다. 현대 중국의 수사학 이론적 체계를 성립한 陳望道(1932)는 다음과 같이 설명한다: "辭格는 적극수사의 각종 格式이다. 情境의 적응과 어감의 이용이라는 양 방면의 종합으로써 구조와 기능 방면으로 분석을 진행할 수 있다."라고. 唐松波(1988)는 특이하게 '낯설게 하기(逸脫)'란 관점에서 수사 방법을 해석한다: "辭格은 일상적인 규율을 깨는 수사 수단이다." 그렇다면 수사법이란 결국 "작가가 작품에서 그 작가의 의도를 가장 유효적절하게 전 달하기 위한 최선의 언어 표현 방법''이라고 정의할 수 있다.

이 수사법의 종류는 상당히 많고 다양한데 陳望道(1932) 의 『修辭學發凡』은 4종류 38가지를, 張弓(1963)의 『現代漢語修辭學』은 3종류 24가지를 정리하여 소개하고 있다. 수사법의 종류는 꾸준히 연구되어 왔고 오늘날 그 수가 점점 늘어나 『漢語修辭格大辭典』(1989)에만도 무려 156가지에 해당하는 수사법과 그에 따른 용법이 예문과 함께 수록되어 있다.

학교에서 학생들을 위한 수사법 교육은 수사 교육의 꽃이라고 볼 수 있다. 중국의 『初中言吾 』 제6권의 부록에 『修辭復習提綱』을 두어 "比喩, 借代, 擬人, 誇張, 對比, 對偶 排比, 反復 反語, 引用, 說問, 反問" 등 주요 수사법을 소개하고 있다. 수사법의 유효적절한 사용은 표현 효과를 높이고 문체의 예술성을 높인다.

(6) (野花) 散在草叢里像眼睛, 像星星, 還眨呀眨的(雨) 像牛毛, 像花葉, 像細絲, 密密地斜織着。(朱自清『春』)

(들꽃은 풀 무더기 속에 흩어져서 눈동자처럼 별들처럼 깜빡깜빡, 비는 소털같

이 꽃잎같이 비단결같이 촘촘히 비스듬히 짜내리고 있네)

예문에서 중국 현대 산문의 대가인 주자청은 "像...像.., 像" 구문을 이용한 수사법 '직유'를 동원하여 파릇파릇한 들풀이 빛나는 모습과 수를 놓듯 봄비 오는 풍경을 자지러지는 듯한 아름다움과 생동감을 느끼도록 묘사하였다. 수사법 실용 효과의 극치를 보여주는 글솜씨이다. 이처럼 수사법은 표현 효과를 최대한으로 높일 수 있는 절묘한 전통 수사 기술이라고 할 수 있다.

(7) 時間永是流駛, 街市依舊太平, 有限的幾個生命, 在中國是不算什麽的. 至多, 不過供無惡意的閑人以飯後的談資, 或者給有惡意的閑人作"流言"的種子。(魯迅『紀念劉和珍君』)(시간은 언제나 빨리 흘러가고 거리는 다시 태평해졌다. 몇몇 유한한 생명은 중국에서 그다지 중요한 것이 못 된다. 기껏해야 악의 없고 하릴없는 사람들에게는 식사 후 이야깃거리를, 악의 있고 하릴없는 사람들에게는 유언비어의 씨앗을 제공해 줄 뿐이다.)

중국 전통 수사법 '反語'를 사용한 문장이다. 反語란 통속적으로 '참을 거짓'으로 말하고, '거짓을 참'으로 말하는 것이다. 즉 본래의 의미와 상반되는 언어를 사용하여 그 의미를 강조하는 수사법이다. 반드시 표면상으로 참과 거짓, 두 가지 의미가 있어야 하고. 말하거나 글 쓴 사람의 진정한 함의는 표면에 나타나게 해서는 안 된다. 말이나 문장 중에 反語를 적절히 사용함으로써 직접적으로 기술하는 것보다 더욱 예리하고 심오한 공감을 도모할 수 있고 풍자나 조롱의 의미를 강조하게 한다. 反語의 종류에는 '正話反說'(참을 거짓으로 말하기) 하기도 하고 '反話正說'(거짓을 참으로 말하기) 하기도 하는데, 일반적으로 풍자식과 유머식 등 두 가지 종류로 구분할 수 있다.

윗글에서 魯迅은 독재 정부에 맞서 시위하던 중 군인의 총탄에 장렬히 사망한 젊은 학생들의 목숨이 그리 중요하지 않다고 역설한다. 그러나 이 추도문의 전편에 흐르는 비장함으로 볼 때 이 표현은 도리어 중국 민중의 목소리를 대변한 고귀한 학생들의 정신을 영원히 잊지 못할 것이라는 확실한 反語 의미인 것이다. 만약 작가가 反語를 사용하지 않고 "有限的畿個生命, 在中國是非常重要的。(몇몇 유한한 생명은 중국에서 대단히 중요하다)"라고 참을 참으로 말하는 직설법으로 표현하였다면 독자의 주의를 대폭 주목시키지 못했을 것이다.

> (8) 硬麵, 爛麵, 寬湯 緊湯 拌麵 重靑(多放蒜葉) 免靑(不要放蒜葉), 重油(多放点油) 淸淡点(少放油), 重麵輕交(麵多些. 交頭少点) 重交輕麵(交頭多 麵少点) (陸文夫『美食家』)
> (딱딱한 국수, 물렁 국수, 붉은 국. 진한 국, 섞은 국수, 마늘잎을 넣어 푸르게, 마늘잎을 넣지 않고 푸르지 않게, 기름을 많이 넣은 것, 적게 넣은 것, 국수는 많게 소스를 적게 넣은 것, 소스를 많게 국수를 적게 넣은 것)

전형적인 중국 수사법 가운데 '排比'와 '反復'이 잘 드러나는 단락이다. 이 두 가지 수사법을 사용하여 여러 가지 조리법에 따른 국수의 종류를 다채롭게 묘사한다. 전체 54개의 漢字 중 '麵'은 7 회, '湯' 2 회, '重' 4 회. '靑' 2 회 , '蒜' 2 회, '油' 3 회, '放' 4 회, '多' 4 회, '点' 4 회, '少' 3 회, '輕' 2 회, '交' 4 회, '頭' 2 회 등으로 같은 글자가 反復 사용되었다.

이와 같은 동일 글자의 反復은 語勢를 증가시키고 강렬한 감정을 일으키며 강조하는 의미를 더해주고 문장의 맥락, 추세를 분명히 하여 언어의 리듬감을 증가시키는 수사적 효과를 보고 있다. 일정치 않은 간격을 두고 수차례나 열거되는 이 反復은 서로서로 단어 사이의 일종의 시각적인 리듬감뿐만 아니라 'mian ... mian. tang ... tang, zhong ... zhong, qing ... qing, fang ... fang' 등으로 발음되는 음성학적인 리듬을 형성한다.

排比란 비슷한 구조의 단어, 단어결합, 문장들이 세 차례 이상 나열되는 현상으로서 음식과 구체적 조리법의 다양함이 이 수사법을 통하여 훌륭하게 묘사된다. 먼저 쌍음절 단어 '硬麵, 爛麵, 寬湯' 등이 나타나고 곧 세 음절 단어결합 '清淡点, 少放油, 麵多些' 또 네 음절 단어결합 '多放蒜葉, 多放点油, 重麵輕交 交頭少点, 重交輕麵' 등이 나열되며 다섯 음절 단어결합 '不要放蒜葉'도 등장하고 있다.

즉 같은 글자의 단어들이 그 같은 글자 수를 더해가며 점진적으로 나열되고 있는데 특이할 점은 이러한 排比의 점진적 배열과 요리가 조리되어 가는 과정이 탁월한 조화를 이룬다는 점이다. 독자들은 분명히 이러한 수사기법을 통해 작가 陸文夫의 고향인 蘇州 음식이 다채로운 재료와 조미료를 첨가해가며 먹음직스럽게 완성되는 과정을 인상적으로 감상하게 되는 것이다.

이러한 매력적인 중국어 수사법을 학생들이 배운다면 문어체 문장의 정수인 문학 작품을 이해하거나 말하기와 글쓰기에서 수준 높은 회화력이나 작문실력을 구사하는 데 결정적인 도움을 줄 것이다. 하지만 이러한 수사법들을 자유자재로 활용하기란 그다지 용이 하지 않다. 중국어 자체의 구사 능력이 탁월한 수준에 올라가야만 비로소 어느 정도 응용이 가능하기 때문이다. 교수자와 학습자 모두 처음에는 비교적 간단한 수사법부터 시작하여 차차 그 연습의 폭을 넓혀 가야 할 것이다. 예를 들어 유명한 문학 작품을 독해할 때 수사 분석을 통하여 이해하는 연습을 실행하고 그러면서 습득하기에 평이한 '反復, 設問, 反問' 등에서부터 시작하여 의미와 통사 구조에 대한 지식을 요구하는 '比喩, 排比'를 하나씩 하나씩 점진적으로 배워나가야 한다.

4. 어체와 풍격의 이해

중국의 '語體'는 종종 '文體'와 동일한 개념으로 쓰이며 풍격과 함께 중국어 수사학의 중요한 하위 분류 영역을 차지한다. 그러나 보편적으로 쓰이는 文體와 중국의 수사학에서 일컫는 語體 사이에는 다소 개념상의 차이가 있다. 文體에 대하여 일반적으로 서양에서 지칭하는 'style'이란 대등어를 찾을 수 있다. 물론, '文體'를 하나의 장르 개념으로 보고 '風格'에 대한 대응어로 'style'이 가장 근접한 서구 대응어라고 주장하는 의견도 많다. 그러므로 이러한 중국어 수사학 용어와 서구 대응어 문제는 향후 지속적인 기초 연구를 통하여 규명해야 할 과제이다.

중국의 수사학자들 견해를 종합하면 현대적 의미의 어체는 크게 '口頭語體'와 '書面語體' 두 가지로 나뉜다. 구두어체는 일상생활에서 흔히 쓰이는 어체로서 어휘가 풍부하고 문장형식이 비교적 간단하며 음운 변화가 많고, 수사법이 다양하다는 특징을 갖고 있다. 한편 서면어체는 '文章體'라고도 부를 수 있으며 구두어체에 비해 조탁과 규범화되어 있으며 다시 '公文事務語體, 科學語體, 文藝語體 政論語體' 등 네 가지로 나눈다.

먼저, 구두어체는 '口語語體, 談話語體'라고도 부르며 간혹 '談話語體'와 '演說語體'로 나누기도 한다. 일상생활에서 자주 쓰이는 특징을 갖고 있어서 통속적이고 생동감 있고 활발한 느낌을 준다. 생활의 각 방면에 미치고 있으며 그 범위는 상당히 넓다 이야기를 나눌 때면 화제가 수시로 급변하고 몸동

작과 손동작을 합류하여 상당히 생생하고 자연스러운 대화 장면을 연출하며 발화할 당시의 시대와 사회상을 잘 반영해 준다. 또 토속어, 방언, 속어, 숙어, 속담, 헐후어, 兒化語, 관용어 등이 많이 등장한다. 어순도 비교적 간단, 다양하며 화제가 급변하고 즉흥적이므로 중간에 삽입, 생략이 빈번하다. 어기사, 감탄사, 의문사, 도치구, 명령문 동이 비교적 많이 쓰이고 전치사, 접속사 등은 안 쓰이는 편이다.

(9) 二春: 娘子, 看見二嘎子沒有?

娘子: 怎能沒看見? 他給我看攤子呢!

二春: 給......這可倒好! 我犄角旮旯都找遍了, 臨完......不知道他得上學嗎?

娘子: 他沒告訴我呀!

二春: 這孩子!

大婦 他荒理荒唐, 看攤兒行嗎?

娘子: 現在, 三歲的妹妹也行!

(老舍『龍須溝』)

이춘: 낭자! (우리집) 둘째 빼돌이 봤남?

낭자: 왜 못 봤겠어요? 저 대신 노점상 봐주고 있죠!

이춘: 대신 (뭐), ...정말 놀고 있네! 내가 샅샅이 찾아다녔는데, 알고 보니,...,. 그 녀석 학교 가야 되는지 몰라?

낭자: 걔가 그런 말 안 했는데요!

이춘: 요느므 자식!

이모: 덤벙대는 없는 놈이 노점상을 봐줄 수 있을까?

낭자: 지금은 세 살 먹은 어린애도 할 수 있어요!

상기 예문에서 구두어체의 특징들을 잘 발견할 수 있다. 어휘에 있어서 구어 색채가 짙은 방언, 토속어, 숙어, 관용어, 속어 등이 사용되었고 통사론 측면에서는 비교적 간단하여 관련사(전치사와 접속사) 사용이 없으며 문장 구조상 생략을 자주 했고, 어기사와 감탄사 등이 눈에 띈다. 이러한 구두어체의 담화적 색채가 극중 인물의 형상과 정황을 더욱더 향토적으로 드러내주고 있다. 서면어체는 구두어체에 비하여 훨씬 명확한 윤독과 정련이 필요하며 언어의 規範化를 요구한다. 또한 수사적 기교를 더욱 발휘할 수 있다.

한편 중국어 수사학에서 '風格'이란 "한 작가의 글이 다른 작가와 비교하여 상대적으로 두드러지는 특징적인 분위기"라고 할 수 있다. 풍격은 수사학의 하위분류 영역이면서 동시에 문학 작품을 분석하는 데 많이 선호하는 방법론이기도 하다. 胡裕樹(1981)는 "언어 풍격이란 일종의 언어 분위기와 격조이다"라고 하여 이 風格을 '民族風格, 時代風格, 個人風格' 등 세 가지로, 개인풍격의 종류를 다시 8가지로 나눈다: '豪放과 柔婉, 平淡과 絢麗, 明快와 含蓄, 簡潔과 繁富'. 중국 현대수사학 이론을 초보자들에게 잘 설명해 주는 黎運漢 張維耿(19861) 도 개인 풍격을 다음과 같이 8가지로 분류한 다: '豪放과 優柔, 簡約과 豊繁 明快와 蘊藉, 撲實과 藻麗". 민족풍격은 거론되는 만족의 특징적인 분위기이며 時代風格은 상황이 벌어지는 그 시절 고유한 분위기를 의미한다.

(10) 今天這里有沒有特務? 你站出來! 是好漢的站出來! 你出來講! 憑什麽

要殺死李先生? (勵聲, 熱烈的鼓掌)殺死了人, 又不敢承認, 還要誣蔑人, 說什麽"桃色事件", 說什麽共産黨殺共産黨, 無恥啊! 無恥啊 (熱烈的鼓掌) (聞一多『最後一次講演』,『初中語文』第四冊) (오늘 여기에 특무가 있습니까? 나와 보시오! 사나이 대장부라면 나와 보시오! 나와서 말해 보시오! 무얼 근거로 이 선생을 죽이려 한단 말이오? (환호와 열렬한 박수) 사람을 죽이다니 감히 인정할 수 없소. 사람을 비방하기를 무슨 "도색사건"이라느니, 무슨 공산당이 공산당을 죽인다느니. 뻔뻔해요! 뻔뻔해! (열렬한 박수))

예문은 聞一多의 口頭語 강연록으로서 단문으로 연속된 口頭語體임을 알 수 있다. 강연자의 悲慣恨慨한 심정이 직설적인 '일상생활어체'를 통하여 청중들에게 즉각적인 공명을 불러일으키게 한다. 또 명령과 질책의 감탄문을 자주 사용하여 적들의 만행을 폭로하는 데 알맞은 역할을 하게 한다. 그래서 이 글은 어체상으로 볼 때는 구두어체 문장이고 동시에 '明快'한 風格을 지니고 있다고 볼 수 있다. 직선적이고 호소력 있는 표현으로 관중들의 열렬한 호응을 이끈다. 또 머뭇거리지 않는 단호한 필체로 전달하고자 하는 내용을 독선적이고 확연 하게 주장한다. 아울러 간결한 격조로 짧은 문장과 이해하기 쉬운 통사적 구문을 사용하여 요점을 명확히 서술하였다.

중국어 수사학에서의 어체와 풍격은 화자나 작자의 개인적 특징을 변별하는 총체적인 방법론을 제공한다. 이러한 어체와 풍격에 대한 개념들을 잘 이해한다면 수준 높은 중국어 습득과 구사에 매우 큰 도움을 줄 것이다.

V. 중국어 수사학 교육의 필요성

학생의 언어표현을 위한 수준 차이는 언어사용에 대한 능력 및 정도를 반영한다. 언어 능력이란 언어를 정확하게 사용하고 어휘와 문장을 어법에 맞게 사용하는 정도를 뜻한다. 학생들에게 이러한 능력을 키워주기 위하여 일반적으로 중국어 강독, 회화. 언어실습. 작문. 독해. 문법 동의 과목을 개설하여 수업을 진행하고 있다. 이러한 수업의 교수 목표는 학생들의 중국어에 대한 정확한 이해와 사용 능력 배양에 있다. 이 점은 중국어 교육의 기본적인 취지임에 틀림이 없다.

그러나 더 나아가 언어사용의 정확도 못지않게 언어의 아름다움 추구도 중요하다고 할 수 있다. 수사학은 이러한 언어의 예술적 표현과 설득을 동반한 흡입력 있는 언어표현을 목적으로 한다. 중국어에 대한 기초지식을 이미 연마한 학생을 전제로 함은 물론이다. 그래서 중국에서는 중학교 학생들에게 비로소 초보적 수사지식을 가르치기 시작하며 고등학생들에게 수사법 등을 비롯한 다양한 고급의 수사지식을 가르치고 있다.

수사학을 교육하기 위하여 동시에 학생들의 사고 능력 교육이 중요한데, 언어는 사유의 도구이자 수단이므로 논리적 사고가 전제되어야만 언어의 수사적 응용이 가능해진다고 보기 때문이다. 그러므로 수사학의 실제적 실현을 위해서는 학교에서 개설하고 있는 모든 과목의 충실한 교수와 학습을 또한 전제로 할 수밖에 없다. 수사학은 결국 학생들이 중국어 학습에 있어서 질적 수준을 더욱 높일 수 있는 실질적이고 획기적인 방법론이다. 사실상 읽기, 듣기, 말하기, 글쓰기 등 모든 방면에서 다양하게 적용될 수 있기 때문이다. 즉 자신의 말하기(說)와 글쓰기(寫), 타인에 대한 듣기(廳)와 읽기(讀)에 있어서 수사

교육은 모두 유익한 효과를 기대할 수 있다,

한국에서의 중국어 교육은 대부분 어음, 어휘, 어법 등의 언어 기본지식 배양에 치중되어 왔다. 그래서 수업 시간은 한어 병음 달기, 단어 뜻풀이, 어법 설명, 문장 해석 등의 千篇一律적 학습 방법을 답습해 온 것이다. 이러한 필수불가결한 교수법의 장점들을 충분히 인식하고 고수하면서 여기에 수사 교육이 첨가된다면 그 교육의 효율성은 한층 배가될 수 있다.

중국에서는 '수사 교육이 상당히 중시되고 있고 그 방법에 대한 지속적 연구가 진행되어 왔다. 현행 중고등학교 교재에서 이러한 수사 교육에 대한 관심도를 충분히 감지할 수 있다. 중국수사학회 회장을 지낸 王德春은 다음과 같이 수사 교육의 중요성을 역설한다: "어문 교육의 당면과제는 반드시 수사 교육을 중시하고 강화해야 하는 것이다. 교육 내용 면에서 현대수사학의 연구 성과들을 쉽게 풀어서 학생들에게 가르친다. 교육 방법 면에서 학생들이 언어 체계를 파악한다는 기초 아래 학생들이 언어의 기능을 알고 사용하도록 훈련시키고, 의사소통 능력을 높이도록 가르친다. 또 학생들이 수사를 고려하여 말이 이치에 맞도록 하고, 언어에 대한 수양을 강화시키며, 효과적으로 언어 재료를 사용함으로써 사회적 교류와 정보 전달의 임무를 완성하게 한다."

한국 학생을 대상으로 하는 우리나라의 중국어 교육 일선에서 수사 교육은 당연히 일정 수준 이상의 중국어 실력을 갖춘 학생들에게 적용되어야 함은 물론이다. 중등 이상의 중국어 구사 능력이 있는, 즉 기본적 발음, 어휘, 어법에 대한 지식을 갖춘 수준에서 수사 교육의 가시적 효과를 기대할 수 있기 때문이다.

수사학은 20세기 말에 서양뿐만 아니라 중국에서도 다시 부활한 고전적이고 이지적인 신흥 학문이다. 듣고 말하기. 읽고 쓰기를 위한 병음 익히기. 해석, 어법 설명 등으로 진행하는 전통적인 중국어 교육 방법과 더불어 수사 교육을 적절히 배합한다면 학생들의 중국어 실력향상에 두드러진 도움을 줄 수 있다.

VI. 한국의 동서양 수사학 연구 성과와 전망

2003년 수년 동안 지속해 온 '수사학연구회'를 전신으로 하고 '한국수사학회 Rhetoric Society of Korea'가 정식으로 창립하였다. 21세기 한국에서 본격적으로 동서고금을 망라한 수사학 연구가 본격적으로 시작된 것이다. 연구자들은 2005년부터 교류의 눈을 세계로 돌려 세계수사학사회 ISHR(International Society for the History of Rhetoric)에 참가하여 한국의 수사학을 알리고 또 수사학 제반 지식을 상호 교환하기 시작했다. 세계와의 교류는 크게 두 가지로 나누어 관찰할 수 있다. 하나는 국내외에서 개최하는 수사학 국제학술대회에 참가하는 것이고 또 하나는 국내외 국제학술지에 논문을 게재함으로써 서로의 사상과 논점을 공유하는 것이다.

2006년 고려대에서 비교수사학 국제학술대회를 한국에서 처음으로 개최함으로써 외국의 학자들을 초청하기 시작했고 2010년 서울대 2012년 인천대 2014년 서울공자아카데미에서 2년마다 한 번씩 연속적으로 개최함으로써 국제학술대회의 격년 개최를 정례화하고 있다. 참가했던 외국학자의 숫자도 처음 5명에서 시작하여 2012년에는 미국, 프랑스, 독일, 이탈리아, 네덜란드, 남아공, 멕시코, 불가리아, 중국, 일본, 홍콩, 대만, 말레이시아 등 거의 지구촌 전대륙에서 60명의 학자들이 운집하기에 이르렀다. 뿐만 아니라 격년으로 개최하는 ISHR 대회에도 매년 한국학자들이 참가하여 한국의 전통 수사학을 소개하는 등 논문 발표를 해오고 있고 2015년 제20회 독일 튀빙겐 대회에도 10명의 한국학자들이 참가해서 이사회 참석, roundtable 토론회 개최, 논문발표 등 다양한 학술 교류 활동을 전개하였다.

한편 ISHR에서 발간하는 국제 저명 학술지 A&HCI Rhetorica에 두 편의 한국 수사학 관련 논문을 게재하였으며 중국의 국가 중점학술지 『修辭學習』, 『當代韓國』 등에도 한국의 전통 수사학과 한국에서의 중국어 수사학 연구 등을 소개하였다. 외국학자들도 학술의 공유 차원에서 한국수사학회 발행 한국연구재단 등재학술지 『수사학』에 여러 편의 논문을 게재하기도 했다. 한국수사학회 회원들의 이러한 일련의 국제적 학술 교류 활동의 성과들은 2000년대에 한국에서의 수사학 연구가 본격화되고 국제 교류 및 소통이 활발히 전개하고 있음을 증명하는 사실이다. 한국에서의 수사학과 한국 전통 수사학이 중국과 서구 등 세계의 수사학과 호흡하며 줄어들지 말고 더욱더 활성화되길 기대한다.

한편, 동양 수사학에 관한 발표는 동양과 서양의 비교, 고전 문헌, 중국의 수사학 텍스트, 연구현황 및 수사학 교육 등의 내용들을 포함시켰다. 중어중문학과에 종사하는 학자들이 주로 중국과 일본에서 개최한 국제학술대회에 참가하여 소개하였다. 그중 이상철(2015)의 일본 우경화 세력의 제2차 세계대전 사건에 대한 '사과 apology' 연구는 시의적절한 주제로서 독일 언론의 주목을 받았다. : 2, August 2015, Srache und Politik "Wie wir reden, wenn wir von Krise reden"

다음은 한국 한자들이 한국과 중국 등 동양 수사학 관련 논문을 발표한 목록이다:

이영훈(2009) “Rhétorique asiatique/Asian rhetorique” 17th ISHR (Montreal,-Canada)

김헌(2009) “La persuasion rhétorique et religieuse de la Légende bouddhique dans le roman de Barlaam et Josaphat” 17th ISHR (Montreal, Canada)

송미령(2013) “魯迅〈阿Q正傳〉的情感訴求分析”The Second International Advanced Forum on Communication Studies go Language and Rhetoric (중국곡부사범대학)

송미령(2014) “諸葛亮〈出師表〉文本的修辭學簡析”The International Language and Cultural Educational Forum (일본 삿뽀로 대학)

안성재(2014) “领导人的修辞学”国际语言文化与教育论坛 (日本札幌大学)

안성재(2014) “《道德经》之修辞法特征分析”第3届国际修辞传播学研讨会 (중국 무한 화중사대)

박남용(2012) “從隱喩到反諷: 論中國與女性詩歌的修辭方式”북경대신문방송논리와법제국제학술대회 (북경대)

박남용(2014) “中國現代詩歌的飜譯修辭學”제2회 국제수사커뮤니케이션학회 (무한 화중사범대학)

나민구(2007) “韓國的中國修辭學硏究”중국수사학회국제학술대회 (중국천진사대)

나민구(2010) “韓國2005年以來漢語修辭學硏究的現況與展望” 세계중국어수사학회(HongKong 홍콩교육대학)

나민구(2011) “韓國漢語敎學中的修辭作用”亞太地區國際漢語敎學協會年會, (Singapore,南洋理工大學)

나민구(2013) “The Rhetorical Strategy of Guiguzi” 19th ISHR (Chicago, USA)

나민구(2014) "鬼谷子權篇分析"국제언어문화교육 삿뽀로논단 (日本 삿뽀로 대학)

김헌(2015) "Phronesis in the Greek and Chinese Civilization" 20th ISHR (Tübingen, Germany)

안재원(2015) "A Brief Observation on Tropus Theory in Xiguojifa 西國記法"20th ISHR (Tübingen, Germany)

이상철(2015) "The Generic Analysis of Japanese Right-wing Politician's Rhetoric on World War II Atrocity: Apology, Reality, Audience and Community" 20th ISHR (Tübingen, Germany)

송미령(2013, 2014)은 노신의 소설이나 제갈량의 『출사표』 등을 서양 수사학의 체계를 방법론으로 분석하였으며 안성재(2014)는 주로 노자의 수사법과 리더십을 소개하였다. 김헌과 안재원은 서양 수사학 전공자들로서 2015년 Tübingen ISHR 대회에서는 각각 그리스와 공자 수사학의 비교, 중국 문헌의 수사적 표현에 대하여 발표함으로써 동서양의 수사적 접목을 시도한 점 의의가 있었다.

동서양 비교와 중국에 관한 논문을 한국수사학회 주최 국제학술대회와 서울공자아카데미 주최 한중포럼 겸 세계중국어수사학회 국제학술대회를 통하여 발표하였다.

이영훈(2006) "Robert Olivier et les traditions rhétoriques en Asie" 비교수사학 국제학술대회 (고려대)

노희직(2006) "Das Ethische in der konfuzianischen Rhetorik" 비교수사학국제

학술대회 (고려대)
박우수(2006) “Ethos in Western and Eastern Rhetorical Tradition” 비교수사학 국제학술대회 (고려대)
김헌(2006) “Entre le Centre des sophistes d”Isocrate et Les Entretiens de Confucius : du point de vue de la rhétorique comparee” 비교수사학국제학술대회 (고려대)
안재원(2006) “Eine Synkrisis zwischen Ps. Longinus’ De sublimitate und Yuheobs Munsimjoryong” 비교수사학 국제학술대회 (고려대)
손영실(2010) “모방과 축약의 각도에서 본 중서문화 충돌과 융합의 흔적-개혁개방 이후들어온 외래어의 경우”제2회 국제수사학학술대회 (서울대)
송미령(2010) “중국과 서양의 수사학 체계 비교”제2회 국제수사학학술대회 (서울대)
송미령(2014) “淺析孔子修辭觀對現代社會的功用”(공자 수사사상의 현대사회에 대한 효용) The 4th Biennial Conference of the Chinese Rhetoric Society of the World/한중포럼 (서울공자아카데미)
안성재(2014) “《论语》之修辞手法特征分析”제16회 한중포럼/세계중국어수사회 (서울공자아카데미)
나민구(2010) “2000년대 중국 홍콩 대만영화의 한국어 번역제목 번역품질평가(TQA)”제2회 수사학국제학술대회 (서울대)
나민구(2010) “韓國的漢語修辭學硏究簡介”한중포럼 (전남대)
나민구(2011) “漢語修辭教學”한중포럼/세계중국어수사학회 (인천대)
나민구(2012) “Superman, Guiguzi” 제3회 수사학국제학술대회/제3회 세계중국어수사학회 (인천대)

나민구(2014) "在韓國的對外漢語修辭教育方案"한중포럼/제4회세계중국어 수사학회 (서울공자아카데미)
나민구(2014) "鬼谷子的修辭戰略"한국외국어대학교중국어대학-북경대중문과 제3회 중문포럼 (한국외국어대학교)

동양의 수사학 연구는 아시아의 전반적인 수사학 연구 상황, 한국에서의 중국 수사학과 그 교육에 대한 연구 현황, 중국 문학 작품에서의 수사법, 중국의 고대 수사학자 그리고 서양과 중국 혹 한국 고전 텍스트의 수사적 분석 등에 초점이 맞추어 소개되었다.

2020년 코로나 팬데믹 이후 국제 교류 활동은 다소 침체기를 맞았다. 격년으로 유럽과 북미를 오가면 개최해 오던 ISHR(International Society for the History of Rhetoric) 국제회의가 1년 연기되어 2022년 전보다 다소 줄은 참가자들이 네덜란드에 모여 회의를 속개하였으나 2024년 7월에는 Canada Vancouver의 British Columbia 대학에서 정기 국제학술대회를 개최하며 적잖은 한국의 수사학자들도 한국과 중국 그리고 서양 수사학에 대한 주제를 들고 참가할 예정이다. 특히 이번에는 4명의 한국 학자들이 '아시아 수사학'이라는 세션과 패널을 짜서 한국과 중국의 수사학 전통에 대하여 발표를 기획하였다. 내년에는 코로나로 연기된 1년을 따라잡기 위하여 내년 2025년에 바로 Denmark Copenhagen University 대회를 열기로 합의하였다.

우리나라에서도 한국수사학회 학술지『수사학』을 1년에 3차례 꼬박꼬박 발행하고 있으며 두 차례씩 정기학술대회를 개최하여 동서양 논문을 발표해 오고 있다. 특히 2023년 가을에는 한국수사학회 창립 20주년 기념 국제학술대회를 한국외국어대학교에서 개최하여 미국, 영국, 캐나다, 이탈리아, 독일 등의 서양학자와 중국, 일본, 말레이시아 등 동서양 학자들이 온라인과 오프라인을 통해 논문을 발표하였다.

또한, 2024년 올해 초 2년 동안 매월 '수사학 아카데미' 온라인 발표토론회를 개최하여 그 내용을 모아 한국수사학회 이름으로 『위대한 수사학 고전들』(을유문화사)를 출간함으로써 공자, 장자, 순자, 귀곡자 및 플라톤, 아리스토텔레스, 키케로 등 동서양 수사학 대가들의 고전을 일반 독자들에게 소개하였다.

앞으로도 중국의 수사학뿐만 아니라 동서양 상호 비교수사학 연구도 활발히 진척되길 바란다.

참고문헌

나민구, 『수사학과 중국어 교육』, 『중국학연구』, 2001.

나민구, 『세계 속의 한국 수사학-한국수사학회 21세기 국제학술교류의 역사』, 『수사학』, 2015.

나민구, 『중국어레토릭』, HUEBOOKS, 2017.

윤비취
한국외국어대학교
중국언어문화학부

한·중 대조언어학의 연구 동향과 활용 방안

Ⅰ. 들어가는 말

한국과 중국은 1992년 한중 수교를 전후로 꾸준한 교류를 이어오고 있으며 국제적 정세의 변화에 따라 다소간의 차이는 있을 수 있겠으나 중국어와 중국어 연구에 대한 수요는 끊이지 않을 것이다. 이 가운데 한·중 대조언어학은 중국어 교육과 불가분의 관계에 있으며, 연구가 이전부터 진행되고 있음에 비해 현재까지 대조언어학의 여러 분야에서 결실이 미미하며 연구 공백이 존재하여 지속적인 연구가 필요한 실정이다.

대조언어학은 예로부터 응용언어학의 한 분야로 분류하고 있다. 더욱이 대조언어학의 궁극적인 목적은 외국어 교학으로서의 기여이며 최적의 교육적 효과를 이루기 위함이다. 모든 언어를 망라하고 목표어와 모국어의 상관관계는 외국어 학습 시 때로는 유리하게 작용하기도 하고, 모국어의 간섭으로 인해 때로는 일부 부정적 전이 현상이 일어나기도 한다. 이러한 상황에서 양 언어의 차이점에 주안점을 두고 분석하는 언어대조의 방법은 이와 같은 모국어로 인한 언어 간섭 현상에 대해 이해하고, 더 나아가 이를 활용한 효과적인 외국어 학습 방법을 고안해 낼 수 있다.

이처럼 본 연구는 실용적 성격이 강한 대조언어학이 무엇인지에 대해 알아보고 대조언어학의 관점에서 한국어와 중국어의 차이점을 연구한 결과물들의 현황을 조사하여 교육적 활용 방법을 분석하는 데 목적을 둔다. 구체적으로 연관 관계를 이루는 양 언어의 특정 하위 범주들을 대분류하여 대조언어학의 연구 동향에 대해 검토해 보고, 궁극적으로 한·중 대조언어학의 실제 분석을 적용한 예를 통해 교육적 활용 방법을 제시해 보고자 한다.

Ⅱ. 대조언어학 개괄

대조언어학(Contrastive Linguistics, 对比语言学)이란 일반적으로 공시적(Synchronic)인 관점에서 둘 이상의 언어 간 차이점을 분석하는 학문을 말한다. 이러한 대조언어학의 개념을 명확히 이해하기 위해서는 유사 학문 간의 개념상 구분이 필요한데, 아래에서 각각의 특징을 알아보고 대조언어학의 이론적 가설 및 용어, 종류, 기대효과에 대해 알아보자.

1. 대조언어학과 유사 학문 간의 구분

언어 사이의 특성을 비교 분석하는 언어학의 분과로는 대조언어학 외에도 비교언어학과 언어유형학이 있다. 먼저, 대조언어학은 공시적인 시각에서 언어 간의 차이점을 분석하는 데 중점을 둔다면 나머지 두 학문은 각각 통시적, 공시적 시각에서 언어 간의 공통점을 연구하는데 주안점을 둔다. 그리고 분석의 목적상 대조언어학은 서론에서 언급했듯이 기본적으로 외국어 교육을 위함이라면, 비교언어학과 언어유형학은 각각 언어와 언어 구조적인 특성 및 공통성을 발견하기 위한 학문이라 할 수 있다. 이들의 특성을 간단히 표로 확인해 보면 다음과 같다.

	대조언어학	비교언어학	언어유형학
분석 방법	공시적 연구	통시적 연구	공시적 연구
분석 내용	언어 간의 차이점	언어 간의 공통점	언어 간의 공통점
분석 목적	외국어 교육	언어 간 특성 이해	언어 구조적 특징 이해

위의 표에서 확인할 수 있듯이, 언어유형학은 대조언어학과 마찬가지로 언어를 역사적인 시각에서 보지 않는다. 또한 비교언어학에서도 특정 언어 간의 상호 연관성 및 각각의 공통적 특성을 이해하기 위한 목적을 가지기 때문에 교학과도 연계점이 있어 보인다. 하지만 대조언어학이 기타 유사 학문과 구분되는 가장 큰 특징은 바로 언어 간의 차이점에 중점을 둔 분석법이라는 것이다. 이에 따라 대조할 수 있는 언어의 개수가 제한적이라는 특징도 지니기 때문에 여러 언어를 대상으로 하는 언어유형학과도 차별점을 지닌다. 또한 분석의 목적상에서도 차이를 보이는데, 대조언어학은 언어 간의 개별적 특성을 분석하여 교육에 접목하고자 함이 큰 데에 반해 비교언어학이나 언어유형학은 보편적인 언어 또는 언어의 구조적 특성에 주목하여 분석하고자 하는 학문에 속한다.

2. 대조언어학의 이론적 가설

대조 분석(Contrastive Analysis)은 이론적으로 심리학의 행동주의와 언어학의 구조주의를 계승하여 발전되었다. 대조 분석의 가설은 미국의 구조주의 언어학자 Fries(1945)가 처음 제기하였고, 그 후 응용언어학자 Lado(1957)의 연구로 널리 알려지기 시작했다. 그는 목표어를 배우기 위해서는 모국어와 자세히 비교해야 한다고 언급하였으며, 학습상의 최대 난점을 모국어 간섭이라고 설명하였다. 이에 언어 간의 차이점을 파악함으로써 외국어 학습에의 난점을 극복할 수 있다고 주장하였으나, 실제로는 학습 환경에서 양자 간의 상관성에 대한 의구심을 품는 풍토로 대조 분석 가설은 곧 쇠퇴하고 '전이 이론'이 성행하게 되었다.

전이 이론(Transfer)은 이론적으로 심리학의 행동주의를 기반으로 심리학자 Watson(19 24)과 Skinner(1959)의 영향을 받아 발전하였다. 전이란 외국어 학습 과정에서 학습자의 모국어가 목표어에 미치는 긍정적인 또는 부정적인 영향을 가리킨다. 다시 말해서, 부정적 전이란 아동이 언어를 배울 때 모국어 습득 과정에서 형성된 일련의 언어적 습관들이 제2 언어를 배울 때 장애 요소로 작용할 수 있다는 것인데 대표적으로 어순 또는 특정 품사적 차이가 그러하다. 그러나 전이 이론은 언어 간의 구조가 서로 유사할 경우 언어 간섭이 발생하지 않고 오히려 좋은 영향을 끼치는 경우인 긍정적인 전이도 포함한다. 물론, 학습자의 외국어 수준에 따라 부정적 또는 긍정적 전이가 학습에 미치는 정도의 차이가 존재하겠지만 결과적으로 대조 분석이 외국어 교학에 여러 방면으로 도움을 주는 것은 사실이다.

고전 대조 분석은 1970년대에 이르러 이론적으로 몇 가지 문제점들이 제기되었는데, 바로 언어 간의 차이가 학습상에 부정적 영향을 준다는 점은 학습자 개인의 심리적 문제이며 이러한 심리적 문제를 언어상의 문제로 결부시켜서는 안 된다는 의견이다. 오히려 언어가 유사할 경우 학습에 장애가 될 여지가 더 많다는 주장도 있었다. 그리고 학습 과정 중에 응당 존재하는 오류가 곧 학습상의 어려움이라고 보기도 어려우며, 언어 간의 차이와 오류의 상관성이 일치한다고 볼 수도 없다고 설명하였다. 이러한 문제들로 인해 고전 대조 분석은 점차 쇠퇴하고 오류 분석으로 대체되었다.

오류 분석(Error Analysis)은 영국의 언어학자 Corder(1967)의 연구로부터 시작하였다. 그는 학습자들이 학습 과정에서 나오는 오류로부터 습득 수준이나 필요한 지식 등 다양한 정보를 얻을 수 있고 학습자의 전략에 대해 알 수 있다고 설명하였다. 이때 발생하는 오류는 언어 외적 오류와 언어 내적 오류로 구분할 수 있는데, 전자는 모국어와 목표어 간의 차이로 인한 부정적 전이 현상을 가리키고 후자는 목표어 내부로부터 발생하는 오류를 말한다. 그러나 이러한 오류 분석에도 일련의 문제점들이 존재한다. 즉, 학습자 개인의 편차로 인해 목표어의 내부 구조 및 체계를 이해하지 못하거나, 학습 과정 중에 잘못 익힌 형식이나 구조에 일괄 적용하여 과잉 일반화 오류를 범할 수 있다는 점이다. 그러나 오류 분석이 나라별 특정 모국어를 사용하는 외국어 학습자들에게 오류의 양상을 이해하고 효과적으로 익히도록 하는 긍정적인 측면으로 인해 지금까지도 연구가 진행되고 있다.

3. 대조언어학의 관련 용어

대조언어학을 논할 때 반드시 알아야 하는 3가지 주요 개념이 있다. 첫 번째는, 목표어이다. 목표어란 학습자가 외국어를 학습할 때 배우려고 하는 외국어를 말한다. 두 번째는, 모국어이다. 모국어는 목표어의 상대적인 개념으로 학습자가 외국어를 배우기 이전에 이미 습득된 언어 지식이다. 세 번째로, 중간언어(Interlanguage)이다. 중간언어란 학습자가 목표어에 도달하기 전의 단계에서 목표어에 도달하기 위한 중간 과정에 있는 동태적인 언어를 말한다. 해당 용어는 Selinker(1972)가 처음으로 언급하였는데, 그는 중간언어는 학습자가 목표어를 학습하는 과정 속 하나의 체계이거나 연속체가 될 수 있으며,

목표어를 배우면서 나름의 구조가 성립되고 그러한 과정에서 생성된 일련의 중간 단계 언어를 하나의 독립적인 언어로 받아들여야 한다고 주장했으며, 중간언어를 형성하는 원인으로 언어 전이와 과잉 일반화, 학습 전략, 의사소통 전략 등을 제시하였다. 실제로 이러한 중간언어의 과잉 일반화와 현상으로 인해 적지 않은 학습자들이 비문법적 문장을 교정 없이 그대로 사용하여 고착화하기도 하는데, 이를 인지하고 적극적으로 사용상의 오류를 줄여나가는 노력이 필요하다.

4. 대조언어학의 종류

대조언어학의 종류는 크게 음운 대조, 어휘 대조, 통사 대조, 그리고 화용 대조의 4개의 부분으로 나뉜다. 순서대로 먼저 음운 대조를 살펴보면, 주로 양 언어의 음운 현상이나 음절 구조 또는 성조, 뉘앙스를 대조 분석한다. 다음으로, 어휘 대조는 분석의 범위가 상대적으로 광범위한데 동일한 언어권인지 아닌지에 따라 분석 방법상의 차이가 있을 수 있다. 예를 들어, 한국어와 일본어, 중국어의 경우 한자 문화권에 속하기 때문에 형태나 의미에 따라 동형동의어, 이형동의어, 동형이의어, 동소역순동의어 등 여러 측면에서 분석이 가능하지만 영어나 독일어와 같이 동일한 언어권에 속하지 않는 경우 조어법이나 어휘 대조가 제한적일 수 있다. 이어서 통사 대조를 살펴보면, 주로 양 언어의 문장 성분(Constituents)들의 배열 순서인 어순(Word order) 대조 분석이 주를 이룬다. 그리고 각 언어에서 전치사나 부사어 등 특정 문장 성분이 위치하는 장소를 대조하여 분석의 결과를 귀납할 수 있다. 그밖에 의문문, 부정문, 특수문형 등 문장을 이루는 구조들의 차이점을 도출하여 양 언어가 가지는 통사적 특징을 분석하기도 한다. 이러한 통사 대조는 외국어 교학으로 직접적인 영향을 미치지만, 통사적인 차이만으로는 의미 기능의 특징을 설명할 수 없다는 한계가 있다. 이는 화용 대조를 통해 해결할 수 있는데, 화용 대조는 양 언어의 담화 텍스트 속에서 특정 문장 속 구조가 가지는 의미 기능상의 차이를 분석하는 것이다. 예를 들어, 어떤 언어는 신정보를 문미에 두는 특징을 가지지만 반대로 문두에 두는 경우가 있는데 이와 같은 주요 기능을 대조의 분석 방법을 사용해서 밝힐 수 있다. 또한 특수문형의 경우 각 문장에서 문장 성분들의 합이 나타내는 의미 이상으로 구조가 나타내는 구문 의미를 대조 분석할 수 있는데 이와 같은 연구는 외국어 학습에 매우 유용한 성과물이라 할 수 있다.

Ⅲ. 국내 한·중 대조언어학의 연구 동향

대조언어학은 1940년대에 하나의 이론으로 정립되고 성장하기 시작하였다. 국내 한·중 대조 분석은 가장 처음 정기엽(1976)으로부터 시작하여 현재까지 꾸준히 진행되고 있다. 이와 달리 중국에서는 1930년대부터 대조 논문들이 나오기 시작하였으나 한·중 대조 분석은 최윤갑(1959)을 기점으로 이루어져 주로 70년대 말에서 80년대 전후로 진행되었으며, 공통적으로 양국은 1992년 한중 수교가 수립된 이후로 대조언어학과 관련된 연구들이 대폭 증가하였다. 본래 양국의 대조언어학 결과물들을 모두 조사하는 것이 바람직하겠으나, 편폭과 시간의 제한으로 인해 본 장에서는 2014년도부터 2024년도까지 최근 10년 동안의 국내 한·중 대조 분석 논문들을 연구 대상으로 삼아 연구 동향을 살펴보고자 한다.

1. 국내 한·중 대조 분석 연구 결과물 분석

최근 10년간 진행된 국내 한·중 대조 분석 관련 연구 논문들을 대상으로 KCI(한국학술지인용색인)에서 '한중 대조'와 '한국어와 중국어 대응'으로 검색해 본 결과 각각 109편, 288편이 검색되었으며, 이 중 분석 대상에 적합한 논문으로 총 325편의 논문을 선별하였다. 이를 분야와 연도별로 도식화하면 다음과 같다.

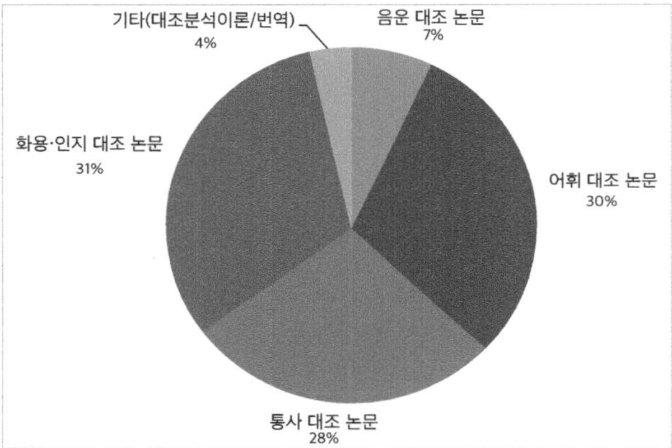

〈그림 1〉 한·중 대조 분석 논문의 분야별 분류

위의 그림에서 살펴보듯, 기존 한·중 대조 분석 연구물들의 결과를 분석해 보면 순서대로 화용·인지 대조 분야가 31%, 어휘 대조 분야가 30%, 통사 대조 분야가 28%, 음운 대조 분야가 7%, 기타(대조 분석 이론 및 번역) 분야가 4%로 나타났다. 이로써 대조 분석의 연구 동향은 이전의 어휘 대조 분야에 머물러 있던 환경에서 벗어나 최근 화용이나 인지, 통사 분야의 연구로 확대되어 꾸준히 진행되고 있음을 확인할 수 있으며, 이는 대조언어학의 실용적인 측면이 통사, 화용 연구 분야의 수요에 대한 인식적 변화로 작용하였을 것이라 사료

된다. 다음 자료를 보자.

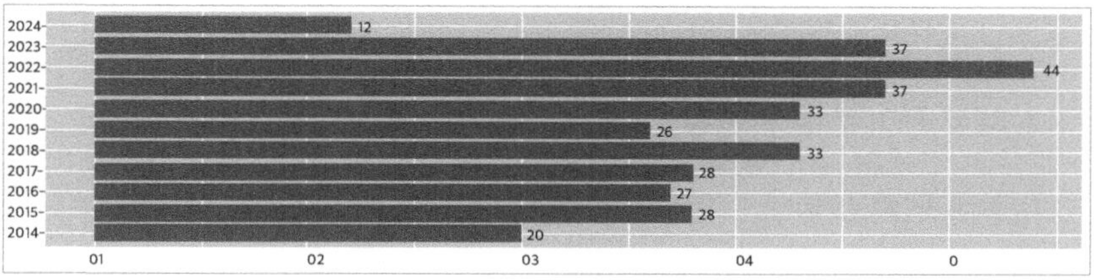

〈그림 2〉 한·중 대조 분석 논문의 연도별 분류

위의 그림에서도 확인할 수 있듯이, 최근 10년간 대조언어학의 연구는 꾸준히 진행되고 있으며 2020년 이후로는 연구 수량 면에서도 꾸준히 증가 추세에 있는 것으로 보인다. 그러나 다른 학문 분과와 비교했을 때 대조언어학은 여전히 연구 결과물들이 충분한 편은 아니다. 이제 아래에서 논문 제목 및 논문 내용에 관한 키워드를 살펴보도록 하자.

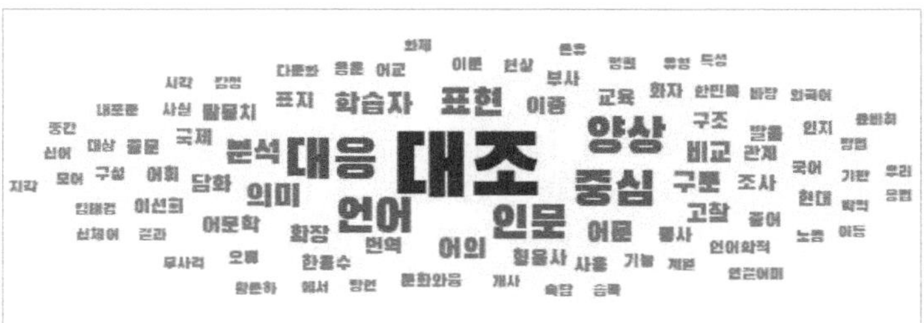

〈그림 3〉 한·중 대조 분석 논문 속 키워드

위의 그림에서 살펴보듯, 한국어와 중국어를 제외한 키워드 중에서 '대조', '양상', '언어', '학습자', '의미', '표현' 등이 빈번히 사용되었음을 알 수 있다. 그밖에 '담화'나 '표지', '화자' 등의 단어들을 통해 최근 대조언어학은 통사나 화용 중심의 분석이 활발히 진행되고 있음을 추정해 볼 수 있다. 이어서 대조

언어학을 음운, 어휘, 통사, 화용·인지, 기타의 총 5부분으로 세분화하여 분야별 연구 현황에 대해 살펴보도록 하자.

2. 세부 분야별 연구 현황

1) 음운 대조 논문

한국어와 중국어의 음운 대조 논문은 1975년 정기엽의 「漢字의 韓國音과 中國音과의 比較」을 시작으로 하여 현재까지 진행되고 있으나 최근 10년간의 논문은 총 23편으로 전체 논문의 7%에 속한다. 세부 주제로는 한·중 발음 및 음높이와 발음지도 및 교육, 음운 체계 등으로 구분할 수 있었으며, 이에 해당하는 논문들을 부분적으로 예를 들면 다음과 같다.

주제별 분류	해당 논문의 예
한·중 발음 및 음높이	고성실·최지연, 「중국어를 학습하는 한국어 모국어 화자의 중국어 성조 지각과 산출」, 『말소리와 음성과학』, (12), 2020. 권민지, 「음높이 조절에 따른 한국인과 중국어권 청자의 범주적 지각 연구 -한국어 어두 자음을 대상으로-」, 『이중언어학』, (92), 2023. 쉬진위엔·남영자, 「중국인 한국어 중급 학습자의 어두 성문 마찰음에 대한 음향음성학적 연구」, 『어문연구』, (119), 2024. 윤은경·CAOWENKAI, 「한국어 강세의 산출과 지각 - 한국어와 중국어 모어 화자를 대상으로 -」, 『이중언어학』, (62), 2016. 이쌍·권경근, 「한국어와 중국어의 의문문 억양 대조 연구」, 『우리말연구』, (58), 2019. 이화진, 「중국인 학습자의 한국어 이중모음 발화 오류 양상 연구」, 『언어사실과 관점』, (61), 2024. 서춘란, 「한국어와 중국어 모어 화자가 발음하는 한중 파열음 발음 차이 연구」, 『외국어로서의 한국어교육』, (52), 2019. ZHENG YIHAN·원미진, 「중국인 학습자의 한국어 파열음 발음에 대한 조사 연구」, 『 국제어문』, (91), 2021.

주제별 분류	해당 논문의 예
발음지도 및 교육	고미숙, 「L1이 L2의 습득과정에 미치는 영향 — 중국어 /l/, /r/과 한국어 /ㄹ/의 음향음성학적 특성을 중심으로—」, 『중국어교육과 연구』, (41), 2023. 김현우, 「한·중 음운 변동 대조를 통한 중국인 학습자의 비음화 발음 교육 연구」, 『인문사회 21』, (13), 2022. 유창, 「중국인 학습자의 한국어 /ㅓ/, /ㅗ/와 /ㅡ/ 습득에 대한 실험음성학적 연구: 중국어 /e/[ɤ]발음의 영향을 중심으로」, 『외국어로서의 한국어교육』, (56), 2020. 이은주·우인혜, 「중국인 한국어 학습자를 위한 한국어 종성 /ㄱ, ㄷ, ㅂ/ 발음 교육 방안 - 한국어 음절 구조를 중국어 음절 구조에 반대로 적용하여 - 」, 『새국어교육』, (97), 2013. 장호득, 「ㄹ 계열 유음의 한중 대조분석과 CSL 교수·학습에의 적용」, 『한중언어문화연구』, (31), 2013. 최금단, 「중국어의 자음을 역으로 활용한 중국어권 학습자의 한국어 자음의 발음 교정 방법에 대하여」, 『언어와 문화』, (6), 2010. 최은하·박시균·오종철, 「중국인 학습자의 한국어 중국어 유사 발음 비교 분석 및 발음지도 연구」, 『국어문학』, (48), 2010. 최혜영·김태은, 「한국인 학습자를 위한 중국어 치경비음운미 교수·학습 방안-실험음성학적 논의를 기반으로」, 『중국어교육과 연구』, (41), 2023.
음운 체계	강식진, 「중국어와 한국어의 분절음 음운변동 대조 연구」, 『중국학』, (36), 2010. 김태경, 「중국어 모어 화자의 한국어 음소 변별에 대한 연구」, 『국제어문』, (62), 2014. 김태경, 「상고 중국어 음운현상에서 본 한국어 어원」, 『중국어문학논집』, (89), 2014. 상향함, 「한·중 단모음 내적 구조 대조 연구 - 무우선 음운론(Precedence-free Phonology)을 바탕으로」, 『한말연구』, (64), 2023. 여홍령, 「한국어와 중국어 장사 방언(長沙方言)의 음운 체계 대조 연구」, 『한중인문학연구』, (59), 2018. 여홍령, 「한국어와 중국어 월 방언(粵語)의 음운 체계 대조 연구」, 『한국학연구』, (48), 2018. 장향실, 「음소결합제약을 통한 중국어권 학습자의 한국어 /ㄴ/, /ㅇ/ 종성 오류 예측」, 『한국어학』, (69), 2015.

2) 어휘 대조 논문

한국어와 중국어의 어휘 대조 논문은 1977년 성원경,「韓中 兩國에서 現用하는 漢字語彙比較考」을 시작으로 하여 현재까지 진행되고 있으나 최근 10년간의 논문은 총 97편으로 전체 논문의 30%에 속한다. 세부 주제로는 한자어 대조와 의미 확장 대조, 한·중 특정 어휘 대조 등으로 구분할 수 있었으며, 해당 논문들을 부분적으로 예를 들면 다음과 같다.

주제별 분류	해당 논문의 예
한자어 대조	범신성,「韩中"同形异义"汉字词意义差异对比研究-以『朝鮮日報』社论文中的汉字词为中心」,『중어중문학』, (68), 2017. 양은정,「한중 한자어 사용에 대한 통시적 연구 - 시각동사를 중심으로 -」,『漢文教育論集』, (45), 2015. WU YANG·윤나영,「한국어와 중국어의 한자어 형태소 분포 대조 연구」,『국제어문』, (95), 2022. 이경보,「한·중 동형어의 쓰임 異同 연구」,『이중언어학』, (73), 2018. 이선희,「한중 교육 분야 기초 전문용어 한자어 대조 연구」,『한중언어문화연구』, (71), 2024. 황은하,「말뭉치에 기반한 한중 한자어의 대조분석 연구 - 공기 경향성에 대한 관찰을 중심으로 -」,『이중언어학』, (64), 2016.
의미 확장 대조	신근영,「신체어 중국어 '手'와 한국어 '손'의 의미 확장 대조 연구」,『중국학』, (85), 2023. 이선희·신지언,「한국어 '개'와 중국어 '狗'의 의미 확장 소고」,『한중인문학연구』, (57), 2017. 이선희,「한중 신체어 '귀'의 의미 확장 대조 연구」,『중국학』, (65), 2018. 이선희·김미금,「한중 미각어 '달다', '甜'계열 어휘의 의미 확장 및 의미 구성 양상 대조 연구」,『중국학논총』, (63), 2019. 이선희,「한중 색채어 은유 양상 대조 연구 — '푸르다' 계열 어휘를 중심으로」,『중국어문학논집』, (125), 2020. 이선희,「한중 공간형용사의 의미 확장 대조 연구 - "宽넓다, 窄좁다"를 중심으로」,『중국학』, (74), 2021. 이선희,「한중 냉각형용사의 의미 확장 대조 연구- '춥다/冷', '차갑다/凉'계열을 중심으로 -」,『중국인문과학』, (71), 2021. 이천택,「한중 명암 형용사의 의미 확장 양상에 대한 대조 연구 : '밝다'와 '亮'을 중심으로」,『Journal of korean Culture』, (36), 2017.

주제별 분류	해당 논문의 예
의미 확장 대조	이천택, 「한국어 '굵다'와 중국어 '粗'의 의미 확장 양상에 대한 대조 연구」, 『Journal of korean Culture』, (38), 2017. 주자우, 「신체어 '입'과 '嘴, 口'의 의미 확장 대비 연구」, 『춘원연구학보』, (14), 2019. 포연, 「한국어 부사 '다'와 중국어 부사 '都'의 의미 확장 양상 대조 연구」, 『한중인문학연구』, (79), 2023.
한·중 특정 어휘 대조	김승현, 「중국어 '太'와 한국어 '너무'의 대조연구」, 『중국어문학논집』, (85), 2014. 단청총, 「汉韩语预期标记"果然"和"과연"的对应类型对比研究」, 『중국인문과학』, (80), 2022. 맹주억·정수은, 「한중 '눈/眼'의 다의구조 대조연구」, 『한중언어문화연구』, (36), 2014. 문영희· 한용수, 「한중 온감 형용사 '뜨겁다'와 '热'의 용법 대조 연구」, 『철학·사상·문화』, (34), 2020. 백효동, 「한국어 감정형용사의 중국어 대응 양상 연구-'아쉽다, 섭섭하다, 서운하다, 안타깝다, 아깝다'를 중심으로-」, 『언어와 문화』, (19), 2023. 서평, 「한국어 접속부사 '또한'의 중국어 대응 표현 연구」, 『한국어문교육』, (26), 2018. 소열녕·구언아, 「한국어 '이상', '이하', '이내'와 중국어 '以上', '以下', '以内'의 대조 연구」, 『중국언어연구』, (97), 2021. 이영, 「한국어 '또'와 중국어 '又'의 대조 연구」, 『코기토』, (83), 2017. 정비, 「중국어권 학습자 말뭉치에 나타난 한국어 이동동사 '들다'의 사용 양상 연구」, 『인문과학연구논총』, (43), 2022. 정혜인, 「현대중국어 '一旦'과 한국어 '일단'의 의미 대조」, 『중국어교육과 연구』, (26), 2017. 정현애, 「한국어 '안'과 '속', 중국어 '里'와 '中'의 대조연구」, 『중국문학연구』, (68), 2017. 정현애, 「현대중국어 방위사 上과 한국어의 대응양상 대조」, 『중국어문논총』, (90), 2018. ZHU WEI·김현철, 「중국어 '新'의 한국어 대응 양상 연구」, 『중국어문학논집』, (112), 2018. QUAN WENHUA·지서원, 「한중 화장품 TV 광고에 나타난 외모 묘사 어휘 대조 연구」, 『한국어교육』, (33), 2022. 최해만·한용수, 「이동 동사 한국어 '오르다'와 중국어 '上'의 대조 연구」, 『석당논총』, (71), 2018.

주제별 분류	해당 논문의 예
한·중 특정 어휘 대조	풍정정,「한국어 공간어 '위/아래'와 중국어 '上/下'의 의미 대조 연구」, 『Journal of korean Culture』, (29), 2015. 형문수,「배수표현 한국어 '배'와 중국어 '倍(bèi)'의 대조 연구」,『국어문학』, (79), 2022. 후효딘·구본관,「한국어 '얼마'와 중국어 '多少'의 대응 용법」,『중국어문논총』, (76), 2016.

3) 통사 대조 논문

한국어와 중국어의 통사 대조 분야에 속하는 최근 10년간의 논문은 총 92편으로 전체 논문의 28%에 속한다. 세부 주제로는 문장성분의 대응 양상과 구조나 문법표지의 대응 양상, 문장 및 어순 대조 등으로 구분할 수 있었으며, 이에 해당하는 논문들을 부분적으로 예를 들면 다음과 같다.

주제별 분류	해당 논문의 예
문장성분의 대응 양상	등옥룡,「'-더-' 계통 연결어미를 가지는 한국어 접속문과 '來著(laí zhe)'를 가지는 중국어 접속문의 대조 연구」,『한민족어문학』, (101), 2023. 부흐,「한국어 'V+-(으)'에 대한 중국어 대응 표현 연구」,『어문론집』, (86), 2021. 손방원·김한샘,「중국어 '在'의 한국어 대응 양상 연구」,『비교문화연구』, (58), 2020. 양효항,「한국어 보조동사 '-(어) 주다'의 중국어 대응 양상 연구」,『언어사실과 관점』, (55), 2022. 유경옥·윤화영·박덕유,「한국어와 중국어의 명사절 대조 연구- '-(으)ㅁ', '-기' 명사절을 중심으로 -」,『한민족어문학(구 영남어문학)』, (96), 2022. 유창,「한국어 보조동사 '내다'의 중국어 대응양상 비교연구」,『인문과학연구』, (75), 2022. YU XIANGXIN,「한국어 연결어미 '-도록'의 중국어 대응 표현 연구」,『한중인문학연구』, (71), 2021. YU XIANGXIN,「한국어 의존 명사 '줄' 구성의 중국어 대응 표현 연구」,『한중인문학연구』, (73), 2021.

주제별 분류	해당 논문의 예
문장성분의 대응 양상	이문화, 「한국어 부사격 조사 '-에'와 '-에서'의 중국어 대응 양상 연구」, 『국제어문』, (65), 2015. 전소영, 「한국어 '아무도'의 중국어 대응 표현 연구」, 『문화와융합』, (46), 2024. 채예령·초팽염, 「중국어 개사 '给'와 한국어 격조사 '에게'의 대조 연구: 'S+給+NP1+V+NP2' 구문형식을 중심으로」, 『Foreign Languages Education』, (31), 2024.
구조나 문법표지의 대응 양상	노금의, 「구어 말뭉치에서 한중 화제 유형의 분포 양상」, 『건지인문학』, (34), 2022. 동연, 「한국어 내포문의 중국어 대응문장 고찰」, 『이화어문논집』, (38), 2016. 문유미, 「현대중국어 주어절의 한국어 대응 양상 고찰」, 『중국어문학논집』, (101), 2016. 박동호, 「한국어와 중국어의 주어와 화제에 대하여」, 『이중언어학』, (63), 2016. 박애화, 「중국어 'S把OV'文과 한국어 'SOV'文의對應關係分析」, 『동아인문학』, (28), 2014. 안효연, 「한국어 'N1 + 의 + N2'와 중국어 'N1 + 的 + N2' 구조의 비교 연구」, 『동악어문학』, (77), 2019. 왕욱요, 「중국어 '被(bei)'에 의한 피동문에 대응되는 한국어 표현 연구」, 『반교어문연구』, (64), 2023. 왕용리·김선정, 「한국어 보조용언과 이에 대응되는 중국어 표현 연구」, 『문화교류와 다문화교육』, (9), 2020. 오윤지·김혜경, 「한중 미래 의미 표지법 대조 연구 - 미래문법형태 '-겠-'과 '要'를 중심으로」, 『한중언어문화연구』, 2023. 윤애경·초팽염, 「중국어와 한국어의 가정 표지 비교 연구」, 『중국학연구』, (86), 2018. 이문화·정효진, 「한국어 선어말어미 '-았/었-', '-았었/었었-'의 중국어 대응 양상 연구」, 『국제어문』, (95), 2022. 이은수, 「중국어와 한국어의 '가까운 과거' 표지 연구」, 『중국문학연구』, (94), 2024. 장경아, 「'XY+하다'구조로 본 중국어 형용사의 한국어 품사 대응 양상」, 『문화와융합』, (40), 2018.

주제별 분류	해당 논문의 예
문장 및 어순 대조	김은주,「현대중국어 사동문의 한국어 대응 양상 고찰: 태(Voice)의 불일치 현상에 대하여」,『중어중문학』, (50), 2022. 등옥룡,「한국어와 중국어 이중목적어문의 대응 관계 검토」,『한민족어문학』, (97), 2022. 스판판서민정,「중국어 무표지 피동문에 대응하는 한국어 표현 연구」,『국제어문』, (93), 2022. 유석·김건희,「한 중 사동법 대조 연구 - 한국어 어휘적 방법과 중국어 통사적 방법을 중심으로」,『언어학 연구』, (67), 2023. 이문화,「중국인 한국어 학습자를 위한 한국어 접미사 사동과 중국어 사동의 대조연구」,『언어와 문화』, (13), 2017. 이중아·김인균,「한국어 형태적 사동 표현과 중국어 무표지 사동 표현 대조 분석」,『비교문화연구』, (67), 2022. 전기정,「한국어와 중국어의 비유 유형 대조」,『한중언어문화연구』, (69), 2023. 정우영,「한국어와 중국어 수량 표현구의 구조 비교」,『철학 사상 문화』, (16), 2013. TANGQI,「한중 감탄문 실현양상의 대조 연구: 한중 병렬말뭉치를 중심으로」,『학습자중심교과교육연구』, (20), 2020. 하두진,「중국어 상태보어 구문과 대응되는 한국어 양상— 언어유형론적 측면을 중심으로」,『중국언어연구』, (87), 2020. 허메이핑·황밍즈,「한국어 관형절 내포문과 중국어 수식절 내포문의 대조 연구」,『한글』, (79), 2018.

4) 화용·인지 대조 논문

한국어와 중국어의 화용·인지 대조 분야에 속하는 최근 10년간의 논문은 총 101편으로 전체 논문의 31%에 속한다. 세부 주제로는 단어 및 문장 대조와 구문 의미 분석, 화행 및 담화 표지 분석 등으로 구분할 수 있었으며, 이에 해당하는 논문들을 부분적으로 예를 들면 다음과 같다.

주제별 분류	해당 논문의 예
단어 및 문장 대조	강교, 「한국어 가압(加壓) 동사 '밀다'의 인지적 의미 및 중국어에서의 대응 분석」, 『한중인문학연구』, (78), 2023. 노금의, 「韩国语话题构式"NP+같아선"及其汉语表达方式」, 『한중인문학연구』, (81), 2023. 단청총, 「韓漢語反預期標記"오히려"與"反而"的認知解讀」, 『중국학논총』, (77), 2023. 任倩倩, 「韩汉"零对一" 式话语标记 : "-는 걸 보니" VS "看" 字类话语标记」, 『중어중문학』, (95), 2024. 손방원·김한샘, 「중국어 '在'의 한국어 대응 양상 연구」, 『비교문화연구』, (58), 2020. 양소열·김영실, 「중국어 '把'와 한국어 '를'의 의미기능 대조」, 『중국인문과학』, (69), 2018. 왕옌리 , 「한국어 종결어미 '-거든'에 대응하는 중국어 표현 연구 — 한국 및 중국 드라마 병렬말뭉치 중심으로 —」, 『어문론집』, (92), 2022. YANG LIU, 「인지언어학적 시각으로 본 중국어 'NP+好+VP'중간 구문과 한국어 자동사 구문의 대응 관계 연구」, 『중국언어연구』, (106), 2023. 이민·이의종, 「비전형적 의문문의 한중 대조 연구」, 『영주어문』,(55), 2023. 임규홍·조은정, 「중국어 '都'와 한국어 '다'의 비교 분석」, 『담화와 인지』, (23), 2016. 증무·한용수, 「汉语"饭"和韩语"밥"的认知隐喻对比研究」, 『중국인문과학』, (72), 2019. 조나·임천천, 「韩汉话语标记"거봐"和"(你)看/瞧"的交互主观性」, 『중국학논총』, (77), 2023. 진정, 「인지적 대조언어학에 기초한 한국어 부사격조사 '에'와 중국어 개사 '在'의 대조 연구」, 『國語學』, (108), 2023. 한경숙, 「중국어 전치사 '在', '于'와 한국어 조사 '에서' 의미구조 대조 분석」, 『한중인문학연구』, (45), 2014. 황수판·강은지, 「한 중 '쓴맛' 속담의 대조 연구」, 『중국언어연구』, (93), 2021.

주제별 분류	해당 논문의 예
구문 의미 분석	김용군, 「한중 관습적 간접부정의 표현 특징과 사용 기제」, 『한중인문학연구』, (53), 2016. 남양우, 「한국어와 중국어의 존재문 고찰 - 구문문법이론을 바탕으로」, 『중국학』, (75), 2021. 손욱, 「국어 '-ㄴ 것이다' 구문과 중국어 '是……的' 구문의 대조 연구」, 『이중언어학』, (86), 2022. 왕정·정진강, 「한국어 인용구문에서 문법화된 "-더라니"와 중국어의 대응 표현 연구 ― 비환원적 "예측대로 되었음"의 "-더라니"를 중심으로」, 『중국어문논역총간』, (54), 2024. 윤비취, 「중국어 교육을 위한 동사복사문의 의미기능 연구 - 상태보어와 결과보어를 중심으로」, 『중국어문학논집』, (124), 2020. 윤비취, 「중국어 동사복사문의 문형에 따른 한국어 대응 관계 고찰—상태보어와 결과보어를 수반한 문형을 중심으로」, 『중국어문논역총간』, (48), 2021. 이연희·김기석, 「한국어와 중국어의 감정용언 구문의 특성 대조」, 『어문학』, (157), 2022. 윤비취, 「중국어 NP+是+XP' 구문과 한국어 보조사 은/는'의 대응 관계 고찰」, 『중국어교육과 연구』, (38), 2022. 윤비취, 「한국어 대조 분석을 통한 중국어 연동문의 범주 연구」, 『중국연구』, (97), 2023. 증양, 「한국어 '-ㄴ 것이다' 구문과 중국어 '是......(的)' 구문의 정보구조적 대조」, 『중국언어연구』, (102), 2022. 진설매, 「한국어 '-으면', '-거든' 구문의 중국어 구문과의 대응 관계 연구 -통사적·의미적 측면을 중심으로-」, 『한중인문학연구』, (40), 2013. 학수, 「한국어와 중국어 인식 양태 중의 '개연성' 표현 비교 연구」, 『한국언어문학』, (120), 2022.
화행 및 담화 표지 분석	김민아, 「한국어 담화표지 '그러니까'의 중국어 대응 표현 연구」, 『인문사회 21』, (13), 2022. 单清丛, 「韩汉语话语标记"솔직히(말하면)"与"说实话"的对比研究」, 『중국인문과학』, (84), 2023. 박은석·심지영, 「현대 중국어 '又'의 한국어 대응 양상 고찰 – 부사부터 담화표지까지」, 『비교문화연구』, (64), 2021.

주제별 분류	해당 논문의 예
화행 및 담화 표지 분석	서미령, 「한국어 담화표지 '아'의 중국어 대응 번역 연구 - 담화기능을 중심으로-」, 『외국학연구』, (50), 2019. 원효설·최윤곤, 「한국어 '괜찮다'와 중국어 '沒關系'의 담화 기능 대조」, 『국제어문』, (72), 2017. 왕둬둬, 「교감적 언어사용의 감탄적 표현에 관한 한중 대조 연구」, 『한중인문학연구』, (57), 2017. 왕연, 「한중 학술 논문에 나타난 대인 관계적 메타 담화 표지 대조 연구 -결론 부분을 중심으로-」, 『텍스트언어학』, (55), 2023. ZHANG JINGXI, 「한국어 추측 표현 '-겠-'의 중국어 대응표현 연구」, 『한중인문학연구』, (53), 2016. 채춘옥, 「한중언어에서 요청화행과 거절화행의 대조연구」, 『중어중문학』, (62), 2015. 한춘매, 「한중 담화표지 대조연구 - 개념과 특징을 중심으로 -」, 『언어학 연구』, (48), 2018. 한춘매·김진식, 「한중 감탄사 유래 담화표지 대조 연구」, 『언어학 연구』, (55), 2020.

5) 기타 (대조 분석 이론/번역)

한국어와 중국어의 대조 분석 중 기타 분야에 속하는 최근 10년간의 논문은 총 12편으로 전체 논문의 4%에 속한다. 세부 주제로는 대조 분석 이론, 한·중 번역 등으로 구분할 수 있었으며, 이에 해당하는 논문들을 부분적으로 예를 들면 다음과 같다.

주제별 분류	해당 논문의 예
대조 분석 이론	최윤경, 「중국어-한국어 언어교환 과제의 적용과 평가」, 『언어와 정보 사회』, (29), 2016. 한용수, 「한중간 언어, 문화, 교육 연구의 성과와 전망」, 『한중인문학연구』, (54), 2017. 황은하, 「대조분석을 위한 말뭉치의 타당성 연구 -한중 대조분석을 중심으로-」, 『이중언어학』, (82), 2021.

주제별 분류	해당 논문의 예
한·중 번역	이재원·조신, 「한국어 인터넷 뉴스 헤드라인의 중국어 번역 유형 연구」, 『중국연구』, (84), 2020. 이서이·한용수, 「중국어 색채어의 신경망 기계 번역과 대화형 AI 번역 결과 비교분석 -'黑+중첩접미사'류 형용사의 중한번역을 중심으로-」, 『한중인문학연구』, (82), 2024. 조신, 「정치연설에 나타난 중국어 일·이인칭 대명사의 한국어 번역 연구」, 『언어와언어학』, (96), 2022. 최윤곤·주선, 「한국어 주어 생략문과 무주어문의 중국어 번역 양상」, 『한중인문학연구』, (55), 2017. 황은하·심혜령, 「한국어 교재의 중국어 번역 방법 연구」, 『이중언어학』, (61), 2015.

Ⅳ. 한·중 대조언어학의 교육적 활용

중국어는 한 문장에서 화자가 전달하고자 하는 바를 문미에 두려는 경향이 강한 언어이며, 이에 따라 문장성분들의 위치적 제약이 존재한다. 이러한 중국어의 위치 제약적 특징은 한국어 문장 구조와의 대조 분석을 통해 교학에 적극 활용할 수 있다. 본 장에서는 중국어의 특수문형 중 동사복사구문(Verb-Copying Construction, 重动句)을 예로 들어 교학으로서의 활용 방식을 소개하고자 한다. 일반적으로 중국어에서는 하나의 문장에서 보어와 목적어를 동시에 수반해야 하는 경우 동사 뒤에 신정보를 하나만 둘 수 있는 단일신정보제약 원칙에 의해 동사복사구문 등의 특수문형을 사용하여 목적어를 동사 앞으로 전치시킨다. 아래에서 구정보·신정보 원칙과 단일신정보제약에 대해 살펴보자.

1. 구정보·신정보 원칙

주지하듯이, 중국어의 기본적인 정보 구조는 '이미 아는 정보에서 시작하여 새로이 알게 되는 정보로' 혹은 '구정보·신정보'의 원칙을 따른다. 왜냐하면 성공적인 의사소통을 위해서도 화자와 청자가 서로 알고 있는 정보로부터 시작하여 화자가 청자로 하여금 새로이 전달하고자 하는 새로운 정보로 확대해 나가는 것이 효율적이기 때문이다. 이러한 이유로 '구정보·신정보'의 원칙은 영어와 비교했을 때 상대적으로 중국어에서 훨씬 더 잘 부합한다. 예를 살펴보자.

(1) 到香格里拉酒店，怎么走？ (샹그릴라 호텔은 어떻게 갑니까?)

(2) How does one get to the Shangri-la Hotel? (샹그릴라 호텔은 어떻게 갑니까?)

위의 예문에서 살펴보듯이, 중국어에서는 화제의 성분을 사용하여 문두에 구정보를 위치하도록 배열하지만 영어에서는 반드시 그렇지 않은 것을 확인할 수 있다. 중국어에서는 구정보·신정보 원칙이 여러 상황에서 존재하는데, 이어서 살펴볼 동사복사구문의 경우에도 직접적인 연관이 있다. 동사복사구문의 어순을 이해하기 위해서는 다음의 단일신정보제약을 이해해야 한다.

2. 단일신정보제약

陈俊光(2008)에서는 신정보의 양과 관련이 있는 '단일신정보제약' 원칙을 제시하였는데, 다시 말해 중국어에서 동사 뒤에는 하나의 신정보만이 출현할 수 있다는 것을 의미한다. 아래에서 이를 다시 이해해 보자.

〈구정보〉→ 동사 → 〈신정보+신정보〉

*他　　　吃　　　这顿饭 很辛苦。

〈구정보+구정보〉→ 동사 → 〈신정보〉

他吃这顿饭　　　吃得　　很辛苦。 (그는 이번 끼니를 힘들게 때웠다.)[1]

위의 내용을 살펴보면, 우선 목적어 성분인 '饭'과 보어 성분인 '很辛苦'는 둘 다 화자가 청자로 하여금 전달하고자 하는 신정보이다. 중국어에서 '他吃这顿饭很辛苦'가 비문인 이유는 동사 '吃' 뒤에 신정보 두 개를 연달아 수반했기 때문이다. 이를 문법적으로 성립하도록 문장성분들을 재배치하면 '他吃这顿饭吃得很辛苦'과 같이 중국어의 특수문형인 동사복사구문의 형식을 사용해야 한다. 즉, 동일한 동사를 중복 사용해서 특수한 문형으로 재배열 하면 목적어를 중복동사의 앞으로 보내어 구정보·신정보의 원칙을 준수할 수 있다.

3. 동사복사구문 교육을 위한 한·중 대조 분석의 활용

학교문법에서 잘 다루지는 않으나, 동사복사구문은 실제 학습자들이 학습 과정에서 어려워하는 중국어의 특수문형 중 하나이다. 이에 따라 중국어 학습자들이 동사복사구문을 사용시 오류가 빈번하게 발생하는데, 예를 들면 다음과 같다.

(3) * 女的老师教中文很慢。

女的老师教中文教得很慢。 (여교사가 중국어를 매우 느리게 가르쳤다.)

1 해당 내용은 윤비취(2021:265)에서 발췌함.

(4) * 人都走路很快。

人都走路走得很快。 (사람들 모두 빨리 걸었다.)

위와 같이 사용상의 오류가 발생하는 원인은 동사복사구문의 통사구조를 온전히 이해하지 못하였거나 동사복사구문의 핵심적 의미 기능을 숙지하지 못했기 때문이다. 즉, 동사복사구문은 주로 [지속], [빈도], [결과], [묘사]의 의미를 나타내는 경우 사용하며 상기 예문은 모두 [묘사]의 의미를 나타내는 문장에 속한다. 구조적인 특징은 앞서 설명했듯이 하나의 문장에서 목적어와 보어를 동시에 수반해야 할 경우 단일신정보제약에 위배하지 않기 위해 동일한 동사를 하나 더 사용하여 목적어를 동사 앞으로 전치시킨 것이다. 중국어 동사복사구문에서 사용한 중복동사는 매우 특수한 상황에 속하며, 이에 대한 내용은 영어와 한국어와의 대조를 통해 좀 더 쉽게 이해할 수 있다. 다음을 보자.[2]

중국어:	주어+동사+목적어+**동사**+보어 他看书看累了
영 어:	주어+동사+보어+**전치사**+동명사 He is tired of reding.
중국어:	주어+동사+목적어+**동사**+보어 她做饭做得很好吃。
영 어:	주어+동사+목적어+**전치사**+부사(구) She cooks of Ø well.

[결과], [묘사]를 나타내는 동사복사구문과 영어 문장 대조의 예

위에서 확인하듯이, 동사복사구문은 중국어에서만 볼 수 있는 특수한 문형

2 해당 내용은 윤비취(2021:267)의 내용을 참고하였음.

중국어: 주어+동사+목적어+**동사**+보어
他看书看累了
영 어: 주어+부사어+**연결어미**+서술어
그는 책 보느라 피곤해졌다.

중국어: 주어+동사+목적어+**동사**+보어
她做饭做得很好吃。
영 어: 주어+목적어+부사어+**연결어미**+서술어
그녀는 요리를 잘 ∅ 한다.

[결과], [묘사]를 나타내는 동사복사구문과 한국어 문장 대조의 예

이며 동사복사구문의 중복동사와 대응하는 영어 또는 한국어의 문장 성분은 각각 '전치사'와 '연결어미'인 것을 알 수 있다. 이와 같은 대조 분석을 통해 학습자들에게 중국어 동사복사구문이 나타내는 각각의 의미 기능을 잘 이해하게 하고, 그와 대응되는 한국어와 영어의 문장 성분들을 통해 중복 동사의 사용 원인 및 기능을 학습하는 데 도움을 줄 수 있다. 더불어 중국어 어순과 관련된 제약 조건들을 이해하고 다른 특수문형에도 대입시켜 활용할 수 있다.

Ⅴ. 나오는 말

본 연구에서는 실용적 성격이 강한 대조언어학이 무엇인지에 대해 알아보고 대조언어학의 연구 동향을 조사하였으며, 한·중 대조언어학의 교육적 활용 방법을 소개하였다.

먼저, 대조언어학이 언어유형학이나 비교언어학 등 기타 유사 학문과 구분되는 특징은 바로 언어 간의 차이점에 중점을 둔 분석법이며, 대조할 수 있는

언어의 개수가 제한적이라는 측면임을 밝혔다. 이에 따라 대조언어학 연구의 결과는 실용적인 측면에서 중국어 교육으로 충분히 활용할 수 있음을 입증하고자 하였다.

다음으로, 최근 10년간 진행된 국내 한·중 대조 분석 관련 연구 동향을 살펴보았다. KCI에서 분석 대상에 적합한 총 325편의 논문을 선별하여 분야별로 분류해 본 결과, 화용·인지 대조 분야가 31%, 어휘 대조 분야가 30%, 통사 대조 분야가 28%, 음운 대조 분야가 7%, 기타 분야가 4%로 나타났다. 이로써 대조 분석의 연구 동향이 이전의 어휘 대조 분야에 한정되어 있던 연구 범위에서 벗어나 최근 화용이나 인지, 통사 분야의 연구로 확대되어 꾸준히 진행되고 있음을 확인하였다.

마지막으로, 중국어 동사복사구문을 예로 들어 한·중 대조언어학의 교육적 활용 방법에 대해 살펴보았다. 본 연구에서는 실질적인 대조 분석에 대한 예를 통해 동사복사구문의 중복 동사와 대응하는 영어 또는 한국어의 문장 성분이 '전치사'와 '연결어미'임을 밝혀낼 수 있음을 증명하고, 이를 통해 중국어 학습자들에게 문형의 의미 기능을 잘 이해하여 사용할 수 있도록 돕는 교학으로서의 활용 가치를 제시하고자 하였다.

참고문헌

고영근 구본관,『우리말 문법론』, 집문당, 2009.

남기심 고영근,『표준국어문법론』, 개정판, 탑출판사, 2009.

이익섭,『한국어 문법』, 서울대학교출판부, 2009.

허용 김선정,『대조언어학』, 소통, 2013.

陈俊光,『对比分析与教学应用』, 文鹤出版有限公司, 2008.
刘月华 潘文娱 故桦,『实用现代汉语语法(增订本)』, 商务印书馆, 2001.

김연희·한재민·문진숙·정성호·이정희,『한국어-외국어 대조 연구 현황 분석』, 『한국어교육』, (33), 2022.
金鉉哲·梁英梅,『中 · 韓 對照言語學 硏究 現況 考察』,『중국어교육과연구』, (14), 2011.
金鉉哲,「关於韩国的汉语教学现状與发展」『중국어문학논집』53, 2008.
박용진,『한국에서 한·중 언어 대조 연구 현황과 향후 과제 분석』,『중국어문학논집』, (127), 2021.
서정목,『대조언어학과 번역학에 있어서 코퍼스에 기반한 연구방법론의 연구』, 『언어과학연구』, (53), 2010.
윤비취,『현대중국어 동사복사문의 양태의미 연구』,『중국연구』, (83), 2020.
윤비취,『중국어교육을 위한 동사복사문의 의미기능 연구』,『중국어문학논집』, (124), 2020.
윤비취,「중국어 동사복사문의 문형에 따른 한국어 대응 관계 고찰— 상태보어와 결과보어를 수반한 문형을 중심으로」,『중국어문논역총간』, (48), 2021.
윤비취,『호환 관계를 이루는 중국어 동사복사구문과 把구문의 의미기능 분석』,『중국어문논역총간』, (54), 2024.
윤비취,『중국어 동사복사구문과 把구문의 한국어 대조분석』,『중국어문학논집』, (147), 2024.
윤비취,『중국어 '有', '是'자 존재문의 한국어 대조 분석』,『한중언어문화연구』, (73), 2024.
정윤철,「한중 대조분석 연구사 회고 및 연구 방법론 정리에 대하여」,『중국연구』, (40), 2007.
JINYINGYU,『한 중 대조언어학 연구 현황에 대한 고찰』,『중국어문학논집』, (68), 2011.
황은하,『대조분석을 위한 말뭉치의 타당성 연구』, 『이중언어학』, (82), 2021.황은하,『말뭉치 기반 한외(韓外) 대조언어학 연구에 대한 일고찰』,『어문론총』, (69), 2016.
沈晓梅,『对比语言学的理论构建与教学应用』,『语文建设』, (04), 2022.
黄玉花,『汉韩对比研究的现实困境与路径选择』,『吉林大学社会科学学报』, (55), 2015.

민경만
한국외국어대학교
중국연구소

중국어 방언 연구
하나의 언어, 다양한 이야기

Ⅰ. 중국어 방언

한국어, 영어, 일본어, 프랑스어 등 모든 언어에는 '표준어'와 구분되는 '방언'이 있는 것처럼 중국어漢語[1]에도 표준어와 방언이 존재하고 있다. 1955년, 중국은 표준어의 공식적인 명칭을 '표준중국어普通話[2]'라고 규정하였고, 이 표준중국어와 구분되는 것이 바로 '중국어 방언漢語方言'이다.

'방언dialect'[3]의 언어학적 의미는 언어의 지역적 변이체regional variety이다. 원래는 거의 동일한 특징을 가진 하나의 언어였으나 어떠한 이유로 언어 체계에 변화가 발생하여 여러 방언으로 나뉘게 된 것이다. 사용 인구가 아무리 적은 지역

1 오늘날 중국에는 한족(漢族)과 55개의 소수민족이 살고 있으며 한족이 전체 인구의 91% 이상을 차지하고 있다. 중국인들은 한족이 사용하는 언어를 '한어(漢語)'라고 부르며, 한국에서는 외국어의 명칭을 보통 그 나라 이름을 따서 부르는 관습에 따라 '중국어'라고 칭한다.

2 여기에서 '普通'은 '일반적이거나 평범하다'라는 뜻이 아니고, '일반적으로 통용되고 보편적으로 사용된다'라는 의미이다.

3 기원적으로 방언은 '오방지언(五方之言)'의 준말이다. 여기에서 오방은 동방(東方), 서방(西方), 남방(南方), 북방(北方), 중방(中方)(=중앙)을 합쳐 이르는 말로서 방언은 결국, 각 지역에서 쓰이는 말을 가리키게 된다. 한편, 'dialect'는 그리스어의 'dialektos'에서 기원한 단어이다. 그리스어에서 'dia-'는 'across(-를 넘어서)', 'lektos(>lect)'는 'speech', 'talk(말)'을 의미한다고 한다. 다시 말해서, 'dialektos(>dialect)'란 '경계 너머의 말'을 가리킨다고 할 수 있다.(정승철 2023:13)

의 방언이라 해도 그 방언의 내부 구조는 완전하며 언어 현상도 풍부하다.

인간이 그러하듯, 인간이 사용하는 언어도 자세히 들여다보면 복잡하고 끊임없이 변화하는데, 언어가 가진 변화의 속성 때문에 언어를 '동적 구조체 dynamic structure'[4]라고 부르기도 한다. 언어의 변화는 어음, 문법, 어휘의 체계 전체에서 일어나며, 이때 발생하는 변화의 속도 및 범위는 언어마다 다르다. 이것이 바로 공시적으로 지역에 따라 방언 간의 차이가 생기게 된 원인이다. 만약, 언어가 정태적 구조체였다면 언어의 변이체는 출현하지 않았을 것이다.

언어학이나 방언학에서 '방언'은 표준어보다 열등하다거나 세련되지 못하거나 엄격한 규칙이 없다는 부정적인 의미를 갖지 않으며, 한 언어를 형성하는 하위 단위로서 전반적인 언어 체계를 가리킨다. 즉, 방언은 어떤 하나의 언어를 세분화한 것으로 간주할 수 있다.[5]

위에서 설명한 개념을 정리하면, 방언이란 언어가 가진 변화의 속성으로 인해 같은 언어에서 갈라져 나온 지역적 변이체이며, 독립적이고 완전한 언어 체계를 가지고 있는 한 언어의 하위 단위이다.

'중국어 방언'은 중국어의 지역적 차이, 즉 중국어의 지역적 변이체를 가리킨다. 동시에 특정 지역에서만 사용하는 어음, 문법, 어휘 체계를 의미하며 다른 지역의 체계와는 구별된다.[6] 언어와 그 언어 변이체의 관계는 일반적으로 개별성, 공통성, 개성과의 관계이므로[7], 표준중국어(북방방언北方方言 및 베이

4 김경아, 『국어의 역사:음운과 문자』(제2판), 한국문화사, 2021, 1쪽.

5 이익섭, 『방언학』, 민음사, 2014, 2~3쪽; Chambers, J. K Peter Trudgill(저), 이상규·서보월·백두현(공역), 『방언학 개설』, 경북대학교출판부, 1993, 3쪽.

6 흔히 '방언'이라고만 할 때는 보통 '사회 방언(social dialect)'이 아닌 '지역 방언(regional dialect)'만을 가리킨다(방언연구회 2003:119). 본문에서 말하는 중국어 방언도 대부분 오늘날 중국의 특정 지역에서 통용하는 '지역 방언'을 뜻한다.

7 李小凡 項夢冰[編著], 『漢語方言學基礎教程』, 北京大學出版社, 2020, 1쪽.

징어北方話)와 중국어 방언의 관계 역시 이러한 관점을 통해 분석할 수 있다. 중국어를 구성하는 각 지역 언어를 방언이라고 부르며, 표준어인 표준중국어 또한 중국어의 한 방언이 될 수 있다. 이들 모두가 중국어라는 하나의 언어의 하위 단위이기 때문에 방언이라고 할 수 있는 것이다.

중국 푸젠성福建省 서쪽의 커자客家 지역에는 "하나의 산이 하나의 소리를 일으킨다一重山就一重音"라는 속담이 있는데, 이는 지역에 따라 말과 어투가 달라진다는 뜻이다.8 중국어에는 수많은 방언이 존재하고 있으며 다양하고 복잡한 중국어 방언으로 인해 대다수의 중국 사람들은 '방언의 존재'를 낯설게 생각하지는 않는다. 여기에서 중요한 점은 방언들 중에는 서로 간의 차이가 극도로 큰 것이 존재하고 있어서 중국어는 다언어적polylectal인 성격을 가지고 있다는 것이다. 거리상으로 서로 멀리 떨어진 북방 방언과 남방 방언 간에 언어적 차이가 큰 것은 물론이고, 가까운 지역의 방언들 간에도 차이가 심한 곳이 존재하므로 중국어 방언 간의 차이는 지역 간의 거리와 반드시 비례하지 않는다. 예를 들어, 저장성浙江省 남서부와 안후이성安徽省 남부 후이저우徽州 지역에서는 이웃하는 2개의 현縣 사이에 서로 말이 통하지 않는 경우가 있고, 심지어 한 현 내의 다른 향진鄉鎮 사이에서도 이런 상황은 흔하다.9 이처럼 중국어 방언 중에는 상호 의사소통이 불가능할 정도로 언어적으로 차이가 큰 방언들이 존재하므로 어떤 학자들은 중국어 방언들을 한 언어의 지역적 변이형이 아니라 각각 독자적인 별개의 언어로 간주한다. 미국의 언어학자 제리 노먼Jerry Norman(1988)은 "역사언어학자들의 관점에서 볼 때, 중국어는 여러 지역

8 項夢冰 曹暉[編著],『漢語方言地理學：入門與實踐』, 中國書籍出版社, 2015, 1쪽.

9 曹志耘(저), 민경만(역), 「중국어 방언섬의 형성과 사멸—우·후이 방언 지역을 예로」, 『중국어문논역총간』 (55), 2024.

방언들로 이루어진 하나의 언어single language라기보다는 여러 가지 언어가 하나의 어족language family을 형성하고 있는 것에 가깝다. …… 베이징어北京話와 차오저우어潮州話[10]의 차이는 이탈리아어와 프랑스어의 차이만큼 크다"라고 하였다. 하지만, 한 언어의 방언들 사이에 상호 의사소통이 안 되는 사례는 독일과 이탈리아에서도 알려져 있으며, 한국의 경우도 순수한 제주도 방언은 육지 사람들이 알아듣기 어렵다. 한 언어에 속하는 방언들 간의 언어 차이가 늘 의사소통이 가능할 정도로 가벼운 것만은 아니라는 것을 알 수 있다. 반면, 서로 다른 언어임에도 불구하고 의사소통이 가능한 언어들도 있다. 예를 들어, 스웨덴, 노르웨이, 덴마크의 언어는 각각 독립된 언어이지만, 이 세 나라의 사람들은 서로 자유롭게 의사소통을 한다고 한다.[11]

방언학자들은 일반적으로 중국어를 하나의 언어로 인식하는데 이렇게 생각하는 이유는 첫째, 중국이라는 한 국가를 단위로 이루고 있다, 둘째, 언어를 표기할 때 한자漢字라는 통일된 문자 체계를 사용한다, 셋째, 방언들이 보편적으로 지향하는 표준어가 모두 표준중국어이다. 이러한 이유들 때문에 비록 상호 의사소통이 안 될 정도로 차이가 크다고 할지라도 중국어를 하나의 언어로 인식하고, 중국 각 지역의 언어 변이체들을 개별 언어가 아닌 '중국어의 하위 단위', 즉 '중국어 방언'으로 인식할 수 있는 것이다.

예전부터 한족漢族이 사용하던 중국어는 한족 사회의 변화 및 발전 과정 속에서 다양한 분화, 접촉, 융합을 경험했으며, 이로 인해 다양한 중국어 방언이 점차 출현하게 되었다. 저우전허·유루제周振鶴·遊汝傑(2019:8)에 따르면 중국 북

10 일부 번역 자료에는 '廣州話'로 나와 있지만, 제리 노먼(1988:187)의 원문에는 'Cháozhōu'로 적혀 있다. 차오저우는 중국 광둥성(廣東省) 동부에 위치하고 있다.

11 이익섭, 위의 책, 7~8쪽.

방 지역의 방언은 대체로 고대 중국어가 수천 년에 걸쳐 광대한 북방 지역에서 발전되어 온 것이라고 볼 수 있으며, 나머지 남방 지역의 방언들은 역사적으로 북방의 주민들이 끊임없이 남쪽으로 이주해 가면서 남방에서 점차적으로 형성된 것이다. 특히 진·한秦·漢 이후 2,000년 동안 북방의 한족 사람들이 수차례에 걸쳐 대규모로 남하하면서, 각기 다른 시기 및 각기 다른 지역에 고대 북방 중국어를 남방의 여러 지역에 전파시킴으로써 서로 간에 현격한 차이를 지닌 남방 방언이 형성되었다.

최근 연구 결과(Chengkun Yang 등 2024)를 통해 중국어 방언의 다양성이 '지리적 분포'와 밀접하게 관련되어 있다는 것을 다시 한번 확인할 수 있다. 어휘 차이는 남북 방향으로 뚜렷한 경향을 보이며, 주요 산맥과 강은 지리적 장벽으로 작용하여 방언 집단 간의 분화를 촉진했다. 특히, 장강長江은 북방 방언 집단과 남방 방언 집단 간의 지리적 경계선이 되며, 장강 이남의 여러 방언들, 예를 들어 민방언閩方言, 웨방언粵方言, 우방언吳方言 등은 각기 독특한 어휘적 특징을 지니고 뚜렷한 차이를 나타낸다. 또한 친링秦嶺-화이허淮河는 북방관화北方官話와 남방관화南方官話를 구분한다. 친링-화이허 라인(Qinling Mountains-Huaihe River Line, Qinling-Huaihe Line, 약칭 '秦淮綫')은 중국 북방과 남방 지역을 나누는 지리적 경계선으로서 이 라인의 북쪽과 남쪽에는 자연 조건, 지리적 특징, 농업 생산, 사람들의 생활 습관에서 뚜렷한 차이가 나타난다. 친링-화이허 라인 북쪽의 북방관화는 내부적으로 일치도가 높은 반면, 그 남쪽의 장화이관화江淮官話와 시난관화西南官話는 방언 연속체dialect continuum[12]의 특성을 보여준다. 방언 차이는 지리적 거리와 함께 점진적으로 축적된다.

12 '방언 연속체'란 서로 인접하여 있으면서 점진적인 언어 차이를 보이는 방언들의 연속을 말한다.

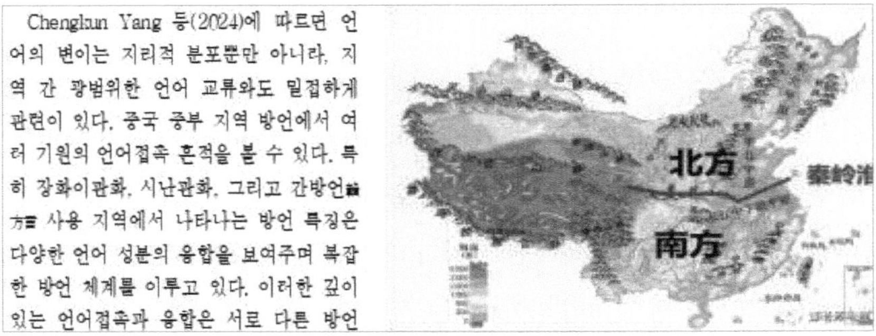

〈그림 1〉 친링-화이허

집단과 오랜 기간 동안 공존하고 상호작용한 결과를 반영한 것이다. 역사상 중국 인구의 이주와 융합은 인구 분포를 변화시켰을 뿐만 아니라 언어의 전파와 융합을 촉진시킬 수 있었다. 언어 융합 유형은 한족 역사상 북에서 남으로의 대규모 이주 및 '장시江西 인구의 후광湖廣[13]으로의 이주, 후광 인구의 쓰촨四川으로의 이주' 등의 역사적 사건과 밀접하게 관련되어 있다. 예를 들어, 서진西晉 시기(서기 265-316년) 전쟁으로 인해 발생한 '의관남도衣冠南渡[14]'는 많은 북방 인구를 장화이江淮 지역으로 이주하게 하여 현지 언어와 상호작용을 일으켜 남북 방언의 융합을 촉진했다. 또한, 인구가 북에서 남으로 이동하는 주요 통로 중 하나인 장시江西 지역은 당대唐代 이후 인구와 경제가 빠르게 발전하여 남방 경제 및 무역 교류에서 중요한 역할을 담당했다. 현지 간방언 사용 인구는 농업 발전을 위해 후광 지역으로 이동하며 간방언과 샹방언湘方言, 시난관화 간의 교류를 크게 촉진했다. 마찬가지로, 후속 경제 발전을 이룬 후광 지역은 전쟁으로 고통받던 쓰촨, 충칭重慶 지역으로 많은 이주민을 보

13 '후광'은 명·청(明·清) 시대부터 사용된 말로서 후베이(湖北)와 후난(湖南)을 일컫는다.
14 '의관남도'는 동란으로 인하여 당시 중원(中原) 문명이 대규모로 남방 지역으로 이동한 것을 의미한다.

내어 시난관화가 쓰촨 및 충칭 지역으로 전파되도록 하였다. 이처럼, 오늘날 중국어 방언의 다양성은 '지리적 요인'과 '이주로 인한 언어접촉'에 의해 크게 영향을 받았음을 알 수 있다.

Ⅱ. 중국어 10대 방언권

영국의 사회언어학자인 피터 트루질Peter Trudgill은 "언어는 동적인 현상으로서 끊임없이 변한다. 연속체 및 단계적 차이성, 가변성이 자주 발생하며, 대부분의 차이는 크거나 혹은 작은 유형에 속하는 것이지 절대적인 유형은 아니다."라고 하였다.[15] 한 언어의 방언들은 어떠한 기준으로 분류될 수 있으며 그 기준은 모두 인간이 정한 것이므로 학자에 따라 기준이 다를 수 있다. 다양한 언어의 변이체, 즉 서로 다른 방언을 명확히 분류하여 정의하기란 어려운 일이지만, 언어를 연구하기 위하여 이론적으로 분류하고 그 개념을 정의하고 있다.

현대 중국어 방언은 어음을 주요 기준으로 하여 분류하고 있지만, 그 분류에 대한 중국 언어학계의 의견은 완전히 일치하지 않는다. 방언권方言圈이란 언어 특징을 공유하는 개별 방언들의 묶음을 말하는데, 현대 중국어 방언권 분류로는 대표적으로 전통적인 '7대 방언권'과 『중국언어지도집中國語言地圖集』(1987/2012)의 '10대 방언권'을 들 수 있다. 오늘날 중국 방언학계와 정부에서는 전반적으로 10대 방언권을 사용하고 있으며 본문에서도

---

15 Peter Trudgill, Dialect Geography, in Research Guide in Language Change, ed. Edgar C. Polome, pp.257-271. Mouton de Gruyter, 1990.(李小凡, 項夢冰[編著], 2020:325 재인용)

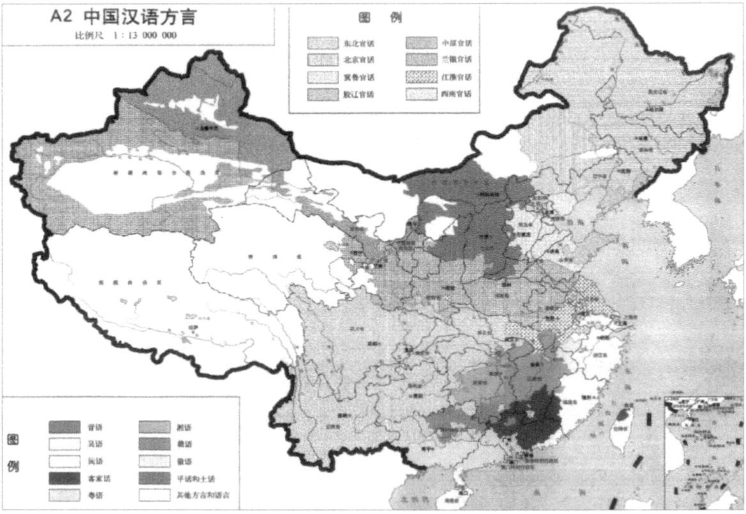

〈그림 2〉 중국어 10대 방언권 분포[116]

현대 중국어 방언을 크게 10대 방언권으로 나누어 설명하고자 한다.[117]

중국어 10대 방언권(방언구方言區)에는 관화방언官話方言, 진방언晉方言, 우방언吳方言, 민방언閩方言, 커자방언客家方言, 웨방언粵方言, 샹방언湘方言, 간방언贛方言, 후이방언徽方言, 핑화방언平話和土話이 있고 , 각 중국어 방언권은 다시 여러 개의 하위 방언(방언편方言片)으로 나눌 수 있다.

이 외에 'OO시市', 'OO현縣', 'OO진鎭', 'OO촌村'과 같이 특정한 어느 지점에서 사용하는 방언을 '지역어'라고 부르는데 '베이징어北京話', '푸저우어福州話',

16 『중국언어지도집』 2012

17 2019년 중국 교육부가 반포한 '중국언어문자개요(中國語言文字概況)'에는 중국어 방언을 크게 10대 방언권으로 구분하고 있다.

18 10대 방언권 중에 하나인 '平話和土話'를 분문에서는 '핑화방언'이라고 칭한다. 한편, 7대 방언권에는 관화방언, 우방언, 샹방언, 간방언, 커자방언, 민방언, 웨방언을 포함하며 여기에는 진방언, 후이방언, 핑화방언이 포함되지 않는다.

'창사어長沙話', '광저우어廣州話' 등이 여기에 포함된다. 방언 분류(구획)는 언어상의 공통점과 차이점에 따라 한 언어를 하위 방언으로 분류하는 작업이므로 방언권이 다른 방언 간에는 큰 차이가 있고 방언권이 동일한 방언들은 상대적으로 유사하다. 또한 방언권의 크기가 작을수록 같은 방언권에 속한 방언들은 유사하고, 그 크기가 클수록 해당 방언들의 상대적인 방언의 차이는 더욱 크다. 그럼, 중국어 10대 방언권에 대해서 간략히 살펴보도록 하자.

1. 관화방언

관화방언은 10대 방언권 중에서 가장 많은 사용 인구와 가장 넓은 분포 지역을 가지고 있다.[19] 한족 공통어의 기반이 되는 관화방언은 베이징어를 대표로 하며 10대 방언권 중에서도 권위 있는 위치를 차지하고 있다.

관화방언은 방언 내부의 일치성이 상당히 높아서 헤이룽장黑龍江의 하얼빈哈爾濱 사람, 신장新疆의 우루무치烏魯木齊 사람, 윈난雲南의 쿤밍昆明 사람 그리고 장쑤江蘇의 난징南京 사람이 서로 편하게 대화를 나눌 수 있으며, 이들이 자신들의 방언을 사용한다고 하여도 소통에는 아주 큰 어려움은 없다. 이렇게 많은 인구, 이렇게 넓은 지역에서 언어가 이처럼 일치한다는 것은 세계적으로도 매우 보기 힘든 일이다.[20]

관화방언은 주로 중국의 북부 지역에 분포하므로 한때는 '북방관화北方官

19 예전에도 '관화'라는 표현이 있었는데 그때는 중국 정부의 표준어(공용어)를 가리키는 용어로 사용되었다. 한대(漢代) 이전에는 표준어(공용어)를 '아언(雅言)', '범어(凡語)', '통어(通語)' 등으로 불렀고 명·청 시기에는 '관화'라고 부르다가, 청말(淸末)에는 '국어(國語)'라고 하였다. 1950년대부터 중국 대륙에서는 표준어를 '표준중국어(普通話)'라고 칭하였다. 한편, '관화'는 Mandarin(만다린)으로 번역되는데, 이는 '내부 관원'을 의미하는 산스크리트어 māntrin의 변형이며 이 단어는 포르투갈어의 동사 mandar('지휘'의 뜻)의 영향을 받았다(Nicholas Ostler 2021:108).

20 李小凡·項夢冰[編著], 위의 책, 211쪽.

話', '북방어北方話' 또는 '북방방언北方方言'이라고 불렸다. 그러나 장화이관화江淮官話와 시난관화西南官話를 사용하는 인구가 화이허 남쪽인 친링산맥에 분포하고 있어 지리적으로는 남방방언에 속하므로 '북방'이라는 명칭은 그리 정확하지 않았기 때문에, 1980년대 후반부터 중국에서는 '관화'라는 명칭을 일률적으로 사용하기 시작하였다.

중국 인구의 약 70%가 관화방언을 사용하고 있으며[21] 대체로 창장長江 북쪽 지역 및 서남지역(창장 북쪽의 쓰촨 대부분, 창장 남쪽의 구이저우貴州와 윈난雲南, 창장 남북에 걸쳐 있는 충칭重慶을 포함), 그리고 화중華中, 화남華南 지역의 서쪽(후베이성湖北省 남동부 일대를 제외한 후베이성 내의 창장 남북쪽 대부분 지역과 후난성湖南省의 서북부, 서부, 남부, 그리고 광시장족자치구廣西壯族自治區 서북부를 포함한 지역)에 분포하고 있다.

관화방언의 사용 지역을 행정 단위로 살펴보면 베이징시北京市, 톈진시天津市, 충칭시重慶市, 헤이룽장성黑龍江省, 지린성吉林省, 랴오닝성遼寧省, 허베이성河北省(대부분), 산둥성山東省, 허난성河南省(대부분), 안후이성安徽省, 장쑤성江蘇省, 후베이성湖北省, 후난성湖南省, 쓰촨성四川省, 윈난성雲南省, 구이저우성貴州省, 산시성山西省(남부), 산시성陝西省(대부분), 장시성江西省, 저장성浙江省, 간쑤성甘肅省, 칭하이성青海省, 닝샤회족자치구寧夏回族自治區, 신장위구르자치구新疆維吾爾自治區, 내몽골자치구內蒙古自治區, 광시좡족자치구廣西壯族自治區 등 모두 26곳의 성省, 구區, 시市를 포괄하고 있다.[22] 다시 말해서, 상하이시上海市, 푸젠성福建省,

---

21 각 방언권의 사용자 수는 『중국언어지도집』(2012)을 참고하였다. 한편, 현재 중국에서 관화방언을 사용하는 인구 비율은 더 높아졌을 것으로 추정된다.

22 중국의 행정구역은 크게 성(省), 자치구(自治區), 직할시(直轄市), 특별행정구(特別行政區)로 나눠진다. 본문에서 행정구역을 나타내는 '구'는 자치구와 특별행정구를 모두 포함한다.

광둥성廣東省, 하이난성海南省, 티베트자치구西藏自治區(비중국어권), 홍콩특별행정구香港特別行政區, 마카오특별행정구澳門特別行政區 등을 제외한 중국의 모든 성, 구, 시에서 관화방언을 사용하고 있다.

관화방언에 있는 몇 가지 표현을 살펴본다면, 베이징어에서 "你這個人也太軸了吧。"라는 말은 '상대방이 너무 고집이 세다고 원망하는 표현'이며, 쓰촨어에서 "扯拐"는 "문제가 생겼다"라는 의미이다. 또한, 윈난어雲南話에서 다른 사람에게 길을 물어보았을 때 그 사람이 "知道滴"라고 한다면 이는 "모른다"라는 뜻이다. 그리고 지난어濟南話에서 "迂磨"는 "일을 미루다"라는 의미를 가지고 있다.

관화방언은 중고 입성자古入聲字의 오늘날 성조 분류調類에 따라 다시 8개의 구區, 즉 베이징관화北京官話, 둥베이관화東北官話, 지루관화冀魯官話, 자오랴오관화膠遼官話, 중위안관화中原官話, 란인관화蘭銀官話, 시난관화西南官話, 장화이관화江淮官話로 나눌 수 있다. 다음 표1을 참고하기를 바란다.

1) 베이징관화

베이징관화는 베이징시, 톈진시, 허베이성, 랴오닝성, 내몽골자치구 등 모두 5개의 성, 구, 시에 분포하고 있다.

2) 둥베이관화

헤이룽장성과 지린성 전체 지역 및 랴오닝성의 대부분 지역과 내몽골자치구의 동부지역을 포함한 모두 10개의 시市, 현縣, 기旗에 분포하고 있다. 둥베이관화가 분포한 지역은 여러 민족이 함께 모여 사는 지역이다. 관화방언 중에서 둥베이관화의 음운 체계는 베이징관화와 가장 가깝고, 중고 4개 성조의 오

〈표 1〉 8개 관화방언구에서 중고 입성자의 오늘날 성조 분류

<table>
<tr><th></th><th>중위안
관화</th><th>지루
관화</th><th>란인
관화</th><th>베이징
관화</th><th>둥베이
관화</th><th>자오랴
오
관화</th><th>시난
관화</th><th>장화이
관화</th></tr>
<tr><td>중고 청성모
입성자
古清入字</td><td colspan="2">陰平</td><td>去聲</td><td colspan="2">陰陽上去</td><td>上聲</td><td rowspan="3">陽平</td><td rowspan="3">入聲</td></tr>
<tr><td>중고 차탁성모
입성자
古次濁入字</td><td>陰平</td><td colspan="5">去聲</td></tr>
<tr><td>중고 전탁성모
입성자
古全濁入字</td><td colspan="6">陽平</td></tr>
</table>

늘날 귀속 상황도 베이징관화와 대체로 동일하다.

3) 지루관화

베이징시, 톈진시, 허베이성, 산둥성, 산시성山西省 등 모두 5개의 성, 시에 분포하고 있다. 진·한秦·漢 이후, 지루관화가 위치하였던 대부분의 지역에서는 정권이 바뀌었고 관할도 달랐지만, 대다수가 동일한 '국가'에 속하였으므로 보다 일관된 방언 특성을 형성하기 쉬웠다.[23]

4) 자오랴오관화

주로 산둥성, 랴오닝성에 분포하며 헤이룽장성의 일부 지역에도 분포한다. 산둥성의 30개 시와 현, 랴오닝성의 14개 시와 현, 그리고 헤이룽장성의 후린시虎林市에 분포하고 있다. 이 지역의 사람들은 삼면이 바다로 둘러싸인 산둥

23 詹伯慧 張振興[主編],『漢語方言學大詞典』, 廣東教育出版社, 2017, 151쪽.

반도의 동쪽에 살고 있다. 서쪽 지역만 대륙과 연결되어 있으며 방언 간에 많은 차이가 있어 자오랴오관화는 관화방언 중 비교적 특수한 하위 방언이라고 할 수 있다.

5) 중위안관화

장쑤성, 안후이성, 산둥성, 허베이성, 허난성, 산시성山西省 남부, 산시성陝西省 대부분, 간쑤성, 칭하이, 쓰촨성, 닝샤회족자치구, 신장위구르자치구 등 모두 12개의 성, 구에 분포하고 있으며 그중 허난성, 산시성陝西省 관중關中, 산둥성 남서부를 중심으로 한다. 중위안관화를 사용하는 인구와 지역은 중국 중부 지역을 가로지르고 있으며 지리적 범위는 다른 관화방언 지역을 훨씬 능가한다.

6) 란인관화

간쑤성, 닝샤회족자치구, 신장위구르자치구 등 모두 3개의 성, 구에 분포하고 있다. 역사적으로 봤을 때 오늘날 란인관화 지역은 한족과 소수민족이 오랫동안 경쟁해 온 변경 지역이다. 란인관화는 지리, 역사, 전쟁, 이민 등의 요인과 밀접한 관련이 있으며, 그중 가장 중요한 것은 이민으로부터 받은 영향이다.

7) 시난관화

쓰촨성, 충칭시, 윈난성, 구이저우성의 전체 지역에 분포하며, 인접한 후베이성, 후난성, 광시성, 산시성陝西省의 일부 지역에도 분포하고 있다. 명明나라 시대, 조정은 혼란을 진압하고 남쪽을 정복하기 위해 군대를 계속 파견하여 북방어가 점차 윈난雲南, 귀주貴州, 쓰촨四川으로 유입되면서 오늘날의 시난관

화가 형성된 것으로 파악되고 있다.[24]

8) 장화이관화

안후이성, 장쑤성, 후베이성, 저장성, 장시성 등 모두 5개 성에 분포하고 있다. 장화이관화는 관화방언의 특징뿐만 아니라, 우방언의 특징을 가지고 있으며 실질적으로는 우방언이 관화가 되어가는 과도過渡 지역이다. 장화이관화의 특징들은 모두 관화의 일반적인 특징이 아니다.

2. 진방언

진방언은 '산시山西와 그 인근 지역에 입성이 있는 방언'을 가리킨다(李榮 1985:2). 『중국언어지도집』은 입성을 가진 북방의 모든 지역의 방언을 '진방언'으로 명명하고 관화방언에서 분리해 내면서 오늘날 진방언은 중국 북방 지역에 있는 방언들 중 유일한 비非관화방언으로 분류된다.

진방언은 산시성山西省, 허베이성河北省, 허난성河南省, 산시성陝西省, 내몽골자치구內蒙古自治區 등 5곳 성, 구의 모두 194개 현, 시, 기에 분포하며 약 6,305만 명이 사용하고 있다.

진방언에 있는 몇 가지 표현을 살펴보면, 진방언에서 "紅火"는 "떠들썩하다"는 의미이고, 후허하오터어呼和浩特에서 "就走就說"라는 말은 "걸으면서 말하다"는 뜻이다.

---

24 詹伯慧 張振興[主編], 위의 책, 153쪽.

3. 우방언

우방언은 주요 중국어 방언 중에 하나로서 쑤저우어蘇州話와 상하이어上海話를 대표로 한다. 장쑤성 동남부와 상하이시, 저장성, 안후이성에 주로 분포하고 있으며, 장시성과 푸젠성의 소수 지역에도 분포한다. 모두 160개의 현, 시, 구에 분포하며, 약 7,379만 명이 사용하고 있다. 우방언의 어음은 『절운切韻』 및 『광운廣韻』 등 고대 운서와 부합하는 정도가 크기 때문에 관화방언보다 더 많은 고음古音 요소를 가지고 있다.

우방언에 있는 표현을 살펴보면, 쑤저우어에서 "허튼소리를 하다胡說八道"는 "瞎七搭八"이라고 표현하며, "꿍꿍이수작을 부리는 모양"을 "賊特兮兮"이라고 표현한다. 또한 어떤 사람에게 "蠻結棍"이라고 한다면 이는 "대단하다厲害"라는 의미이다.

4. 민방언

민방언은 진 한秦 秦시기에 시작하여 위진남북조魏晉南南朝 및 당唐, 송宋을 거치면서 중국 북방에 있던 한족이 여러 가지 이유로 푸젠 지역으로 이주해 온 후, 그들의 언어와 원래 푸젠 지역에서 생활하던 고대 민월족閩越族 언어가 합쳐져 점차 형성된 방언이다.

민방언은 속칭 '푸라오어福佬話'라고도 부르며, 중국어 방언 중 내부 차이가 가장 크고, 어음 현상도 가장 복잡하다.[25] 오늘날 주로 푸젠성, 광둥성(동부 서부), 하이난성 지역에 분포하고 있다. 또한, 저장성 남부와 푸젠성 인근의 장시성 북동부로도 확산되어 사용하고 있으며 광시장족자치구의 류저우柳州 등

---

25 민경만, 「福建吉陽方言語音調查報告」, 『중국언어연구』 (88), 2020, 109쪽.

일부 지역과 장쑤성, 안후이성, 쓰촨성의 개별 지역에도 민방언이 산발적으로 분포하고 있다.[26] 모두 148개의 현, 시, 구에 분포하며 약 7,500만 명이 사용하고 있다. 이 외에도 민방언은 말레이시아, 싱가포르, 인도네시아 등 동남아에 거주하는 화교 화인이 사용하는 주요 중국어 방언 중에 하나이다.

민방언에 있는 몇 가지 표현을 보면, 푸저우福州 사람에게 도움을 요청했을 때 그 사람이 "阿乃"라고 한다면 이는 "좋다(OK)"라는 뜻이며, 푸저우 사람이 "去困"이라고 한다면 이는 "잠을 자러 간다"는 의미이다. 또한 '土豆'는 표준 중국어에서는 '감자'를 의미하지만, 민난어閩南語에서는 '땅콩'을 가리킨다.

5. 커자방언

커자방언은 메이저우어梅州話를 대표로 한다. 주로 광둥성, 푸젠성, 하이난성, 장시성, 후난성, 쓰촨성, 광시좡족자치구 등 모두 7개 성, 구의 200개 이상의 현, 시에 분포하며, 약 4,220만 명이 사용하고 있다. 커자 사람은 광둥성 동부와 중부 지역, 그리고 푸젠성 서부지역, 장시성 남부지역에 집중적으로 거주하고 있다. 이 밖에도 커자방언은 충칭시, 안후이성, 저장성, 홍콩특별행정구에도 산발적으로 분포하고 있다.

중국어 방언권의 명칭은 우방언, 샹방언, 민방언, 웨방언, 간방언 등 대부분이 방언이 분포하는 지역의 지명에서 유래되었으나 커자방언은 해당 방언을 사용하는 민계民系(민족 내부의 분파)인 '커자'를 사용하여 명명하였다.

커자방언에 있는 표현을 보면, "食晝"는 "점심 식사를 먹다"라는 의미이고, "溜水"는 "작별 인사도 없이 조용히 떠나가 버리다"는 뜻이다. 또한, 싱닝

26 詹伯慧 張振興[主編], 위의 책, 428쪽.

어興寧話에서 '火蛇哩'는 '번개閃電'를 의미한다.

6. 웨방언

웨방언의 '웨粵'는 광둥성의 별칭으로서 광저우어廣州話를 대표로 하며 광둥성에서 사용하는 중국어 방언들 중에서 영향력이 비교적 크다. 웨방언은 여러 가지 명칭을 가지고 있다. 예를 들어, 전통적으로는 '광푸화廣府話'라고 부르며, 현지 사람들은 주로 '백화白話'라고 부른다. 또한 외지인은 습관적으로 '광둥화廣東話'라고 한다.

웨방언은 광둥성을 포함하여 주로 광시좡족자치구 및 홍콩특별행정구와 마카오특별행정구에 분포하고 있다. 모두 141개의 현, 시, 구에 분포하며, 약 5,958만 명이 사용하고 있다.

웨방언에 있는 몇 가지 표현을 보면, 웨방언에서 '晏晝三點三'이 가리키는 시간은 '15시 15분'이며, 양장어陽江話에서 "刀肉"는 "큰일났다真糟糕"라는 뜻이다. 또한, 쓰이어四邑話에서 "翻館"은 "학교에 돌아가다"를 의미하며, 친저우어欽州話에서 '飯鏟頭'는 '코브라眼鏡蛇'를 가리킨다.

7. 샹방언

후난성은 여러 방언이 분포하는 곳인데 그중에서도 샹방언이 후난성에서 가장 대표적인 방언이다. 샹방언은 주로 후난성 샹장湘江, 즈장資江 유역과 위안장沅江 중류의 소수 지역에 분포하고 광시성, 쓰촨성, 산시성陝西省의 일부 지역에도 분포하는 등 모두 64개의 현과 시에 분포하고 있다. 샹방언의 사용 인구는 약 3,637만 명이다.

샹방언의 지위는 1930년대에 와서야 확립되었는데 이러한 상황은 샹방언

이 관화방언의 영향을 가장 많이 받고 방언의 특징이 점점 모호해지고 있다는 사실과 관련이 있다.[27]

샹방언에 있는 표현을 몇 가지 살펴보면, 샹방언에서 "四路子竄哈子"라는 말은 "사방을 두루 돌아다니다四處逛逛"라는 의미이며, 어떤 사람이 다른 사람에게 "恩要莫嘎"라고 한다면 이는 '시비를 거는 것'이다. 또한 샹탄어湘潭話에서 '明日子'는 '내일'을 가리킨다.

8. 간방언

간방언은 난창어南昌話를 대표로 하는 장시성의 주요 방언으로서 '간'이라는 명칭 역시 장시성의 약칭인 '贛간'에서 유래되었다. 그렇다고 간방언의 분포가 장시성 내에서만 제한된 것이 아니다. 근접한 후베이, 안후이, 후난, 푸젠의 일부 지역에서도 분포하고 있으며 멀리 있는 산시성陝西省의 남부 지역에도 간방언의 분포 지역이 있다. 모두 102개의 현과 시에 분포해 있으며 약 4,800만 명이 사용하고 있다.

간방언의 몇 가지 표현을 보면, 간방언에서 '精怪'는 '요괴'를 가리키며, '細伢子'는 '어린 아이'를 의미한다. 또한 간방언에서 "個雜顏色炫紅咯！"라는 말은 "이 색깔은 아주 빨갛다!"라는 뜻이며, 난창어南昌話에서 "跑火"는 "유행하다"라는 의미이다.

---

27 李小凡, 項夢冰[編著], 위의 책, 244쪽.

9. 후이방언

10대 방언권 중에서 분포 범위가 가장 좁고, 사용 인구도 가장 적은 방언권으로서 안후이성, 저장성, 장시성 등에 속한 모두 19개 현과 시에 분포하고 있으며, 약 400만 명이 사용하고 있다.

『중국언어지도집』에는 후이방언을 10대 방언권 중 하나로 분류하였지만, 후이저우徽州 지역 방언의 귀속에 대하여 줄곧 하나의 방언권으로 독립하자는 의견과 독립된 방언권이 아닌 다른 방언권에 귀속시키자는 의견이 있었다. 예를 들어, 자오위안런趙元任(1962)은 후이저우방언이 중국어 방언 내에서 귀속을 정하는 것이 아주 어렵다고 하면서 가장 좋은 방법으로는 음류音類(일정한 기준을 근거로 구분한 자음 분류)를 중시하고, 음가音值(고대 자음의 실제 독음으로서 음류와 대립되는 개념)를 경시하는 것을 기준으로 우방언의 한 종류로 볼 수 있다고 하였으며, 자오르신趙日新(2001) 역시 후이방언은 관화의 영향을 비교적 많은 받은 우방언으로서 우방언에 귀속시킬 수 있다고 하였다. 또한 일부 학자들은 간방언 혹은 장화이관화에 귀속시키자는 의견도 있었다. 이처럼 의견이 일치하지 않은 이유에 대해서, 왕푸탕王福堂(2004)은 학자마다 당시의 조건에서 후이저우 지역 방언에 대하여 서로 다른 이해를 가지고 있었고, 후이저우 방언의 지위 문제를 관찰하는 데에도 그들의 초점이나 강조점이 달랐기 때문이라고 여겼다.[28]

후이방언에 있는 몇 가지 표현을 보면, 후이방언에서 "吃天光"은 "아침 식사를 먹다"라는 뜻이며, '苞蘿'은 '옥수수'를 가리킨다. 또한, 지시績溪 사람은 '박쥐蝙蝠'를 '天星鳥鳥'라고 부른다. 지시 지역에는 "麻雀兒上不得剁刀"라

28 민경만, 「江西婺源(詩春)方言語音調查與分析」, 『중국언어연구』, (90), 2020, 17쪽 재인용.

는 속담이 있는데 이는 "닭 잡는 데 소 잡는 칼을 쓰랴殺雞焉用牛刀"라는 의미와 흡사하다.

10. 핑화방언

오늘날 후난, 광둥, 광시 지역에는 관화방언, 웨방언, 커자방언, 샹방언, 민방언 외에도 많은 수의 지역 방언, 즉 핑화平話와 투화土話가 존재하고 있다. 이에 『중국언어지도집』은 이들 지역에 분포하고 있는 핑화와 투화의 관계 분석 및 사실 확인을 위한 목적으로 '핑화방언平話和土話'이라고 명명하고 하나의 방언권으로 규정하였다. 다시 말해, '핑화방언'은 관화방언, 진방언, 우방언, 샹방언, 간방언, 민방언, 웨방언, 커자방언 등의 방언권과는 동일한 의미상의 구분이 아닌 것이다.

핑화방언은 주로 광시성 중남부桂南平話, 광시성 동북부桂北平話, 후난성 남부湘南土話, 광둥성 동북부粵北土話 지역에 분포한다. 핑화방언은 모두 59개의 현과 시에 분포하고 있으며, 약 770만 명이 사용하고 있다. 다만 이들 지역이 모두 순전히 핑화방언만을 사용하는 것은 아니며, 경내에 있는 일부 향진에서만 사용하는 경우도 있고, 2개 방언을 사용하는 지역에서 핑화방언을 사용하는 경우도 있다.

핑화방언의 표현을 몇 가지 보면, 난닝핑화南寧平話에서 '金錢橘'은 '토마토'를 가리키며, 링촨핑화靈川平話에서 '落香'은 '땅콩'을 의미한다. 또한, 후난닝위안핑화湖南寧遠平話에서 "莫見眼睛鼻頭"라는 말은 "얼굴이 엉망이다"라는 뜻이며, 후난투화湘南土話에서 '日頭黃'은 '해바라기'를 가리킨다.

중국어 방언은 어음, 문법, 어휘에서 지역마다 다양한 차이를 보이며, 이로 인해 지역 간 상호 의사소통에 영향을 끼친다. 이러한 방언들은 각기 고유한 음운 체계와 표현 방식을 가지고 있으며, 이는 해당 지역의 지리적, 문화적, 역사적 요소 등이 반영되어 형성된 것이다.

Ⅲ. 중국어 방언학

사람들은 이미 오래전부터 언어가 지역에 따라 다르다는 것을 알고 있었고 방언의 차이에 대해서도 주목하였다. 『구약』 성서 「사사기」(12장)에는 한 종류의 방언을 관찰한 가장 오래된 사례가 기록되어 있으며[29], 중국에는 서한西漢 말년에 양웅揚雄: 기원전 53년~기원후 18년이 쓴 현전하는 세계 최고最古 방언 연구서인 『방언方言』이 있다. 원래 제목은 『유헌사자절대어역별국방언輶軒使者絶代語釋別國方言』(사신들의 각 나라별 방언 어휘 해석)이며 이를 줄여 보통 『방언』이라 부른다. 이 책은 방언 어휘 전문서로서 양웅이 27년간 조사·연구한 총 659개 항목에 대해 각지의 어형 및 풀이, 사용 지역 등이 밝혀져 있다.[30] 기록된 대부분 어휘는 중국어 방언이지만, 한족이 당시 소수민족이라고 부르던 민족들의 어휘도 기록되어 있다. 바로 이 『방언』이 중국어 방언 연구의 시초라고 할 수 있다.

방언학dialectology은 방언을 연구하는 언어학의 한 갈래로서 방언에 나타나는 언어 현상에 대해 비교 및 관찰하고 그 현상의 양상과 원리를 체계적으로

29 챔버(J.K. Chambers) · 피터 트루질(1998/2002:13) 참조(項夢冰 曹暉[編著], 위의 책, 1쪽 재인용). 한편, 기독교에서 말하는 '방언(方言)'은 본문에서 말하는 '방언'과 개념도 다르고 원어도 다르다. 성서에 나오는 '방언'의 원어는 'glossolalia'(gift of tongues)이다.

30 이연주, 「양웅 『방언』의 통어와 공통어」 『중국어문학』 (59), 2012, 247~269쪽.

기술하고 설명하는 데 중점을 둔다. 중국어 방언학漢語方言學은 중국어 방언을 중심으로 연구하는 학문이라고 할 수 있다. 중국어의 모든 주요 방언은 고대 중국어에서 발전해 온 것으로서 공통 어휘 및 공통 문법 구조와 문법 수단을 가진 친족 방언이며 음운 체계 역시 공통된 역사적 기원이 있어서 오늘날 체계와의 대응 규칙을 가지고 있다.[31]

중국어 방언학의 연구 대상은 한족이 사용하는 방언과 일부 소수민족이 사용하는 중국어 방언을 포함한다. 공용어인 표준중국어를 연구 대상으로 삼지는 않지만, 표준중국어의 기초 방언인 북방 방언과 표준 방언인 베이징어에 대한 연구는 배제하지 않는다. 중국어 방언학은 지역 방언뿐만 아니라 사회 방언도 연구하는데 양웅의 『방언』부터 오늘날까지 중국의 방언학은 대부분 지역 방언을 연구하는 데 초점을 맞추었다. 지역 방언에 대한 연구는 이미 오랜 역사를 가지고 있지만, 아직 조사되지 않은 방언이나 연구되지 않은 방언이 많다. 여러 종류의 방언을 종합적으로 조사하거나 전체적으로 연구한 것은 아직 많이 부족하며, 사회 방언에 대한 조사와 연구는 막 시작한 단계이다. 중국어 방언학은 방언을 조사하고 기록하며 묘사하고 분석할 뿐만 아니라, 방언 지리, 방언 역사, 방언 접촉, 방언 변천, 방언 비교 등 다양한 문제에 대해서도 연구한다. 중국어 방언학 연구는 언어학과 문화인류학 모두에 매우 중요한 의미를 가지며 큰 응용 가치를 지니고 있다. 중국어 방언학의 언어학적 의미는 이론언어학, 음성학, 어휘학, 문법학, 역사언어학 등의 측면에서 논의할 수 있다.[32]

중국에서 '중국어 방언학'이 현대적 의미의 독립적이고 과학적인 학과로

31 遊汝傑, 『漢語方言學教程』(第二版), 上海教育出版社, 2016, 22쪽.
32 遊汝傑, 『漢語方言學導論』(修訂本), 上海教育出版社, 2018, 9~10쪽.

서 출현한 것은 1920년대에 들어서였다. 중국어 방언학은 현대 언어학 이론을 바탕으로 발전해 왔으며 지금까지 중국에서 진행한 중국어 방언 연구는 크게 4개의 발전단계, 즉 중국어 방언학의 초창기(1928-1949), 중국어 방언학의 전문화 시기(1950-1979), 중국어 방언학의 번영 시기(1979-2004), 중국어 방언학의 다원화 시기(2005-현재)로 나누어 볼 수 있다. 중국어 방언 연구에 대한 성과를 종합적으로 살펴보면, 어음 연구가 어휘나 문법 연구보다 많고, 방언의 특수 현상 연구가 체계적 연구보다 많다. 또한, 일반적인 묘사가 심층적인 비교보다 많고, 공시적 연구가 통시적 연구보다 많다. 기존 조사 자료와 성과를 이용한 심층 분석은 적고, 특정 언어 현상을 대상으로 하는 방언 간, 언어 간 횡적 비교 연구와 종적 통시적 변화 연구는 상대적으로 부족한 편이다.[33] 현대 언어학 이론의 차용을 통한 중국어 방언 연구는 중국어 방언학계에서 점차 공감대를 형성하고 있으며 많은 성과를 이루었다.[34]

중국어 방언 연구에 공헌한 중국인 학자로는 자오위안런趙元任, 리룽李榮, 딩성수丁聲樹, 유루제遊汝傑, 첸쩡이錢曾怡, 잔보후이詹伯慧, 리루룽李如龍, 왕푸탕王福堂 등이 있으며, 중국사회과학원中國社會科學院, 베이징대학교北京大學, 베이징어언대학교北京語言大學, 푸단대학교復旦大學 등 다수의 중국 대학 및 연구기관에서 중국어 방언에 대한 연구가 활발히 진행되었다.

---

33 劉丹青[主編], 『新中國語言文字研究70年』, 中國社會科學出版社, 2019, 134~163쪽.

34 한국 학계의 중국어 방언 관련 연구는 '민경만, 「데이터로 본 중국어 방언(漢語方言) 연구의 중심성: 한국 학계의 연구 동향」, 『중국연구』, (100), 2024'를 참고하기를 바란다.

Ⅳ. 중국어 방언의 위기와 가치

영국의 언어학자 L.R.팔머Leonard R. Palmer(2013)는 "언어는 한 민족의 전체 역사와 문화를 충실히 반영하고, 그들의 다양한 게임과 오락, 다양한 신념과 편견을 충실히 반영한다."라고 하였다.[35] 표준어와 방언을 포함한 모든 언어는 국가나 민족 고유의 문화적 역사를 담고 있으며, 언어는 그 자체로 국가나 민족의 문화적 표현이자 중요한 문화유산이다.

오늘날 중국의 언어자원을 살펴보면 풍부함과 멸종 위기라는 양면성을 지니고 있다.[36] 수십 년간 중국에서 진행된 표준중국어 보급 사업을 통해 표준중국어는 이미 중국 전역에서 사용되고 있다. 2020년, 중국의 표준중국어 보급률은 80.72%에 이르고 관련 부서에서는 현재 도시 이주 노동자, 농업 및 농촌 지역에서 긴급하게 필요한 인재, 직장으로 이직한 군인, 농촌 여성 등과 같은 그룹을 대상으로 표준중국어 능력 교육을 하고 있다.[37] 이러한 표준중국어 교육 정책은 중국 정부의 주도로 진행되고 있으며, 표준어 중심의 언어 정책은 민중들에게 '방언'을 '표준어'보다 가치가 낮다는 인식을 심어주고 있다. 표준중국어 보급은 성공하였지만 반면에 방언 전수傳受와 관련된 문제점이 나타났고 일부 방언은 후속세대에게 계승되지 못한 채 소멸 위기에 처해 있다. 표준중국어 보급에 따른 방언의 퇴화 문제에 대해 학계에서는 이미 우려의 목소리가 제기되었다. 방언은 다양한 문화 자원의 보고寶庫라고 할 수 있는데, 이

35 L.R.帕默爾(저), 李榮·王菊泉·周流溪·陳平(공역),『語言學概論』, 商務印書館, 2013, 166쪽.

36 민경만,「중국의 언어자원 관련 프로젝트에 대한 고찰」,『중국학연구』(95), 2021, 98쪽.

37 王春辉(2021) 참조(王莉寧·潘瑩瑩(저), 민경만(역),「중국 영화·드라마 중 방언의 언어 이미지 연구」,『중국연구』(91), 2022, 22쪽 재인용)

러한 방언의 소멸은 문화적 차별성과 다양성의 축소를 의미한다.[38] 일례로 저장성浙江省 진화시金華市의 방언 사용 실태에 따르면 6~14세 어린이 중 52.03%가 진화어를 전혀 구사하지 못하고, 진화어로 의사소통을 잘한다는 응답은 22.65%에 불과했다. 이들은 지역 방언보다 영어를 더 많이 배운다. 중국사회과학원 언어연구소中國社會科學院語言研究所의 연구에 따르면 언어의 사용 범위, 언어의 사용자 수, 언어의 사용 환경 등 세 가지 측면에서 볼 때 방언의 멸종 위기 상황이 중국 전역으로 확대되고 있으며, 도시 규모가 커질수록 방언에 미치는 타격은 상당히 크다고 진단했다.[39]

중국에서 방영되는 영화나 TV 드라마 속 방언 사용자의 사회적 특성도 비교적 단순하다. 방언 사용자의 대부분이 중년 남성이고, 농민이나 다른 육체노동업 종사자가 많으며, 교육 수준도 일반적으로 높지 않다. 또한, 표준중국어 사용자와 방언 사용자의 사회적 신분에는 상당한 차이가 나타난다.[40]

유네스코에 따르면 현재 전 세계에는 6,000개 이상의 언어가 있고 그중 96%의 언어는 전 세계 인구의 3%만이 사용하고 있다. 6,000개 이상 언어 중에 최소한 절반 이상은 사용 인구가 줄어들고 있으며, 금세기 말까지 전 세계 대부분 지역의 약 90%의 언어는 강세언어로 대체될 것이라고 예측하고 있다.[41] 언어 다양성의 급격한 감소로 인해 언어자원은 점차 재생 불가능한 희소자원이 되어가고 있다. 중국 역시 많은 언어자원이 급속한 손실의 위험에 직면해 있다. 지난 몇십 년 동안 중국에서는 수억 명의 농민들이 일을 하기 위해

---

38 민경만·김주아,「신중국의 언어정책에 대한 고찰」『중국학연구』(100), 2022, 80~81쪽.

39 金蘭,「中國語言政策述要」『국어교육연구』(28), 2011, 262-263쪽.

40 王莉寧·潘瑩瑩(저), 민경만(역), 위의 논문, 21~22쪽.

41 聯合國教科文組織瀕危語言問題特別專家組(저), 範俊軍 宮齊 胡鴻雁(공역),「語言活力與語言瀕危」『民族語文』(3), 2006, 51쪽.

도시로 들어왔고 정치, 경제, 문화, 교육, 대중매체, 교통의 급속한 발전으로 소수민족 언어와 중국어 방언이 많은 변화를 겪으면서 언어(특히 어휘)의 구조적 요소가 많이 바뀌었다.[42]

지속적인 표준어 중심의 언어 정책은 표준중국어의 보급률을 더욱 높 것이며, 미디어를 통한 방언의 부정적인 이미지는 방언과 그것이 속한 지역에 대한 고정관념을 심화시켜 방언 사용자의 감소에 영향을 끼칠 것이다. 또한 중국 도시화의 가속화로 인하여 결국 중국의 '언어지도'는 빠른 시간 내에 대폭 재작성이 되고 많은 언어 및 방언들이 줄어들거나 심지어 사라질 것으로 예상된다.

앞에서 보았듯이 '방언'은 학문적으로 '표준어'보다 열등하다거나 세련되지 못하거나 엄격한 규칙이 없다는 부정적인 의미를 갖지 않는다. 비록 오늘날 중국어에서 방언의 개체 수와 방언 사용자 수가 줄어들고 있지만 그렇다고 해서 중국어 방언 속에 함축된 유구한 역사와 전통, 풍부한 민속의 가치가 줄어드는 것은 아니다. 이러한 가치는 방언을 연구하고 보존하는 데 중요한 역할을 하며, 이는 문화적 다양성과 언어적 풍요로움을 유지하는 데 필수적인 요소가 될 것이다.

참고문헌

〈국문 자료〉

김경아,『국어의 역사:음운과 문자』(제2판), 한국문화사, 2021.

42 李宇明,「論中國語言資源有聲數據庫的建設」,『中國語文』(4), 2010, 361쪽.

민경만,「福建吉陽方言語音調查報告」,『중국언어연구』, (88), 2020.
민경만,「江西婺源(詩春)方言語音調查與分析」,『중국언어연구』, (90), 2020.
민경만,「중국의 언어자원 관련 프로젝트에 대한 고찰」,『중국학연구』, (95), 2021.민경만,「데이터로 본 중국어 방언(漢語方言) 연구의 중심성: 한국 학계의 연구 동향」,『중국연구』, (100), 2024.
민경만·김주아,「신중국의 언어정책에 대한 고찰」,『중국학연구』, (100), 2022.
방언연구회,『방언학 사전』, 태학사, 2003.
이연주,「양웅『방언』의 통어와 공통어」,『중국어문학』, (59), 2012.
이익섭,『방언학』, 민음사, 2014.
정승철,『한국의 방언과 방언학』(개정판), 태학사, 2023.
曹志耘(저), 민경만(역),「중국어 방언섬의 형성과 사멸—우·후이 방언 지역을 예로」,『중국어문논역총간』, (55), 2024.
王春輝,「普及與提高並重，推普助力鄉村振興」,『光明日報』, (5), 2021.
王莉寧·潘瑩瑩(저), 민경만(역),「중국 영화·드라마 중 방언의 언어 이미지 연구」,『중국연구』, (91), 2022.
周振鶴·遊汝傑(저), 전광진·이연주(공역),『방언과 중국문화』, 영남대학교출판부, 2005.
Chambers,J.K　Peter Trudgill(저), 이상규·서보월·백두현(공역),『방언학개설』, 경북대학교출판부, 1993.

〈외국어 자료〉
金蘭,「中國語言政策述要」,『국어교육연구』, (28), 2011.
李榮,「官話方言的分區」,『方言』, (1), 1985.
李小凡 項夢冰[編著],『漢語方言學基礎教程』, 北京大學出版社, 2020.
李宇明,「論中國語言資源有聲數據庫的建設」,『中國語文』, (4), 2010.
聯合國教科文組織瀕危語言問題特別專家組(저), 範俊軍 宮齊 胡鴻雁(공역),「語言活力與語言瀕危」,『民族語文』, (3), 2006.
劉丹青[主編],『新中國語言文字研究70年』, 中國社會科學出版社, 2019.
王福堂,「徽州方言的性质和归属」,『中国语文研究』, (1), 2004.
項夢冰 曹暉[編著],『漢語方言地理學：入門與實踐』, 中國書籍出版社, 2015.
遊汝傑,『漢語方言學教程』(第二版), 上海教育出版社, 2016.
遊汝傑,『漢語方言學導論』(修訂本), 上海教育出版社, 2018.
趙日新,「徽語跟周圍方言的關系—兼談徽語的歸屬」,『第二屆國際吳方言學術研討會論文』, 2001.

趙日新,「徽語的特點和分區」,『方言』, (3), 2005.
趙元任,「績溪嶺北方言」,『中研院史語所集刊—故院長胡適先生紀念論文集』, (第34本), 1962.
詹伯慧 張振興[主編],『漢語方言學大詞典』, 廣東教育出版社, 2017.
周振鶴 遊汝傑,『方言與中國文化』(修訂本), 上海人民出版社, 2019.
中國社會科學院語言研究所·中國社會科學院民族學與人類學研究所·香港城市大學語言資訊科學研究中心,『中國語言地圖集』(第2版), 北京 : 商務印書館, 2012.
L.R.帕默爾(저), 李榮·王菊泉·周流溪·陳平(공역),『語言學概論』, 商務印書館, 2013.
Nicholas Ostler(저), 章璐 梵非(공역),『語言帝國世界語言史』, 上海人們出版社, 2021.
Chengkun Yang, Xiaoxi Zhang, Shi Yan, Sizhe Yang, Baihui Wu, Fengshuo You, Yue Cui, Ni Xie, Zhiyi Wang, Li Jin, Shuhua Xu & Menghan Zhang,「Large-scale lexical and genetic alignment supports a hybrid model of Han Chinese demic and cultural diffusions」,『Nature Human Behaviour』, 2024
Jerry Norman,『Chinese』, Cambridge University Press, 1988.
Peter Trudgill, Dialect Geography, in Research Guide in Language Change, ed. Edgar C. Polomé, Mouton de Gruyter, 1990.

〈인터넷 자료〉
https://www.sohu.com/a/458350944_100941(2024년 3월 20일 검색)

박정원
한국외국어대학교
중국언어문화학부

중국어문학과 AI 데이터, 콘텐츠 큐레이팅

Ⅰ. 들어가는 말

1. 왜 데이터, 콘텐츠 큐레이팅인가?

정보의 홍수 속에서 가치 있는 정보를 선별하고, 의미 있는 맥락을 부여하여 사용자에게 제공하는 큐레이션의 중요성이 점점 커지고 있습니다. 특히 데이터와 콘텐츠가 폭발적으로 증가하는 현대 사회에서는 큐레이션이 필수적인 요소로 자리 잡았습니다.

데이터 및 콘텐츠 큐레이션은 방대한 데이터와 콘텐츠 중에서 사용자에게 필요한 정보를 수집, 선별, 정리, 분류, 해석하여 제공하는 일련의 과정을 말합니다. 큐레이션은 단순히 정보를 모으는 것이 아니라, 정보 간의 관계를 파악하고, 의미 있는 맥락을 부여하여 사용자의 이해와 활용을 돕는 데 초점을 둡니다.

데이터 및 콘텐츠 큐레이션은 정보 과부하 해소, 정보의 가치 증대, 지식 공유 및 확산, 사용자 경험 개선 등에서 긍정적인 역할을 할 수 있습니다. 넘쳐나는 정보 속에서 사용자가 필요한 정보를 빠르고 쉽게 찾을 수 있도록 도와줍니다. 정보에 맥락과 의미를 부여하여 정보의 가치를 높이고, 사용자의 이해를 돕습니다. 정보를 체계적으로 정리하고 공유함으로써 지식의 확산에 기여합니다. 정보를 재구성하고 해석하여 새로운 지식과 가치를 창출합니다. 사용자의 관심사와 필요에 맞는 정보를 제공하여 사용자 경험을 개선합니다.

데이터 및 콘텐츠 큐레이션은 교육과 연구, 문화, 비즈니스, 미디어 영역에서 다양하게 활용할 수 있습니다. 학습 자료와 연구 자료 등을 큐레이션하여 학습 효과를 높이고 연구 활동을 지원합니다. 문화 콘텐츠를 큐레이션하여 문화 향유 기회를 확대하고, 문화 교류를 촉진합니다. 시장 정보와 고객 정보를 큐레이션하여 의사 결정을 지원하고 마케팅 전략을 수립합니다. 뉴스 및 기사를 포함한 미디어 콘텐츠를 큐레이션하여 정보 전달력을 높이고 독자의 이해를 돕습니다.

데이터와 콘텐츠의 범람 속에서 큐레이션의 효용성은 다양한 측면에서 확인할 수 있습니다.

- 정보 접근성 및 활용성 향상: 큐레이션을 통해 사용자는 필요한 정보를 빠르게 찾을 수 있습니다. 방대한 데이터와 콘텐츠 속에서 일일이 검색하는 시간과 노력을 줄여줍니다.
- 정보의 신뢰성 확보: 전문가나 큐레이터가 선별한 정보를 제공함으로써 정보의 신뢰성을 확보할 수 있습니다.
- 정보 활용 능력 향상: 큐레이션된 정보는 사용자가 정보를 이해하고 활용하는 데 도움을 줍니다. 정보 간의 관계와 맥락을 파악하여 지식을 습득하고 새로운 가치를 창출할 수 있습니다.
- 지식 공유 및 확산: 다양한 사람들이 참여하여 정보를 공유하고 큐레이션함으로써 집단 지성을 활용할 수 있습니다.
- 지식의 재생산과 확산: 큐레이션을 통해 지식을 체계적으로 정리하고 공

유함으로써 지식의 재생산과 확산에 기여합니다.

- 학습 및 연구 활동 지원: 교육 및 연구 분야에서 큐레이션된 자료를 활용하여 학습 효과를 높이고 연구 활동을 지원할 수 있습니다.
- 정보 재구성 및 해석: 큐레이션은 단순히 정보를 모으는 것이 아니라, 정보를 재구성하고 해석하여 새로운 가치를 창출합니다.
- 창의성과 혁신 촉진: 큐레이션된 정보는 새로운 아이디어와 통찰력을 제공하여 창의성과 혁신을 촉진합니다.
- 정보 탐색의 즐거움 제공: 큐레이션된 정보는 사용자에게 정보 탐색의 즐거움을 제공합니다. 새로운 정보를 발견하고 지식을 습득하는 과정에서 재미와 흥미를 느낄 수 있습니다.

데이터 및 콘텐츠 큐레이션은 정보화 시대에 필수적인 역량으로, 다양한 분야에서 활용되고 있습니다. 앞으로 인공지능, 빅데이터 등 기술의 발전과 함께 큐레이션의 중요성은 더욱 커질 것으로 예상됩니다.

2. 고전적인 데이터, 콘텐츠 큐레이션

AI를 사용하지 않은 데이터, 콘텐츠 큐레이션을 고전적이라 규정한다면, 이 고전적인 큐레이션은 툴이나 플랫폼 기반에서 생성할 수 있습니다. AI가 출현하기 전까지 큐레이션은 대부분 전문 툴을 사용하거나 코딩을 활용하였습니다. 고전적인 툴이나 플랫폼은 AI에 비해 조작 능력이 전제되기 때문에 접근성이 제한받는 경향이 있으나 해당 툴들의 인터페이스나 결과물의 품질이 우수하고 다양한 기능을 구현할 수 있다는 장점이 있습니다.

1) 콘텐츠 큐레이션

콘텐츠 큐레이션은 전문적인 툴이나 플랫폼을 활용하여 중국언어, 중국문학 콘텐츠를 제작하여 학습과 교육에 활용할 수 있습니다. 콘텐츠 큐레이션은 영상, 사운드, 텍스트, 상호작용(퀴즈), 웹플랫폼, 타임라인, 웹콘텐츠(H5P), 맵핑, 지도 등으로 유형화할 수 있습니다.

(1) 영상 콘텐츠 제작 툴 및 플랫폼

이 유형에는 Adobe Premiere Pro, Final Cut Pro, DaVinci Resolve, iMovie, Filmora 등이 있습니다. 그중 무료로 사용할 수 있는 DaVinci Resolve는 전문 편집 도구와 고급 색상 보정 기능을 포함하고 있으며, 비디오 편집, 색상 보정, 시각 효과, 오디오 후반 작업을 하나의 플랫폼에서 제공합니다.

또한 영상과 자막을 결합한다면 학습과 교육 효과는 증대됩니다. 근래는 음성인식으로 자동 자막을 제작할 수 있는 Verw, Adobe Premiere Pro를 활용할 수 있지만, SMISyncW 등과 같은 수동 자막 제작툴을 활용한다면 시간은 소요되나 작업의 완성도를 높일 수 있습니다.

(2) 사운드 콘텐츠 제작 툴 및 플랫폼

이 유형에는 Audacity, Adobe Audition, Goldwave, Cooledit 등이 있습니다. 사운드 툴은 콘텐츠에 활용되는 사운드 자원을 편집하거나 직접 녹음할 때 사용할 수 있습니다. 그중 멀티미디어 ebook을 자막할 때 사용되는 사운드 분할 작업은 Cooledit을 활용하면 정확하고 효율적으로 수행할 수 있습니다. Cooledit는 멀티트랙 오디오 편집과 믹싱이 가능한 강력한 툴로 오디오 효과(리버브, 에코, EQ, 노이즈 감소 등)를 제공하며, 다양한 오디오 파일 형식을 지원합니다.

(3) 상호작용(퀴즈) 콘텐츠 제작 툴 및 플랫폼

이 유형에는 교육 현장에서 즉시적으로 활용할 수 있는 Kahoot!, Socrative와 일반 퀴즈를 제작할 수 있는 Quizlet, Quizizz, Google Forms, 영상 기반에서 퀴즈를 제작할 수 있는 Hihao, Thinklink, 중국어 어휘 퀴즈 콘텐츠를 제작할 수 있는 Wordwall, 웹 기반에서 퀴즈를 생성할 수 있는 H5P 등이 있습니다. Kahoot!는 실시간 퀴즈와 게임화된 학습을 제공하며, Quizlet은 플래시카드와 다양한 학습 모드를 지원합니다. Quizizz는 재미있고 인터랙티브한 퀴즈를 생성할 수 있으며, Google Forms는 간단한 설문 조사와 퀴즈 제작에 적합합니다. H5P는 다양한 상호작용 콘텐츠를 쉽게 만들 수 있는 오픈 소스 플랫폼으로, 교육자들이 인터랙티브한 학습 자료를 제작할 수 있습니다.

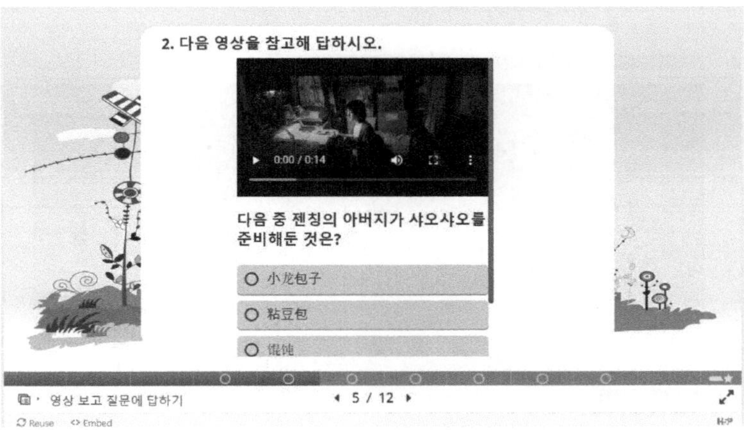

[H5P 콘텐츠]

(4) 웹플랫폼 콘텐츠 제작 툴 및 플랫폼

이 유형에는 WordPress, Wix, Squarespace, Weebly, Joomla, Google Sites 등이 있습니다. 웹플랫폼은 간단한 블로그보다는 다양한 콘텐츠를 사용자 환경에 맞게 서비스할 수 있는 장점이 있습니다. 그러나 웹공간(웹호스팅)과 웹플랫폼 코어를 조작해야 합니다. 단 Google Sites는 무료로 별도의 설치 없이 사용자 웹플랫폼을 제작할 수 있습니다. WordPress는 오픈 소스 CMS로, 높은 확장성과 커스터마이징을 제공하고, Wix는 드래그 앤 드롭 빌더와 다양한 템플릿 제공하고 기술 지식 없이도 웹사이트를 쉽게 제작 가능하며, Squarespace는 세련된 디자인 템플릿과 강력한 디자인 도구 제공하며 웹사이트, 블로그, 온라인 스토어 통합 기능을 지원하며, Weebly는 직관적인 드래그 앤 드롭 빌더와 다양한 테마 제공하고 초보자도 쉽게 웹사이트 제작 가능하며, Joomla 오픈 소스 CMS로, 높은 확장성과 유연성 제공하고 복잡한 웹사이트 운영에 적합합니다. Google Sites는 간편한 웹사이트 제작 도구로 Google 계정과 통합하여 Google Drive, Docs 등과 연동이 용이하나 디자인의 한계가 존재합니다.

[WordPress 웹플랫폼]

(5) 타임라인 콘텐츠 제작 툴 및 플랫폼

이 유형에는 TimelineJS, TimeToast, Tiki-Toki, Sutori, Preceden 등이 있습니다. 타임라인은 시간정보를 시각화하여 학습이나 교육의 효율성을 증대할 수 있으며, 멀티미디어 자원을 결합한다면 교육 효과를 더욱더 강화할 수 있습니다. TimelineJS는 오픈 소스 도구로, Google 스프레드시트를 통해 쉽고 직관적으로 인터랙티브 타임라인을 생성할 수 있으며, TimeToast는 간단하고 직관적인 인터페이스로 타임라인을 쉽게 제작할 수 있으며, Tiki-Toki는 3D 보기 기능과 함께 시각적인 타임라인을 생성할 수 있는 웹 기반 도구이며, Sutori는 협업 기능이 뛰어난 타임라인 제작 도구로, 교육 콘텐츠와 상호작용 요소를 추가할 수 있으며 결과물의 공유가 뛰어납니다. Preceden는 다양한 시각적 스타일과 레이아웃을 제공하여 복잡한 타임라인을 쉽게 만들고 공유할 수 있습니다.

(6) 맵핑 콘텐츠 제작 툴 및 플랫폼

이 유형에는 Google My Maps, ArcGIS Online, Mapbox, StoryMapJS, QGIS 등이 있습니다. 이 툴이나 플랫폼은 공간을 시각화하여 교육과 학습에 활용할 수 있으며, 타임라인과 동일하게 멀티미디어 자원을 결합하면 교육적 효과를 극대화할 수 있습니다. Google My Maps는 사용자 정의 지도를 생성하고 공유할 수 있는 도구로, Google Maps와 통합되어 직관적인 사용이 가능하며, ArcGIS Online은 클라우드 기반 GIS 플랫폼으로, 데이터 시각화, 분석, 지도 제작 기능을 제공하며 협업 및 공유가 용이합니다. Mapbox는 고도로 커스터마이징 가능한 지도 및 위치 기반 애플리케이션 제작 도구이며, StoryMapJS는 위치와 이야기를 결합하여 시각적인 스토리텔링을 가능하게 하는 도구이며 지리적 타임라인 제작에 적합합니다. QGIS는 오픈 소스 GIS 소프트웨어로, 강력한 데이터 분석 및 시각화 기능을 제공. 다양한 플러그인 지원합니다.

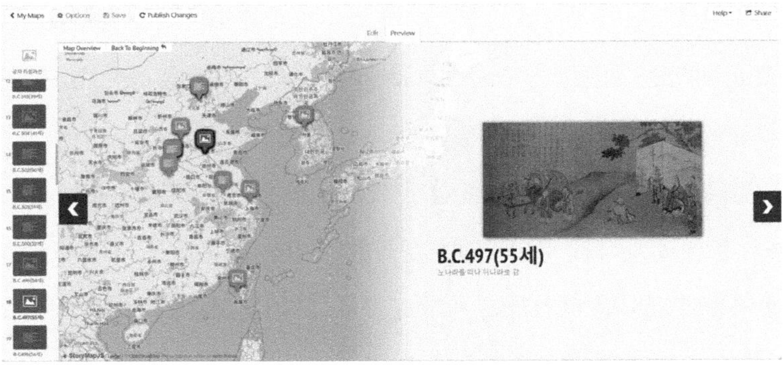

[StoryMapJS]

(7) 멀티미디어 ebook 콘텐츠 제작 툴 및 플랫폼

이 유형에는 Heyzine, FlipHTML5, Issuu, FlippingBook, PubHTML5 등이 있습니다. Heyzine은 PDF를 플립북으로 변환하여 비디오, 오디오, 링크, 애니메이션을 추가할 수 있는 플랫폼으로, 간편한 인터페이스와 다양한 커스터마이징 옵션 제공하며, FlipHTML5는 PDF 및 이미지를 HTML5 기반의 인터랙티브 플립북으로 변환하고 비디오, 오디오, 링크, 애니메이션 추가할 수 있습니다. 3D Issuu는 PDF, Word, PPT를 온라인 잡지, 카탈로그 등으로 변환하고 멀티미디어 콘텐츠를 추가할 수 있으며, FlippingBook은 PDF를 인터랙티브한 플립북으로 변환, 비디오, 링크, GIF 추가할 수 있으며, 독자의 행동을 추적하는 분석기능을 지원합니다.

영상 콘텐츠 제작 툴 및 플랫폼을 활용하면 강력한 편집 기능과 다양한 효과, 직관적 인터페이스, 멀티미디어 통합을 제공하기 때문에 전문적이고 창의적인 영상 제작을 할 수 있습니다. 사운드 콘텐츠 제작 툴 및 플랫폼을 활용하면 고품질 오디오 편집, 다양한 오디오 효과, 직관적인 인터페이스, 멀티트랙 편집을 통해 복잡한 사운드 프로젝트를 효율적으로 처리할 수 있습니다.

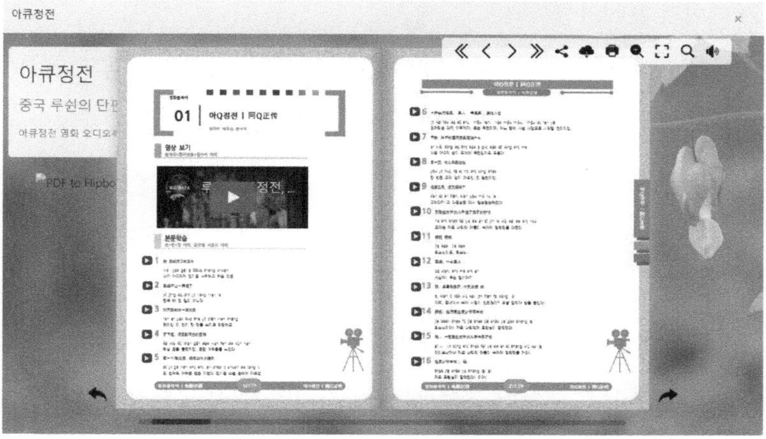

[Heyzine]

상호작용(퀴즈) 콘텐츠 제작 툴 및 플랫폼을 활용하면 사용자 참여 유도, 다양한 퀴즈 형식 지원, 실시간 피드백 제공, 인터랙티브 요소 추가로 학습 효과를 극대화할 수 있습니다. 웹플랫폼 콘텐츠 제작 툴 및 플랫폼을 활용하면 간단하게 웹사이트 제작하여 다양한 정보와 콘텐츠를 서비스할 수 있습니다. 또한 Embeding을 활용하여 외부 자원들을 서비스할 수도 있습니다. 타임라인 콘텐츠 제작 툴 및 플랫폼을 활용하면 시각적으로 깔끔한 타임라인 생성하여 평면적인 시간 자원을 시각적으로 입체화하여 학습 자료로 활용할 수 있습니다. 맵핑 콘텐츠 제작 툴 및 플랫폼을 활용하면 맞춤형 지도 생성하고 위치 기반 스토리텔링을 콘텐츠를 생성할 수 있기 때문에 공간 데이터 시각화하여 교육자료로 활용할 수 있습니다. 멀티미디어 eBook 콘텐츠 제작 툴 및 플랫폼을 활용하면 텍스트, 이미지, 비디오, 오디오 등 다양한 멀티미디어 요소를 통합하여 인터랙티브한 퍼포먼스를 실현하기 때문에 교육자원으로 효과적으로 활용할 수 있습니다.

2) 데이터 큐레이션

데이터 큐레이션을 AI를 사용하지 않은 고전적인 방법으로 정의한다면, 이 고전적인 데이터 큐레이션은 다양한 툴이나 플랫폼을 기반으로 생성할 수 있습니다. AI가 출현하기 전까지 큐레이션은 대부분 전문 툴을 사용하거나 코딩을 활용하여 이루어졌습니다. 고전적인 툴이나 플랫폼은 AI에 비해 조작 능력이 요구되기 때문에 접근성이 제한되는 경향이 있지만, 해당 툴들의 인터페이스나 결과물의 품질이 우수하고 다양한 기능을 구현할 수 있다는 장점이 있습니다. 이러한 툴들은 데이터 분석, 시각화, 전처리 등 여러 작업을 높은 정확성과 세부 조정이 가능하도록 지원합니다.

(1) 코퍼스 분석Corpus Analysis

코퍼스에서는 대규모 텍스트 집합의 특징을 분석하여 언어적 패턴과 통계적 정보를 추출합니다. 주로 빈도 분석, Concordance, Collocation, KWIC (Key Word in Context) 분석을 하며 대표적으로 AntConc, WordSmith Tools, Sketch Engine, KH Coder 등이 있습니다.

[Sketch Engine]

AntConc는 강력한 코퍼스 분석 소프트웨어로 Concordance, Clusters/N-Grams, Collocates 등을 분석할 수 있고, WordSmith Tools은 텍스트 분석 및 코퍼스 언어학을 위한 상용 소프트웨어로, WordList, Concord, KeyWords 모듈을 제공합니다. Sketch Engine은 웹 기반 코퍼스 관리 및 분석 도구로, 다양한 언어의 대규모 코퍼스를 구축하고 분석할 수 있으며, KH Coder는 오픈 소스 텍스트 분석 소프트웨어로, 문서의 빈도, 공기共起 분석 등을 수행합니다.

코퍼스는 단어의 사용 빈도, 의미, 동의어 및 반의어 관계 등을 분석하여 어휘의 분포와 사용 패턴을 연구하거나 구문 구조, 문장 패턴, 품사 태깅 등을 통해 문법적 규칙과 변화를 분석할 때 활용할 수 있습니다.

(2) 텍스트 전처리Text Preprocessing

전처리는 원시 텍스트 데이터를 분석에 적합한 형태로 정리 및 변환하는 과정입니다. 이 과정에는 텍스트 정규화, 토큰화, 불용어 제거, 형태소 분석 등이 포함됩니다. 전처리는 정규 표현식을 사용하여 패턴 매칭을 통해 텍스트 데이터를 정제하고 변환하는 방법과 파이썬 라이브러리를 사용하는 방법이 있습니다.

주로 파이썬에서 전처리 라이브러리를 사용합니다. NLTK는 파이썬 기반 자연어 처리 도구로, 토큰화, 태깅, 파싱 등의 기능을 제공하며, SpaCy는 빠르고 효율적인 자연어 처리 라이브러리로, 토큰화, 명명 엔터티 인식, 문법 분석 등을 지원합니다. Jieba는 중국어 텍스트의 토큰화에 특화된 라이브러리로, 토큰화, 품사 태깅, 사용자 사전 추가를 지원하며, SnowNLP는 중국어 텍스트를 분석할 수 있는 라이브러리로, 토큰화, 감정 분석, 텍스트 요약, 단어 분포를 지원합니다.

텍스트 전처리는 데이터 분석 및 모델링의 성패를 좌우할 수 있는 중요한 단계입니다. 전처리가 잘못되면 잘못된 결론을 도출할 수 있습니다. 따라서 데이터를 분석하기 전에 반드시 충분한 시간을 들여 데이터를 정제하고 변환하는 작업이 필요합니다.

```
[중국어 텍스트 파일에서 명사 추출]
import jieba
import jieba.posseg as pseg
# 텍스트 파일 읽기
with open('/mnt/data/sanmao_meng.txt', 'r', encoding='utf-8') as file:
text = file.read()
# 명사 추출
words = pseg.cut(text)
nouns = [word for word, flag in words if flag == 'n']
# 결과 출력
print("추출된 명사:")
print(nouns)
```

(3) 데이터 시각화Data Visualization

데이터 시각화는 데이터를 그래프, 차트, 지도 등 시각적 형태로 표현하여 패턴, 추세, 통계 등을 쉽게 이해하고 분석할 수 있게 하는 과정입니다. 이를 통해 복잡한 데이터도 직관적으로 파악할 수 있습니다.

데이터 시각화 툴에는 Tableau, Power BI, D3.js, Google Data Studio, Flourish 등이 있습니다. Tableau는 데이터 시각화와 비즈니스 인텔리전스 도구로, 직

관적인 드래그 앤 드롭 인터페이스를 통해 복잡한 데이터를 시각적으로 표현하고 분석할 수 있으며, Power BI는 Microsoft의 데이터 시각화 및 분석 도구로, 다양한 데이터 소스와의 통합, 대시보드 생성, 실시간 데이터 분석 기능을 제공합니다. D3.js는 웹 표준을 이용해 데이터를 시각적으로 표현하는 자바스크립트 라이브러리로, 동적이고 인터랙티브한 그래프와 차트를 제작할 수 있으며, Google Data Studio는 Google의 무료 데이터 시각화 도구로, 다양한 데이터 소스와 연결하여 시각적인 보고서를 생성하고 공유할 수 있으며, Flourish는 사용하기 쉬운 데이터 시각화 도구로, 다양한 템플릿과 커스터마이징 옵션을 통해 인터랙티브 차트와 스토리 생성을 지원합니다.

데이터 시각화를 하기 위해서는 분석에 필요한 데이터를 다양한 소스에서 수집, 중복 데이터, 오류 등을 제거하는 데이터 정리, 분석 목적에 맞게 데이터 형식을 변환, 여러 데이터 소스를 하나의 데이터 세트로 병합, 기초 통계와 시각적 탐색을 통해 데이터의 주요 특성과 패턴을 파악하는 과정이 필요합니다.

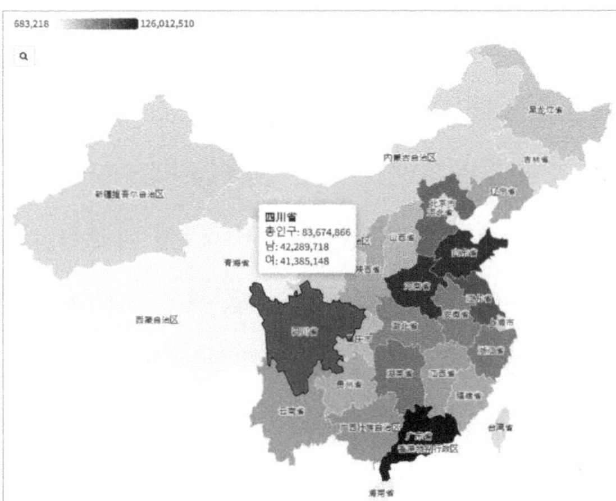

[Flourish]

(4) 네트워크 분석Network Analysis

네트워크 분석은 노드(개체)와 엣지(관계)로 구성된 네트워크 구조를 분석하여 패턴, 연결성, 중심성, 클러스터 등을 파악하는 과정입니다. 이를 통해 사회 네트워크, 생물학적 네트워크, 컴퓨터 네트워크 등 다양한 분야에서 관계와 구조를 시각화하고 이해할 수 있습니다.

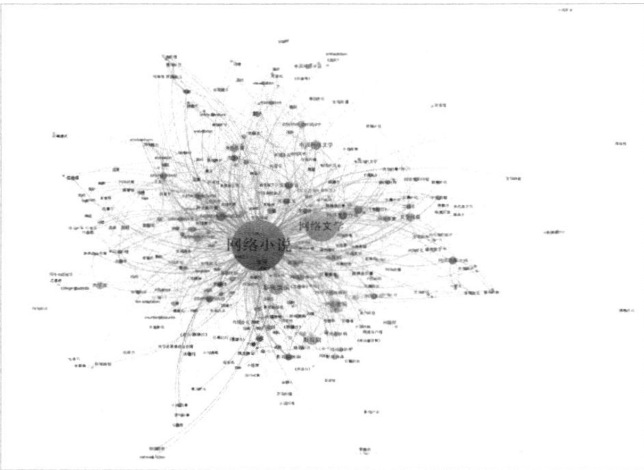

[VOSviewer]

대표적인 네트워크 분석툴에는 Gephi, Pajek, UCINET, VOSviewer 등이 있습니다. Gephi는 오픈 소스 그래프 및 네트워크 분석 도구로, 대규모 네트워크 시각화와 분석을 지원하고 직관적인 인터페이스와 다양한 레이아웃 옵션을 제공합니다. Pajek은 대규모 네트워크 분석을 위한 소프트웨어로, 다양한 네트워크 분석 알고리즘과 시각화 기능을 제공합니다. UCINET은 사회 네트워크 분석 소프트웨어로, 네트워크 데이터의 시각화와 다양한 통계적 분석 기능을 제공합니다. 그리고 VOSviewer은 과학적 텍스트 데이터의 네트워크 시각화에 특화된 도구로, 문헌 분석, 단어 및 인용 네트워크 시각화를 지원합니다.

네트워크 분석은 개체 간의 복잡한 관계와 연결성을 명확하게 시각화하고 분석하고, 네트워크 내에서 중요한 노드와 엣지(관계)를 식별하여 중심성과 영향력을 평가할 수 있으며,

데이터에서 숨겨진 패턴, 클러스터, 커뮤니티 구조를 발견하여 인사이트를 도출할 수 있는 장점이 있습니다.

(5) 토픽모델링Topic Modeling

토픽 모델링(LDA)은 문서 집합에서 숨겨진 주제를 자동으로 추출하는 기법입니다. LDA(Latent Dirichlet Allocation)는 각 문서를 여러 주제의 혼합으로 보고, 주제는 특정 단어들의 분포로 정의합니다. 이를 통해 문서의 주제 추출, 주제 간 상관관계 분석, 문서 군집화 등의 작업을 할 수 있습니다.

토픽모델링 파이썬 라이브러리에는 Gensim, Scikit-learn, TensorFlow 등이 있습니다. Gensim은 자연어 처리와 토픽 모델링에 특화된 Python 라이브러리로, 특히 LDA(Latent Dirichlet Allocation) 모델을 통해 토픽 모델링을 수행하는 데 강력한 기능을 제공하고, Scikit-learn은 다양한 머신러닝 알고리즘을 제공하는 파이썬 라이브러리로, LDA를 포함한 여러 토픽 모델링 알고리즘을 지원합니다. TensorFlow는 Google에서 개발한 오픈 소스 머신러닝 라이브러리로, 텍스트 데이터의 토픽 모델링을 위한 다양한 기능을 제공합니다.

[중국어 텍스트 토픽 모델링]

```
import jieba

import jieba.posseg as pseg

import gensim
```

```
from gensim import corpora
from collections import defaultdict
import matplotlib.pyplot as plt
import pyLDAvis.gensim_models as gensimvis
import pyLDAvis
# 텍스트 파일 읽기
with open('/mnt/data/sanmao_meng.txt', 'r', encoding='utf-8') as file:
  text = file.read()
# 텍스트 전처리 및 토큰화
words = pseg.cut(text)
filtered_words = [word for word, flag in words if flag == 'n']
# 불용어 리스트 (필요에 따라 수정 가능)
stopwords = set('的,了,和,是,在,有,我,不,他,她,也,你,這,那,我們,你們,他們,她們,可以,如果,這些,那些,了'.split(','))
# 불용어 제거
processed_texts = [[word for word in document.split() if word not in stopwords] for document in filtered_words]
# 단어 사전 및 코퍼스 생성
dictionary = corpora.Dictionary(processed_texts)
corpus = [dictionary.doc2bow(text) for text in processed_texts]
# LDA 모델 학습
lda_model = gensim.models.ldamodel.LdaModel(corpus, num_topics=5, id2word=dictionary, passes=15)
```

```
# 토픽 출력
for idx, topic in lda_model.print_topics(-1):
  print(f"Topic {idx}: {topic}")
# pyLDAvis를 사용한 시각화
lda_vis = gensimvis.prepare(lda_model, corpus, dictionary)
pyLDAvis.save_html(lda_vis, '/mnt/data/lda_vis.html')
```

[결과]

Topic 0: '0.012*"家" + 0.010*"朋友" + 0.009*"电话" + 0.008*"时间" + 0.007*"事情" + 0.007*"生活" + 0.006*"孩子" + 0.005*"地方" + 0.005*"房子" + 0.004*"公婆"'

Topic 1: '0.015*"妈妈" + 0.012*"爸爸" + 0.010*"孩子" + 0.009*"生活" + 0.008*"朋友" + 0.007*"地方" + 0.006*"家" + 0.006*"事情" + 0.005*"时间" + 0.005*"电话"'

Topic 2: '0.014*"朋友" + 0.013*"生活" + 0.010*"时间" + 0.008*"事情" + 0.007*"孩子" + 0.007*"家" + 0.006*"地方" + 0.006*"电话" + 0.005*"妈妈" + 0.005*"房子"'

Topic 3: '0.016*"电话" + 0.014*"朋友" + 0.010*"家" + 0.009*"事情" + 0.008*"生活" + 0.007*"时间" + 0.007*"孩子" + 0.006*"地方" + 0.005*"妈妈" + 0.005*"爸爸"'

Topic 4: '0.015*"地方" + 0.012*"生活" + 0.010*"时间" + 0.009*"朋友" + 0.007*"家" + 0.007*"事情" + 0.006*"电话" + 0.006*"孩子" + 0.005*"妈妈" + 0.005*"房子"'

위의 결과는 총 5개의 토픽으로 추출되었습니다.

(6) 단어 임베딩(Word Embedding)

단어 임베딩은 단어를 고차원 공간의 벡터로 변환하는 기법으로, 단어 간의 의미적 유사성을 수치적으로 표현합니다. 이를 통해 텍스트 데이터에서 단어 간 관계를 이해하고, 자연어 처리 작업의 성능을 향상시킬 수 있습니다. 대표적인 알고리즘에는 Word2Vec, GloVe, FastText 등이 있습니다. Word2Vec은 구글에서 개발한 단어 임베딩 알고리즘으로, Gensim 라이브러리에서 사용 가능하며, TensorFlow는 구글의 오픈 소스 머신러닝 라이브러리로, Word2Vec, GloVe, FastText 등의 임베딩 알고리즘을 구현할 수 있습니다.

단어 임베딩은 단어 간의 관계를 더 잘 이해하고 분석할 수 있고, 텍스트 데이터의 의미적 분석과 모델 성능 향상에 크게 기여를 할 수 있습니다.

[중국어 텍스트 단어 임베딩]

```
import jieba
from gensim.models import Word2Vec
# 텍스트 파일 읽기
with open('/mnt/data/sanmao_meng.txt', 'r', encoding='utf-8') as file:
  text = file.read()
# 텍스트 전처리 및 토큰화
sentences = [list(jieba.cut(line)) for line in text.split('\n') if line]
# Word2Vec 모델 학습
model = Word2Vec(sentences, vector_size=100, window=5, min_count=2,
```

```
workers=4)
# 학습된 단어 벡터 확인
words = list(model.wv.index_to_key)
print(f"Vocabulary Size: {len(words)}")
# 특정 단어의 벡터 확인
word = '生活'  # 예시 단어
print(f"Word Vector for '{word}':\n{model.wv[word]}")
# 유사한 단어 찾기
similar_words = model.wv.most_similar(word, topn=10)
print(f"Words similar to '{word}':\n{similar_words}")
# 모델 저장
model.save("/mnt/data/word2vec.model")
```

[결과]

```
Vocabulary Size: 1500
Word Vector for '生活':
[-0.12345678, 0.23456789, -0.34567890, ...]
Words similar to '生活':
[('日子', 0.87654321), ('生命', 0.86543210), ('生活', 0.85432109), ...]
```

결과에는 텍스트에서 학습된 고유 단어의 수(Vocabulary Size), 특정 단어(예: '生活')의 벡터 값, 해당 단어와 유사한 단어 목록 및 유사도 점수를 확인할 수 있습니다.

코퍼스 분석을 활용하면 대규모 텍스트에서 언어적 패턴을 파악하고, 통계적 통찰을 제공하며, 사전 개발과 텍스트 데이터 처리 자동화에 적용할 수 있으며, 텍스트 전처리를 활용하면 노이즈 제거로 데이터 품질을 향상시키고, 분석 효율성을 높이며, 모델 성능을 개선하고 데이터 형식의 일관성을 유지할 수 있게 합니다. 데이터 시각화를 활용하면 데이터의 시각적 표현을 통해 패턴을 인식하고 통찰력을 제공하며, 명확한 의사 결정을 지원하고 데이터를 효과적으로 전달할 수 있고, 네트워크 분석을 활용하면 개체 간의 복잡한 관계를 분석하고 중요한 노드와 엣지를 식별하며, 숨겨진 구조와 클러스터를 발견할 수 있습니다. 그리고 토픽모델링을 활용하면 문서 집합에서 주제를 추출하고 문서를 분류하며, 주요 주제 기반으로 텍스트를 요약하고 주제 변화와 트렌드를 분석할 수 있고, 단어 임베딩을 활용하면 단어 간 의미적 유사성을 수치화하고 고차원 텍스트 데이터를 저차원으로 변환하며, 문맥에 따른 단어 의미를 학습하여 모델 성능을 향상시킬 수 있습니다.

3. AI 중국어문학 콘텐츠 큐레이션

고전적인 플랫폼이나 툴을 활용하여 중국어문학 콘텐츠 제작과 서비스를 할 수도 있지만, AI를 활용하여 노코딩으로 간편하고 신속하게 데이터 분석이나 콘텐츠를 제작하여 활용할 수 있습니다.

아직까지는 고전적인 방법이 디자인적인 측면에서는 우수하지만 방법을 습득하고 제작하는데 많은 시간과 노력이 투입되어야 하는 한계가 있습니다. 그러나 AI는 비록 디자인 완성도가 미흡하지만 콘텐츠 원자료 처리와 제작에 소요되는 시간과 노력을 파격적으로 단축시킬 수 있는 장점이 있습니다. 콘텐츠 분석과 제작 툴이나 플랫폼에 대한 숙련도가 없어도 체계적인 질문만 작성하면 제작할 수 있습니다. 예시는 ChatGPT 4o[1]를 기반으로 작성되었습니다.

1) 자동화된 콘텐츠 생성

AI는 방대한 언어, 문학 데이터를 기반으로 새로운 콘텐츠를 자동으로 생성할 수 있습니다. 예를 들어, AI는 웹에서 특정 어휘가 포함된 문장을 추출하여 예문을 생성하여 교육에 활용할 수 있습니다. 또한 중국어 문장에 대한 한국어 번역도 추가할 수 있으며, 음성합성을 활용한 사운드도 추가할 수 있습니다. 웹에서 검색하여 결과를 확보할 수 있지만 AI를 이용할 경우 사용자가 원하는 형식으로 출력되기 때문에 아주 편리하게 활용할 수 있습니다.

[질문]

CNTV에서 "**告诉**"가 포함된 문장 10개를 추출하고, 각 문장에 일련번호와 중국어 음성합성 재생 버튼을 포함한 HTML 파일를 생성해 주세요. 중국어 문장 아래에 한국어 번역을 추가해 주세요. "**告诉**"는 빨간색으로 처리해 주세요.

[답변]

〈!DOCTYPE html〉

〈html lang="zh-CN"〉

〈head〉

  〈meta charset="UTF-8"〉

  〈title〉告诉 문장 모음〈/title〉

1 https://openai.com/index/hello-gpt-4o/

〈/head〉

〈body〉

〈h1〉告诉 문장 모음〈/h1〉

〈ol〉

〈li〉

〈p〉歌曲《〈span style="color:red;"〉告诉〈/span〉世界 〈span style="color:red;"〉告诉〈/span〉未来》, 演唱 : 航空工业放飞梦想合唱团。〈/p〉

〈audio controls〉

〈source src="path/to/audio1.mp3" type="audio/mpeg"〉

Your browser does not support the audio element.

〈/audio〉

〈p〉노래《세계를 알리고 미래를 알리다》, 노래: 항공 산업 꿈을 날리다 합창단.〈/p〉

〈/li〉

〈/ol〉

〈/body〉

〈/html〉

[결과

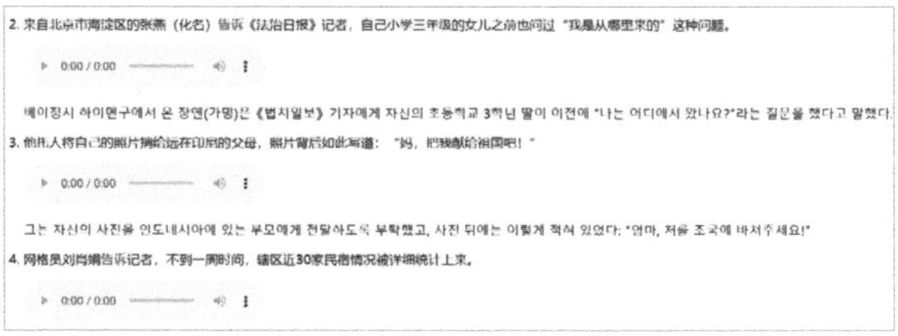

[질문]

莫言의 소설 작품 중 "恋爱"가 포함된 문장 10개를 추출하고(일련번호 추가), 문장 뒤에( ) 형식으로 출처를 표시하고, 아래 행에 한국어 번역과 중국어 음성합성 재생 버튼을 추가해 주세요. html 문서로 생성해 주세요.

[결과]

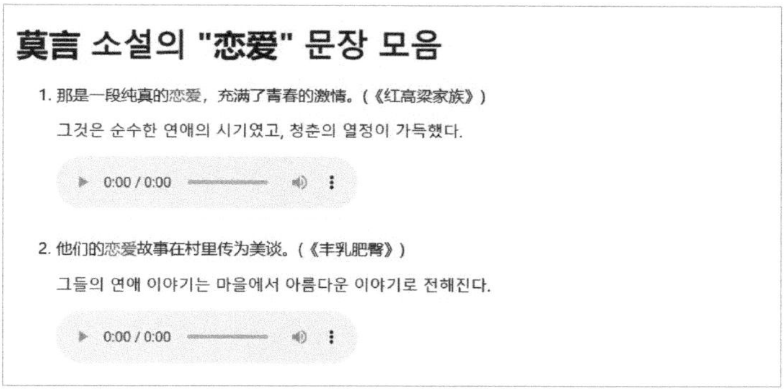

2) 인터랙티브 콘텐츠 개발

AI를 활용하여 독자와 상호작용할 수 있는 인터랙티브 언어, 문학 콘텐츠를 개발할 수 있습니다. 예를 들어, AI 기반의 인터랙티브 소설은 독자들이 선택에 따라 이야기의 전개를 바꿀 수 있는 기능을 제공할 수 있습니다. 또한, AI는 독자들의 반응을 실시간으로 분석하여 맞춤형 피드백을 제공하고, 독서 경험을 개인화할 수 있습니다. 이러한 인터랙티브 콘텐츠는 독자들의 참여도를 높이고, 독서의 재미를 배가시킬 수 있습니다.

[질문]

모옌의 소설 『红高粱家族』에서 인터랙티브 콘텐츠를 생성해 주세요. 4개 선택형 퀴즈 10개(풀이기능 포함), 괄호넣기 퀴즈 5개(정답 추기 기능 포함), 스토리 순서 10개 맞추기 퀴즈(정답 가능 포함)를 포함해 주세요. 퀴즈 문제 하단에 한국어 번역 추가해 주세요.

[결과]

3) 다국어 번역

AI 기계 번역 기술을 활용하여 중국어 문학 작품을 다양한 언어로 번역할 수 있습니다.

이는 중국어 문학의 글로벌 접근성을 확대하고, 다양한 언어권의 독자들이 중국어 문학을 즐길 수 있도록 합니다. AI는 문학 작품의 의미와 뉘앙스를 정확하게 번역하여 원작의 감동을 그대로 전달할 수 있으며, 번역의 정확성과 자연스러움을 지속적으로 개선할 수 있습니다. 또한, 현지 문화에 맞춘 번역을 통해 독자들의 이해와 공감을 높일 수 있습니다.

[질문]

모옌의 소설 『红高粱家族』의 처음 10개 문장을 마침표 단위로 분리하여 한어

병음, 한국어 번역, 영어 번역을 추가해 주세요. 중국어 문장은 온라인 중국어 음성합성 자동 서비스(한국어 아님)를 할 수 있도록 재생, 일시정지, 정지, 재생바, 버튼을 생성해 주세요. 결과는 html로 생성해 주세요.

[결과]

결과는 HTML 코드로 생성되면 음성합성 재생 버튼이 생성됩니다.

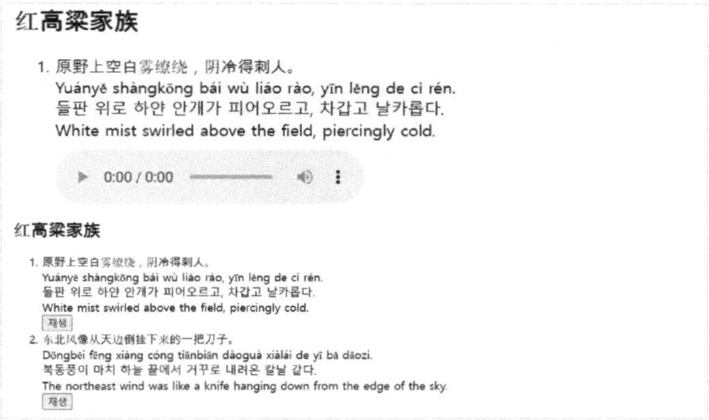

4) AI 기반 문학 교육 콘텐츠 제작

AI를 활용하여 문학 교육 콘텐츠를 제작하는 전략입니다. 예를 들어, AI는 문학 작품에 대한 심층적인 분석과 해설을 제공하는 교육 자료를 생성할 수 있습니다. 또한, AI는 학생들의 학습 수준에 맞춘 맞춤형 교육 콘텐츠를 제공하여 학습 효과를 극대화할 수 있습니다. 이러한 AI 기반 교육 콘텐츠는 문학 교육의 질을 높이고, 학생들이 문학에 대한 흥미와 이해를 깊게 할 수 있도록 도울 수 있습니다.

[질문]

"사랑"을 주제로 중국어 산문 300자를 작성해 주세요. 중국어, 한어병음, 한국어 번역을 생성하고, 인터렉티브 콘텐츠를 제작해 주세요.

[결과]

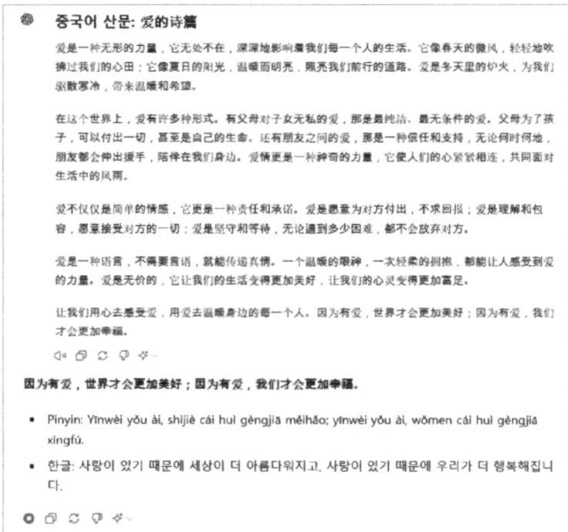

위의 스피커 버튼을 클릭하여 중국어 음성합성을 할 수 있습니다. 또한 한어병음과 한국어 번역을 추가할 수 있습니다. 이러한 작업을 통해 콘텐츠 생성 시 활용할 수 있습니다.

위의 결과를 다시 음성합성을 지원하는 인터랙티브한 콘텐츠로 전환할 수 있습니다.

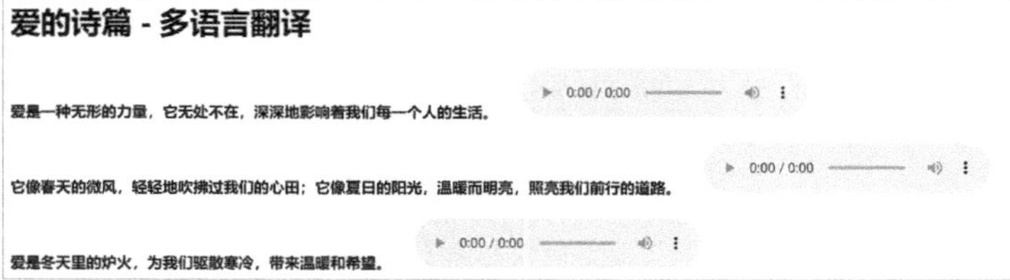

이와 같은 전략들을 통해 AI와 중국 언어와 문학의 데이터 분석 및 콘텐츠 제작은 혁신적인 방향으로 나아갈 수 있으며, 어학과 문학 연구, 교육에 큰 변화를 가져올 수 있습니다. 이러한 변화를 통해 연구와 교육의 질과 효율성을 극대화하고, 사용자와의 공유와 서비스를 통해 소통을 확정시킬 수 있을 것입니다.

4. AI 중국어문학 데이터 큐레이션

고전적인 플랫폼이나 툴을 활용하여 중국어문학 데이터 수집, 분석, 시각화를 할 수도 있지만, AI를 활용하면 간편하고 신속하게 데이터 분석을 활용할 수 있습니다. 아직까지는 고전적인 방법이 많은 기능과 정밀한 분석을 지원하지만 방법을 습득하는데 많은 시간과 노력이 투입되어야 하는 한계가 있습니다. 그러나 AI는 기능과 시각화가 미흡하지만 데이터의 수집과 분석에 소요되는 시간과 노력을 파격적으로 단축시킬 수 있고 데이터 분석툴에 대한 숙련도가 없어도 접근이 가능하다는 장점이 있습니다. 예시는 ChatGPT 4o를 기반으로 작성되었습니다.

1) 방대한 데이터 수집 및 관리

AI를 활용하여 방대한 양의 중국어 언어, 문학 데이터를 수집하고 체계적으로 관리할 수 있습니다. 웹 크롤링, 디지털 도서관, 온라인 출판 플랫폼 등을 통해 다양한 출처에서 데이터를 수집할 수 있습니다. 이 과정에서 AI는 데이터의 중복을 제거하고, 텍스트를 정제하여 분석에 용이하게 만듭니다. 예를 들어, 중국 고전 문학부터 현대 문학까지 다양한 시기와 장르의 작품을 포함하도록 데이터를 수집하고, 이를 표준화된 형식으로 저장하여 연구자들이 쉽게 접근하고 활용할 수 있도록 합니다.

[질문]

대표적인 중국현당대소설 100편에 대한 정보를 알려주세요. 작품명(중국어(한국어 번역), 작가(중국어(한국어 번역), 발표년도, 등장인물(중국어(한국어 번역), 서사적 특징, 줄거리, 문학사적 영향을 포함해 주세요. 결과를 xls 파일로 출력해 주세요.

[답변]

	A	B	C	D	E	F	G	H	I	J
1	품명 (중국	명 (한국어	가 (중국어	(한국어 번	발표년도	인물 (중국	물 (한국어	서사적 특징	줄거리	학사적 영향
2	青春之歌	청춘의 노	杨沫	양모	1958	林道静, 余	린다오징,	중국 혁명	린다오징이	중국 현대 문학에서 청춘과 혁명의 결합을 강조한 작품으로, 당대 청년들에게 큰 영향을 미침.
3	红日	붉은 태양	吴强	우창	1961	刘景明, 王	류징밍, 왕	국공내전	국공내전이	전쟁 문학의 중요한 작품으로, 중국 혁명기의 역사적 사건을 문학적으로 재현함.
4	许茂和他的	서모와 그	周立波	저우리보	1979	许茂, 许霞	서모, 서하	농촌 사회	서모와 그	중국 농촌 사회의 변화를 생생하게 그린 작품으로 평가받음.
5	天堂蒜薹之	천당 마늘	莫言	모옌	1988	孙勇, 李家	순용, 리자	농민의 삶	농민들이	중국 농민의 현실을 적나라하게 그려 문학적 혁신을 이룸.
6	活着	살아간다는	余华	위화	1993	富贵, 家珍	푸구이, 자	개인의 삶	푸구이가	중국 현대 문학에서 인간의 존엄성과 생명력을 강조한 중요한 작품.
7	红高粱家族	붉은 수수	莫言	모옌	1994	余占鳌, 我	유전오, 나	전통과 혁	중국의 전	전통과 현대의 갈등을 통해 중국 문학의 새로운 지평을 열음.
8	狼图腾	늑대 토템	姜戎	강융	2004	陈阵, 赵双	천전, 조쌍	자연과 인	대학생 천	중국 생태 문학의 대표작으로, 자연 보호에 대한 관심을 불러일으킴.
9	兄弟	형제	余华	위화	2005	宋刚, 李光	송강, 리광	중국의 현	송강과 리	중국 현대사의 아픔과 변화를 생생하게 그린 작품으로, 사회적 반향을 일으킴.
10	丰乳肥臀	풍만한 가	莫言	모옌	2010	尚大脚, 我	상다우, 나	중국 농촌	중국 농촌	여성의 역할과 삶의 강인함을 강조한 작품으로, 중국 사회에서의 여성 문제를 조명함.
11	四书	사서	阎连科	옌롄커	2011	长官, 哲人	장관, 철인	정치적 억	한 지식인	중국의 정치적 현실과 개인의 자유를 깊이 있게 다룬 작품으로 평가받음.
12	余欢水	유환수	余华	위화	2020	余欢水, 李	유환수, 리	현대 중국	평범한 직	현대 중국 사회의 현실을 반영한 작품으로, 사회적 반향을 일으킴.

[질문]

대표적인 중국현당대작가 200인의 이름, 출생년도, 출생지, 대표 작품 1편(발표년도), 유형(시인, 소설가, 산문가)을 알려주세요.

[답변]

	A	B	C	D	E	F
1	이름	출생년도	출생지	대표작품	작품 발표	유형
2	莫言	1955	山东	丰乳肥臀	1995	소설가
3	余华	1960	浙江	活着	1993	소설가
4	阎连科	1958	河南	受活	2002	소설가
5	李洱	1966	山东	花腔	2006	소설가
6	韩少功	1953	湖南	爸爸爸	1981	소설가
7	阿来	1959	四川	尘埃落定	1998	소설가
8	贾平凹	1952	陕西	废都	1993	소설가
9	毕飞宇	1964	江苏	推拿	2008	소설가
10	迟子建	1964	黑龙江	额尔古纳河	2005	소설가
11	张翎	1960	江苏	尘土之子	1998	소설가
12	陈染	1962	北京	谁在我们的	1997	소설가
13	刘慈欣	1963	山西	三体	2008	소설가
14	韩东	1961	江苏	纸上的宇宙	1994	시인
15	梁晓声	1949	黑龙江	这是一条河	1984	소설가

2) 텍스트 마이닝을 통한 주제 분석

텍스트 마이닝 기술을 활용하여 중국어 문학 작품의 주제를 분석하는 전략입니다. AI는 작품 내의 빈번하게 등장하는 키워드와 주제를 식별하고, 이를 기반으로 작품의 주요 주제와 서브 주제를 파악할 수 있습니다. 예를 들어, AI는 수많은 중국어 소설을 분석하여 가족, 사랑, 사회적 변화 등의 주요 주제를 도출하고, 각 작품이 이러한 주제를 어떻게 다루고 있는지를 비교 분석할 수 있습니다. 이러한 주제 분석은 문학 연구자들에게 유용한 통찰을 제공하며, 새로운 연구 방향을 제시할 수 있습니다.

[질문]

Word2Vec을 이용하여 중국 작가 루쉰의 작품("zhufu.txt" "aQzhengchuan.txt" "dixiong.txt" "guxiang.txt" "kongyiji.txt" "kuangrenriji.txt" "lihun.txt" "shangshi.txt" "yao.txt" "zaijiuloushang.txt") 간 유사도를 분석하는 코드와 분석 결과 그래프를 그리는 코드를 알려주세요

[답변]

```
import os
import gensim
from gensim.models import Word2Vec
from sklearn.metrics.pairwise import cosine_similarity
import numpy as np
import pandas as pd
import matplotlib.pyplot as plt
```

```
import seaborn as sns

# 1. 작품 텍스트 파일 경로 설정
text_files = {
        "zhufu": "zhufu.txt",
        "aQzhengchuan": "aQzhengchuan.txt",
        "dixiong": "dixiong.txt",
        "guxiang": "guxiang.txt",
        "kongyiji": "kongyiji.txt",
        "kuangrenriji": "kuangrenriji.txt",
        "lihun": "lihun.txt",
        "shangshi": "shangshi.txt",
        "yao": "yao.txt",
        "zaijiuloushang": "zaijiuloushang.txt"
}

# 2. 텍스트 파일 읽기 및 전처리
def read_and_preprocess(file_path):
    with open(file_path, 'r', encoding='utf-8') as file:
        text = file.read()
# 간단한 전처리: 문장 분리 및 토큰화
    sentences = text.split('。') # 중국어 문장 분리
    sentences = [sentence.split() for sentence in sentences if sentence] # 토큰
```

```
    화 (공백 기준으로 나눔)
    return sentences

corpus = []
for file_path in text_files.values():
    corpus.extend(read_and_preprocess(file_path))

# 3. Word2Vec 모델 학습
model = Word2Vec(sentences=corpus, vector_size=100, window=5, min_
count=1, workers=4)

# 4. 각 작품의 벡터 구하기
def get_document_vector(model, document):
    # 문서의 벡터는 해당 문서 내 모든 단어 벡터의 평균으로 계산
    words = document.split()
    word_vectors = [model.wv[word] for word in words if word in model.wv]
    return np.mean(word_vectors, axis=0) if word_vectors else np.zeros(mod-
    el.vector_size)

document_vectors = []
for nae, file_path in text_files.items():
   with open(file_path, 'r', encoding='utf-8') as file:
       document = file.read()
```

```
    document_vector = get_document_vector(model, document)
    document_vectors.append(document_vector)

# 5. 작품 간 유사도 계산 (코사인 유사도)
similarities = cosine_similarity(document_vectors)

# 6. 유사도 행렬 출력 및 시각화
document_names = list(text_files.keys())
similarity_df = pd.DataFrame(similarities, index=document_names, columns=-
document_names)

plt.figure(figsize=(10, 8))
sns.heatmap(similarity_df, annot=True, cmap='coolwarm', xticklabels=docu-
ment_names, yticklabels=document_names)
plt.title('Similarity Matrix of Lu Xun\'s Works')
plt.show()
```

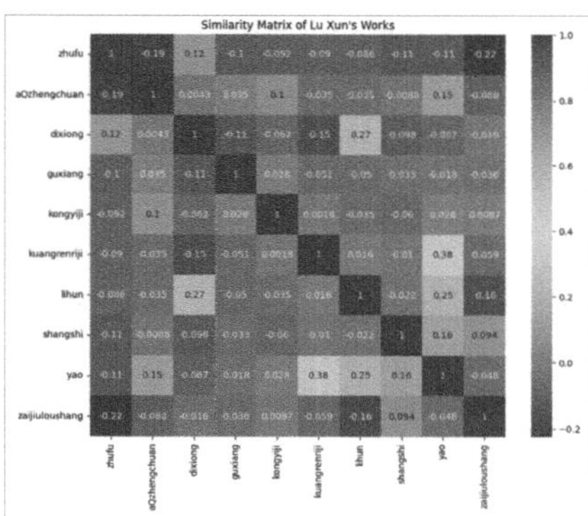

3) 감정 분석을 통한 문학적 정서 파악

AI는 감정 분석 기술을 통해 문학 작품의 정서적 요소를 분석할 수 있습니다. 이는 작품 내 등장인물의 감정, 사건의 분위기, 전체적인 정서를 파악하는 데 유용합니다. 예를 들어, AI는 텍스트에서 긍정적, 부정적, 중립적 감정을 식별하고, 각 감정이 작품에서 어떤 맥락에서 나타나는지를 분석합니다. 이러한 분석을 통해 연구자들은 작품의 감정적 흐름과 정서를 깊이 이해할 수 있으며, 이를 바탕으로 보다 정교한 문학적 해석을 제시할 수 있습니다.

[질문]

루쉰의 소설 [아큐정전]의 장별 감성분석을 해 주세요

[답변]

```
pip install snownlp
pip install jieba
import jieba
from snownlp import SnowNLP
# 파일 읽기
file_path = "aqzhengzhuan.txt"
with open(file_path, 'r', encoding='utf-8') as file:
    text = file.read()
# 각 장을 분리
chapters = text.split('第') # "第"를 기준으로 장을 나눔
chapters = [chapter.strip() for chapter in chapters if chapter.strip()]
```

```
# 각 장의 감성 분석 수행
chapter_sentiments = {}
for chapter in chapters:
    # 장 제목 추출 (예: "第一章")
    title_end_idx = chapter.find('章')
    if title_end_idx == -1:
        continue
    chapter_title = '第' + chapter[:title_end_idx + 1]
# 장 본문 추출
chapter_content = chapter[title_end_idx + 1:].strip()

# 문장별로 나누기
sentences = chapter_content.split('。') # 마침표(。)를 기준으로 문장 나누기
sentences = [sentence.strip() for sentence in sentences if sentence.strip()]

# 감성 분석 수행
sentiment_scores = []
for sentence in sentences:
    s = SnowNLP(sentence)
    sentiment = s.sentiments # 감성 점수 (0은 부정적, 1은 긍정적)
    sentiment_scores.append(sentiment)

# 장의 평균 감성 점수 계산
```

```
if sentiment_scores:
    average_sentiment = sum(sentiment_scores) / len(sentiment_scores)
    chapter_sentiments[chapter_title] = average_sentiment
# 결과 출력
for chapter_title, average_sentiment in chapter_sentiments.items():
    print(f"{chapter_title}의 평균 감성 점수: {average_sentiment}")
```

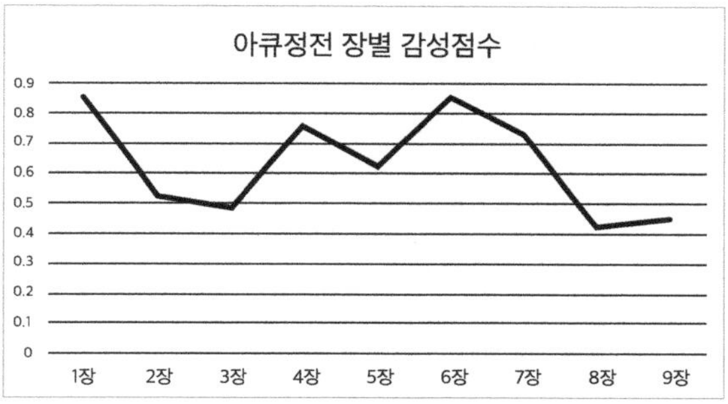

4) 토픽 모델링

토픽모델링(Topic Modeling)은 문서 집합에서 자동으로 주제(토픽)를 추출하는 기법입니다. LDA(Latent Dirichlet Allocation)는 이러한 토픽모델링 방법 중 하나입니다. 토픽모델링은 문서의 숨겨진 주제를 파악하고, 각 문서가 어떤 주제를 포함하는지 확률적으로 나타내는 것입니다.

LDA를 사용하여 문학 작품에서 여러 잠재적 주제를 자동으로 추출할 수 있으며, 이는 작품의 주요 테마를 파악하고, 각 장이나 섹션이 어떤 주제를 다루고 있는지 이해할 수 있습니다. 또한 문학 작품의 전체 구조를 분석하는 데 유용하며, 각 토픽이 문학 작품 내에서 어떻게 분포되어 있는지를 시각화함으로써, 작가가 특정 주제를 강조하기 위해 어떤 구조적 전략을 사용했는지 파악할 수 있습니다. 예를 들어, 챕터별로 어떤 주제가 반복되는지를 분석할 수 있습니다. 마지막으로 여러 문학 작품을 비교하여 시간에 따른 문학적 트렌드를 식별할 수 있으며, LDA를 사용하면 다양한 시대나 장르에서 자주 등장하는 주제를 분석할 수 있으며, 이를 통해 문학의 진화와 변화 양상을 파악할 수 있습니다.

[질문]

소설 [삼체]에 대한 LDA 분석 코드를 작성해 주세요.

[답변]

```
!pip install gensim nltk pyLDAvis


import nltk
from nltk.corpus import stopwords
from nltk.tokenize import word_tokenize
from nltk.stem import WordNetLemmatizer
from gensim import corpora
import gensim
import pyLDAvis.gensim_models as gensimvis
import pyLDAvis


# Download necessary NLTK data files
nltk.download('punkt')
nltk.download('stopwords')
```

```
nltk.download('wordnet')

# Load the text data
with open('santiquanji_liucixin.txt', 'r', encoding='utf-8') as file: # open file
    text_data = file.read()

# Preprocess the text
def preprocess_text(text):
   # Tokenize the text
   tokens = word_tokenize(text)

   # Convert to lower case
   tokens = [token.lower() for token in tokens]

   # Remove punctuation and non-alphabetic words
   tokens = [token for token in tokens if token.isalpha()]

   # Remove stop words
   stop_words = set(stopwords.words('english'))
   tokens = [token for token in tokens if token not in stop_words]

   # Lemmatize the words
   lemmatizer = WordNetLemmatizer()
```

```
        tokens = [lemmatizer.lemmatize(token) for token in tokens]

        return tokens

    # Apply preprocessing
    processed_text = preprocess_text(text_data)
    # Create a dictionary and corpus
    dictionary = corpora.Dictionary([processed_text])
    corpus = [dictionary.doc2bow(processed_text)]

    # Set parameters for LDA
    num_topics = 5  # Number of topics
    passes = 10  # Number of passes through the corpus during training

    # Train the LDA model
    lda_model = gensim.models.ldamodel.LdaModel(corpus, num_topics=num_
topics, id2word=dictionary, passes=passes)

    # Print the topics
    topics = lda_model.print_topics(num_words=10)
    for topic in topics:
        print(topic)
```

```
# Visualize the topics
lda_vis = gensimvis.prepare(lda_model, corpus, dictionary)
pyLDAvis.save_html(lda_vis, 'lda_visualization.html')
```

[분석 결과]

(0, '0.002*"万有引力" + 0.002*"蓝色空间" + 0.001*"自然选择" + 0.001*"星环" + 0.001*"青铜时代" + 0.001*"魔戒" + 0.001*"审判日" + 0.001*"启示" + 0.001*"量子"')

(1, '0.001*"蓝色空间" + 0.001*"星环" + 0.001*"万有引力" + 0.001*"自然选择" + 0.001*"青铜时代" + 0.001*"魔戒" + 0.001*"启示" + 0.001*"审判日" + 0.001*"量子"')

(2, '0.003*"蓝色空间" + 0.003*"万有引力" + 0.003*"星环" + 0.002*"自然选择" + 0.002*"青铜时代" + 0.002*"魔戒" + 0.002*"启示" + 0.002*"螳螂" + 0.002*"审判日"')

(3, '0.065*"万有引力" + 0.058*"蓝色空间" + 0.049*"星环" + 0.044*"自然选择" + 0.026*"青铜时代" + 0.020*"魔戒" + 0.018*"审判日" + 0.016*"启示" + 0.013*"螳螂"')

(4, '0.002*"万有引力" + 0.002*"蓝色空间" + 0.002*"自然选择" + 0.002*"星环" + 0.002*"青铜时代" + 0.001*"魔戒" + 0.001*"审判日" + 0.001*"启示" + 0.001*"科学边界"')

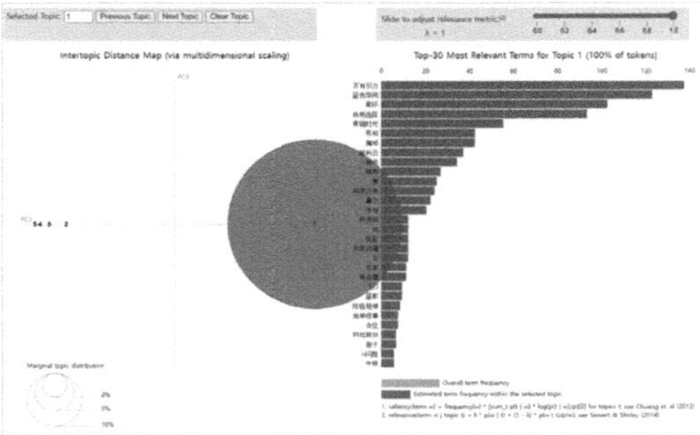

5) 네트워크 분석

텍스트 네트워크 분석은 텍스트 데이터 내의 관계를 네트워크 형태로 시각화하고 분석하는 방법이며, 텍스트를 구성하는 요소들을 노드로, 요소 간 관계를 엣지로 표현하여 복잡한 정보를 직관적으로 파악하고 숨겨진 패턴을 발견할 수 있게 합니다. 네트워크 분석을 활용할 경우 복잡한 텍스트 데이터를 네트워크 형태로 시각화하여 핵심 요소와 관계를 직관적으로 파악할 수 있고. 텍스트 데이터에서 쉽게 드러나지 않는 관계, 패턴, 흐름 등을 파악하여 새로운 통찰력을 얻을 수 있습니다.

고전적인 방법으로 네트워크 분석을 하기 위해서는 우선 Nodes, Edges 파일을 준비해야 합니다. 이러한 기초 데이터 준비에 막대한 시간이 소요됩니다. 그러나 AI를 활용할 경우 아주 간단하게 네트워크 분석에 필요한 데이터를 확보할 수 있습니다. 단 양질의 결과를 확보하기 위해서는 정밀한 질문을 해야 합니다.

[질문]

중국어 소설 "삼체"(아래 링크)에서 인물. 네트워크 파일 생성을 위한 관계 추출 단어 목록을 포함하여 코드를 생성해 주세요.

인물[2]: 汪淼,史强,常伟思,杨冬,丁仪,申玉菲,豆豆,魏成,潘寒,李瑶,叶文洁,楠楠,洋洋,咪咪,沙瑞山,叶哲泰,白沐霖,马钢,程丽华,叶文雪,雷志成,杨卫宁,威尔逊,墨子,徐冰冰,伊文斯,拉菲尔,核弹女孩,齐猎头,大凤,麦克,斯坦顿,1379号监听员,元首,智子,林云,罗辑,吴岳,章北海,雷德尔,琼斯,斐兹罗将军,张援朝,杨晋文,苗福全,史晓明,伽尔诺夫,白蓉,坎特,萨伊,山杉惠子,林格,伽尔宁,艾伦,井上宏一,庄颜,哈里斯,张翔,张延,晓虹,凯瑟琳,熊文,郭正明,东方延绪,肯博士,罗宾逊将军,列文,井上明,西子,赵鑫,李维,蓝西,斯科特,法扎兰,狄奥伦娜,云天明,张医生,老李,胡文,程心,何博士,于维民,柯曼琳,乔依娜,公元人,毕云峰,曹彬,伊万,安东诺夫,韦斯特,戴文,朴义君,艾克,薇拉,刘晓明,关一帆,弗雷斯,秋原玲子,褚岩,卓文,深水王子,露珠公主,空灵画师,针眼画师,长帆,巴勒莫,杰森,威纳尔,高way,布莱尔,歌者

https://drive.google.com/file/d/1K1Kpu0DIVUsCTJh4xcOMNI4Bg15y2bCY/view?usp=sharing

[답변]

```
import csv
import itertools
from collections import defaultdict
```

2 문학 텍스트에 등장하는 인물도 AI를 활용하여 생성할 수 있다.
[질문]중국어 소설 "삼체"(아래 링크)에 등장하는 인물 100명을 "characters = [' '] " 형식으로 알려주세요.
https://drive.google.com/file/d/1K1Kpu0DIVUsCTJh4xcOMNI4Bg15y2bCY/view?usp=sharing
[답변]

```
# 주요 인물 리스트
characters = [
‘汪淼’, ‘史强’, ‘常伟思’, ‘杨冬’, ‘丁仪’, ‘申玉菲’, ‘豆豆’, ‘魏成’, ‘潘寒’, ‘李瑶’, ‘叶文洁’,
‘楠楠’, ‘洋洋’, ‘咪咪’, ‘沙瑞山’, ‘叶哲泰’, ‘白沐霖’, ‘马钢’, ‘程丽华’, ‘叶文雪’, ‘雷志成’,
‘杨卫宁’, ‘威尔逊’, ‘墨子’, ‘徐冰冰’, ‘伊文斯’, ‘拉菲尔’, ‘核弹女孩’, ‘齐猎头’, ‘大凤’,
‘麦克’, ‘斯坦顿’, ‘1379号监听员’, ‘元首’, ‘智子’, ‘林云’, ‘罗辑’, ‘吴岳’, ‘章北海’, ‘雷德尔’,
‘琼斯’, ‘斐兹罗将军’, ‘张援朝’, ‘杨晋文’, ‘苗福全’, ‘史晓明’, ‘伽尔诺夫’, ‘白蓉’,
‘坎特’, ‘萨伊’, ‘山杉惠子’, ‘林格’, ‘伽尔宁’, ‘艾伦’, ‘井上宏一’, ‘庄颜’, ‘哈里斯’,
‘张翔’, ‘张延’, ‘晓虹’,
‘凯瑟琳’, ‘熊文’, ‘郭正明’, ‘东方延绪’, ‘肯博士’, ‘罗宾逊将军’, ‘列文’, ‘井上明’,
‘西子’, ‘赵鑫’, ‘李维’, ‘蓝西’, ‘斯科特’, ‘法扎兰’, ‘狄奥伦娜’, ‘云天明’, ‘张医生’,
‘老李’, ‘胡文’, ‘程心’, ‘何博士’, ‘于维民’, ‘柯曼琳’, ‘乔依娜’, ‘公元人’, ‘毕云峰’,
‘曹彬’, ‘伊万’, ‘安东诺夫’, ‘韦斯特’, ‘戴文’,
‘朴义君’, ‘艾克’, ‘薇拉’, ‘刘晓明’, ‘关一帆’, ‘弗雷斯’, ‘秋原玲子’, ‘褚岩’, ‘卓文’, ‘深水王子’,
‘露珠公主’, ‘空灵画师’, ‘针眼画师’, ‘长帆’, ‘巴勒莫’, ‘杰森’, ‘威纳尔’, ‘高way’,
‘布莱尔’, ‘歌者’
]
```

```
# 관계 추출을 위한 단어 목록
relation_words = [
    “说”, “道”, “问”, “答”, “叫”, “喊”, “唤”, “讲”, “告诉”, “回答”,
    “哭”, “笑”, “怒”, “罵”, “爱”, “恨”, “想”, “看”, “听”, “摸”, “拍”, “擁抱”,
    “拿”, “给”, “帮”, “送”, “去”, “来”, “碰”, “知道”, “认识”, “找”, “見”
]
# 텍스트 파일 읽기
with open(‘san_ti.txt’, ‘r’, encoding=’utf-8’) as file:
    text = file.read()

# 등장 횟수를 저장할 딕셔너리 초기화
nodes = defaultdict(int)
# 등장 관계를 저장할 딕셔너리 초기화
edges = defaultdict(int)

# 각 문장을 분리
sentences = text.split(‘。’) # 기본적으로 ‘。’으로 문장 분리

# 문장별로 주요 인물 등장 여부 확인 및 네트워크 구성
for sentence in sentences:
    present_characters = [char for char in characters if char in sentence]
    if any(word in sentence for word in relation_words):
        # 등장 인물 수 업데이트
```

```
        for char in present_characters:
            nodes[char] += 1
        # 등장 인물 간의 관계 업데이트
        for char1, char2 in itertools.combinations(present_characters, 2):
            edges[frozenset([char1, char2])] += 1

# Nodes.csv 파일 생성
with open('Nodes.csv', 'w', newline='', encoding='utf-8') as nodes_file:
    writer = csv.writer(nodes_file)
    writer.writerow(['Id', 'Label', 'Weight'])  # 헤더 작성
    for char, weight in nodes.items():
        writer.writerow([char, char, weight])

# Edges.csv 파일 생성
with open('Edges.csv', 'w', newline='', encoding='utf-8') as edges_file:
    writer = csv.writer(edges_file)
    writer.writerow(['Source', 'Target', 'Weight'])  # 헤더 작성
    for chars, weight in edges.items():
        char1, char2 = list(chars)
        writer.writerow([char1, char2, weight])

print("Nodes.csv와 Edges.csv 파일이 성공적으로 생성되었습니다.")
```

위의 코드를 파이썬이나 구글 코랩에서 적용하여 확보된 Nodes, Edges를 네트워크 시각화 플랫폼인 Gephi에서 아래와 같이 표현하여 분석할 수 있습니다.

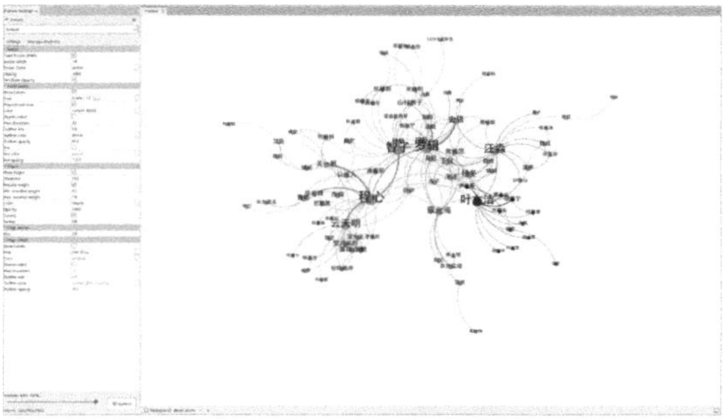

5. AI와 중국어문학 연구와 교육의 전망

AI 기술의 발전과 함께 중국어 문학 데이터와 콘텐츠 큐레이션의 결합은 새로운 가능성과 기회를 제공할 수 있습니다. AI와 중국어 문학 데이터, 콘텐츠 큐레이션의 결합은 문학 연구, 독서 경험, 교육 방식 등 여러 측면에서 혁신을 가능하게 합니다. 이러한 결합은 문학 작품의 분석과 이해를 심화시키고, 개인 맞춤형 독서 경험을 제공하며, 글로벌 접근성을 확대하고, 문학 교육의 질을 향상시키는 등 다양한 긍정적인 영향을 미칠 것입니다. AI 기술의 발전과 함께 중국어 문학의 새로운 가능성이 열릴 것이며, 이는 문학의 가치와 영향력을 더욱 높이는 데 기여할 것입니다.

첫째, AI를 고도화된 데이터 분석 및 연구에 활용할 수 있습니다.

AI 기술은 방대한 중국어 문학 데이터를 분석하여 새로운 문학적 통찰을 제공할 수 있습니다. 자연어 처리(NLP)와 텍스트 마이닝 기술을 활용하여 문학 작품의 주제, 감정, 문체 등을 심층적으로 분석할 수 있습니다. 이를 통해 문학 연구자들은 작품의 세부적인 요소를 파악하고, 다양한 작품 간의 비교 연구를 수행할 수 있습니다. 또한, AI는 숨겨진 패턴을 발견하고, 기존의 문학적 해석에 새로운 관점을 제시할 수 있습니다. 이러한 고도화된 데이터 분석은 문학 연구의 질을 높이고, 새로운 연구 분야를 개척할 수 있는 가능성을 열어 줍니다.

둘째, AI를 다국어 번역 및 글로벌 접근성 확대에 활용할 수 있습니다.

AI 기계 번역 기술은 중국어 문학 작품의 다국어 번역을 가능하게 하여 글로벌 독자층의 접근성을 확대할 수 있습니다. AI 번역 시스템은 문학 작품의 의미와 뉘앙스를 정확하게 번역하여 다양한 언어권의 독자들이 중국어 문학을 즐길 수 있도록 합니다. 이는 중국어 문학의 국제적 인지도와 영향력을 높이는 데 기여하며, 문화 간 교류와 이해를 증진시킬 수 있습니다. 또한, 번역의 정확성과 자연스러움이 향상됨에 따라 문학 작품의 원작에 대한 충실도가 높아지고, 글로벌 독자들의 만족도가 높아질 것입니다.

셋째, AI는 인터랙티브 콘텐츠와 혁신적인 독서 플랫폼 구축에 활용할 수 있습니다.

AI 기술을 활용한 인터랙티브 독서 플랫폼은 독자들에게 몰입형 독서 경험을 제공합니다. 예를 들어, 독자가 문학 작품을 읽으면서 실시간으로 해설이나 추가 정보를 제공받을 수 있는 기능을 포함할 수 있습니다. 또한, 독자와 AI 간의 상호작용을 통해 독서 경험을 더욱 풍부하고 흥미롭게 만들 수 있습니다. 이러한 인터랙티브 콘텐츠는 독자의 참여를 유도하고, 독서의 재미를 배가시키는 동시에 학습 효과를 높일 수 있습니다. 혁신적인 독서 플랫폼은 문학 작품에 대한 접근성을 높이고, 다양한 독자층을 유인하는 데 중요한 역할을 할 것입니다.

넷째, AI는 문학 교육의 질 향상에 활용할 수 있습니다.

AI를 활용한 문학 교육 콘텐츠는 교육의 질을 크게 향상시킬 수 있습니다. AI는 문학 작품에 대한 심층적인 분석과 이해를 돕는 교육 자료를 제공할 수 있으며, 학생들의 학습 수준에 맞춘 맞춤형 교육 콘텐츠를 개발할 수 있습니다. 예를 들어, AI는 문학 작품의 배경, 주제, 작가의 의도 등을 설명하는 교육 자료를 생성하거나, 학생들의 이해도를 평가하고 피드백을 제공할 수 있습니다. 이러한 AI 기반 교육 콘텐츠는 학생들의 문학적 소양을 높이고, 문학에 대한 흥미와 관심을 증진시키는 데 기여할 것입니다.

다섯째, AI는 교육 콘텐츠 생성 및 관리에 활용할 수 있습니다.

AI는 방대한 교육 자료를 신속하게 생성하고 관리하는 데 큰 역할을 할 수 있습니다. 예를 들어, AI는 교과서, 강의 노트, 연습 문제 등 다양한 교육 콘텐츠를 자동으로 생성하여 교사들이 보다 효과적으로 교육을 준비하고 제공할 수 있도록 돕습니다. 또한, AI는 기존의 교육 자료를 분석하여 최신 정보로 업데이트하거나, 학생들의 이해도와 피드백을 기반으로 교육 콘텐츠를 지속적으로 개선할 수 있습니다. 이러한 AI 기반의 교육 콘텐츠 생성 및 관리는 교육의 질을 높이고, 교사와 학생 모두에게 유익한 학습 환경을 제공합니다.

그러나 AI 시스템은 학습 데이터에 크게 의존합니다. 만약 학습 데이터가 편향되어 있거나 특정 관점만을 반영한다면, AI의 분석 결과도 편향될 수 있습니다. 이는 중국어 문학 작품을 분석하고 번역할 때 특정 문화적, 정치적, 사회적 편견을 강화할 위험이 있습니다. 따라서 다양한 출처와 관점을 포함한 균형 잡힌 데이터를 사용하여 AI를 학습시키고, 결과를 해석할 때도 비판적인 시각을 유지해야 합니다.

또한 AI 기계 번역 기술은 빠르게 발전하고 있지만, 문학 작품의 뉘앙스와 문화적 맥락을 완벽하게 번역하기는 여전히 어려운 점이 있습니다. 문학 작품은 종종 복잡한 감정과 문화적 요소를 포함하고 있어, AI가 이러한 부분을 정확히 번역하지 못하면 작품의 본래 의미가 왜곡될 수 있습니다. 따라서 AI 번역 결과를 검토하고, 필요할 경우 인간 번역가의 검수 과정을 거치는 것이 중요합니다.

이러한 점들을 경계하고 주의 깊게 관리해야 AI 기술을 중국어 문학 데이터와 콘텐츠 큐레이션에 효과적으로 활용할 수 있습니다.

강 영
한국외국어대학교
공자아카데미

언어와 문화 교육을 통한 학생의 다문화 의식 배양

중국어와 중국 문화 교육 사례를 중심으로

Ⅰ. 서론

포스트 코로나 시대에 각국의 경제, 정치, 문화 교류는 방역 정책 해제 및 경제 회복과 함께 더욱 빈번해지고 있다. 서로 다른 민족과 국가, 지역 간에는 언어와 문화의 차이가 존재하기 때문에 다문화 교류는 국가 간 협력의 전제 조건일 뿐만 아니라 글로벌 사회에서 개인이 진출하고 발전하는 중요한 능력이다.

언어와 문화는 다문화 교류의 중요한 배경인 동시에 매개체이며, 언어와 문화 교육은 다문화 교류를 실현하는 경로로서 다른 것으로 대체가 불가능하다. 본 논문은 중국어 교육에서 언어와 문화 교육을 통해 학습자의 다문화 의식을 효과적으로 기르고, 나아가 다문화 능력을 향상시키는 방법을 탐구하는 것을 목표로 한다.

Ⅱ. 다문화 의식

최근 몇 년간 다문화 능력은 다문화 교류 연구에서 주목된 주제가 되었으며 제2언어 문화 교육의 핵심 목표 중 하나가 되었다. 다문화 교류 학자 Kim은 다문화 능력을 지식, 기술, 태도의 세 가지 측면으로 설명했으며, 영국 언어 문화 학자 Bryamz는 다문화 능력을 지식(문화 의식과 통찰력), 태도와 행동으로 나누었고, '문화 의식'을 다문화 능력의 중요한 내용으로 보았다 (Bryamz, 1994). 학자들은 문화 의식, 지식, 기술, 태도의 네 가지 차원 중에서 문화 의식이 핵심 부분이라고 주장하기도 한다. (Fantini, 2000).

다문화 의식은 사람들의 생활과 학습을 통해 형성되는 것으로 발전하는 세계를 인식하며 문제를 분석하고 해결하는 생각과 태도이다.[1] 세계화 배경에서 다문화 의식의 향상은 중요한 의미를 가진다. 이는 개인이 국제 환경에서 더 효과적으로 소통하고 협력할 수 있도록 도우며, 직업 경쟁력을 높이고 사회의 포용과 조화를 촉진할 뿐만 아니라 혁신 능력과 창의성을 증진한다. 학교는 다양한 방법을 통해 학생의 다문화 의식을 향상시킬 수 있으며, 이는 학생이 세계화가 가져오는 기회와 도전에 더 잘 적응하고 대응하도록 돕고 개인 성장과 사회 발전을 촉진한다. 이러한 과정에서 언어와 문화 교육은 중요한 역할을 한다고 볼 수 있다.

---

1 蒋丽,『初中英语词汇教学中学习者跨文化意识培养路径探究』, 2023

Ⅲ. 언어와 문화 교육

1. 언어와 문화

1) 문화의 매개체로서의 언어

학술적 관점에서 언어는 소리와 기호를 통해 정보를 전달하는 과정의 매개체이자 도구이다[2]. 언어는 문화의 매개체로서 언어학, 인류학, 문화 연구에서 널리 인정되고 논의되며, 각 언어는 그 문화의 독특한 내재적 의미와 가치를 담고 있다. 언어는 단순한 의사소통 도구가 아니라 문화적 가치와 역사를 전승하는 매개체이다.

언어는 많은 사회 규범과 관습에 대한 정보를 포함하고 있다. 예를 들어, 한국어와 일본어에서 경어의 사용은 매우 중요하며, 이는 문화에서의 존경과 위계질서를 반영한다. 또한, 언어를 통해 역사적 사건과 문학 작품이 전승된다. 중국의 『史记사기』와 『红罗梦홍루몽』과 같은 고전 문학 작품은 언어를 통해 고대 중국의 역사와 사회 모습을 보존하고 있다. 언어는 또한 문화 교류의 다리 역할을 하여, 다른 언어를 배우고 사용함으로써 사람들이 다양한 문화를 더 잘 이해하고 감상할 수 있도록 한다.

결론적으로 언어는 문화의 매개체이며 문화의 중요한 구성 요소로서 특정 문화의 특성을 반영하고 문화 교류에서 중요한 역할을 한다. 이에 다양한 언어를 이해하고 존중하는 것은 다양한 문화를 이해하고 존중하는 데 필수적이다.

2 彭凯平,『吾心可鉴 跨文化沟通』, 2021

2) 언어를 통해 전파되며 언어에 영향을 미치는 문화

문화에 대한 동서양 학자들의 정의는 다르다. 서양 문화의 정의는 비물질적 특성, 정신적 특성 및 내재적 특성을 강조하며 19세기 말까지 문화는 물질과 지식 및 정신을 통합하는 생활 방식으로 인식되었다. 반면, 동양 문화는 문화의 외재적 특성에 더 중점을 둔다. 중국에서의 가장 초기의 문화 개념은 문치와 교육이라는 이중적 의미를 가지며, 윤리 도덕을 통해 사람들을 교화하는 것이었다.[3]

언어는 문화의 전파 매개체이다. 사람들은 일상생활에서 언어를 통해 관습, 예의, 가치관 및 세계관을 전달한다. 연구에 따르면, 사회 학습은 문화의 발전과 습득의 주요 기제이며, 학교 교육은 문화 전승의 중요한 경로라고 한다. 언어를 통해 역사, 문학, 철학 등 학문적 지식이 전수되며, 학생들은 기본적인 언어 능력뿐만 아니라 깊이 있는 문화의 내재적 의미까지 이해하고 흡수할 수 있게 된다.

세계화가 진행됨에 따라, 다양한 문화 간의 교류가 점점 더 빈번해지고 있으며 이는 언어와 문화의 상호 작용을 더욱 촉진한다. 서로 다른 문화의 언어 요소들이 상호 침투하여 한국어에는 중국 문화의 흔적을 담은 한자어가 많이 존재한다. 또한 중국에서 최근 몇 년간 등장한 '欧尼'(언니), '耶啵'(예뻐), '撒浪嘿'(사랑해) 등의 표현은 한국 문화가 중국어에 미친 영향을 보여준다.

---

3 彭凯平,『吾心可鉴 跨文化沟通』, 2021

2. 언어 학습과 문화 이해

언어는 많은 문화 요소를 포함하고 있다. 예를 들어, 관습, 가치관, 역사, 사회 규범 등이 그러하며 언어에 담긴 숙어, 성어, 속담, 격언 등은 한 민족의 생활 경험과 문화적 지혜를 반영한다. 이러한 언어 요소를 학습하면 학습자가 목표 언어의 문화적 특성을 더 잘 이해하고 향유할 수 있게 되어 서로 다른 문화 간의 이해를 촉진할 수 있다.

다양한 언어의 문법 구조, 어휘 사용 및 표현 습관도 사람들이 세상을 보는 방식과 이해하는 방식에 영향을 미친다. 일부 아시아 국가의 언어에서 노인을 존중하는 경어 사용은 유교 문화에서의 노인 공경 관념을 반영한다. 반면 영어에서의 평등한 호칭은 서양 문화에서의 평등 관념을 반영한다. 이러한 언어 특성을 이해하면 언어 능력을 향상시킬 수 있을 뿐만 아니라 문화적 배경에 대한 이해도 깊어지게 된다.

문화적 배경은 언어의 심층적 의미와 사용 배경을 이해하는 데 도움을 준다. 예를 들어, 중국어를 학습할 때 중국의 유교 문화와 가족 관념을 이해하면 가족 및 사회 관계와 관련된 어휘와 표현을 더 잘 이해하고 사용할 수 있다. 또한 서로 다른 문화는 각기 다른 화용 규칙을 가지고 있으며, 외국어 교육에서 문화 이해는 이러한 규칙을 습득하는 데 도움을 준다. 예를 들어, 한국 문화에서 경어 사용은 매우 중요하며 이러한 문화적 배경을 이해하면 학습자가 적절한 상황에서 적합한 경어 표현을 사용하는 데에 도움이 된다.

3. 언어와 문화 교육을 통한 학습자의 다문화 의식 배양

외국어와 문화 교육을 통해 다문화 의식이 향상되는 것은 언어와 문화 교육이 가지는 아래와 같은 세 가지의 효과 때문이다. 첫째, 언어와 문화 교육은 학습자의 문화 차이에 대한 민감성을 증가시킨다. 둘째, 학습자의 다문화 공감 능력을 향상시킨다. 셋째, 학습자의 문화적 포용성을 강화한다.

외국어 교육 분야의 주요 학습 기준, 교육 프레임 및 교육 요강에는 모두 문화 교육의 목표와 내용이 포함되어 있다. 『국제주문교육 중문수준 등급표준』(이하 「등급표준」)(2021)은 학습자의 중문 실력을 '3단계 9등급'으로 나누며, 각 단계는 학습자의 다문화 교류 능력 향상에 대해 구체적인 설명을 포함하고 있으며, 미국의 『21세기 외국어 학습 기준』(2015) (이하 『외국어 학습 기준』)은 문화 항목을 5C 기준 중 하나로 포함하고 있다. 또한, 『유럽언어공통참조 프레임: 학습, 교육, 평가』(2001) (이하 『유럽 프레임』)은 사회문화적 능력, 다문화 의식 및 기술 목표에 중점을 둔다.

이 외에도 HSK, 토픽, IELTS 등 세계 여러 국가의 언어 수준 시험들은 시험 문제에서 문화적 요소를 다양한 정도로 강조하고 있다. "중국의 국제 중국어 전파 교사 자격증 시험(CTCC)"은 시험 내용에서 응시자의 언어 간 교육 설계 및 실시, 문화 해석 및 홍보, 다문화 의사소통 및 적응, 문화 활동 기획을 직접적으로 평가하고 있다.

Ⅳ. 국제 중국어 교육에서 본 문화 교육 목표와 요소

국제 중국어 교육은 중국어를 제2언어로 교육하는 것이며, 궁극적인 목표는 인문 소양, 국제적 시야, 그리고 문화 간 소통 능력을 갖춘 새로운 시대의 세계 시민을 양성하는 것이다.

2022년, 중국 교육부 중외언어교류협력센터에서 국제 중국어 교육용 중국 사회 및 문화 교육 참고 프레임」(이하 「참고 프레임」)을 개발했으며 이는 국제 중국어 교육 분야에서 최초의 문화 교육 참고 프레임으로 중국 사회와 문화를 포괄적이고, 체계적이며, 객관적으로 소개하는 것을 목표로 한다. 2024년 한국외국어대학교 공자아카데미에서 공동 번역한 「참고 프레임」(한국어판)이 한국에서 출간되었다. 이어서 본문에서는 이와 관련된 「참고 프레임」 내용을 인용하여 국제 중국어 교육에서의 문화 교육 목표와 관련 교육 요소를 자세히 소개하고자 한다.

1. 문화 교육 목표

『참고 프레임』은 국제 중국어 교육의 새로운 시대적 특징과 요구를 반영하며 『언어 학습 기준』, 『유럽 프레임』, 『등급 표준』에 나와 있는 관련 문화 교육 목표를 참고하여, 국제 중국어 교육에서의 문화 교육 총 목표를 문화 지식, 문화 이해, 문화 간 의식, 문화 태도의 네 가지 차원으로 구분하였다. 이러한 기초 위에, 『참고 프레임』은 문화 내용의 난이도와 중국어 수준 등급에 따라 설정된 것이 아니라 학습자의 연령과 인지적 특징에 따라 초등학교, 중·고등학교, 대학교 및 성인의 세 가지 다른 단계의 문화 교육 목표를 각각 설정하고 있다.

본문에서 대학교 및 성인 단계를 예로 들면, 그 문화 교육 목표는 다음과 같다.

- 중국 사회 생활, 전통문화 및 현대 국정의 특징과 그에 반영된 문화 개념을 이해한다.
- 중국 문화의 동적 발전과 영향 요인을 조사하고 분석한다.

- 중국 문화와 자국 문화의 특징 및 문화 간 차이를 객관적으로 평가한다.

『참고 프레임』이 정한 교육 목표 중 하나는 다문화 인식을 배양하는 것이다. 지면의 한계와 교육 대상의 다양성으로 인해 『참고 프레임』은 중외 문화의 차이점과 문화 간 의사소통 항목을 일일이 나열할 수는 없지만, 중국 사회와 문화 교육 내용에서 중외 문화의 연결, 비교 및 교류는 항상 중요한 측면으로 다뤄진다. 여기서 주목할 점은 『참고 프레임』이 국제 중국어 교육에서의 문화 교육을 교양 교육으로 설정하였으며, 언어 소통 능력을 문화 교육 목표에 명확히 포함시키지 않았다는 점이다. 그러나 대부분의 중국어 학습자에게 언어 소통 능력은 문화 간 소통 능력의 중요한 구성 요소이다. 언어 소통 능력은 앞서 언급한 문화 교육 목표를 실현하는 과정에서 길러지고 발전한다.[4]

2. 문화 교육 요소

『참고 프레임』에서 제시한 문화 교육 내용은 "사회 생활", "전통문화", "현대 중국"의 세 가지 1급 문화 항목과 32개의 2급 문화 항목으로 나누어지며, 700개 이상의 문화 요소를 교육 내용 참고 자료로 열거하고 있다. 세부 사항은 아래와 같다.

- "사회 생활"은 식사, 주거, 복장, 외출, 가족, 명절, 여가생활, 소비, 취업, 언어 소통, 비언어 소통, 대인 관계, 언어와 문화 등 13개의 2급 문화 항목을 포함한다.
- "전통문화"는 역사, 문화 유산, 문학, 예술 철학, 종교, 발명, 중외 교류 등 8개의

4 『国际中文教育用中国文化和国情教学参考框架应用解读本』, 2023

2급 문화 항목을 포함한다.

- "현대 중국"은 지리, 인구와 민족, 정치 경제, 사회 보장, 교육, 언어 문자, 문학 예술, 과학 기술, 미디어, 대외 관계 등 11개의 2급 문화 항목을 포함한다.

〈표 1〉 초등학생을 위한 "사회 생활" 문화 항목

2급항목	교육 내용 및 목표	문화 요소 예시
음식	중국인의 일상 음식의 주요 음식물과 취향의 선호를 식별한다. 중국인의 젓가락 사용 방법과 합찬에 대하여 이해한다. 쟈오쯔, 북경 오리구이, 훠궈 등 중국 음식의 특징에 대하여 이해한다	일일삼찬/주식/볶음 요리/ 쟈오쯔/국수/바오쯔/더우장 젓가락/합찬(合餐) 북경 오리구이/훠궈 색향미
거주	중국인의 전형적인 주거유형과 지역 분포를 식별한다. 중국인의 주거 환경과 실내 배치의 특징에 대하여 이해한다. 중국인의 일상생활의 특징에 대하여 이해한다.	단층집/러우팡(樓房)/별장/ 정원/단지/마을 침실/거실/중국식 가구 낮잠
복장	중국식 의상의 색상과 디자인 등의 특징을 식별한다. 중국인의 일상적 의상의 주요 유형과 특징에 대하여 이해한다. 중국 초·중·고교 학생의 교내 복장 규제에 대하여 이해한다	작업복 / 평상복 / 운동복 중국식 복장 교복 / 교내 복장 규제
출행	중국인의 일상적인 출행의 주요 교통수단을 식별한다. 중국 학생이 등교하는 주요 교통 방식에 대하여 이해한다. 중국의 기본 교통 표지와 교통 규칙을 이해한다.	자전거 / 버스 / 지하철 / 자가용 / 택시/ 스쿨버스 신호등 / 우측통행 / 횡단보도 / 보행자우선
가정	중국 가정의 식구 수와 가정 구성원 사이의 호칭에 대하여 이해한다. 중국 가정생활 중의 역할 관계에 대하여 이해한다. 중국 가정의 경로애유의 특징과 관념에 대하여 이해한다.	가정 인구 / 친족 호칭 가정 역할 / 가장 / 집안일 분업 가풍 / 경로애유(尊老愛幼)

2급항목	교육 내용 및 목표	문화 요소 예시
명절 및 생일 축하	중국 춘절의 주요 풍속과 문화적 함의에 대하여 이해한다. 중국인이 생일을 축하하는 풍속과 문화적 함의에 대하여 이해한다. 12가지 띠에 대하여 이해한다.	춘절(春節) / 제야 음식 / 폭죽놀이 / 세뱃돈 생일 보내기 / 돌잔치 만 나이와 세는 나이 / 띠
여가생활	중국 아동의 주요 여가 오락 활동에 대하여 이해한다. 중국 아동의 놀이와 체육 활동의 유형과 특징에 대하여 이해한다. 중국 아동의 여가 오락 활동의 취향과 그 원인에 대하여 이해한다.	놀이공원 / 퍼즐 게임 / 만화영화 연날리기 / 칠교판 맞추기 / 매로 새 잡기 궁푸(功夫) / 체육 활동
언어 교류	중국인 호칭의 예의에 맞는 용어와 사용하는 경우에 대하여 이해한다 중국인의 인사, 감사, 이별의 예의에 맞는 용어에 대하여 이해한다. 중국인이 교류할 때 사용하는 친족호칭어의 특징과 원인에 대하여 이해한다.	선생(-씨), 선생님, 아저씨, 아줌마, 할아버지, 할머니" 등 비 친족 호칭어의 용법 인사하기 / 감사하기 / 이별하기
비언어 교류	중국인의 상용 신체 언어의 특징과 예의 바른 행위에 대하여 이해한다. 중국 교정의 상용 신체 언어의 특징과 예의 바른 행위에 대하여 이해한다.	쥐궁(鞠躬) 악수 / 경례 / 공수례 / 미소 /숫자의 손짓 / 앉은 자세와 서는 자세 /손들기와 일어서기
왕래 교류	중국인이 만날 때의 예의와 예의 바른 행위에 대하여 이해한다. 중국인이 안부를 묻는 예절과 예절 바른 행위에 대하여 이해한다. 중국인의 공공장소에서의 교양 있는 행동에 대하여 이해한다.	대면 예절 / 안부를 묻는 예의 줄 서기
언어와 문화	중국어의 행운의 숫자 언어와 상징적 함의에 대하여 이해한다. 중국어의 빨간색 등의 색채 언어의 상징적 함의에 대하여 이해한다. 중국어 동식물 관련 단어, 특별히 "용"의 상징적 함의에 대하여 이해한다.	짝수 / 4, 6, 8 등의 숫자 단어 빨간색 / 노란색용 / 개 / 소 / 거북이 / 박쥐 매란국죽

『참고 프레임』에서 제시한 초등학생을 위한 1급 문화 항목 “사회 생활”에 포함된 2급 항목과 문화 요소 예시는 〈표 1〉과 같다.

위에서 제시한 문화 항목과 문화 요소는 언어 교육의 주제나 화제로 중국어 수업에 통합될 수 있을 뿐만 아니라 별도의 문화 강좌, 문화 강연, 문화 활동의 내용으로 학습자의 모국어로 강의하거나 토론할 수 있다.

Ⅴ. 교육 사례 - 한국외국어대학교 공자아카데미의 문화 수업 ‘중국 매듭’ 사례

필자는 2022년부터 2024년까지 한국외국어대학교 공자아카데미에서 중국 측 원장으로 재직하였다. 2024년까지 한국외국어대학교 공자학원에서 진행된 중국 전통문화 시리즈 강좌에는 중국 매듭, 전통 전지 공예, 중국 차 문화, 서예, 롱화(绒花), 중국 요리, 팔단금, 전통 의상, 전통 연극 가면(롄푸 脸谱)이 포함되었다. 이 강좌들은 모두 공자아카데미 중국 교사들이 개발하였고 한국 청소년 학생들의 학습 특성을 고려하여 한국의 언어, 사회, 문화와 결합한 맞춤형 연구와 설계로 이루어졌다. 이러한 강좌들은 학생들에게 큰 인기를 끌고 있다.

이러한 과정에서 필자와 교사들은 문화 교육이 한중 두 나라의 문화 상호 학습과 이해 증진, 문화 간 소통 능력 향상, 우정과 이해 증진 등 여러 측면에서 중요한 역할과 기여를 한다는 것을 체감하게 되었다. 본문에서는 문화 수업 ‘중국 매듭’을 교육 사례로 들어 교육 방법과 효과에 대해 설명하고자 한다. 수업 사례에 대한 세부 사항은 아래와 같다.

1) 교육 항목: 중국 매듭

2) 교육 대상: 한국 중학생 (초급 중국어 수준)

3) 교육 목표:

- 국가, 중국 의상 및 중국 매듭과 관련된 단어를 학습한다.
- 자기소개와 인과관계 문형을 학습한다.
- 중국 매듭의 역사, 현대적 활용, 양식 및 문화적 의미를 이해한다.
- 중국과 한국의 색깔에 담긴 의미의 차이를 이해하고 한국의 매듭 예술을 찾아 그 차이를 비교한다.

4) 수업 언어: 중국어 (필요한 경우 한국어로 보충 설명)

5) 교육 자료

-『중국 매듭』강좌 PPT
- 동영상 및 사진 시연
- 중국 매듭끈 등 실물 자료

6) 교육 단계

가. 워밍업 질문:

- 안녕하세요, 저는 ***입니다. 여러분의 이름은 무엇인가요?
- 오늘 우리가 배울 내용은 무엇인가요?
- 중국 매듭을 본 적이 있나요?

- 상호작용 질문: 왜 중국 사람들은 중국 매듭을 좋아할까요?

나. 새 단어 학습:

- "**中国结，旗袍，幸福，吉祥，平安，喜欢**" 등 중국어 단어

- 색깔에 관한 단어: "**红色，黄色，白色**" 등

다. 새로운 문형 학습:

- 자기소개:

"안녕하세요, 저는 ___입니다. 저는 ___ 사람입니다."

질문: 당신의 이름은 무엇인가요?

학생들이 중국어로 대답: "저는 ___입니다. 저는 한국 사람입니다.

만나서 반갑습니다.

자기소개를 통해 관련 단어와 문형을 익히고, 교사와 학생 간의 호작용을 늘림.

- 인과 관계 문형:

질문: 왜 중국 사람들은 빨간색을 좋아할까요?

대답: "빨간색은 길운을 의미하기 때문에 중국 사람들은 빨간색을 좋아합니다."

질문: 왜 중국 사람들은 중국 매듭을 좋아할까요?

대답: "중국 매듭은 행복, 평안, 길운을 의미하기 때문에 중국 사람들은 중국 매듭을 좋아합니다."

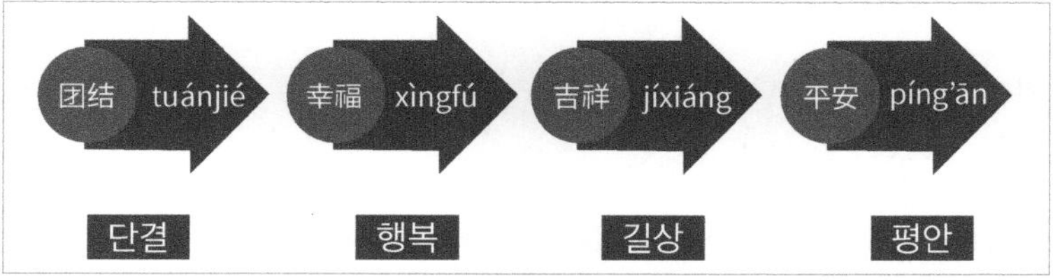

질문: 한국 사람들은 어떤 색깔을 좋아하나요? 왜인가요?

학생들에게 중국어로 대답하도록 유도.

질문: 당신은 어떤 색깔을 좋아하나요? 왜인가요?

학생들에게 중국어로 대답하도록 유도.

라. 그림을 보고 단어 인식 및 연결하기

마. 그림에 나타난 순서에 따라 학생들과 함께 중국 매듭 만들기

7) 교육 내용 해석

가. 문화 내용 중심:

본 수업의 주요 문화 내용은 중국 매듭에 관한 것이다. 수업에서는 중국 매듭의 역사, 상징적 의미, 현대 생활에서의 응용 및 다양한 양식을 소개한다. 또한 교사가 중국 문화에서 다양한 색깔이 갖는 의미를 보충 설명하며 마지막으로 학생들이 직접 중국 매듭을 만들어 본다.

나. 학생들의 학습 효과:

이 수업을 통해 학생들은 중국 매듭의 상징적 의미와 제작 방법을 이해하게 된다.

중국어에서 색깔에 대한 다양한 표현과 그 상징적 의미를 학습한다.

중한 색깔 어휘 및 의미의 차이를 비교함으로써 학생들은 중국 문화에 대한 이해를 깊게 하고 문화 간 의식을 높인다.

이러한 학습과 토론은 문화 지식, 문화 이해, 문화 간 의식, 문화 태도 등 네 가지 교육 목표를 달성한다.

다. 다양한 교육 방법 활용:

교사는 멀티미디어 자료 이용 및 문화 교류 활동의 방법을 활용한다.

상품 제공 퀴즈, 그림 보고 이야기하기, 매듭 만들기 등 다양한 수업 활동을 통해 수업 분위기를 활기차게 만들고 교사와 학생, 학생 간의 상호작용을 촉진한다.

이를 통해 학생들은 문화 지식을 습득하고 문화 이해력을 높이며 다문화 의식과 긍정적인 문화 태도를 기른다. 또한 문화에 대해 설명 및 비교, 평가하는 기술을 연습하게 된다.

VI. 학생들의 다문화 의식 향상을 위한 교육 방법

위의 교육 방식 외에도 학생들의 다문화 인식을 높이는 교실 수업 방식에는 몰입형 학습, 상황 시뮬레이션 및 역할극, 문화 비교 및 분석, 멀티미디어 활용 및 실습 활동 등도 포함된다. 특히 교실을 떠나 현지답사와 해외 문화 교류는 교육 효과를 높이는 유효한 방법으로 주목할 만하다.

국제 학생 교류 프로그램: 한국외국어대학교를 포함한 한국의 여러 대학은 매 학기마다 "3+1, 2+2, 7+1" 등의 학생 해외 파견 및 교환 프로그램을 정기적으로 조직한다. 학생들은 국제 교류 프로그램에 참여함으로써 타국 문화를 직접 체험하고 배울 수 있으며, 다문화 능력을 향상시킬 수 있다.

- 문화 방문 및 현장 조사: 문화 방문 및 현장 조사 활동을 조직하여, 학습자가 다양한 문화적 배경을 가진 사회와 생활을 직접 접하고 이해할 수 있도록 한다. 2024년에는 한국외국어대학교 공자아카데미가 서울의 중학교 학생들과 중국 칭화대학교(清華大學)의 대학생들을 맞이하였다. 학생들은 현장 방문과 좌담회를 통해 자신과 대상국 문화에 대한 이해와 인식을 더욱 깊게 하

였고 그들의 문화 간 의식이 더욱 향상되었다.

VII. 결론

언어와 문화 교육은 학생들의 문화 간 의식 향상에 중요한 역할을 한다. 과학적이고 체계적인 언어와 문화 교육을 통해 학생들은 언어 기술을 습득할 뿐만 아니라 대상국의 문화를 깊이 이해하고 체험할 수 있다. 이를 통해 학생들은 세계화 배경 아래에서 더욱 원활하게 문화 간 소통을 할 수 있게 된다.

앞으로 교육 기관과 단체는 외국어와 문화 교육을 더욱 중요시하고 언어와 문화 교육을 강화해야 한다. 이를 통해 글로벌적인 시각과 문화 간 능력을 갖춘 인재를 양성하는 데 적극적으로 기여한다.

참고문헌

欧洲理事会文化合作教育委员会,『欧洲语言共同参考框架[M]』, 外语教学与研究出版社, 2001.

祖晓梅,『跨文化能力与文化教学的新目标』, 世界汉语教学, 第4期总第66期, 2003.

崔永华,『对外汉语教学的目标是培养汉语跨文化交际能力』, 语言教学与研究, 2020年第4期(总第204期), 2020

이병임,『대학생의 다문화 감수성과 공감능력이 시민의식에 미치는 영향』, 교양교육연구, 2021.

彭凯平,『吾心可鉴 跨文化沟通』, 清华大学出版社, 2021.

教育部中外语言交流合作中心,『国际中文教育中文水平等级标准』, 北京语言大学出版社, 2021.

祖晓梅,『国际中文教育用中国文化和国情教育参考框架应用解读本』, 北京大学出版社, 2023.

朴兴洙 罗敏球 尹翡翠 姜颖,『国际中文教育用中国文化和国情教育参考框架』(韩文版), 韩国外国语大学出版社, 2023.

祖晓梅,『新时期中国文化教学与传播的新探索——以「国际中文教育用中国文化和国情教学参考框架」为例』, 宁波大学学报(教育科学版)

蒋丽,『初中英语词汇教学中学习者跨文化意识培养路径探究』, 2023.

임대근
한국외국어대학교
융합인재학부

사회주의 중국 문화의 역사적 흐름[1]

Ⅰ. 사회주의 중국 문화를 이해하기 위하여

'문화'만큼 넓은 둘레를 자랑하는 개념을 찾기도 어렵다. 수많은 정의가 범람하는 상황이긴 하지만, 문화를 인간의 행위와 관련짓고 "현존하는 실체를 변혁하기 위한 일련의 가치 정향적 행위의 총체"라고 정의한다고 해도 문화에 관한 논의를 위해서는 다양한 층위의 담론이 필요하다.

문화를 추상적 개념으로 보지 않고, 구상적이고 실제적인 개념이라는 층위에서 논의할 수도 있다. 예컨대 인간의 생존을 위해 필요한 조건으로서 생활문화, 고도의 추상적인 심미 활동인 예술, 이들을 매개하면서 실재할 수 있도록 돕는 매체 등으로 범주화할 수 있다.

그렇다 해도 이 글의 제목에서 밝힌 사회주의 중국 문화의 역사를 짧은 분량으로 살펴보기란 쉬운 일이 아니다. 그렇다면 우리는 다시 문화의 중요한 근간을 추상적이거나 구상적으로 설정하여 문제화하는 방식을 생각해 볼 수

1 이 글은 「사회주의 중국 문화 60년'의 회고와 평가를 위한 어떤 기술(記述)」, 『중국연구』 제47권, 2009.를 수정, 보완하였다.

있다. 이데올로기로서의 문화, 심미로서의 문화, 산업으로서의 문화, 교류로서의 문화가 그 근간이 될 수 있다. 이들은 독립적이지만 동시에 삼투적으로 영역을 만들어 낸다. 이들에 대한 구체적 논의가 뒷받침되지 않는 한 이 또한 매우 추상적 논의로 머물게 될, 쉽지 않은 일임은 분명하다.

사회주의 중국의 문화를 설명하는 가장 쉬운 방법은 '중단 없는 회의'이다. 사회주의 중국 문화를 설명하는 일이 '불가능'하다는 회의야말로 우리가 직면한 문제에 대한 그럴듯한 답변이 될 수 있다. 그렇지만, 설명에 대한 요청 앞에서 이 글은 많은 허점이 노출되고 공격 대상이 될 수 있는 불리한 입장에 설 수밖에 없다. (나는 중국인이 아닌 제삼자의 발화 위치에 있으므로, 주관성이 개입된 표현인 '건국' 대신 '사회주의 중국'을 사용한다. 부득이 '건국'을 써야 할 때는 인용부호로 묶는다.)

우선 중국의 근대와 현대 역사의 시간을 단위로 구분해 보자. 물론 이런 시간의 양적 단위가 곧 중국 문화의 질적 전환을 가져왔다고 말할 수 없음을 안다. 그럼에도 이는 근대 이래 줄곧 강화되어 온, '근대 이후post-modern'에 조금 숨통을 틔우게 된 세계 인식의 전환을 거부하는 태도가 아니다. 충분히 '근대 이후'를 존중하되, 통속적으로 말하면 인식의 '편의'와 '질서'를 갖추기 위한 방편이자 도구가 필요하기 때문이다.

예를 들어, 중국의 2008년은 여러 의미가 있는 해다. 베이징 올림픽이 열린 해이기도 했지만, 1978년 개혁개방이 공식적으로 시작되어 오늘날 중국의 모습이 시작된 지 30년, 한 세대가 되는 해였기 때문이기도 하다. 이처럼 근대와 현대 중국의 역사를 살펴보다 보면 흥미로운 시간의 단위가 관찰된다. 중국 근대 및 현대사의 시기를 중요한 역사적 사건을 기준으로 몇 단계로 구분하는 일은 이견을 찾기 힘든 공통된 인식을 갖게 되었다.

1911년 신해혁명으로 청조清朝가 붕괴하고, 본격적인 근대 기획이 시작된 1919년의 5 4운동부터 1949년 사회주의 수립까지 30년은 정치 혁명의 시대다. 마오쩌둥毛澤東은 이 시기를 가리켜 '신민주주의 혁명 시기'라고 불렀다. 1949년 중국은 '새로운 나라', 중화인민공화국을 수립했고 정치 혁명을 완수하는 듯 보였다. 권력 투쟁이 이어졌지만, 형식적으로는 정치 혁명을 완수한 상태였기에 여러 사회적 어려움을 경제적 생산력의 증대로 보완하고자 노력했다. 1949년 이후 마오쩌둥은 미완의 혁명을 계속할 필요에 경제적 필요까지 떠안고 있었다. 1956년 백화제방百花齊放과 백가쟁명百家爭鳴, 이른바 '쌍백방침'이 공표되고, 1957년 반우파투쟁反右派鬪爭과 1958년 대약진운동大躍進運動이 전개된 상황은 이런 현실을 복합적으로 증명하는 사례다.

그럼에도 중국은 방향을 제대로 설정하지 못했고, 1966년부터 1976년까지 여러 어려움을 '문화'로 극복해 보려고 시도했다. '문화대혁명'이 지속됐다. 요컨대 1949년부터 개혁개방이 시작되기 전인 1978년까지 약 30년, 근대 및 현대 중국의 두 번째 30년은 정치, 경제, 문화 영역 사이에서 방황하던 시기다. 이후 중국은 경제 혁명으로 눈을 돌렸다. 1978년 이후 시작된 개혁 개방은 오늘날의 중국 경제를 선도했다. "검은 고양이든 흰 고양이든 쥐만 잘 잡으면 된다黑猫白猫論"는 덩샤오핑의 말은 개혁 개방의 상징이 됐다. 그렇게 개혁 개방한 세대를 맞이한 2008년, 중국은 베이징 올림픽을 치러냈다.

베이징 올림픽 이후 중국의 관심은 '문화'로 전향했다. 베이징 올림픽의 구호가 그린(환경), 과학기술, 인문人文으로 집약된 것과 올림픽 엠블렘이 '사람의 무늬'[人文]를 하고 있는 점은 시사하는 바가 크다. '성공리'에 마친 베이징 올림픽은 그러나 여전히 중국에 대한 기대와 우려를 동시에 드러냈다. '하나의 세계 하나의 꿈同一個世界, 同一個夢想'으로 상징화된 표현(하나라는 뜻의 중국어

'퉁이'[同一]는 통일이라는 뜻의 '퉁이'[統一]와 해음[諧音]을 이룬다)은 본격적으로 '대국'으로 '굴기'하려는 중국의 심장한 의미를 잔영처럼 남겼다. 'G2'라는 표현처럼, 중국의 욕망은 경제나 군사, 혹은 정치적 역량에 더하여 문화적 역량 또한 미국을 초월하는 것이다. 문화적으로 미국을 초월하기 위한 기획이 이른바 '건국' 60주년을 맞이한 지금, 다양한 방식으로 실천되는 중이다.

방법에 관한 회의를 통해 사회주의 중국 문화를 서술하는 방향을 고민해 보면 이렇다. 첫째, 사회주의 중국의 문화를 하나의 시간적, 공간적 총체로서 아우르는 방법은 매우 어렵다. 둘째, 따라서 매우 단순한 듯하지만 쉬운 방법인 시기 구분을 통해 사회주의 중국 문화를 살펴볼 필요가 있다. 셋째, 정체政體와 이념으로서의 사회주의 중국 수립 이후의 문화적 특수성에 더욱 관심을 가질 필요가 있다.

세 번째에 대해서는 덧붙일 필요가 있다. 이는 우리가 사회주의 중국 문화의 구조를 일련의 대립 쌍을 통해 파악해 볼 수 있다는 뜻이다. 사회주의 중국 문화를 설명하는 거시적 담론의 구조를 설정하는 방식으로서, 대립 쌍은 관념-실재, 주류-비주류, 이데올로기-미학, 이데올로기-시장(산업), 엘리트-대중, 관변-민간, 계몽-자각, 정치-자본, 정치-오락, 표층-심층, 공개-비공개, 개인-집단, 개인 창작-집단 창작, 개인 예술-종합 예술, 좌-우 등과 같이 다양한 형태로 표현될 수 있다. 예컨대, 명시적인 대립 구조를 제시하지는 않았지만, 천쓰허陳思和는 현대 중국의 문학사를 두고 '비공개 글쓰기潛在寫作', '민간문화民間文化', '공명共名과 무명無名' 등의 개념을 사용했다.[2]

물론 사회주의 중국 문화를 '갈등'이 아닌, '조화'의 관점으로 설명하는 경

---

2 陳思和, 『中國當代文學史教程』, 上海: 復旦大學出版社, 1999, 10~14쪽 참조.

우도 있다. 예를 들면, 장리원張立文은 사회주의 중국년의 문화를 "10가지 융합과 5가지 전망"으로 규정하고 '백화제방과 백가쟁명의 융합', '문화와 군중의 융합', '전통문화와 현대문화의 융합', '비판과 계승의 융합', '아雅 문화와 속俗 문화의 융합', '토양土洋의 결합과 중서中西의 결합', '들어오세요請進來와 나가자走出去의 결합', '학습과 창신의 융합', '이론과 실제의 융합', '문화 하드파워와 문화 소프트파워의 융합'을 열거하고 있다. 다섯 가지 전망은 '문화발전 전략의 수립', '백화제방 방침의 고수', '군중과 함께 가는 길을 고수', '고위금용古爲今用, 서위중용西爲中用, '들어오세요' '나가자'의 방법 견지", '실제와 연관된 이론을 지켜 나가고, 자주 창신과 과학 발전의 길을 걸을 것' 등이다.[3]

그럼에도 이러한 대립 쌍의 기초를 장악한 사회주의 중국 문화의 중심축은 이데올로기적 도구로서의 문화로 설명될 수 있다. 문화가 존재하는 방식으로서 미학적 층위나 산업적 층위 등은 이데올로기 층위의 하부에 머물 수밖에 없었으며, 사회주의 중국의 문화는 이데올로기로서 문화의 장폭의 확대와 축소를 반복하는 과정이었다고 할 수 있다. 이런 이데올로기 층위로서의 문화의 장폭이 어떻게 확대되고 축소되어 왔는지 가장 표면적으로 보여주는 실례는 사회주의 중국의 다양한 '문건'이다. 그것은 때로는 법령 등과 같은 제도적 장치로 공표되기도 하고 때로는 국가적 '계획'이나 '지침' 등으로 공표되기도 하며, '지도자'領導의 '의견'이나 '연설' 등으로 공표되기도 했다. 사회주의 중국의 문건을 독해하는 과정을 통해 우리는 사회주의 중국을 이해하는 매우 중요한 표층적 접근을 시작할 수 있으며, 그 표면의 행간에 숨겨져 있는 다양한 문

3 張立文, 「文化60年: 十個融合與五個展望」, 『人民論壇』 總第267期, 北京: 人民論壇雜誌社, 2009.10, 30~32쪽 참조.

맥의 확인을 거듭함으로써 중국을 이해할 수 있는 실천적 통로를 확보하게 된다. 이는 중국에 관한 사적私的 정보가 범람하고 있는 오늘날, 중국을 이해하려는 태도에 대한 일정한 성찰이며, 동시에 중국에 관한 공적公的 정보의 축적을 통해 중국에 관한 견실한 담론을 형성해 가자는 의미이기도 하다.

이제 우리는 사회주의 중국 문화의 변천을 통시적으로 정리하되, 각 시기를 대표하는 주요한 문화 현상을 기술하고, 이에 영향을 미친 주요 문건을 살펴보려고 한다.

Ⅱ. 전사: 사회주의 문화의 기원(1942~1949)

사회주의 중국의 수립과 관련하여, 우리는 이런 질문에 직면할 수 있다. 1949년 사회주의 중국의 수립은 분명 중국 사회에 질적인 전환을 가져온 역사적 사건이긴 하지만, 그것은 궁극적으로 정치 혁명의 완수가 아닌가 하는 질문이 그것이다. 다시 말하면, '문화'에 관한 논의를 왜 정치사적 사건을 기준으로 구획하고자 하는가 하는 질문이다. 이에 대한 답변에서 시작해 보자. 이런 질문은 두 가지 오해에서 비롯된다. 사회주의 중국의 수립을 단지 정치사적 사건으로 환원하려고 하는 편협한 오해가 하나이고, '문화'를 역시 정치, 경제, 사회 등과는 별개로 존재하는 독립된 영역으로 간주하는 오해가 또 하나다. 여기에는 근대적 인식에서 비롯된, 혹은 '문화'를 매우 협소한 무엇으로 환원하려는 오해와 어떤 의도가 있다. 우리는 어쩌면 "문화란 무엇인가?"에 대한 물음으로 다시 돌아가야 할지도 모른다. 이 글은 본질적인 문화란 존재하는가 하는 궁극적 회의를 전제로 한다. 예컨대 앞서 이브 미쇼의 책 『문화란 무엇인가』를 옮긴 강주헌은 「옮긴이 후기」에서 "이러한 것들도 문화인가?"라는 질문을 던지는데, 이는 매우 직접적으로 위와 같은 사고의 전형을 보여준다. 이브 미쇼의 책은 "우리를 둘러싼 모든 게 문화"라고 말하면서, 70개에 가까운 문화에 관한 주제를 선정한다. 종교, 이데올로기, 지역, 환경, 사상, 식민, 법, 유럽, 예술, 유행, 패션, 신화, 문학, 언어, 경제, 동물, 심리, 마약, 과학, 예술 등에 관한 주제가 망라된다.[4]

근대現代; modern에서 현대當代; contemporary로의 전환, 사회주의 중국의 수립은 분명한 문화사적 사건이기도 했다. 물론 이는 정치사적 혁명의 완수이자 시작이었으나, 이른바 사회주의 문화를 중국 내부에 전면적으로 발현하겠다는 선포로서의 중요한 전환 의식이기도 했다. 그 구체적인 표현은 문화대혁명의 종식과 개혁 개방의 본격적 시작을 알리는 시기까지 절대적인 교조의 위상을 확보했던 마오쩌둥의 「옌안 문예좌담회에서의 연설在延安文藝座談會上的講話」의 이념이 공산당 통치 지역, 이른바 '해방구解放區'를 넘어서 대륙 내부에 전면적으로 실현될 수 있는 공간의 지평을 확대했다는 사실에서 비롯된다. 마오쩌둥의 '연설'은 사회주의 문화 이념과 가치 정향의 기원이다. 이 '연설'은 비록 1942년에 태어나 실천을 위한 약 7년의 준비를 거치긴 했으나, 가치 정향만큼은 분명하게 드러내고 있었다.

마오쩌둥은 '연설'에서 중국 혁명을 '문화 전선'과 '군사 전선'의 결합으로 파악하고 '문화 전선'의 중요성을 역설한다. '문화 전선'이 전체 '혁명 사업'을 위해 매진하고자 할 때 제기되는 문제를 입장 문제, 태도 문제, 사업工作 대상 문제, 사업 문제, 학습 문제 등 다섯 가지로 제기하고 이에 대한 본론과 결론을

4 Yves Michaud 외, 강주헌 옮김, 『문화란 무엇인가?』, 서울: 시공사, 2003.

문예의 복무 대상("우리들의 문예는 어떤 사람을 위하는 것인가?"), 복무 방법("어떻게 복무할 것인가?"), '문예계 통일전선의 문제', '문예비평의 기준' 등과 같이 네 분야로 나누어 서술한다.[5] 그 내용을 상술할 수는 없지만, '연설'은 "어떤 사람을 위하는 문제는 근본적인 문제이자 원칙의 문제"라고 제기한 데 이어 사회주의 문예의 근본 임무를 "인민을 위한 복무"라고 규정함으로써, 사회주의 수립 이후 중국의 문예 및 문화가 지향해야 할 중요한 원리이자 원칙을 제시했다. 물론 '문예계 통일전선의 문제'는 사회주의 수립 이후 시의성이 약화되는 측면이 없지 않으나, "정치 기준을 제일"로 하고 "예술 기준을 다음"으로 보는 '문예비평의 기준' 문제와 더불어 여전히 '미완의 혁명'을 완수하기 위해서는 사회주의 수립 이후에도 늘 잠재된 모델로서 존재하고 있었다.

그러므로 1949년 이전, 문학-예술-문화에 관한 '연설'의 지침은 일종의 사회주의 문화의 전사前史가 된다. 이를 포함해서 사회주의 중국의 시간 단위를 세부적으로 조정하면 적어도 네 시기에 걸쳐 부분적인 변화를 찾아낼 수 있다.

첫째는 대장정의 승리, 즉 '해방구'의 확보(1936)부터 사회주의 수립 직전(1949)으로 공산당 근거지(옌안) 시기이다. 이 시기는 사회주의 문화의 '원류기'다. 둘째는 사회주의 수립(1949)부터 문화대혁명 발발 직전(1966)까지의 사회주의 중국 수립 초기다. 셋째는 문화대혁명 기간(1966-1976)이다. 둘째와 셋째를 더하여 사회주의 문화의 '실험기'라 부를 수 있다. 넷째는 문화대혁명 종식(1976) 이후 현재까지로 개혁 개방과 더불어 사회주의 문화의 '조정기'에 해당한다.

---

5 毛澤東,「在延安文藝座談會上的講話」, 北京大學等主編,『文學運動史料選』第4冊, 上海: 上海教育出版社, 1979, 518~546쪽 참조.

Ⅲ. 실험: 사회주의 문화사업(1949~1978)

1. 문화사업의 의식화와 체험화(1949~1966)

‘새로운 중국’의 문화 정책은 ‘문화 교육’과 ‘정신문명 건설’이라는 개념으로 요약된다. 전자든 후자든 모두 ‘계몽’의 시기가 아직 끝나지 않았음을 스스로 고백하는 표상이자, 진정한 ‘인민 민주’의 시대가 ‘문화적’으로 도래하지 않았음을 보여주는 표상이다. 이 시기 문화계의 주요 사건을 살펴보면 이렇다.

첫째, 1949년 제1차 전국문학예술인대표대회全國文學藝術工作者代表大會가 개최됐다. ‘대회’에서는 마오쩌둥과 주더朱德 총사령관의 연설, 저우언라이周恩來의 ‘정치 보고’, 궈모뤄郭沫若, 마오둔茅盾, 저우양周揚, 푸중傅鍾 등의 연설이 있었다.[6] 저우언라이와 마오둔은 모두 마오쩌둥의 옌안에서의 ‘연설’을 계승하겠다는 의지를 분명히 밝혔다. 저우언라이는 공산당 통치 지역(‘해방구’)는 물론 국민당 통치 지역 문학 예술인의 지위도 인정하면서 “우리는 노동자, 농민, 병사의 대중 속으로 들어가 그들을 위해 복무하며 이미 이 측면에서 초보적인 성과를 거두었다”[7]고 자평했다. 또 저우양은 “마오쩌둥의 ‘옌안 문예좌담회에서의 연설’은 새로운 중국 문예의 방향을 규정했으며 해방구 문학 예술인은 자각적으로 굳세게 그 방향을 실천했다. 또한 그들의 전체 경험으로 그 방향이 완전히 정확함을 증명했으며, 그것 말고 다른 방향이란 있을 수 없으며 만약 있다면

6 毛澤東, 「毛主席講話」(中華全國文學藝術工作者代表大會); 朱德, 「朱總司令講話」; 周恩來, 「在中華全國文學藝術工作者代表大會上的政治報告」; 郭沫若, 「爲建設新中國的人民文藝而奮鬪」; 茅盾, 「在反動派壓迫下鬪爭和發展的革命文藝」; 周揚, 「新的人民的文藝」; 傅鍾, 「關於部隊的文藝工作」. 이상은 北京大學等主編, 『文學運動史料選』 第5冊, 上海: 上海敎育出版社, 1979, 637~720쪽.

7 北京大學等主編, 위의 책, 640쪽.

그것은 잘못된 방향임을 굳게 믿었다"[8]고 역설했다. 이는 앞서 말한 대로 옌안에서의 '연설'이 사회주의 중국 수립과 더불어 전국화하는 표지이다.

천쓰허는 이들의 연설을 인용하면서 "제1차 전국문학예술인대표자대회는 어떤 표지로서, 앞으로 새롭게 펼쳐질 중국 문학의 새로운 단계가 해방구의 전쟁 실천으로부터 비롯된 문예 전통을 발전 기초로 하고 또한 사상투쟁과 사상 개조의 기초 위에서 조건적으로 5 4 혁명 문예 전통의 전투 역량을 흡수할 것임을 예고했다"고 말한다.[9]

이를 바탕으로 1950년대는 '사회주의 개조'와 '사회주의 건설'을 수행했다. 그것은 "낡은 문화 통치로 인해 우매하고 낙후한 중국을 새로운 문화 통치로 문명적이고 선진적인 중국으로 바꾸자"라는 방침과 지도에 따라 시작됐다.

둘째, 1950년에는 「홍기가紅旗歌」라는 현대극, 즉 화극話劇이 여러 대도시에서 공연되면서 전국적인 열풍을 몰고 왔다. 대규모 현대극이었던 이 작품은 "스자좡石家莊에서 베이핑北平까지 폭넓은 관객의 환영을 받았다." 물론 평론계에서는 일부 비판도 있었으나 그와 관계없이 대중에 대한 영향력은 막대했다. "이 연극은 개척적인 의미가 있다. 묘사하고 있는 제재가 참신하고, 사상과 내용이 새로운 중국의 수립에 대한 중요한 현실적 의미를 지니고 있었다. 인물의 묘사는 삶에서 출발하고 개성에서 출발하여 진실하고 살아 숨 쉬는 형상을 창조했다"는 평가를 받았다.[10] 「홍기가」는 사회주의 중국 수립 직후 한 도시의 공장에서 일어난 사건을 '노동 대회'를 그리면서 노동자에 대한 대우 등의 문제를 형상화하고 있는데, 이러한 이유로 옌안에서의 '연설'을 작품 속에

---

8 北京大學等主編, 위의 책, 684쪽.

9 陳思和, 위의 책, 17쪽.

10 葛一虹, 『中國話劇通史』, 北京: 文化藝術出版社, 1997, 348쪽.

투영한 첫 사례로 여겨졌다.

셋째, 1950년대 초에는 또 전국적인 문맹 퇴치 운동이 벌어졌다. 1952년 5월 15일, 중국 교육부는 「각지에서 '속성 식자법'의 교육 경험 사업을 전개하는 데 관한 통지關於各地開展"速成識字法"的教育經驗工作的通知」를 발표하고 이른바 '속성 식자법'을 통해 계획적으로 문맹을 퇴치하자고 강조했다. 이는 당시로서는 "중대한 정치 임무"로 받아들여졌다. 뒤이어 1956년 3월 29일에는 공산당 중앙과 국무원이 「문맹 퇴치에 관한 결정關於掃除文盲的決定」을 발표하고 "문맹 퇴치는 중국 문화의 대혁명이자 사회주의 건설의 매우 중대한 정치 임무"라고 규정했다. '결정'은 1956년부터 5~7년 안에 기본적으로 문맹을 퇴치하자고 강조했다. 예컨대 1949년 말, 둥베이東北 지역에서 야학에 참여한 사람이 32만 명에 달하는데 뤼다시旅大市의 경우 90%가 넘는 문맹자가 글자를 학습하게 되었다. 1952년 이른바 '속성 식자법'을 추진한 뒤 전국에서 문맹 퇴치의 성과는 눈에 띄게 늘어났다. 1953년에는 학습에 참여한 노동자, 농민이 약 2천만 명에 달했고 그 가운데 '속성 식자법'을 익힌 사람은 7백만여 명에 이르렀다.

1958년, 이 운동이 최고조에 달한 뒤 이듬해, 즉 1959년 5월 24일 공산당 중앙과 국무원은 「농촌에서 문맹 퇴치를 계속하고 과외 교육을 공고히 발전시키는 데 관한 통지關於在農村中繼續掃除文盲和鞏固發展業餘教育的通知」를 통해 1958년 전국에서 식자 학습에 참여한 사람이 6천만 명에 이르며 이를 통해 대대적으로 문맹을 퇴치했다고 확인한다. 1965년 전국적으로 퇴치한 문맹은 1억 272만 3천 명에 이른 것으로 집계되었으며 이는 "사회주의 개조와 사회주의 건설의 고조가 도래하였으며 문화적 기초를 다졌다"고 평가됐다.[11]

11 '문맹퇴치'에 관해서는 王彦峰 외, 『中國國情辭書』, 太原:山西經濟出版社, 1993, 656쪽 참조.

이러한 계몽의 역사는 통계를 통해 웅변한다. 학교 교육은 증가 추세를 보였다. 예컨대 1957년에는 전국 대학이 229개소에 이르고 44만 1천 명의 대학생이 있었으나, 5년 뒤에는 대학 신입생만 56만 3천 명, 졸업생은 26만 9천 명에 이르게 됐다.[12] 문맹 퇴치는 사회주의 문화사업의 기초를 닦고자 했던 기획이었다. 이후 오늘날까지 중국 정부는 꾸준히 문맹 퇴치 사업을 지속해 왔다. 이런 문맹 퇴치 운동은 이후 1958년에 실시된 최초의 '표준중국어' 보급과 한자 간화 방안의 공포, 『인민일보人民日報』와 『노동자일보工人日報』 등의 가로쓰기 등과 맞물려 노동자와 농민의 교육 수준 향상을 위한 일련의 정책으로 이어졌다. 1993년 중국 국무원은 「'문맹 퇴치 사업 조례'의 수정에 관한 결정關於修改《掃除文盲工作條例》的決定」을 공포한다.

넷째, 중국 공산당은 1956년 예술 발전과 과학의 진보를 촉진하기 위한, 이른바 '쌍백방침雙百方針' 즉 '백화제방, 백가쟁명' 방침을 발표한다. 마오쩌둥은 "예술 문제에서의 백화제방과 학술 문제에서의 백가쟁명은 반드시 우리의 방침이 되어야 한다"고 강조하고 "예술에 있어 서로 다른 형식과 스타일은 자유롭게 발전해야 하며 과학의 서로 다른 학파도 자유롭게 논쟁해야 한다. 행정력을 이용하여 특정한 스타일과 특정한 학파를 강조하고 그와는 다른 스타일과 다른 학파를 금지하는 일은 예술과 과학의 발전에 해가 된다. 예술과 과학의 시비 문제는 마땅히 예술계와 과학계의 자유로운 토론을 통해 해결해야 하며, 예술과 과학의 실천을 통해 해결해야 한다. 그것을 단순한 방법으로 해결해서는 안 된다"[13]고 주장했다. 이듬해인 1957년 이에 관한 비판적 의견에 대

---

12 王彦峰 외, 위의 책, 612쪽.

13 毛澤東, 中共中央文獻編輯委員會 編, 『毛澤東著作選讀(下)』, 北京: 人民出版社, 1986, 783~784쪽.

해서도 마오쩌둥은 굳세게 '쌍백방침'을 고수해 나갈 것을 천명했다. 그러나 결국 1957년 이후 '쌍백방침'은 사실상 철회되고, 반우파투쟁이 전개됐다. '쌍백방침'은 이후 1978년 개혁개방이 공식 천명된 이후에 이르러서야 중국 사회주의 과학 문화사업의 중요한 방침으로 재확인됐다.

이 밖에도, 1950~60년대 중반에 이르는 시기에는 다양한 사회주의 문화 현상이 등장했다. 1954년에는 '홍뤄멍紅樓夢'비판 운동이 전개되고, 둥베이 지역에서는 평극評劇인 「문둥이 여인麻瘋女」에 대한 상연 금지 조치를 통해 문화부는 민간 극단에 대한 지도를 더욱 강화하기 시작했다. 1955년에는 후펑胡風에 대한 비판이 더욱 강력해지기 시작했으며, 전국작가협회 당 조직은 잇달아 열여섯 차례 회의를 열어 딩링丁玲과 천치시아陳企霞 등을 반당反黨 집단으로 몰아 비판을 가했다. 1956년에는 신예 작가 왕멍王蒙이 소설 「조직부에 새로 온 젊은이」組織部來了個年輕人를 발표했다. 왕멍의 작품은 강력한 반응에 직면했으나, 당시로서는 젊은 작가였던 왕멍은 끝내 '우파 분자'로 몰렸다. 영화계는 '쌍백방침'의 영향으로 〈철도 유격대鐵道遊擊隊〉, 〈상감령上甘嶺〉, 〈축복祝福〉, 〈집家〉 등과 같이 다양한 영화를 선보였다. 1957년 반우파투쟁의 전국적인 확대는 딩링, 아이칭艾青, 펑쉐펑馮雪峰 등의 수많은 문화계 인사의 투옥을 불러왔다. 1958년에는 민요 창작에 관한 관심이 전국적으로 일어나기도 했다. 1961년에는 경극 「해서의 파직海瑞罷官」이 베이징에서 상영되었으나, 작가 우한吳晗은 이 때문에 1969년 사망하기에 이른다. 1963년에는 마오쩌둥이 중앙선전부에서 문예계의 문제가 적지 않다고 지적하는 일이 벌어졌다. 많은 공산당원이 봉건주의와 자본주의 예술에 열심을 두고 있다는 내용이었다. 문화계는 이 때문에 한바탕 소동을 겪게 된다. 더불어 구체적인 작품에 대한 비판의 행렬이 줄을 잇는다. 야오원위안姚文元은 프랑스 작곡가 드뷔시Achille-Claude Debussy와 무제 음악을 비판한 데 이어 1964년에는 〈이른 봄 2월早春二月〉, 〈불야성不夜城〉, 〈린씨네 가게林家鋪子〉, 〈니에얼聶耳〉, 〈혁명 가족革命家庭〉 등의 영화가 비판을 받는다. 전국적으로는 현대 경극 공연 대회가 거행되고 지앙칭江青은 이른바 '기수'旗手의 신분으로 중국 문예에 대한 개입을 시작한다. 1965년에는 랴오모사廖沫沙, 멍차오孟超에 대한 비판을 시작으로 티안한田漢, 시아옌夏衍 등의 문화계 지도자들에 대한 비판이 이어지고, 수백 편에 이르는 영화가 '반당 및 반사회주의 독초'로 지목되면서 정치 투쟁이 문화 영역으로 개입되기에 이른다.[14]

이처럼 이 시기 중국 사회주의 문화는 상층부에서는 이념적, 정책적으로 새로운 신생 국가에 걸맞은 제도적, 이념적 정비 작업을 수행한 데 이어, 계몽과 자율을 통해 문화적 수준을 향상하려 했다. 그러나 계몽과 자율이라는 가치는 결과적으로는 이원 대립적인 양상으로 전개됐고, 그 과정에서 자율 가치가 계몽 가치에 억압되는 형국으로 나타나기 시작했다. 1960년대 중반은 그러한 상황이 극변하는 시점이었다. 즉 '쌍백방침'을 철회하고 '반우파 투쟁'과 1960년대 초 레이펑雷鋒 학습을 통해 계몽을 완수해 가는 듯하던 중국의 문화 방침은 문화대혁명을 만나 심각한 위기에 직면하게 된다.

2. 사회주의 문화사업의 교조주의적 전개(1966~1976)

문화대혁명 시기의 문화는 기본적으로는 교조주의와 계몽주의가 뒤섞인 구조를 통해 나타난다. 1966년에는 유명한 근대 문학가인 라오서老舍가 태평호太平湖에 몸을 던져 자살하고, 번역가인 푸레이傅雷 부부도 집안에서 자살을

14 세부 연도와 주요 사건은 王丹,「五十五年文化歷程過眼」,『人民日報』 2004.9.25. 참조. [http://www.people.com.cn/GB/wenhua/27296/2807524.html].

선택하는 등 지식인과 문화·예술인에 대한 박해가 시작되기에 이른다.

문화연구자 다이진화戴錦華는 문화대혁명을 두고 "'붉은 팔월'이 날뛰던 그 해, 나는 일곱 살이었다. 나는 날마다 찾아오던 '어두운 네 골목을 피로 씻겨내던' 홍위 대장들 근처에서 벌벌 떨었다. 겨우 일곱 살 때 죽음의 두려움을 알았고 삶을 탐했다. 홍위병들에게 소리 높여 '16조'를 외치시던 어머니도 정말이지 신뢰할 수 없었다. 일곱 살짜리의 직감으로도 쓸데없는 일이란 걸 알았다. 그렇지 않으면 머리가 자루만큼이나 컸던 여자 시체도 없었을 테고, 좁은 골목 시체를 태우던 짙은 연기의 흩날림도 없었을 것이다. 문혁 중 그 어느 '세대'도 아니었기에 토론하거나 서술할 수 있는 '권력'은 없었다. 하지만 그 시절, 일곱부터 열일곱까지는 모진 '플롯'이었다"[15]라고 회고하고 있다. 일곱 살 소녀의 기억, 홍위병의 비인간성, 어머니에 대한 불신, '시체' 등과 같은 표현 등이 당시 문화대혁명의 참상을 매우 사실적이면서 동시에 형상적으로 묘사하고 있다.

문화대혁명 기간에도, 예컨대 1967년에는 '어록가語錄歌', '어록체조語錄操', '충자무忠字舞' 등이 유행하고, 1968년과 1972년에는 각각 허베이河北 만청滿城과 후난湖南의 창사長沙에서 서한西漢의 중산정왕中山靖王 유승劉勝과 부인의 분묘, 그리고 마왕퇴馬王堆가 발굴되는 등 고고학적 성과도 이어졌다. 또한 1974년에는 〈붉은 세월火紅的年代〉이나 〈염양천艷陽天〉과 같은 극영화가 상영되었다.

그러나 전체적으로 이 시기에는 교조주의적 문화사업의 방침이 관철되고 있었다. "특히 1960년대에 들어선 이후 지속되어 오던 문예계에 대한 비판은

---

15 戴錦華, 『猶在鏡中: 戴錦華放談錄』 (北京: 知識出版社, 1999); 주재희 외 옮김, 『거울 속에 있는 듯』, 서울: 그린비, 2009, 11쪽.

1966년 2월 이른바 '부대문예활동좌담회部隊文藝工作座談會'가 열리고 여기에서 「린비아오 동지가 지앙칭 동지에게 위탁하여 개최한 부대문예활동좌담회 개요林彪同志委託江青同志召開的部隊文藝工作座談會」가 채택되면서 사회주의 중국 수립 이후 문예계를 전면 부정하는 '문예흑선독재론文藝黑線專政論'이 제기된 이후 본격화되었다."[16] 이러한 상황에서 지앙칭은 결국 1974년 잡지 『홍기紅旗』에 8편의 모범극樣板戲을 발표함으로써 "사회주의 문예의 신기원을 열었다"고 평가했다.

앞서 지식인에 대한 억압을 언급했으나 문화대혁명 시기에는 수많은 대학교수와 학자가이 '반동학술권위反動學術權威'로 비판받았고 죽음에 이르렀다. 학교는 문을 닫거나 해산해야 했다. 문화대혁명 기간 국가는 10만여 대학원생, 100만여 대학생, 200만여 전문대학생을 양성하는 데 그쳤다. 초등학생과 중고등학생 교육 및 사회 교육은 더욱 심각한 폐해를 입었다. 문화대혁명은 "반당, 반사회주의의 이른바 '학술 권위'를 가지고 자산계급의 반동 입장을 철저하게 폭로하고 학술계, 교육계, 언론계, 문예계, 출판계의 자산계급 반동사상을 철저하게 비판하여 이러한 문화 영역의 지도권을 박탈하여야 한다고 주장하면서 앞의 '다섯 영역' 말고도 신문, 라디오, 간행물, 서적, 교과서, 강연, 문학, 영화, 연극, 곡예曲藝, 미술, 음악, 무용 등 13개 분야에 봉건주의와 자본주의, 수정주의가 가득 차 있다고 비판했다. 이에 따라 다섯 영역의 각 분야 조직과 분회는 강제 해산당하거나 활동 정지됐다. 1965년 전국적으로 343종의 신문과 790종의 잡지는 문화대혁명 초기 일부 중앙 및 지방의 당보黨報와 『홍

16 임대근, 「사회주의 중국의 국가권력과 영화의 상관성: '모범극영화(樣板戲電影)'를 중심으로」, 『중국연구』 제39권, 서울: 한국외국어대학교 중국연구소, 2007, 352쪽.

기』,『해방군문예解放軍文藝』 등 일부 간행물만 남겨두고는 모두 정간당했다."[17]

이 시기 중국 문화는 분명하게도 이원 대립 구조에 매몰되어 있었다. 관념과 주류, 이데올로기, 군중, 관변, 계몽, 정치, 표층, 공개, 집단(창작), 종합 예술, 좌편향 입장이 전체 사회와 문화를 지배하는 형국으로 표출된 시기였다.

Ⅳ. 조정: 사회주의 문화산업(1976~현재)

문화대혁명 이후 1978년 이른바 개혁·개방이 시작되고 중국 사회는 30년에 걸쳐 새로운 변화를 맞이하게 된다.

문화대혁명 직후 "실천은 진리를 검증하는 유일한 기준實踐是檢驗眞理的唯一標準"이라는 구호와 더불어 이른바 "사상해방, 실사구시, 일치단결하여 앞으로 나가자"는 방침이 천명됐다. 1978년 덩샤오핑이 중앙업무회의中央工作會議에서 밝힌 구호였다. 이후 중국은 지식인을 노동자의 범주로 재확인하고(덩샤오핑 1978년 전국과학대회 개막식), 당 중앙이 「건국 이래 당의 약간의 역사 문제에 관한 결의關於建國以來黨的若干歷史問題的決議」를 통해 "고도의 문명 사회주의 강국을 위해 노력하자"는 방침을 밝힌 뒤 이른바 사회주의 정신문명 건설의 구체적 표현이 속속 등장하기 시작한다. '결의'는 건국 이전 28년의 역사에 대한 회고, 건국 32년 역사에 대한 기본 평가, 사회주의 개조를 기본적으로 완성한 7년, 사회주의 전면 건설의 10년, '문화대혁명' 10년, 역사의 위대한 전환, 마오쩌둥 동지의 역사적 지위와 마오쩌둥 사상, 단결하여 사회주의 현대

17 王彦峰 외, 위의 책, 614쪽.

화 강국 건설을 위해 분투하자 등 여덟 분야의 서술로 구성됐다. 이런 변화에서 가장 중요한 향후 방향의 설정은 결국 '사회주의 현대화' 건설이라는 구호였다. 이후 중국 사회는 '사회주의 현대화'를 위해 일로 매진하게 되고 문화 영역 또한 그 예외는 아니었다.

예컨대 '오강사미삼열五講四美三熱' 운동이나 '정신 오염 반대 투쟁', '자산계급 자유화 반대 투쟁' '외설 척결' 방침, '중국 특색의 사회주의 문화 건설' 방침 등은 사회주의 정신문명 건설을 위한 구체적인 사례다. 그 결과 1986년에는 「사회주의 정신문명 건설 지도 방침에 관한 중공 중앙의 결의中共中央關於社會主義精神文明建設指導方針的決議」가 발표된다. 이 문건은 오늘날까지도 개혁개방 이후 '사회주의 중국'의 문화 정책의 근간을 보여준다.

이 '결의'의 주요 내용은 모두 8개 부분으로 정리할 수 있다. 첫째, 사회주의 정신문명 건설의 전략적 지위. 둘째, 사회주의 정신문명 건설의 근본 임무. 셋째, 공통의 사상을 동원한 전국 각 민족 인민의 단결. 넷째, 사회주의 도덕 기풍의 수립과 발양. 다섯째, 사회주의 민주, 법제, 규율 교육의 강화. 여섯째, 교육과학 문화의 보급과 향상. 일곱째, 정신문명 건설에 있어서 마르크스주의의 지도 역할. 여덟째, 정신문명 건설에 있어서 당 조직과 당원의 책임 등[18]이다.

이 문건은 공산당 제12기 6중전회인 1986년 9월 28일에 통과됐다. '결의'는 중국의 실제 상황에서 출발하여 마르크스주의의 기본 원리를 운용하고 과학적으로 '건국' 이래의 역사적 경험을 총괄하자고 주장한다. 특히 당의 '12대' 이래 정신문명 건설의 새로운 경험과 또한 직면한 문제를 진일보하게 '사회주의 정신문명 건설의 지도 방침'이라는 표현으로 분명하게 논술했다는

---

18 자세한 내용은 王彦峰 외, 위의 책, 621쪽 이하 참고.

평가를 받았다.

1986년의 '결의'는 우선 중국 사회주의 현대화의 총체적인 국면에 대한 논술로 시작한다. 즉 경제 건설이 중심임을 분명히 밝힌 뒤 경제 체제의 개혁, 정치 체제의 개혁을 굳세게 지킴으로써 정신문명을 건설할 수 있다고 주장한다. 즉 '사회주의 현대화' 사업에 있어서 경제 건설과 정치 건설이 정신문명 건설에 있어서 상호 작용을 구체적이고 명확하게 지적했다. 또한 문건은 나아가 사회주의 정신문명의 전략적 지위에 대해서 마르크스주의를 지도로 삼는 사회주의 정신문명이야말로 사회주의의 중요한 특징이라고 언급한다. 그것은 물질문명의 발전은 정신적 동력과 지력智力의 지지를 받아야 하며, 물질문명의 정확한 발전 방향을 위해 힘 있는 사상적 보증을 받아야 하며, 전면적인 개혁과 대외 개방을 통해 사회주의 사업에 활력을 가져오고, 또한 정신문명 건설에 관한 새롭고 더욱 높은 요구를 필요로 한다는 것이다. 또한 문건은 중국의 정신문명 건설의 근본 임무를 두고 사회주의 현대화 건설의 필요에 적응해야 한다고 규정했다. 즉 이상과 도덕, 문화, 규율을 갖춘 사회주의 공민公民을 양성해야 하며 전체 '중화민족'의 사상 도덕적 소양과 과학 문화 소질을 향상해야 한다는 것이다. 또한 문건은 사회주의 중국 수립 이래 당과 국가의 경험적 교훈을 총괄하여 근대 세계와 중국의 역사 발전을 분석하면서 대외 개방 정책이 동요할 수 없는 기본적인 국책이며 이 또한 정신문명 건설을 위해서 복무함과 동시에 사회주의의 기초 위에서 중국 문명 부흥의 새로운 단계로 들어서야 한다고 주장한다.[19]

이처럼 '사회주의 정신문명'의 건설은 대체로 모종의 이상적이고 선언적

19 王彦峰 외, 위의 책, 621~622쪽.

인 의미를 담고 있다. 그럼에도 중국 특색의 사회주의를 주장해 온 개혁·개방 10년 이후의 사회주의 중국 문화는 이와 같은 선언적 강령에 제어되지 않을 수 없었다. 전반적인 당과 정부의 정책 기조는 모두 사회주의 정신문명 건설이라는 중요한 목표를 향해 설정됐다. 이는 '사회주의'를 포기할 수 없는, 그렇다고 개혁·개방은 더욱 포기할 수 없는 이중의 딜레마에서 등장한 '중국 특색의 사회주의', '사회주의 초급단계론', '사회주의 시장경제론' 등이 어떤 방식으로 구체적인 문화의 층위에서 실천되어야 하는지 보여준 문건이다. 물론 이 문건의 존재와 공포에도 불구하고 중국 사회는 점차로 '시장경제' 문화에 익숙하게 되었다. 특히 1990년대 이후 중국 문화는 점차로 대중화, 상업화, 오락화의 길을 걷게 되었다. 이런 경향은 앞서 말한 바처럼 텔레비전 드라마, 영화, 소설, 인터넷 문화 등 다양한 분야에서 매우 구체적인 '현상'으로 나타났다. 이 시기 중국 문화는 당과 정부의 사회 상층부에서는 여전히 이념적 주도권을 놓지 않으려 했지만, 사회의 하층부에서는 실제적이고 구체적인 문화에 대한 욕구가 분출한 시기였다.

이런 배경에서 민간의 활기도 회복되어 다양한 문화 현상이 자율적으로 발생하는 상황이 일어난다. 1980년대에는 상흔문학에서 시작하여 성찰反思문학 등으로 이어지는 일련의 반성적 움직임이 다양한 논쟁을 통해 드러났다. 또한 예술계 전반에 모더니즘 사조가 유행을 선도했다. 1985년 미술계에는 다양한 서양 행위 예술과 설치 예술이 등장하여 이른바 '85새물결85新潮' 미술이 등장했다. 여세를 몰아 1989년에는 '모더니즘 미술대전'이 베이징미술관에서 개최되었다. 1986년에는 대만의 치웅야오瓊瑤의 대중소설이 유행하고 추이지엔崔健의 록 음악이 유행을 선도하는 등 대중문화에도 일련의 변화가 일어났다. 5세대 감독의 활약으로 다양한 중국 영화가 서구 영화제에서 수상함과 동시에 1990년대 초반에는 텔레비전 드라마 〈갈망渴望〉과 아방가르드 소설先鋒小說이 주목받았고, 할리우드 영화가 속속 유입되는 등 적잖은 변화를 겪었다. 1990년대 중반 이후, 즉 1996년에는 지아핑와賈平凹의 성애 소설인 『폐도廢都』가 전국적인 열풍을 불러일으켰고, 이른바 '홍색경전紅色經典'이라는 복고주의 열풍이 불기도 했다. 2000년대 이후에는 인터넷 문학과 게임, 영화의 등급 제도에 관한 관심이 폭발적으로 증가했다. 2000년 인터넷 문학으로 차이즈헝蔡智恒의 「첫 번째 친밀한 접촉第一次親密接觸」과 안니베이비安尼寶貝의 「안녕 웨이안告別薇安」이 큰 반향을 불러일으켰다.[20] '80후', '90후' 등과 같이 새로운 세대를 규정하려는 사회적 움직임도 일어났다.

사회주의 중국 수립 60주년을 맞이한 2009년 9월, 중국 국무원은 「중국문화산업진흥계획中國文化産業振興規劃」이라는 문건을 공포한다. 이는 중국 최초로 공포된 문화산업에 관한 전문적인 강령이다. '계획'은 문화산업 진흥의 공익성과 시의성을 강조하고 있는 전문前文 격의 '선언'과 "문화산업 진흥 가속화의 중요성과 긴급성", "지도 사상 및 기본 원칙, 계획의 목표", "중점 임무", "정책 시행", "조건의 보호" 등 모두 여섯 부분으로 이루어져 있다. 그중에도 핵심적이고 구체적인 내용은 "중점 임무"에서 다루고 있다. 문화창의산업, 영상제작업, 출판업, 인쇄업, 광고, 엔터테인먼트, 전시, 디지털콘텐츠, 애니메이션을 중점적으로 발전시켜야 할 주요 산업으로 규정하고 이들의 발전을 위해 노력하자는 것이다. 관련 산업의 제작을 활성화하고 유통과 소비에 이르는 산업적 환류 시스템을 강화하여 경쟁력을 향상함으로써 궁극적으로 국제 시장

---

20 王丹, 위의 글 참조.

에서도 인정받을 수 있는 문화 상품을 생산하자는 의지도 빼놓지 않았다.[21]

중국은 사회주의 수립 60주년을 맞이하여, 문화를 '사업'으로만 바라보던 관점에서 벗어나 '산업'으로 바라보기 시작했다. 이는 중국이 사회주의 문화를 인식하는 최초의 '변곡점'이 되었다. 또한 향후 사회주의 중국의 문화는 매우 구체적인 하층부로부터 개혁과 발전, 수출입과 산업을 논의하는 구조를 형성했다. '창의산업'으로 일컬어지는 중국의 문화콘텐츠 산업은 지속해서 성장했다. 물론 여기에는 인문학의 배경과 축적된 콘텐츠를 활용하는 방법과 관점에 따라 역량 발휘의 정도가 결정될 수 있다.

시진핑 시기 중국 문화는 다소 경직되었다. 민간과 시장의 요구를 적당히 허락하던 이전 정부와는 달리, 문화사업의 중요성을 강조하면서 이데올로기 우위의 상황을 요구하고 있다. 탑-다운 방식의 이데올로기 전파를 가장 중요한 우선순위로 설정하고, 바텀-업 방식의 시장의 요구는 허락되지 않고 있다. 해외 대중문화와 문화콘텐츠를 수동적으로 방어하면서, 자국의 다양한 콘텐츠 플랫폼만을 허용하는 정책을 고수하고 있다. 특히 2016년 사드 배치 사태 이후 시작된 한국 대중문화와 문화콘텐츠에 대한 금지, 즉 한한령은 이런 상황을 표상적으로 보여주고 있다. 이처럼 문화를 산업이 아니라, 사업의 관점으로 간주하는 일종의 회귀 상태는 당분간 지속될 것으로 보인다.

---

21 임대근, 「중국, 문화'산업' 진흥에 시동 걸다: 중국 최초, '문화산업진흥계획' 제정의 의미」, 프레시안, 2009.10.9 [http://www.pressian.com]

Ⅴ. 전망과 과제

이처럼 사회주의 중국의 문화가 어떤 모습으로 흐르며 변화해 왔는지 정리해 보았다. 사회주의 중국 문화의 통사를 기술할 수 있는가에 관한 회의는 매우 난감한 정동을 가져왔다. 그러나 사회주의 중국의 시간을 단위별로 분절하고, 각각 사회주의 원류기(1942~49), 실험기(1949~78), 조정기(1978~현재)로 명명하고 시기별 문화의 변모 양상을 구체적인 대표 사례를 통해 살펴보았다. 또한 시기별로 발표된 주요 문건을 검토함으로써 사회주의 중국 수립 이후 문화가 이른바 중요한 강령성 문건에 의해 좌우되었다는 사실을 살펴보았다.

사회주의 중국 수립 전부터 혁명의 도구로서 기능하던 중국 문화는, 오늘날 산업의 지위를 부여받았으면서도 동시에 다시 사업의 관점을 강요받고 있다. 서술 과정에서 매우 방대한 사건의 집합을 나열만 하고 세밀하게 분석하지 못했지만, 중국 문화에 대한 공적 정보의 축적과 분석은 다음 과제로 남기려고 한다. 매우 다층적인 층위로 구성된 사회주의 중국 문화에 대한 이해와 설명에 접근할 수 있기를 바란다.

참고문헌

임대근, 「사회주의 중국의 국가권력과 영화의 상관성: '모범극영화(樣板戲電影)'를 중심으로」, 『중국연구』 제39권, 서울: 한국외국어대학교 중국연구소, 2007.

임대근, 「중국, 문화'산업' 진흥에 시동 걸다: 중국 최초, '문화산업진흥계획' 제정의 의미」, 프레시안, 2009.10.9 [http://www.pressian.com]

Yves Michaud 외, 강주헌 옮김, 『문화란 무엇인가?』, 서울: 시공사, 2003.

北京大學 等,『文學運動史料選』, 上海:上海教育出版社, 1979.

陳思和,『中國當代文學史教程』, 上海: 復旦大學出版社, 1999.

戴錦華,『猶在鏡中: 戴錦華放談錄』, 北京: 知識出版社, 1999; 주재희 외 옮김,『거울 속에 있는 듯』, 서울: 그린비, 2009.

葛一虹,『中國話劇通史』, 北京: 文化藝術出版社, 1997.

毛澤東, 中共中央文獻編輯委員會 編,『毛澤東著作選讀』, 北京: 人民出版社, 1986.

王丹,「五十五年文化歷程過眼」,『人民日報』2004.9.25. [http://www.people.com.cn].

王彦峰 等,『中國國情辭書』, 太原: 山西經濟出版社, 1993.

張立文,「文化60年: 十個融合與五個展望」,『人民論壇』總第267期, 北京:人民論壇雜誌社, 2009.10.

장은영
한국외국어대학교
외국어교육학부
중국어교육전공

국내 중국어 교육의 연구 동향과 전망

Ⅰ. 서론

1992년 한중 수교 이후, 양국은 정치적·경제적으로 긴밀한 관계를 유지하고 있다. 정치적으로 양국은 1992년 우호협력관계에서 1998년 21세기를 향한 협력동반자관계, 2003년 전면적 협력동반자관계를 거쳐 2008년에는 전략적 협력동반자관계로 격상되었다. 경제적으로 중국은 한국의 최대 교역국이자 최대 수출시장, 최대 수입 대상국의 위치를 점하고 있다.[1] 양국의 상호 연계성이 높아지면서 중국에 대한 관심과 중국어를 배우고자 하는 학습자 수도 꾸준히 증가하였다.[2] 현재 중국어는 영어를 제외하고 대표적인 제2외국어로 자리매김했다고 해도 과언이 아니다.

우리나라에서 중국어 교육은 오랜 역사와 전통을 지니고 있다. 근대화 시

1 한용수, 조윤주, 「중국어 교육 연구의 회고 및 방향」, 『외국학연구』 (28), 2014, pp. 235-236.

2 중국어 능력 시험인 HSK의 국내 참가인원을 살펴보면, 1993년 60명에서 2001년 7,000여 명으로 증가하였으며, 2010년 말에는 5만 3천여 명이 참가하였고, 2011년에는 약 6만 5천여 명이 참가하였다. 중국교육부 제공 통계데이터에 따르면 재중 한국유학생은 2006년 54,000여 명으로 전체 유학생 가운데 38%로 1위를 차지하였으며, 2011년에는 31%(62,000여 명)를 차지하였다. 한용수, 조윤주, 「중국어 교육 연구의 회고 및 방향」, 『외국학연구』 (28), 2014, pp. 230-232.

기부터 살펴보면, 개화기에 이르러 우리나라는 외국어에 능통한 인재를 양성하고, 외국의 문물을 접하고 문화를 수용하는 데 목적을 두고 정부 차원에서 외국어 학교를 설립하였다. 중국어 교육은 한어학교에서 정식으로 이루어졌는데, 중국어 교육 기관인 관립한어학교는 본래 1892년 6월에 설립되어 중간에 잠시 문을 닫았다가 1897년 6월 중국인 胡文華후원화를 교사로 초빙하여 정식으로 개교하였다. 중국어 교육은 1894년 갑오개혁 이후 더욱 정비되고 강화되기 시작하다가 1905년 을사조약 이후 일본에 의해 교육 연한이 단축되고 교육 정도가 낮아지게 되었다. 1910년 한일합방 이후에는 유일한 관립외국어 교육기관이었던 관립한성외국어학교마저 당시 일본어 중시 정책 및 일제의 조선 침략 강화의 명목으로 1911년 1월 11일 폐교되었다(소은희, 이주연, 2010).[3]

1946년 우리나라 최초로 서울대에 중문과가 개설된 것을 국내 현대중국어 교육의 시작이라고 볼 때, 그동안 우리나라의 중국어 교육기관은 대학을 중심으로 양적 증가와 함께 교과 과정 내용의 다양화가 이루어졌으며, 중국어문학 연구에서도 많은 발전을 이루었다.[4] 이후 80년대 교육 수요를 충족하기 위하여 학과 설립이 붐을 이루자 대학마다 앞다투어 중문과를 신설하였다(임동석, 2003). 1992년 한중 수교 이후에는 양국 교류가 질적·양적으로 급속히 증가하면서, 중국어 교육 역시 새로운 발전기를 맞이하게 되었다. 중국어 학습 인구도 급증하여 고등학교 교과 과정 중 제2외국어에서 중국어 비율은 1991년 3.1%에서 2003년 17%, 2008년 26.3%까지 상승하였으며, 2011년 기준 전국 4년

3 이현아, 김민채, 김영환,「국내 중국어교육 관련연구 동향분석 : 2005년부터 2014년까지」『아시아교육연구』(16), 2015, p. 184.

4 이영호,「中國語敎育의 硏究現況과 方向」『중국어문논역총간』(15), 2005, pp. 297-298.

제 대학 총 213곳 중 약 140여 곳이 중문 전공을 개설하였다.[5]

본 연구에서는 최근 10년간 진행된 국내 중국어 교육 관련 연구 현황을 분석하여 국내 중국어 교육의 연구 성과를 알아보고, 이를 바탕으로 국내 중국어 교육의 전망을 살펴보고자 한다. 최근 국내 중국어 교육의 연구 동향을 이해하고, 향후 국내 중국어 교육의 방향을 살펴본다는 점에서 의미가 있다고 할 수 있다.

Ⅱ. 선행 연구 검토

국내 중국어 교육 연구 현황에 대한 선행 연구를 살펴보면, 박용진(2005), 이영호(2005), 박경송, 심지언(2012), 한용수, 조윤주(2014), 이현아, 김민채, 김영환(2015), 한나, 최선진(2021) 등이 있다.

먼저, 박용진(2005)은 1993년부터 2004년까지 발표된 중국어 교육 관련 논문의 연구 상황과 성과, 향후 연구 방향에 대해 살펴보았다. 중국어 교육 관련 연구 분야를 '제2언어 습득', '평가 및 교재', '교수법', '언어 기능 교육', '교육사' 등 5가지 하부 분야로 나누어 115편의 논문을 정리하였다. 그 결과, 중국어 교육 분야의 연구가 양적으로는 성장하고 있지만 분야별로 다양한 연구가 이루어지지는 않았다. '언어 기능 교육' 분야가 전체의 44.4%(51편)을 차지하였는데, 이중 '어법' 관련 논문이 가장 많고, '듣기' 관련 논문이 가장 적었다. 저

5 이현아, 김민채, 김영환, 「국내 중국어교육 관련연구 동향분석 : 2005년부터 2014년까지」, 『아시아교육연구』 (16), 2015, p. 184.

자는 아직 관련 연구들이 중국어학의 틀에서 벗어나지 못하고, 관찰, 기술, 실험이 잘 이루어지고 있지 않기 때문에 데이터에 대한 신뢰가 낮은 편이라고 문제점을 지적하였다. 그동안 명확히 제시되지 않았던 중국어 교육 연구 분야의 하부 구조를 5가지로 나누어 선행 연구를 분류하고 분석했다는 점에서 의미가 있다.

이영호(2005)는 학술진흥재단의 2004년 등재지와 등재 후보 학술지를 대상으로 각 학술지의 창간호부터 2004년 6월까지 출간된 학술지를 분석하였다. 분석 결과, 60년대부터 2004년까지는 발표된 논문 6,824편 중 교육 관련 논문은 1.07%(73편)에 불과하였다. 또한, 실제 중국어 교육의 중요 분야인 언어 영역 연구가 매우 미흡한 실정으로, 앞으로 연구 분야의 세분화와 활성화가 필요하다고 하였다.

박경송, 심지언(2012)은 한국연구재단에 2011년까지 등재지와 등재후보지로 등록된 중국어 교육 및 중국어 교육 관련 학술지 18종에 실린 논문 중 국내 중국어 기능 교육과 관련된 내용을 다룬 듣기 5편, 말하기 17편, 읽기 11편, 쓰기 31편 등 총 64편의 논문을 대상으로 연구 현황과 효과적인 중국어 교육 방법을 살펴보았다. 저자는 듣기와 읽기 교육 관련 폭넓은 연구가 필요하다고 하면서 듣기·말하기 교육은 각종 교수·학습 이론과 교수법이 제시되고 있지만, 연구 결과의 교육 현장 실험을 통하여 교육의 효용성을 입증하는 연구가 더욱 필요하다고 지적하였다. 언어의 네 기능을 중점으로 중국어 교육의 연구 현황과 기능별 교육법을 살펴보았다는 점에서 의미가 있다.

한용수, 조윤주(2014)는 1992년부터 2013년까지 한국연구재단 한국학술지인용색인(KCI)에 등록된 등재지와 등재후보지를 중심으로 중국어 교육에 관한 논문을 분석하였다. 저자는 중국어 교육의 연구 시기를 맹아기(1990

년 이전), 도약기(1990년대), 발전기(2000년대)로 나누어 시기별 발표 논문을 살펴보았다. 최근 중국어 교육 관련 연구는 인지언어학, 사회언어학, 화용론 등 인접 학문과의 접목을 시도하고 있으며, 중국어 교육이 기존 어문학 중심에서 기능 중심 교육으로 전환되고 있다고 하였다. 다만 여전히 중국어 교육에 대한 관심이 미흡하고 연구 주제의 불균형 문제가 존재한다고 지적하였다. 한중 수교 이후 국내 중국어 교육을 세 단계로 나누어 살펴보고, 정치적, 경제적으로 양국이 어떤 관계를 맺고 있는지 구체적으로 살펴보았다는 점에서 관련 연구에 참고가 될 수 있다.

이현아, 김민채, 김영환(2015)은 박용진(2005)의 연구에 이어 2005년에서 2014년까지 국내 학술지에 게재된 중국어 교육 관련 연구 논문 217개를 선정하여 동향 분석을 실시하였다. 그 결과, 2011년 논문 수가 급증하였고, 연구 대상은 전체 학습자를 대상으로 한 비율이 76.5%였으며, 학습자를 구체적으로 분석한 연구의 수가 적었다. 연구 방법에 있어서는 문헌 연구와 양적 연구 비율이 높았으며, 연구 주제는 제2언어로서의 습득 및 기능에 대한 것이 주를 이루었다. 국내 중국어 교육 관련 연구에서 교수학습법을 구체적으로 다룬 연구는 비율이 낮은 편(27.2%)이었는데, 중국어 교육만의 학문적 정체성을 수립하기 위해서는 변화하는 교육 패러다임, 특히 스마트 교육의 기본 취지를 반영할 필요가 있다고 제안하였다.

한나, 최선진(2021)은 중국어 교육과 관련된 국내 유일한 학회인 한국중국어교육학회에서 발간하고 있는 『중국어교육과 연구』에 게재된 논문을 바탕으로 중국어 교육의 최근 연구 동향을 분석하고 연구 현황을 점검하였다. 2005년 창간호부터 2021년 2호까지 발행된 382편의 논문을 대상으로 분석을 진행한 결과, 연구 대상의 경우 문헌 대상의 연구가 과반이고, 학습자를 직접 대상으로 하는 연구 비율은 매우 낮았다. 연구 주제 면에서는 제2언어습득 및 기능 교육 관련 교수학습법 영역이 전체의 24%(93편)를 차지하면서 가장 많은 연구가 이루어진 것으로 나타났다. 이를 근거로 저자는 향후 중국어 교육 연구에 있어 학습자 대상 연구와 연구 주제 확대, 새로운 연구 영역 개척(혁신교수법, 최신 기술 반영) 등이 필요하다고 제안하였다. 다만, 현행 중국어 교육 관련 연구논문이 다양한 학술지에서 발표되고 있는데, 특정 학술지 하나에 게재된 논문만을 연구 대상으로 했다는 점에서 한계가 있다고 할 수 있다.

Ⅲ. 국내 중국어 교육 연구 현황 및 성과

1. 연구 대상 및 방법

본 연구에서는 박용진(2005), 이현아, 김민채, 김영환(2015)의 연구에 이어 2015년부터 2024년까지 최근 10년간 국내 학술지에 게재된 중국어 교육 관련 학술논문을 대상으로 연구 현황을 분석하고자 한다.

한국학술지인용색인(KCI)에서 '중국어'로 검색한 결과 1차로 총 6,184건의 논문(등재지, 등재후보지)이 검색되는데,[6] 이 중 '교육'을 키워드로 하여 결과 내 재검색을 진행하고, 중국어 교육과 관련 없는 논문(예: 중국인 대상 한국어 교육 등), 중복 논문, 외국인(한국인 제외)을 연구 대상으로 한 논문 등을 제외하고 최종적으로 615편을 연구 대상으로 선정하였다.

6 KCI, https://www.kci.go.kr/kciportal/po/search/poArtiSearList.kci(검색일: 2024.03.23)

본 연구에서는 박용진(2005), 이현아, 김민채, 김영환(2015)이 제시한 분석 기준을 참고하여 '제2언어학습', '평가 및 교재', '교육 현황 및 정책', '교수·학습 방법' 등 네 가지 분석 기준을 선정하였는데, 세부 내용은 다음과 같다.[7]

〈표 1〉 국내 중국어 관련 연구 현황 분석 기준

대분류	소분류	세부 내용
제2언어학습	제2언어 습득	발음, 어휘, 문법, 한자 등의 언어 습득 교육에 초점을 맞춘 연구
	제2언어 기능	듣기, 말하기, 읽기, 쓰기 등의 언어 기능 교육에 초점을 맞춘 연구
평가 및 교재	평가 모형	평가 모형 개발
	능력평가시험	신 HSK, 수학능력시험, 임용시험, 수행평가 등
	교재 및 교과서	중국어 교재 및 교과서, 사전
교육 현황 및 정책	교육 정책	중국어 교육 과정, 교육 정책 등
	교육 현황	중국어 교육 현황, 교육 연구 현황, 회고성 논문 등
	의식 조사	중국어 교육에 대한 태도나 방향, 설문 조사 등
교수·학습 방법	교수·학습 이론 분석	교수·학습 이론, 교수·학습 설계 이론, 교수·학습 방법론 등
	교수·학습 전략 설계 및 적용	플립러닝, PBL 등 교수·학습 전략 설계 및 적용
	디바이스 기반 매체 활용	온라인, 인터넷 사이트, 하이퍼미디어, e-book, 스마트 디바이스 기반, 모바일 어플리케이션, 멀티미디어 활용 등
	콘텐츠 기반 매체 활용	드라마, 영화, 뉴스, 신문, 공연, 디지털콘텐츠 활용 등

7 이현아, 김민채, 김영환(2015: 191)의 분석 기준을 주로 참고하였으며, 일부 내용을 수정하였다.

2. 연구 결과 분석

최근 10년간 진행된 국내 중국어 교육 관련 연구 현황을 분석한 결과, 2016년과 2024년을 제외하고 매년 60편 이상의 논문이 발표되었는데, 연도별 논문 수를 그래프로 나타내면 다음과 같다.[8]

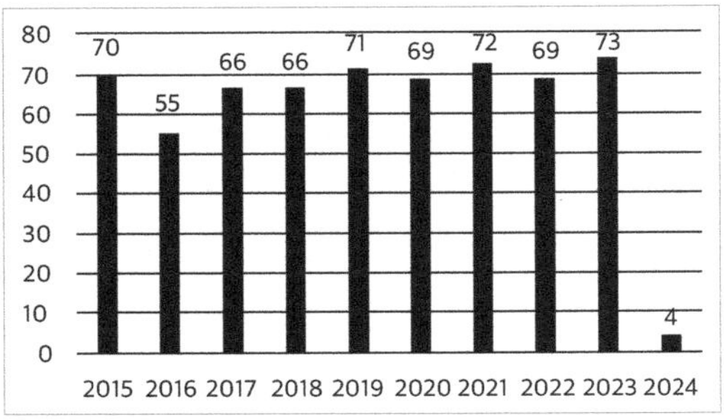

〈그림 1〉연도별 논문 수

분류별로 살펴보면, 제2언어학습 관련 논문이 41%로 가장 많고, 다음으로 교수·학습 방법 관련 논문(26.7%), 교육 현황 및 정책 관련 논문(16.7%), 평가 및 교재 관련 논문(15.6%) 순이다. 분류별 논문 비중을 그래프로 나타내면 다음과 같다.

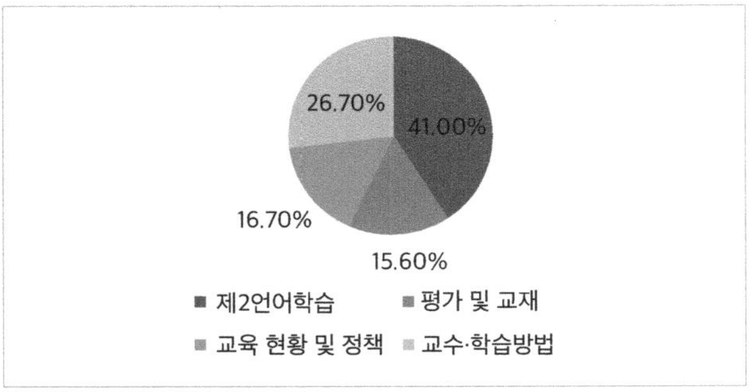

〈그림 2〉분류별 논문 비중

8 2024년 3월 23일을 기준으로 한 검색 결과이기 때문에 2024년도 논문은 4편에 불과하다.

1) 제2언어학습

제2언어학습에 관한 논문은 총 252편으로, 전체 논문의 약 41%를 차지한다. 구체적으로 살펴보면, 발음, 어휘, 문법, 한자 교육 등 제2언어 습득에 관한 논문이 219편이고, 듣기, 말하기, 읽기, 쓰기 등 제2언어 기능에 관한 논문이 33편으로, 차이가 크다. 연도별로 살펴보면 제2언어 기능에 관한 논문은 매년 3~5편으로 차이가 크지 않은데, 제2언어 습득에 관한 논문은 2015년에 40편으로 가장 많고, 그 이후부터는 20여 편 내외로 거의 일정한 편수를 유지하고 있다. 연도별 논문 수를 표로 나타내면 다음과 같다.

〈표 2〉 제2언어학습 관련 연구 현황

소분류	연도별 논문 수										
-	2015	2016	2017	2018	2019	2020	2021	2022	2023	2024	합계
제2언어 습득	40	17	27	22	23	22	28	19	20	1	219
제2언어 기능	4	2	4	4	5	4	4	3	3	0	33

제2언어 습득과 관련된 논문을 연구 주제별로 살펴보면, 문법에 관한 논문이 120편으로 가장 많고, 다음으로 어휘(51편), 발음(27편), 문화(11편), 한자(10편) 순이다. 이를 통해 여전히 국내 중국어 교육 관련 연구에서 문법 연구가 큰 비중을 차지하고 있는 것을 알 수 있다.

2) 평가 및 교재

평가 및 교재에 관한 논문은 총 96편으로, 전체 논문의 약 15.6%를 차지한다. 구체적으로 살펴보면, 평가 모형에 관한 논문이 10편이고, 신 HSK, 수학능력시험, 임용시험, 수행평가 등 능력평가시험에 관한 논문이 22편, 중국어 교재 및 교과서, 사전 등 교재 및 교과서 관련 논문이 64편으로, 교재 및 교과서

〈표 3〉 평가 및 교재 관련 연구 현황

소분류	연도별 논문 수										
-	2015	2016	2017	2018	2019	2020	2021	2022	2023	2024	합계
평가 모형	2	1	2	0	1	2	1	1	0	0	10
능력평가시험	1	0	1	2	6	3	4	2	3	0	22
교재 및 교과서	8	5	6	7	10	6	5	9	7	1	64

관련 논문이 가장 많다. 연도별로 살펴보면 평가 모형에 관한 논문은 매년 1~2편으로 큰 차이가 없었으나, 능력평가시험은 2019년에 발표된 논문이 가장 많았으며, 교재 및 교과서 논문 역시 2019년에 가장 많은 논문이 발표되었다. 연도별 논문 수를 표로 나타내면 다음과 같다.

3) 교육 현황 및 정책

교육 현황 및 정책에 관한 논문은 총 103편으로, 전체 논문의 약 16.7%를 차지한다. 구체적으로 살펴보면, 중국어 교육 과정 등 교육 정책에 관한 논문이 32편, 중국어 교육 현황, 교육 연구 현황, 회고성 논문 등 교육 현황에 관한 논문이 37편, 중국어 교육에 대한 태도나 방향, 설문 조사, 인식 조사 등 의식 조사에 관한 논문이 34편으로, 소분류별 발표 논문 수가 비슷하다. 연도별로 살펴보면 교육 정책 관련 논문은 2023년에 가장 많았는데, 이는 2022년에 2022 개정 교육 과정이 발표되면서 이에 대한 연구가 활발히 진행된 것으로 볼 수 있다. 교육 현황에 대한 논문도 2023년에 가장 많았는데, 의식 조사 관련 논문은 2021년 이후 발표 논문 수가 감소하였다. 연도별 논문 수를 표로 나타내면 다음과 같다.

〈표 4〉 교육 현황 및 정책 관련 연구 현황

소분류	연도별 논문 수										
-	2015	2016	2017	2018	2019	2020	2021	2022	2023	2024	합계
교육 정책	1	4	3	5	5	4	3	0	7	0	32
교육 현황	0	6	6	4	4	1	2	5	9	0	37
의식 조사	4	5	5	2	5	5	3	2	3	0	34

4) 교수·학습 방법

교수·학습 방법에 관한 논문은 총 164편으로, 전체 논문의 약 26.7%를 차지한다. 구체적으로 살펴보면, 교수·학습 이론, 교수·학습 설계 이론, 교수·학습 방법론 등 교수·학습 이론 분석에 관한 논문이 11편, 플립러닝, PBL 등 교수·학습 전략 설계 및 적용에 관한 논문이 63편, 온라인, e-book, 스마트 디바이스 기반, 모바일 어플리케이션, 멀티미디어 활용 등 디바이스 기반 매체 활용에 관한 논문이 56편, 드라마, 영화, 신문, 뉴스 등 콘텐츠 기반 매체 활용에 관한 논문이 34편으로, 교수·학습 전략 설계 및 적용에 관한 논문이 가장 많다. 연도별로 살펴보면 교수·학습 이론 분석에 관한 논문은 매년 비슷한 수준이었는데, 교수·학습 전략 설계 및 적용에 관한 논문은 2018년과 2022년에 크게 증가하였다. 디바이스 관련 논문은 2020년 이후 크게 증가하였는데, 이는 코로나19의 영향으로 온라인 수업이 증가하고, 이후 온라인 학습에 익숙해진 학습자를 위해 모바일 러닝이나 메타버스, 스마트 디바이스 활용, 데이터 플랫폼 구축 등에 대한 연구가 활발히 진행된 것과 관련이 있다. 콘텐츠 기반 매체 활용 논문은 2019년에 가장 많았으며, 영상 콘텐츠(드라마, 영화)와 코딩 로봇, 보드게임, 동화 등 다양한 콘텐츠를 활용하였다. 연도별 논문 수를 표로 나타내면 다음과 같다.

〈표 5〉 교수·학습 관련 연구 현황

소분류	연도별 논문 수										
-	2015	2016	2017	2018	2019	2020	2021	2022	2023	2024	합계
교수·학습 이론 분석	0	2	2	0	1	2	1	1	2	0	11
교수·학습 전략 설계 및 적용	6	3	5	10	4	7	6	13	9	0	63
디바이스 기반 매체 활용	2	7	2	5	1	10	12	10	5	2	56
콘텐츠 기반 매체 활용	2	3	3	5	6	3	3	4	5	0	34

3. 연구 성과

박용진(2005), 이현아, 김민채, 김영환(2015), 그리고 본 연구에서 진행한 최근 10년간 국내 중국어 교육의 연구 현황을 비교하여 살펴보면 다음과 같다.

〈표 6〉 지난 30년간 국내 중국어 교육의 연구 현황

	1993~2004		2005~2014		2015~2024	
전체 논문 수	115편		217편		615편	
주제별 비중 (논문 수)	제2언어 습득	27%(31)	제2언어 습득	47.9%(104)	제2언어 학습	41%(252)
	평가 및 교재	5.2%(6)	제2언어 기능	13.8%(30)	평가 및 교재	15.6%(96)
	교수법	5.2%(6)	평가	2.8%(6)	교육 현황 및 정책	16.7%(103)
	언어 기능 교육	44.4%(51)	교육현황 및 정책	12.9%(28)	교수학습 방법	26.7%(164)
	교육사	18.2%(21)	기타	22.6%(49)		

위의 표를 바탕으로 최근 10년간 국내 중국어 교육의 연구 성과를 다음과 같이 정리할 수 있다.

첫째, 세 연구의 연구 대상 선정 기준이 조금씩 차이가 있긴 하지만, 세 연구 모두 국내에서 발간되는 학술지[9]에서 발표된 중국어 교육과 관련된 연구 논문을 대상으로 했다는 점에서 중국어 교육 관련 논문 수가 이전에 비해 크게 증가하였다. 이는 국내 중국어 교육에 대한 관심을 반영한 것이라고 할 수 있다.

둘째, 세 연구에서 분류 기준으로 정한 연구 주제 역시 일부 차이가 있긴 하지만, 최근 10년간의 국내 중국어 교육 연구 역시 제2언어학습에 대한 연구가 가장 활발히 진행되었다. 이는 제2언어 교육의 일부로서 진행되는 국내 중국어 교육의 특성상 언어의 습득(발음, 어휘, 문법, 문자 등)과 언어기능(듣기, 말하기, 읽기, 쓰기)에 관한 교수·학습이 가장 큰 비중을 차지할 수밖에 없기 때문이다. 다만, 제2언어학습 관련 연구가 차지하는 비중은 박용진(2005) 71.4%에서 이현아, 김민채, 김영환(2015) 61.7%, 본 연구 41%로 점차 감소하는 추세이다. 이는 그만큼 다른 주제의 연구 비중이 증가하였다는 의미로, 국내 중국어 교육 연구가 다양한 주제로 확산되고 있음을 보여주는 것이라고 할 수 있다.

셋째, 평가 및 교재 관련 연구가 크게 증가하였다. 지난 20년간 진행된 연구에서는 평가 및 교재 관련 연구의 비중이 전체의 약 3~5% 사이였는데, 최근 10년간 진행된 연구에서는 15.6%로 증가하여 해당 분야의 연구가 근래 들어 활발히 진행되었다는 것을 알 수 있다. 평가 및 교재에 관한 연구는 주로 중국어 능력시험이나 교과서, 기타 중국어 교재와 관련된 것이기 때문에, 국내 중국어 학습자의 중국어 능력을 평가하는 다양한 시험의 특성과 개선점, 국내 중국어 학습자의 중국어 능력 수준, 주로 사용하는 교재의 특징과 보완점 등을

9 박용진(2005)은 중국어문학 학술지에서 발표된 논문을 대상으로 하였다고 하면서 등재지와 등재후보지 외에 일반학술지도 포함되어 있는지 여부는 구체적으로 언급하지 않았으나, 이현아, 김민채, 김영환(2015)과 본 연구는 국내 발간 학술지 중 등재지와 등재후보지만을 대상으로 하였다.

알 수 있다는 점에서 실질적이고 구체적인 국내 중국어 교육 현황을 파악할 수 있다는 장점이 있다.

넷째, 최근 10년간 구체적인 중국어 교수·학습 방법에 관한 연구가 다양한 분야에서 활발히 진행되었다. 4차 산업혁명과 디지털 전환 등 시대적 변화와 이에 따른 요구에 부응하여 국내 중국어 교육 분야에서도 플립러닝, PBL 등 혁신교수법이나 온라인, 스마트 디바이스 기반, 모바일 어플리케이션, 멀티미디어 활용 등 다양한 매체를 활용한 연구가 크게 증가하였다. 이는 전통적인 방식의, 오프라인 위주의 교육에서 학습자 중심의, 온오프라인을 모두 활용한 미래 교육으로 국내 중국어 교육의 실천이 변화하고 있음을 보여주는 것이라고 할 수 있다.

Ⅳ. 국내 중국어 교육의 전망

1992년 수교 이후, 한국의 대중국 수출은 2018년까지 꾸준히 증가하였는데 이후 미중 갈등과 코로나19 등을 거치면서 2020년 이후로는 계속 감소하였다. 2023년에는 대중국 무역수지가 1993년 이후 처음 적자로 전환되었다.[10] 대중국 무역수지가 과거에 비해 악화하는 것과 동시에 우리나라 국민들의 중국에 대한 호감도도 많이 하락하였다.[11] 지난 2022년 중앙유럽아시아연구소

10 중기이코노미, https://www.junggi.co.kr/article/articleView.html?no=31983(검색일: 2024.03.26)

11 국내 외교안보 싱크탱크인 동아시아연구원(EAI)이 일본 겐론NPO와 2021년 9월 28일 공동으로 발표한 여론 조사에 따르면 한국인의 중국에 대한 인상은 '나쁘다' 쪽이 73.8%를 기록했다. 지난해 59.4%에 비해 14.4%P 증가한 수치다. 반면 '좋다'는 응답은 10.7%에 그쳐 지난해(16.3%)보다 크게 줄어들었다. 출처: 매일경제, https://www.mk.co.kr/news/politics/10041137(검색일: 2024.03.26)

(CEIAS) 등이 한국 성인 남녀 1,364명을 대상으로 진행한 조사에서도 중국에 대한 인식이 '부정적' 혹은 '매우 부정적'이라고 응답한 비율이 81%에 달하였다.[12] 이렇게 반중 정서가 확산한 이유는 크게 사드 배치와 관련된 갈등, 코로나19 발생 및 전파로 인한 중국 책임론 부상, 역사 논쟁 및 문화 갈등, 국내 언론의 부정적 태도 및 보도 등으로 정리할 수 있다.[13] 이러한 반중 정서는 중국어 교육 분야에도 적지 않은 영향을 미쳤는데, 구체적으로 대학교와 고등학교에서 중국어 과목 수강 학생 감소, 중국어 교사 임용 정원 감소 등의 결과로 나타났다.[14] 그러나 한중 양국이 지리적·경제적·정치적으로 밀접한 관계를 유지하고 있는 만큼 중국에 대한 이해와 학습은 결코 소홀히 할 수 없는 부분이다.

임연정(2023)은 반중 정서 확산과 관련해 중국, 중국어, 중국어 학습에 대한 초급 수준 중국어 학습자의 인식을 살펴보았는데, 분석 결과 중국에 대한 비호감과는 별개로 학습자 스스로 중국어의 중요성을 인지하고 있으며, 중국어에 대한 긍정적 인식이 향후 중국어 학습의 지속에 영향을 주는 것을 알 수 있었다.[15] 반중 정서가 중국어 교육에 부정적인 영향을 주는 것은 사실이지만, 학습자들은 여전히 중국어 학습의 필요성과 중요성을 인지하고 있다는 점에서 향후 국내 중국어 교육 역시 학습자의 다양한 요구를 만족시키고 중국어 학습에 대한 흥미와 관심을 높이기 위한 다양한 교수·학습 방법을 활용할 필요가 있다.

---

12 머니투데이, https://news.mt.co.kr/mtview.php?no=2022 122721330260700(검색일: 2024.03.30)

13 임연정, 「반중(反中) 정서의 확산 속 중국, 중국어, 중국어학습에 대한 대학생 인식 분석」, 『문화와 융합』, (48), 2023, p. 566.

14 서울신문, https://www.seoul.co.kr/news/2022/08/24/20220824500188(검색일: 2024.03.26)

15 임연정, 「반중(反中) 정서의 확산 속 중국, 중국어, 중국어학습에 대한 대학생 인식 분석」, 『문화와 융합』, (48), 2023, p. 565.

중국은 국제적으로 막강한 영향력을 가지고 있는 나라이고, 중국어는 세계에서 가장 많은 사람들이 사용하는 언어이다. 학습자들은 중국어를 학습함으로써 중국인과 의사소통할 수 있는 능력을 기를 수 있고, 중국어로 된 정보를 얻을 수 있다. 그리고 중국의 사회, 문화 등 다양한 분야를 학습하고 중국의 문화를 직간접적으로 체험해 봄으로써, 이웃 나라 중국에 대한 관심과 호기심을 높일 수 있다. 나아가 학습한 내용을 바탕으로 중국에 대한 정보를 직접 찾아보며 올바른 가치 판단을 할 수 있는 힘을 기를 수 있다(교육부, 2022b). 반중 정서가 강해질수록 학생들이 중국을 올바로 이해하고, 인터넷에서 중국과 관련된 정보를 무분별하게 받아들이지 않고, 사실에 근거해 비판적으로 판단하고 받아들일 수 있도록 지도해야 한다.

2022년 12월 고시된 2022 개정 교육 과정은 디지털 전환, 기후·생태환경 변화 등에 따른 미래 사회의 불확실성이 증가하고 있는 상황에 대해 학습자들이 능동적으로 대응할 수 있는 능력과 소양을 기르는 것을 강조하였다(장은영, 2023a). 중국어 교육 과정에도 이러한 총론의 개정 방향이 반영되어 있으며, 2015 교육 과정에 비해 과목의 재구조화가 진행되면서 고교학점제를 대비한 과목 선택권이 넓어졌다. 특히 4차 산업혁명에 따른 디지털 전환과 지속가능한 발전을 위한 생태 전환 교육, 지속 가능 발전 교육(ESD)에 대한 관심, 학습자 맞춤형 외국어 교육에 대한 필요성 등 중국어 교육 과정에 시대적 변화와 국가·사회적 요구를 반영한 점은 이번 2022 개정 중국어 교육 과정의 장점이라고 할 수 있다. 고교학점제 시행이 본격화되는 2022 개정 교육 과정에서는 학습자의 관심과 흥미에 맞는 다양한 과목을 개설하고 운영할 수 있다는 점에서 중국어 교육을 더욱 확장·발전시킬 수 있는 좋은 기회라고 할 수 있다. 다만 중국어에 대한 학생들의 흥미를 높이고 학습 동기를 유발하기 위해서는

앞으로 더욱 융합화되고 특색 있는 교육 과정을 만들기 위해 노력해야 할 것이다.[16]

Ⅴ. 결론

본 연구에서는 2015년부터 2024년까지 최근 10년간 국내 학술지에 게재된 중국어 교육 관련 학술논문 615편을 대상으로 연구 현황을 분석하고 이를 바탕으로 연구 성과와 향후 중국어 교육의 방향을 살펴보았다.

먼저 연구 현황을 살펴보면, 본 연구에서 '제2언어학습', '평가 및 교재', '교육 현황 및 정책', '교수·학습 방법' 등 네 가지 분석 기준을 선정하여 분석한 결과, 제2언어학습 관련 논문이 252편(41%)으로 가장 많고, 다음으로 교수·학습 방법 관련 논문 164편(26.7%), 교육 현황 및 정책 관련 논문 103편(16.7%), 평가 및 교재 관련 논문 96편(15.6%) 순이었다.

구체적으로 살펴보면, 제2언어학습에 관한 논문은 발음, 어휘, 문법, 한자 교육 등 제2언어 습득에 관한 논문이 219편, 듣기, 말하기, 읽기, 쓰기 등 제2언어 기능에 관한 논문이 33편이었다. 제2언어 습득에 관한 논문은 2015년에 40편으로 가장 많았으며, 연구 주제별로는 문법에 관한 논문이 가장 많았다.

평가 및 교재에 관한 논문은 평가 모형에 관한 논문이 10편, 신 HSK, 수학

16 장은영, 「2022 개정 중국어 교육 과정의 특징과 의사소통 기본 표현 개선 小考」 『중어중문학』, (92), 2023, pp. 237-238.

능력시험, 임용시험, 수행평가 등 능력평가시험에 관한 논문이 22편, 중국어 교재 및 교과서, 사전 등 교재 및 교과서 관련 논문이 64편으로, 교재 및 교과서 관련 논문이 가장 많았다. 연도별로는 2019년에 발표된 논문이 가장 많았다.

교육 현황 및 정책에 관한 논문은 중국어 교육 과정 등 교육 정책에 관한 논문이 32편, 중국어 교육 현황, 교육 연구 현황, 회고성 논문 등 교육 현황에 관한 논문이 37편, 중국어 교육에 대한 태도나 방향, 설문 조사, 인식 조사 등 의식 조사에 관한 논문이 34편이었다. 연도별로 살펴보면 교육 정책 관련 논문은 2023년에 가장 많았는데, 이는 2022년에 2022 개정 교육 과정이 발표되면서 이에 대한 연구가 활발히 진행되었기 때문인 것으로 볼 수 있다.

교수·학습 방법에 관한 논문은 교수·학습 이론, 교수·학습 설계 이론, 교수·학습 방법론 등 교수·학습 이론 분석에 관한 논문이 11편, 플립러닝, PBL 등 교수·학습 전략 설계 및 적용에 관한 논문이 63편, 온라인, e-book, 스마트 디바이스 기반, 모바일 어플리케이션, 멀티미디어 활용 등 디바이스 기반 매체 활용에 관한 논문이 56편, 드라마, 영화, 신문, 뉴스 등 콘텐츠 기반 매체 활용에 관한 논문이 34편으로, 교수·학습 전략 설계 및 적용에 관한 논문이 가장 많았다. 특히 디바이스 관련 논문은 2020년 이후 크게 증가하였는데, 이는 코로나19의 영향으로 온라인 수업이 증가하고, 이후 온라인 학습에 익숙해진 학습자를 위해 모바일 러닝이나 메타버스, 스마트 디바이스 활용, 데이터 플랫폼 구축 등에 대한 연구가 활발히 진행된 것과 관련이 있다고 할 수 있다.

선행 연구와 비교하여 최근 10년간의 국내 중국어 교육의 연구 성과를 정리하면 다음과 같다. 첫째, 중국어 교육 관련 논문 수가 이전에 비해 크게 증가하였다. 둘째, 최근 10년간의 국내 중국어 교육 연구 역시 제2언어학습에 대한 연구가 가장 활발히 진행되었지만, 전체 연구에서 차지하는 비중은 감소하여 국내 중국어 교육 연구가 다양한 주제로 확산되고 있음을 알 수 있다. 셋째, 평가 및 교재 관련 연구가 크게 증가하였다. 넷째, 구체적인 중국어 교수·학습 방법에 관한 연구가 다양한 분야에서 활발히 진행되었다.

최근 반중 정서가 중국어 교육에 전체적으로 부정적인 영향을 주는 것은 사실이지만, 중국에 대한 반감과는 별개로 학습자들은 여전히 중국어 학습의 필요성과 중요성을 인지하고 있다는 점에서 향후 국내 중국어 교육은 반중 정서에 위축되지 말고 학습자의 다양한 요구를 만족시키고 중국어 학습에 대한 흥미와 관심을 높이기 위한 다양한 교수·학습 방법을 활용하여 중국어 학습자의 학습 효율과 만족도를 높일 필요가 있다. 이러한 노력을 통해 학습자들이 중국어에 대한 흥미와 관심이 높아지면 반중 정서 감소에도 도움이 될 수 있을 것이다.

참고문헌

교육부,『제2외국어과 교육과정』, 교육부 고시 제2015-74호 [별책 16], 2015.

———,『초 중등학교 교육과정 총론』, 교육부 고시 제2022-33호 [별책 1], 2022.

———,『제2외국어과 교육과정』, 교육부 고시 제2022-33호 [별책 16], 2022.

김현철, 이경진, 김주희, 이유진,「중국어교육현황 조사 및 분석 연구 : 서울 소재 사설 중국어 학원을 중심으로」,『중국어문학논집』(102), 중국어문학연구회, 2017.

문유미,「인지언어학 이론을 적용한 중국어교육 연구현황 고찰」,『중국어교육과연구』, (19), 한국중국어교육학회, 2014.

박경송, 심지언,「한중 수교 20년 간 국내 중국어 언어기능교육연구의 성과 및 향후 과제」,『한국중국어교육학회 학술대회 발표집』, (4), 한국중국어교육학회, 2012.

박용진,「1993-2004년까지 발표된 중국어교육 논문에 대한 토론」,『한국중국어교육학회 학술대회 발표집』, (1), 한국중국어교육학회, 2005.

손민정, 이미영, 김경랑, 윤영순, 이용백, 김영춘, 임병필, 강하나, 『2022 개정 교육과정을 위한 제2외국어과 언어재료 개선 연구』, 한국교육과정평가원 연구보고 RRC 2022-1, 2022.
이영호, 「中國語教育의 研究現況과 方向」, 『중국어문논역총간』, (15), 중국어문논역학회, 2005.
이현아, 김민채, 김영환, 「국내 중국어교육 관련연구 동향분석 : 2005년부터 2014년까지」, 『아시아교육연구』, (16), 서울대학교 교육연구소, 2015.
임연정, 「반중(反中) 정서의 확산 속 중국, 중국어, 중국어학습에 대한 대학생 인식 분석」, 『문화와 융합』, (48), 한국문화융합학회, 2023.
장은영, "Analysis of the 2022 Revised Second Foreign Language Curriculum of Korea", International Journal of Innovation, Creativity and Change, (17), 2023.
―――, 「2022 개정 중국어 교육과정의 특징과 의사소통 기본 표현 개선 小考」, 『중어중문학』, (92), 한국중어중문학회, 2023.
한나, 최선진, 「중국어교육 연구 동향 분석 : 한국중국어교육학회 ≪중국어교육과 연구≫를 중심으로」, 『중국어교육과연구』, (35), 한국중국어교육학회, 2021.
한용수, 조윤주, 「중국어 교육 연구의 회고 및 방향」, 『외국학연구』, (28), 중앙대학교 외국학연구소, 2014.
머니투데이, https://news.mt.co.kr/mtview.php?no=2022 122721330260700(검색일: 2024.03.30)
매일경제, https://www.mk.co.kr/news/politics/10041137(검색일: 2024.03.26.)
서울신문, https://www.seoul.co.kr/news/2022/08/24/20220824500188(검색일: 2024.03.26)
중기이코노미, https://www.junggi.co.kr/article/articleView.html?no=31983(검색일: 2024.03.26.)
KCI, https://www.kci.go.kr/kciportal/po/search/poArtiSearList.kci(검색일: 2024.03.23.)

김진아
한국외국어대학교
통번역대학원 한중과

통번역 교육을 중심으로 바라본 한국의 통번역 발전사

Ⅰ. 들어가는 말

인류 역사만큼이나 통번역의 역사도 길다. 정확히 언제부터 시작되었는지에 대한 기원을 밝혀내기는 어렵지만 3,000년 전 고대 이집트 파라오 통치 시대에 통역 관련 활동이 있었다는 기록이 있고, 중국은 2,000년 전에 고대 왕조 진(秦) 나라가 6국을 통일하는 과정에서 주변 국가들과 소통을 하기 위해 통역을 전문 직업으로 인정하였다는 기록도 있다. 통역의 역사가 유구함에도 불구하고 통역이 공식 직업으로 국제적인 인정을 받은 것은 20세기 초, 1917년 베르사유조약 때를 시작으로 1919년에 열린 파리평화회의에서 영어와 프랑스어 순차통역으로 진행된 국제회의 통역이 시발점이 되었다. 그 이후 순차통역을 담당하는 전문 통역사들이 생겨나기 시작하면서 해를 더할수록 그 수가 증가하였다. 또 인류는 제2차 세계대전 후, 1945년 뉘른베르크에서 열린 나치 전범 재판 회의에서 여러 언어, 즉 프랑스어, 영어, 러시아어, 독일어 등으로 회의를 동시에 진행해야 하는 동시통역의 시대를 열었다. 그 후 인류는 세계 공황을 비롯한 여러 가지 일을 겪으면서 국가 간 공조가 필요하게 되었고, 의사소통의 필수성이 부각되면서 통번역의 중요성을 깨닫게 되었다. 그럼 국가 간

의사소통으로서의 통번역이 한국 국내에서는 어떻게 발전해 왔는지, 어떤 발전들을 이루어 냈는지 그리고 향후 어떤 방향으로 가야 하는지를 통번역 발전사를 통해 조명해 보고자 한다. 한국의 통번역사를 살펴보기 전 중국의 조선어 역관의 역사를 잠시 살펴볼 필요가 있다.

Ⅱ. 중국의 통번역사

중국과 한국은 지리적으로 인접해 있고, 역사적으로 오랫동안 왕래와 교류가 빈번했다. 중국의 한漢나라에서 당唐나라 시기인 1)한당시기漢唐時期에는 한반도조선반도;朝鮮半島 국가의 사신을 맞이하는 지금의 외교부 격인 외사기구外事機構가 설치되었다. 서한西漢과 동한東漢시기에는 대홍려大鴻臚[1]라는 기구를 세워 오랑캐와 동이족蠻夷의 교류 업무를 담당케하였으며, 대홍려 내에는 통역사를 배치하여 사신 접대와 통번역 업무를 맡도록 하였다. 당唐나라 때에는 외국인을 위한 과거시험 제도인 빈공과賓貢科; 고려 충렬왕 때 고려사 기록에도 있음를 두어 주변 국가의 권세 가도를 달리는 자제들에게 당나라 과거시험을 볼 수 있도록 문호를 개방하였다. 만약 과거에 급제하면 당나라 관직을 주어 당나라에 머물게 하였다. 당시 고려高麗에서도 통역사 양성을 위해 당나라로 유학을 보내기도 하였다. 당나라 이전의 수隋나라에서는 전번서典蕃署라는 부서를 두어 주변국 사신들의 접대 업무를 담당케 하였다. 수나라의 구舊제도인 전번서를 당唐나라에서도 계속 이어가며 16인의 통역사를 두고 종6품의 관직을 내렸다.

1 李忠辉,『汉至清代朝鲜语译员的设置及活动研究』, 东疆学刊, 第34卷, 第2期, 2017

송나라~원나라에 이르는 2)송원시대宋元時期에는 중국과 고려의 왕래가 더욱 빈번해졌다. 송나라宋代 때에는 63차례나 고려를 방문하였다는 기록이 남아 있고, 고려는 송나라에 24차례나 사신을 파견하였다는 기록이 있다.[2] 송원시기에는 고려 사신들을 접대하는 전문기구가 설치되어 있었다. 하지만 명확하게 조선어 역관의 상주 여부에 대해서는 사료史料집의 조사 연구가 더 필요하다. 중국 원나라元代에 이르러서는 중앙과 각 지방에 예부禮部격인 시의사侍儀司를 두어 외국의 사신들을 맞이하였다. 시의사에서는 통역과 번역 부서를 나누어 관리하였다. 뿐만 아니라, 원나라 궁중에서도 조선어 통번역사를 양성하기도 하였다. 이 시기의 번역 작품인 『계림유사鷄林類事 』도 등장하였다. 이는 한국어(고려어)에서 중국어(한어)로 번역한 한중간 최초의 번역 작품으로 손꼽는다. 『계림유사鷄林類事』[3]는 고려시대의 풍습, 제도, 언어 등을 소개한 책으로 중국 북송시대의 봉사고려국신서장관奉使高麗國信書狀官이었던 손목孫穆이 1103년(고려 숙종 8년)에 서장관書狀官 신분으로 고려를 방문한 후 당시 자신이 고려에서 견문한 조정제도朝廷制度, 풍속 및 고려 방언 약 360개 어휘를 선별하여 기록한 견문록이자 어휘집이다.

『계림유사』는 우리말 단어를 한자의 음이나 뜻을 빌려 적은 차자借字의 형식으로 당시 고려에서 사용하던 차자표기법[4]을 반영하였기 때문에 중국의 한

---

2 李忠辉,『汉至清代朝鲜语译员的设置及活动研究』, 东疆学刊, 第34卷, 第2期, 2017

3 송대의 『중흥관각서목(中興館閣書目)』과 『수초당서목(遂初堂書目)』에 의하면 『계림유사』 단행본이 전래되다가 1366년(元代至定 26) 이전에 도종의(陶宗儀)의 『설부(說郛)』에 일부가 절록(節錄: 알맞게 줄여 적음)된 뒤 소실되었다. 현재 『계림유사』는 원래의 단행본은 전하지 않고 절록본이 전해지고 있는데, 『설부(說郛)』 외에도 중국의 총서인 『오조소설(五朝小說)』『오조소설대관(五朝小說大觀)』『고금도서집성(古今圖書集成)』과 우리나라 정조 때 한치윤(韓致奫)이 지은 『해동역사(海東繹史)』 등에 실려 전한다.
〈출처: 계림유사(鷄林類事) - 한국민족문화대백과사전 (aks.ac.kr)〉

4 『계림유사』는 외국인(중국인)인 손목이 당시의 우리말 단어를 한자의 음이나 뜻을 빌려 적은 것으로, 당시 현실음에 가장 가까운 한자를 선택하되 중국어 단어와 의미상 통할 수 있는 한자를 선택하였다. 그러나 중국의 한자

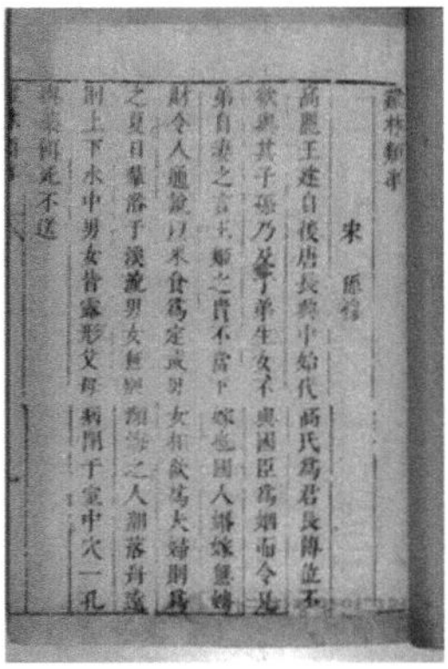

자음만으로는 해독할 수 없는 자료이다. 어휘 위주로 수록되어 있어 사학적인 자료보다는 국어학적인 연구자료로서 가치가 크고, 이 책은 중세 국어 형성기를 대표하고 현존하는 유일의 구어자료口語資料이다.

중국인들에게 있어서는 북송시대 한자음을 연구하는 데 매우 중요한 자료로 쓰이고 있으며 우리에게 있어서는 고려시대 한국어의 모습을 살펴볼 수 있는 귀중한 자료이다. 송나라 때는 당나라의 과거 제도 중의 '빈공과'의 제도를 폐지하지 않고 그대로 이어받아 고려시대 명문자제들을 유치하여 통역 인재들을 양성했다. 명나라에서 청나라에 이르는 3)명청시대明清時代에는 양국 간의 통번역 활동이 번영의 시대로 들어섰다고 해도 과언이 아니다. 중국에서는 조선의 사신을 접대하는 기구와 붙박이 통역사가 있었고, 또 조선어 통역사를 전문적으로 양성하였다. 명나라明代 기록에는 처음으로 중앙정부에서 일 한 조선어 통역사의 명수(5명)가 기록되어 있다[5]. 명나라 중기 영락 5년(1407년)에 홍려사鴻臚寺에 사이관四夷館18처處라는 기구를 두고 관직은 최고 정4품까지 올라갈 수 있도록 하였고, 이곳에 60명의 통역사를 두었는데, 그중

음만으로는 해독할 수 없는 것은 당시 고려에서 사용하던 차자표기법을 반영하였다. 실제로 한 예를 살펴보면, '천왈한날(天曰漢捺)'에서 '천(天)'은 의미를 나타내며 '한날(漢捺)'은 발음에 해당하여 '천(天)은 한날(漢捺)이라 한다'로 읽을 수 있다. 즉, '왈(曰)'자를 중심으로 앞의 글자는 어휘의 뜻을 나타내고, 중국 한자어이고 뒤에 나오는 글자는 당시 우리나라의 발음을 소리가 유사한 한자를 빌려 적은 것이다. 이때 주의할 것은 '한날(漢捺)'은 현대의 한자음이 아닌 북송시대 한자음을 이용하여 적은 것이므로 계림유사를 정확하게 해독하기 위해서는 성운학에 대한 이해까지 필요하다 할 수 있다. 계림유사에 수록된 어휘를 분류하여 보면 다음과 같다. 천문·지리·시령(時令)·화목(花木)·조수(鳥獸)·충어(蟲魚)·기용(器用)·인물·인사(人事)·신체·의복·안색(顏色)·진보(珍寶)·음식·문사(文史)·수목(數目)·방우(方隅), 기타 등 18항목으로 나누어지며 총 어휘 수는 361개이다.

5 (成化五年，外番一十八处共设小通事六十名，其中朝鲜国五名)

5명은 조선어를 담당하는 통역관이었다. 청나라清代에 이르러서는 예부禮部 아래 회동관會同館, 한림원翰林院을 두고, 한림원 아래에 사역관四譯館을 두었으며, 회동관은 주로 조공을 바치는 사신들을 접대하는 역할을 맡게 하였고, 사역관은 통번역을 전담케 하였다. 청나라 건륭乾隆황제 13년(1748년)에는 이 두 기관을 합쳐 회동사역관會同四譯館이라 하였다. 청나라 때는 일부 조선어통역사 양성을 매우 중시하여 "조선역학朝鮮譯學"을 세워, 일부 조선인 통역사들을 팔기八旗[6]안으로 편입시켜 문관의 관직을 주고 조선통사朝鮮通事, 즉 조선어 통역사로 양성하였다. 이 당시에 출간된『조선관역어朝鮮館譯語』[7]는 중국어漢語와 한국어朝鮮語 대역사전으로『계림유사』의 번역 표기 방식으로 590개 단어와 구를 수록하고 있다.『계림유사』에 비해 단어 수와 그에 따른 해석이 많고, 구와 절은 적다. 중국에서 통역에 대한 기록은 주周나라 시대로까지 거슬러 올라가지만 고대는 변방의 제후들이 주나라 황제에게 예를 갖추기 위해 사절단을 보내 서로 소통의 문제를 돕는 통역사들 상서象胥가 존재하였다. 그때의 소통언어는 외국어라기보다는 지방 언어 간의 통역이라고 할 수 있다. 많은 학자들의 연구에 의하면 중국에서의 진정한 통번역기구와 통역사들의 출현을 원元나라 때부터 라고 보고 있고, 국가가 외국어 교육을 관장하여 통번역사를 양성하는 최초의 시기를 명나라의 사이관四夷館으로 보고 있다. 이때는 주로

6 중국 청나라 때의 병제(兵制). 팔기(八旗)는 청나라를 건국한 태조(太祖)가 창업에 공로가 있는 만주족을 비롯하여 한인·몽골인·여진인 등을 중앙집권적으로 통제하고자 태조 원년(1616)에 조직한 군대로, 총군(總軍)을 그 군기(軍旗)의 빛깔에 따라 여덟 부대로 나누어 편제하였기 때문에 팔기라 하였음. 여덟 부대는 정황기(正黃旗)·정백기(正白旗)·정홍기(正紅旗)·정람기(正藍旗)·양황기(鑲黃旗)·양백기(鑲白旗)·양홍기(鑲紅旗)·양람기(鑲藍旗) 등이며, 만군(滿軍)·몽골군(蒙古軍)·한군(漢軍)에도 각 여덟 부대씩을 두어 총 24기로 조직되었음. [네이버 지식백과] 팔기 [八旗] (한국고전용어사전, 2001. 3. 30., 세종대왕기념사업회)

7 『조선관역어』는 15세기 말경 회동관의 통사들이 사용한 한·한 대역 어휘집이다. 외국 사신을 접대하는 중국 관청인 회동관에서 통역관의 교육을 위해 만든 조선어 교재이다.

통역보다는 번역인재 양성에 주안점을 두었다. 명나라의 사이관은 학술계에서 공인된 중국 최초의 정부가 설립한 '통번역학교'로 영락 5년 (1407년)에 설립되어 청나라 광서光緖 29년(1903년)에 통번역학교인 회동사역관會同四譯館이 문을 닫기까지 496년, 거의 500년이란 긴 시간을 유지하였다. 한국 내에서의 통번역사는 어떻게 발전되었을까?

Ⅲ. 한국 내 통번역 교육의 역사

우리 나라 『삼국사기三國史記』궁예열전弓裔列傳의 기록에 의하면 궁예가 나라를 건국하고 관제를 정비하면서 광평성廣評省, 내봉성內奉省. 금서성禁書省, 사대史臺 등 18개 관부官府를 세웠고, 그중 사대는 역어 교육譯語敎育: 외국어 교육을 관장하는 부서였다. 사대에 대한 최초 기록은 신라 효공왕 8년(904년)으로 거슬러 올라간다. 이때에 처음으로 사대라는 부서를 설치하여, 모든 외국어의 학습. 번역. 통역 등의 일을 이곳에서 관장하였다. 이는 사대를 통해 고대사회에서도 외국어 학습이 이루어졌음을 볼 수 있다. 하지만 고려高麗 충렬왕忠烈王 2년인 1276년에 이르러서 정식 통번역 교육기관인 통문관通文館이 설치되었다. 통번역을 담당하는 설인舌人의 신분이 미천하고 지식이 풍부하지 못하여 통역할 때 사리私利를 도모하는 폐단을 시정하고자 참문학사參文學事 김구金坵의 건의로 통문관이 설치되었다. 통문관은 고려시대 역어 교육과 통역에 관한 업무를 관장하던 관부官府였다. 당시 고려는 몽골과의 외교 강화로 사신 왕래가 빈번했고, 이에 통역사무를 전담하는 기구가 필요하였으며, 통문관을 설치하여 비서성秘書省, 사관史館, 한림원翰林院, 보문각寶文閣, 어서원御書院, 동문원

同文院 등 금내학관禁內學官의 6품 이하직에 있는 40세 미만자를 선발하여 중국어漢語:몽골어를 습득하게 함으로써 통역업무의 질적 향상을 도모하였다. 고려말 공양왕恭讓王 1년인 1389년에 이르러서 통문관을 대신하는 전문기관인 사역원司譯院을 두었다. 사역원은 조선시대까지 존속되었고 몽골어. 중국어를 비롯한 여진어女眞語:淸學, 왜학倭學: 일본어 등 여러 외국어의 통역과 번역 실무를 맡았을 뿐만 아니라, 중국에서 유입된 과학. 기술 수용에 대해서도 중요한 역할을 하였다. 조선시대 사역원은 첫째, 사대교린事大交隣에 필요한 인재 양성기관으로 외국어(중국어, 몽골어, 여진어, 왜어)를 교육하는 교육기관의 기능과 둘째 외국어의 통역과 번역을 맡아보는 일반 관부官府의 두 가지 기능이 있었다. 고려의 통문과과의 차이는 통문관은 중국어를 교육하는 기관으로 시작되었으나, 일반 관부로서의 기능은 조선시대부터였다. 조선시대에는 육학六學을 설치하고 양가의 자제들을 뽑아 교육시켰다. 사역원의 시험제도에는 원시院試, 고강시考講試, 취재시取才試, 역과시譯科試 등 4가지가 있었는데 역과시는 역관의 자격을 주기 위한 시험이었다. 사역원은 1894년(고종 31년) 갑오개혁 때 폐지되었다. 하지만 1895년에 대한제국 고종의 칙령에 따라 설립된 외국어학교는 분과별로 가르치다가 각각 외국어학교로 분리 독립하였다. 1895년에 관립한성영어학교, 관립한성일어학교, 관립한성한어학교가 독립되어 설립되었고 이듬해인 1896년에는 러시아어를 가르치는 관립한성아어학교가 개교했다. 동양어인 경우 수업연한은 3년, 서양어인 경우에는 5년이었다. 1895년부터 통역관 양성을 위해 설립된 여러 관립외국어학교가 1905년에 을사조약이 체결되면서 대한제국의 외교권이 박탈되었고, 통감부의 계획에 따라 1906년에 외국어학교령을 공포하여 기존의 6개로 나누어진 외국어학교가 관립한성외국어학교로 통합되었다. 교육목적도 달라졌고 수업 연한도 축소되었다.

하지만 한일합병조약 체결 이듬해인 1911년 9월에 조선교육령이 공포되면서 폐지되었다. 사역원의 전신인 통문관에서 관립한성외국어학교가 폐지되기까지는 한국의 통번역 교육기관은 약 600년이 넘게 유지되었다. 그 후 일제 강점기를 거쳐 1945년에 해방되었으나 1950년에는 남북한 동족상잔의 비극인 6·25 전쟁이 발발하였고, 1953년 휴전 후에 대학이 문을 열면서 대학 내에서 외국어 교육을 담당하였다. 당시 외국어 교육의 메카였던 한국외국어대학교는 외국어 교육과 통번역 교육의 차이점을 인식하여 국가 산업화 수요에 따라 국가 차원의 통번역 인재 양성을 목표로 1979년 9월 1일에 통번역대학원(이하 GSIT로 약칭)을 설립하여 통번역사를 양성하기 시작하였다. 당시 설립 취지는 첫째, 통번역 교육과 외국어 교육은 차이가 있다는 인식이 있었고, 둘째, 국가적 지위와 역량 향상에 부합되는 통번역 전문가 양성이라는 목표 아래 설립되었으며, 어떻게 보면 이는 통문관과 사역원의 기능을 담당하는 교육기관이었다고도 할 수 있다.

Ⅳ. 외국어 교육과 통번역 교육

외국어 교육과 통번역 교육은 목적과 교육 내용 및 방법에서 차이를 보인다. 외국어 교육의 목적은 외국어 수준 향상이라면 통번역 교육은 외국어가 상당한 수준에서 전문 분야 의사소통의 능력을 향상하는 데 초점을 두고 있고 교육 내용에 있어서 외국어 교육은 언어에 대한 이해와 내용 분석에 주안점을 둔다면 통번역 교육은 텍스트 안에 담겨 있는 정보를 이해하고 분석하여 그 내용을 표현하는 것에 주안점을 둔다고 할 수 있다. 또 외국어 교육과 통번역 교육은 학습에서 직면하는 문제와 그 문제를 해결하는 수단과 평가에서도 차이를 보인다. 외국어 학습에서 직면하는 문제라면 문장구조를 분석하고 이를 극복하여 이해하는 것이지만 통번역 교육은 통번역 시장에서 요구하는 교육 설계와 학습에 초점을 맞춘다. 예를 들어 정치, 경제, 문화, 의료, 법률, IT, 과학기술 등 매우 다양한 분야에 대한 전문 지식에 대한 학습을 요하고, 시장의 수요에 맞춰 이런 전문 분야에서 의사소통을 할 수 있는 인재 양성을 목표로 하고 있다. 외국어 교육의 문제해결 수단 및 평가는 학습 내용의 충실성과 정확성을 강조하는 반면 통번역 교육은 텍스트 원문에 대한 이해, 기억, 분석, 표현 등 일련의 통역 과정의 기능을 향상시켜 원활한 전문 분야 의사소통을 강조하고 있다. 이를 표로 나타내면 다음과 같다.

위에서 언급한 내용처럼 외국어 교육과 통번역 교육의 차이점을 인식한 한국외국어대학교는 1979년 통번역대학원을 설립한 이래 약 20년간 독자적으로 통번역 교육을 담당해왔다. 이는 한국 내에서 통번역 교육을 체계화하였다고 해도 과언이 아니다. 여가서 한 걸음 더 나아가 세계화, 개방화 시대를 거치면서 국제적 커뮤니케이션 전문가의 양성을 담당하였고, 다자간 외교, 통상협상에서 국제 학술 교류, 국제간 분쟁, 중차대한 국제 회의 석상과 민간기업의 상담에 이르기까지 문화적 맥락의 바탕을 둔 원활한 의사소통을 이끌어 내는 데에 있어 가교의 역할을 담당해 왔다. 그 결과 1991년 한국외국어대학교

표1) 외국어 교육과 통번역 교육의 차이점

	외국어 교육	통번역 교육
목적	외국어 수준 향상	전문 분야 의사소통 능력 배양
교육 내용 및 방법	텍스트 내용 이해와 분석	정보이해, 분석, 표현(학습 방법에 주안점)

	외국어 교육	통번역 교육
목적	외국어 수준 향상	전문 분야 의사소통 능력 배양
교육 내용 및 방법	텍스트 내용 이해와 분석	정보이해, 분석, 표현(학습 방법에 주안점)
직면하는 문제	문장구조 분석 언어극복	통역시장 요구에 부응하는 교육설계 및 교육에 주안점(정치, 경제, 문화, 의료.법률, IT, 과학기술 등)
문제해결수단 및 평가	내용의 충실성과 정확도를 강조	원문에 대한 이해, 기억, 분석, 표현 등 통역과정의 기능향상

통번역대학원은 일본을 제치고 동양에서는 유일하게 세계 21개 우수 고등통역교육기관의 하나로 국제회의통역협회(AIIC)로부터 인정를 받았다. 또 한편 국내 시장의 통번역의 전문성에 대한 인식과 수요가 점차 확대되면서 1997년 이화여자대학교 통번역대학원이 설립되었고, 그 이후로 많은 대학에서 통번역전문대학원이 생겨났고, 대학원 내에 통번역 전공이 세워졌다.

V. 통번역 이론 연구 발전

1. 기능주의와 번역

20세기 중반부터 통번역에 대한 연구와 교육이 활발하게 진행되어 이론과 실제를 병행하게 되었다. 1980, 1990년대에는 국가 경제 발전 속도가 급속화가 이뤄짐에 따라 시대의 요구에 부응하는 실무 능력이 탁월한 통번역사를 공급하는 것이 최우선 과제였다. 하지만 1990년대 말부터는 지난 20여 년간 쌓아 온 통번역 실기 능력의 토대 위에서 이론 연구가 더해짐에 따라 1999년 한국외국어대학교 통번역대학원 내에 박사 과정이 신설되어 통번역 연구에 박

표2) 국내 통번역대학원 및 통번역학과

분류	기관명	개설 연도	개설 언어
통번역대학원/ 통번역학과	한국외국어대학교 통번역대학원	1979년	영,중,일,불,독,러,서,아
	이화여자대학교 통번역대학원	1997년	영,중,일,불
	제주대 통역번역대학원	2000년	영,중,일,독
	선문대 통역번역대학원	2001년	영,중,일
통번역대학원/ 통번역학과	평택대학교 통번역대학원	2001년	영,
	한동대 통역번역대학원	2001년	영
	부산외국어대학교 통역번역대학원	2003년	영,중,일
	서울외국어대학원대학교 통번역대학원	2003년	영,중,일,베
	고려대-멕쿼리 통번역대학원	1997년	영
	계명대 국제대학원	1999년	영
	동국대 국제정보대학원	2002년	영
	중앙대 국제대학원 내 통번역전공	2005년	영,중,러

차를 가하게 되었다.

통번역 연구에 있어서 가장 보편적인 두 가지 관점은 의사소통과 기능주의이다. 1960년~1970년에 언어학에서 기능주의를 논의하기 시작하였다. 1970년대 언어학에서 화행 이론 화용론이 대두되었고 문법이 아닌 언어사용에 관심을 두기 시작하면서 언어 사용 논의를 기초로 의사소통과 텍스트 기능에 주목하기 시작하였다. 즉 기능주의적 접근법이 등장하기 시작하였다. 1971년에 라이스Reiss는 번역이 갖는 사회적 행위로서의 특징을 인식하여 텍스트장르Text Type 이론을 제시하였고, 번역 행위를 출발 텍스트 문화와 도착 텍스트 문화 간의 언어 전환을 통한 의사소통의 행위로 보고, 번역된 텍스트의 사용 목적과 기능을 중시하였다. 그는 또 도착 텍스트의 언어 형식은 텍스트가 달성하기 위한 기능적인 '목적'에 의해 결정된다고 주장하였다. 이러한 주장은 1978년 도착 텍스트(TT)는 번역문이 의도하는'목적'에 따라 번역 방법과 전략이 결정되어야 한다는 한스 페르메르Hans Vermeer의 주장에 영향을 미쳤고, 이는 또 상황적 맥락개념을 중시하는 말리노브스키Malinowski와 원문의 의미를 '텍스트 맥락에서의 기능'으로 파악해야 함을 주장하는 퍼스J. R. Firth, 캣포드F. Carford를 거쳐 1984년 홀츠Holz-Mantanri의 번역 행위 이론, 크리스티아네 노르드Chistiane Nord, 1988의 텍스트 분석 모델까지 통합한 기능주의적. 의사소통적 접근법functionalist and communicative approach 으로 발전하게 되었다. 라이스와 페르메르는 번역에 있어서 가장 기본적인 접근법은 출발 텍스트를 기준으로 도착 텍스트를 분석, 번역된 텍스트가 무엇을 위해 사용되는지 그 목적과 기능을 중심으로 보아야 함을 강조하였다. 따라서 번역자가 단순히 출발 텍스트를 이해하고 언어를 전환하여 도착 텍스트로 재현하는 역할의 소유자의 기존의 인식을 비판한다. 출발 텍스트를 중개한 의사소통에서의 이해와 도착 텍스트를 중개한 의사소통에서의 표현 주체의 두 단계를 거치는 의사소통의 접근으로 번역자의 역할을 체계화하여 설명한다. 기능주의 스코포스 이론은 1)번역을 '인간 행위'의 하나로 보고 2)모든 번역 행위는 목적이 있다고 생각하였으며, 3)텍스트의 기능과 역할을 번역 방법과 번역 목적의 주요 관심사로 보았고, 4)독자의 문화권에서 번역문이 수행하는 기능을 강조하였다. 그러면서 5)번역된 텍스트의 목적을 검토하는 것이 아닌 번역을 시작 전에 미리 번역의 기능과 목적을 검토해야 함을 강조하였다. 기능주의 이론은 번역된 텍스트가 출발 텍스트와 등가를 이루는 정보라는 전통적인 관점에서 벗어나 독립된 텍스트로서의 자격이 있음을 강조하고, 번역자는 출발 텍스트에 충실해야 한다는 번역의 원리 원칙적인 한계와 제약으로 벗어날 수 있게 하였다. 기능주의의 이러한 이론은 의사소통 접근법과의 만남을 가능케 하였다.

2. 의사소통과 번역

스퍼버와 윌슨Sperber & Wilson, 1986에 의해 제기된 적합성 이론은 의사소통에 있어서 다른 사람이 전달하려는 말의 의미를 어떻게 이해해야 하는가? 라는 의사소통 가능성의 문제를 제기하였다. 그들은 의사소통은 언어 체계만의 문제가 아닌 인간의 사고 인지認知 체계와 관련이 있다고 생각하면서 번역자의 번역 행위, 의사소통의 기능과 특징을 살피고자 하였다. 상호작용에서 결정적인 역할을 하는 것은 '명시의미explication'와 함축의미implicature이고, 의사소통 상황에서 제공된 정보를 더 깊고 넓게 이해하기 위해 번역사는 인지적 방식을 취하는데 이는 최소한의 노력으로 최대한의 효과를 얻고자 하는 경제성이 높은 지적 처리를 지향하는 즉 의사소통을 의사소통 맥락과 인지를 기반으로 번역의 가치를 평가하고자 하였다. 이와 같은 의사소통 맥락과 인지를 바탕으로 번역의 가치를 평가하고자 하여 구트Gutt, 1991는 한층 발전된 적합성 이론을 내놓게 된다.[8] 적합성 이론은 저자와 도착 텍스트의 독자 사이에 성공적인 의사소통을 위해서는 번역자는 원저자의 의도를 전달하는 것이 어디까지 가능한지, 어떻게 하면 가능해지는지, 기술적, 해석적으로 번역된 번역이 출발 텍스와 얼마나 유사성을 가지는지 등을 확인해야 한다고 하였다. 구트는 번역 목적을 출발 텍스트와 도착 텍스트 사이에서 해석된 의미의 유사성을 달성하는 것에 있다고 설명하면서 출발 텍스트의 독자와 도착 텍스트의 독자가 텍스트에서 동일한 효과를 얻는 것을 목표로 해야 한다고 하였고, 이를 위해 번

8 구트(Gutt,2000)는 라이스와 페르메르가 제시한 목적(skopos)을 중심으로 번역의 가치를 평가하는 기능주의적 모델이 문제를 해결하기보다는 오히려 더 복잡한 문제를 발생시킨다고 생각하고 번역의 학문적 이론으로서의 기능주의적 접근은 많은 현상들을 분류하는 유형적 분류에만 의존할 뿐, 유형을 통해 일반화하는 데는 상당한 문제가 있다고 지적했다.

역자는 출발 텍스트에 담겨진 저자의 메시지 의도와 인지적 관련성을 이해하고, 적절한 언어적, 문화적 전환 방법을 찾아내 이를 위해 도착 텍스트로 재현해 내야 한다고 주장하였다. 즉 도착 텍스트 독자가 번역으로 느껴지지 않도록 가독성이나 소통의 효과를 중시한 번역을 선호하였다. 적합성 이론은 의미 중심의 전달 과정만 설명하고 있을 뿐 번역자가 번역하는 과정에서 행하는 인지적 활동에 대해서는 구체적으로 언급하지 않았지만 르드레르Lederer와 셀레스코비치Seleskovitch의 의미 이론Theory of sense이라고 불리는 번역의 해석 이론Interprective Theory of Translation을 통해 번역자의 언어에 대한 인지적 과정을 설명하였다. 셀레스코비치(1989)는 번역이 단순히 언어 치환이 아닌 번역 과정에서 출발 텍스트의 언어적 형태를 탈피하여 그 언어에 내포된 의미sense를 파악하고 추출하는 탈언어화 또는 비언어화deverbalizhtion를 거치게 된다고 설명하였다. 즉 셀레스코비치의 출발 텍스트-탈언어화-의미 도출 3단계 과정을 거친다고 하였다. 이 3단계의 첫 번째가 출발 텍스트의 의미를 파악하고 이해하기 위한 읽기 단계로 여기서 번역자는 명시적 의미, 표현과 맥락에 숨겨진 의미를 이해, 분석하여 번역의 대상이 되는 메시지를 추출하고, 두 번째 단계인 번역자가 단순하게 언어 전환으로 출발 텍스트를 모사하는 위험을 피하는 탈언어화 단계로 이 단계에서는 번역자가 정보 선택에 대한 인지적, 심미적, 아이디어 등을 가동하는 단계이고 마지막 단계는 번역을 위해 선택된 출발 텍스트의 메시지를 도착 언어와 도착 문화의 옷을 입혀 재표현하는 단계이다. 셀레스코비치의 해석 이론은 1989년 셀로스코비치의 제자였던 최정화교수에 의해 한국에 유입되면서 한국외국어대학교 통번역대학원 실무 중심 석사 과정에도 영향을 주었으며, 1999년 설립된 박사 과정의 이론 연구 체계에도 시발점이 되었다. 이후 국내에서도 통번역 연구가 활발히 진행되는 마중물이 되었다. 1990년대에 들어서면서 국내 통번역 연구는 서양의 통번역 이론을 빠르게 흡수하면서 당시 통번역의 연구 논제였던 문화에 관한 연구가 활발하였다. 바스넷과 르페브르Bassnett & Lefevere, 1990는 그들의 저서 『번역, 역사의 문화Translation, History and Culture』에서 번역이 문화 간의 상호작용이라는 실체적 행위임을 기술하였고, 번역은 언어를 넘어 문화와 관련 있다는 것을 설명하였다. 뢰처lorchur, 1991에 의해 거시적 미시적 번역 전략이 언급되었고, 로렌스 베누티lawrence venuti, 1998에 의해 번역에서의 자국화Domestication[9], 이국화Foreignization[10] 등의 번역 전략 이론이 문화소의 번역을 둘러싸고 국내에서도 많은 연구가 이루어졌다.[11] 문화소 번역을 둘러싸고 라미에르Ramiere, 2006의 음차, 직역, 설명, 첨가제시부터 번역에서의 변환Shift 등 통번역의 화두에 따른 끊임없는 연구가 이루어졌고 이는 국내 통번역학계의 대표적인 학술지를 통해 발표되었다.

3. 국내 통번역 연구 발전

국내 통번역학계의 대표적 학술지로는 한국번역학회가 발간하는『번역학연구』로 이 학술지는 2000년의 창간호를 시작으로 2024년 4월 말까지의 발표된 논문 누적 수는 2,878편이고, 한국통번역학회가 발간하는『통역과 번역』 학술지는 1999년에 창간되어 지금까지 1,972편, 한국외국어대학교 통번역연구

---

9 자국화(Domestication)
   1. 최대한 목표 언어인'자국어의 특성을 살려 번역하는 방법
   2. 외래성을 최소화하면서 매끄러운 번역하기
   3. 출발 텍스트의 저자를 도착 텍스트의 독자에게 접근시키는 방법 번역자의 불가시성이 높은 번역

10 이국화(Foreignization)
   1. 출발 언어에 충실한 번역 방법
   2. 출발 언어의 고유한 이국적 특징을 그대로 남겨 두는 방법
   3. 독자를 작가에게 데려가기 번역자의 가시성이 높은 번역

11 성승은(2010;52): 자국화 이국화는 문화소의 번역에서 가장 많이 쓰이는 번역 전략이다.

소가 발간하는『통역번역학』 학술지는 1997년에 창간되어 지금까지 총 2,546편의 논문이 발표되었다. 이 밖에도 이화여자대학교 통번역연구소에서 발행하는 학술지 『T&I Review』와 그 밖의 기타 통번역에 관한 학술지가 있다. 국내 전문통번역 교육은 맹아기(1997년-1988년), 전환기(1989년-1998년), 발전기(1999년-현재)[12]를 거치면서 많은 변화가 있었다. 전환기의 교육 특징은 유럽 등지에서 체계적인 통번역 교육을 받고 귀국한 통번역 전문 교수진과 맹아기 시기에 통번역 교육 석사를 국내에서 마치고, 해외에서 언어학 박사를 받고 귀국한 해외파 교수진들이 통번역 교육을 담당하기 시작하였고. 이 시기의 통번역 교육은 교수자 혹은 학생 중심 교육도 아닌 과정지향적 접근방식 process-oriented approach의 교육방식이 주류를 이루었다. 과정지향적 접근방식은 교수자가 통번역 과정의 최종 결과물이 아닌 과정 자체에 초점을 맞추고 통번역의 원리, 방법, 절차 등을 지도함으로써 통번역 문제 해결 전략 습득에 주안점을 두었다. 이 시기에는 또 시장과 현장에서 요구되는 통번역 능력 개발에 맞게 커리큘럼을 대대적으로 개편하였다. 발전기에는 또 한번의 커리큘럼이 시장의 수요에 맞게 개편되었고 통번역 교육 또한 과정지향적 접근 방식에서 협력학습collaborative learning 중심으로 발전하였다. 협력학습 방식은 과정 지향적 접근방식 위에서 상호 평가와 상호 참여가 중심이 되는 교육으로 이 시기의 통역 수업은 수업 전 준비 차원의 브레인스토밍Brainstorming이 진행되고 실제 통역을 수행한 후에는 동료 학생들 간의 평가peer assessment가 이루어지고 교수도 평가에 참여하는 참여자가 되기도 하고 평가의 주체가 되기도 한다. 브레인스토밍이 통역 실습을 선행하는 협력 학습 활동이라면 동료 평가는 실습을

12 김진아,『한국 통번역교육의 과거, 현재 미래』,『통번역학연구』제18권3호, 317~338쪽, 2014

후행하는 통역 수업의 협력학습 활동이다. 협력학습의 장점은 학습자들의 흥미와 비판적 사고를 증진시키고 학습 과정에서 다양한 의견들을 청취하고 표출함으로써 서로 배우고 서로 성장하는 데에 있다. 발전기에는 위에서도 언급하였듯이 연구 성과와 학술 성과가 매우 두드러졌다.

1) 지역사회 통역의 발전과 외국어로서의 한국어 통번역

한국은 1988년 올림픽 이후로 전 세계적으로 한국에 대한 홍보와 한국경제의 비약적 성장으로 결혼 이주민과 이주민 노동자들이 유입되기 시작하였다. 1992년부터 한국 드라마로 시작된 한류의 열풍은 한국에 대한 이미지를 향상시켰고, 이에 따라 많은 해외 이주민 여성과 노동자들이 유입되었다. 2000년대 초반에 이르러서는 우리 사회의 화두로 '다문화 사회'가 부상하면서 2007년에는 제1차 외국인 정책의 기본 계획이 공표되었고, 2008년에서 2012년까지 관련 부서들이 각각 주체가 되어 통역 서비스를 제공할 것을 명시하였다. 당시 제1차 외국인 정책 기본계획의 취지는 편리한 생활환경의 조성, 결혼 이민자의 안정적 정착과 질 높은 사회적 통합이었고, 이로써 통번역 서비스를 제공하는 것이 목표였다. 따라서 법무부와 여성가족부, 보건복지부는 각각 사법 통역, 지역사회 통역, 의료 통역 등의 커뮤니티 통역을 국내에서 탄생시켰다. 우선 2016년 10월 의료 통역의 인증 평가를 필두로 난민 통역. 법정 통역 또한 2020년부터 작년 2023년까지 해마다 1차례씩 통역인들의 인증 평가가 진행되었다. 이는 법무부, 대법원에 등록되어 있는 통역원들이 인증 시험을 통해 평가를 받고, 인증 자격을 부여받은 자만이 현장에 투입되어 통번역 업무를 수행하는 상황으로 바뀌어 가고 있다. 커뮤니티 통역Community interpreting은 최근 국제회의 통역과 함께 통역의 양대 유형으로 국내에서 자리를 잡아가고 있다. 커뮤니티 통역은 우리가 살고 있는 사회 즉 관공서, 병원, 법원, 경찰서, 세관, 학교 등 특정 기관의 통역 수요를 충족시키고자 하는 목적으로 이루어지는 통역으로 오랜 이민 역사로 인해 다민족, 다언어 사회 혹은 이민 사회를 중심으로 국가를 형성한 미국, 캐나다, 호주 등지에서는 체계화되어 있다. 그 나라 언어를 사용 못하는 이들을 대상으로 질 좋은 통번역 서비스를 제공하는 것을 목적으로 한다. 한국에서의 커뮤니티 통역은 지난 20-30년 동안 국제회의 통역과 더불어 발전해 오면서 주요 통역 유형으로 자리 잡게 되었고, 국제회의 통역의 언어보다는 훨씬 더 많은 언어 수의 통역을 요구하고 있다. 커뮤니티 통역은 통역 현장에서 사용되는 통역 방식에서 국제회의 통역과 차이를 보인다. 국제회의 통역은 가장 높은 수준의 통역 방식인 동시통역, 순차통역 방식이 요구되는 반면, 커뮤니티 통역은 주로 대화 통역과 짧은 순차통역 방식이 요구된다. 커뮤니티 통역 중에서도 전문적인 통역은 ①사법 통역, 법정 통역, ②의료 통역 ③난민 통역으로 분류된다. ①사법 통역legal Interpreting과 법정 통역Court Interpreting은 한 국가의 공식어를 모르는 외국인이 출입국 관리사무소, 검찰청 등에서 조사를 받거나 법정에서 재판을 받는 과정에서 불이익을 받지 않도록 인권 보고 차원에서 제공되는 통역으로 사법 통역이 법정 통역을 포함한 광범위한 개념이라고 정의하고 있다. 외국인 범죄가 날로 늘어가는 상황에서 사법기관에서 요구되는 통역은 중립성, 공정성, 정확성이다. 이는 외국인이 재판에서 언어 장벽으로 차별을 받지 않도록, 그리고 법정에서 의사소통의 전체 과정에서 어려움을 해결할 수 있도록 그 권리를 보장하기 위한 형사소송법으로 한국에서는 1990년 6월 13일에 비준한 국제 인권 규약(자유권 규약: 시민적 및 정치적 권리에 관한 국제 규약)14조 3(f)에 '법원에서 사용되는 언어를 이해할 수 없거나 또는 말할 수 없는 경우에는 무료로 통역의 도움을 받는다'는 권리가 명시적으로 보장되어 있다는 것에 근거를 둔다. 2020년부터 시행한 법정 통역 인증 시험은 해마다 지원자가 늘어나고 있고, 인증, 준인증으로 합격된 통역사는 대법원 통역명부에 등록되어 통역 의뢰에 의해 통역을 할 수 있게 체계화되어 가고 있다. ② 난민 통역은 2013년 난민법 시행 이후 난민 신청 건수가 해마다 증가하고 있다. 난민 지원 언어 수는 2019년 36개 언어로 그중 소수언어가 많아 난민 통역인 가용 인재 풀이 매우 부족한 상황이다. 이에 따라 품질이 보장되는 통역 인력 보강이 필요하고 특히 소수 언어 통역인 발굴, 훈련을 해야 할 필요가 있다. 난민 통역 또한 불평등한 위치에 놓인 사회적 약자들을 인권 보호를 위해 통역을 수행하는 비상업적인 대화가 주류를 이루고 지역 배경지식과 문화 간 특성의 중요성이 강조되는 통역이다. 통역 과정 중 전문용어에 비해 일상용어 및 관용표현 등의 내용이 주를 이루고 난민 신청자가 자신의 상황에 대해 충분하고 편안하게 진술할 수 있도록 신청자의 심리적 정서적 상황에 대한 공감적 자세나 반응이 요구되는 통역이다.

③의료 통역은 한국에 살고 있거나, 해외에서 한국의 질 높은 의료 서비스를 받기 위해 한국을 찾은 외국인 환자에게 제공되는 통역 서비스이다. 2009년부터 해외환자가 급증하였고, 의료시장의 지속 성장을 위해 유치기관의 평가와 투명성 확보 시장 건정화를 위한 노력과 외국인 환자의 안전 보호 등을 위해 정부와 관련 기관이 많은 노력을 기울였다. 2016년 10월부터 의료 통역 인증 시험을 매년 1회씩 실시되고 있고, 품질 높은 통역서비스 제공을 위해 산관학이 협력하여 개설된 의료 통역사 교육을 통해 수준 높은 지역사회 통역 인력들을 양성하고 있다. 카탄David Katan, 2004은 커뮤니티 통역사를 '문화 중개자' 또는 '문화 소통자'라고 하였다. 지역사회에서 전문 통역사로 일하는 통역 인력이 '지역사회 통역', '커뮤니티 통역' 시스템을 갖추는데 문화 중개자, 문

화 소통자로서의 역할을 해내고 있다. 이들이 그 역할을 전문가답게 수행하기 위해서는 현재 인재 양성보다 좀 더 높은 수준의 한국어 능력이 필요하다는 점도 기관에서 생각해야 하고 보다 체계적이고 전문화된 인재 양성 방안을 마련하는 것도 시급하다.

〈표 3〉 국적별 난민 신청 현황 94~22.12

국적	2022년	국적	1994~2022
중국	772	중국	8,244
카자흐스탄	2,456	카자흐스탄	9,637
러시아	1,038	러시아	7,961
인도	1,278	파키스탄	6,962
튀르키예	1,188	이집트	5,351
기타	4,807	기타	46,787

2) 외국어로서의 한국어 통번역

1988년 올림픽 이후 한국 경제의 비약적 발전은 한국 국격의 신장, 산업의 발전을 이룩하였고, 1990년대 중반부터 시작된 한류 문화는 외국어로서의 한국어 교육 수요를 성장시켰다. 이런 변화로 국내에 유학생이 증가하고 있고 외국어로서 한국어를 학습하는 사람들도 점점 많아지고 있다. 해외 대학에서도 한국어 학습자가 빠르게 증가하고 있을 뿐만 아니라, 해외 고등 교육을 넘어 해외 여러 나라의 중등 교육에서도 한국어가 제2외국어로 채택되는 사례가 늘고 있다. 국내 통번역대학원에서도 신입생 중 외국인의 비율이 점차 높아지고 있으며, 이에 따라 2016년부터 여러 대학에서는 외국인을 위한 '한국어 번역 전공'이 개설되었다. 이러한 변화를 계기로 통역과 번역의 범주가 확장되었다. 외국어 교육과 이중언어 화자의 특수 기능 교육으로 구별되었던 통번역 교육은 외국어 교육의 연장 선상에서, 그리고 외국어 능력의 확장된 범위에서의 통번역 능력으로서 접점을 찾아가고 있다. 여기서 한가지 구분해야 할 개념은 '외국어로서의 한국어'와 'B언어로서의 한국어'의 개념이다. '외국어로서의 한국어'는 한국어를 외국어 학습이나 습득, 교육의 대상으로 보는 것이고, 'B언어로서의 한국어'는 A언어에서 B언어로, B언어에서 A언어로의 전환의 대상이 되는 통번역자의 두 번째 언어를 말한다. 이는 외국어로서의 능력이 아닌 두 언어 간의 전환 능력(통번역 능력)에 초점을 둔다. 여기서 한 걸음 더 나아가 'B언어로서의 한국어 통번역'은 외국어로서의 한국어 교육을 통해 한국어를 습득한 학습자가 통번역에 접근하는 것을 말한다. 다시 말하면 'B언어로서의 한국어 통번역'의 개념은 한국어를 제2언어 또는 외국어로 학습한 언어 사용자가 한국어를 통역과 번역의 출발 언어나 목표 언어로 사용하는 것을 뜻한다. 즉, 모국어는 다른 언어이고, 한국어를 통번역의 출발 언어 또는 도착 언어로 사용할 수 있는 언어 전환 능력을 가진 통번역사의 한국어 사용 행위를 뜻한다. 이로써 A언어로 한국어 통번역사와 함께 B언어로서의 한국어 통번역사의 활동이 크게 늘고 있다.

20세기에 B언어로서의 통번역 교육 과정 운영에 있어서 대표적인 언어는 영어였다. 이 외에도 프랑스어, 독일어 등이 비모국어 화자를 대상으로 통번역 교육을 진행하였다. 통역과 번역으로의 접근은 낮은 문화권의 언어 사용자가 높은 문화권의 언어를 학습하여, 대상 문화에 대한 이해를 자문화로 유입하는 기본 모형을 가지고 있다. 20세기에는 한국어를 B언어로 통번역을 시도하는 외국인을 찾아보기는 쉽지 않았다. 한국어로 통번역을 할 수 있을 정도로 한국어 능력을 갖춘 외국인을 찾기도 어려웠다. 그러므로 B언어로서의 한국어 통번역에 대한 정규적인 교육 과정이나 한국어 통번역사 양성과 같은 특수 목적을 가진 한국어 교육이 발전하는 것은 매우 어려운 상황이었다. 20세기 국제회의에서 동시통역을 수행하는 통번역사란 직업은 경외적인 언어 능력을 기반으로 한다는 점에서 많은 외국어 학습자에게 선망의 대상이자 꿈의 직업처럼 인식되었다.

통번역에 대해 가지고 있는 막연한 경외는 그러한 현장에서 활동하는 직업인으로서의 전문성을 말하는 경우가 많다. 통번역사 양성을 위한 교육 과정의 기본은 B언어 교육이지만, 통번역은 언어 능력에만 의존하지 않는다. '언어 간 전환이라는 형식과 문화 간 소통이라는 내용'이 핵심을 이룬다. 이런 의미에서 현재 한국내의 대학에서 개설된 '외국어로서의 한국어 번역'은 언어 능력과 문화 능력을 갖춘 인재 양성에 머물고 있지만 향후 'B언어로서의 한국어 통번역'의 방향으로 나아가기 위해서는 언어 능력과 문화 능력의 바탕 위에서 통역자의 모국어 능력과 한국어 능력을 향상시켜야 할 뿐만 아니라, 여기에 통역과 번역의 기술을 강조하는 교육 내용과 교과 과정으로 발돋움할 필요가 있다.

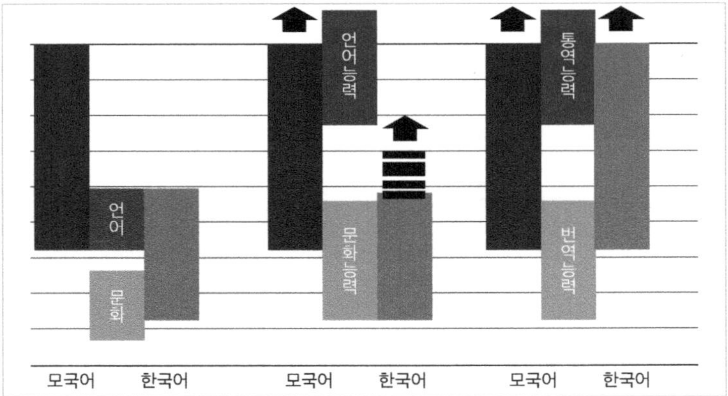

〈표 4〉 통번역 목적 한국어 교육에서의 한국어 교육 수준[13]

13 『외국어로서의 한국어통번역학의 이해』, 319쪽

3) 기계번역과 통번역

21세기에 들어서 컴퓨터를 사용하여 하나의 자연어 텍스트를 다른 자연언어로 번역하는 기계번역이 출현하였다. 기계번역은 1) 인간이 사용하는 자연언어를 대상으로 2) 컴퓨터를 이용하여 출발언어(SL)에서 도착언어(TL)로 자동번역 하는 것을 뜻한다. 1980년대부터 유럽과 일본에서 시작되었지만 2016년까지만 해도 문장 재구성의 한계로 기계적인 어휘 대응 수준으로만 인식되어 왔다. 하지만 짧은 시간 동안 비약적인 발전으로 인해 최근에는 기계번역이 멀지 않은 시간에 인간의 번역과 통역을 대체할 수 있다는 이야기가 있어 세인의 주목을 끌고 있다. 기계번역에 대해 장애리(2017)[14]는 4단계 발전 과정으로 정리하였다.

① 1단계: 1950년대부터 1980년대까지 적용되었던 규칙 기본Rule-Based Machine Translation, RBMT 번역으로 1단계 번역은 자연언어를 기계적으로 처리하기 위한 자연언어처리(NLP)로 언어학자가 규정한 언어규칙, 즉 언어의 형태소, 구문 변화 등을 적용한 알고리즘으로, 이는 언어학자의 언어학적 지식과 능력에 따라 정한 규칙에 따라 번역 품질이 달라질 수 있다. 따라서 이를 상용화하는 데는 어려움이 있었다.

② 2단계: 1990년대부터 발전이 시작된 말뭉치 기반Example-Based Machine Translation. EBMT 번역으로 말뭉치 기반 번역 기술은 규칙 기반 기술을 보완하면서 말뭉치를 활용한 단어의 결합 가능성을 활용하는 기술로 번역이 단어에서 구문으로 확대되었지만, 빈도에 의한 단어 결합과 구문 간의 번역, 문장의 재생산 등에서는 한계가 있었다.

---

14 장애리, 『국내 기계 통번역의 발전 현황 분석: 한.중 언어 쌍을 중심으로』, 『번역학 연구』18-2, 2017

③ 3단계: 20세기와 21세기를 이어주는 통계 기반Statistical Machine Translation, SMT 번역으로 통계 기반 번역은 대규모 데이터를 기초로 자동 학습된 통계적 모델을 기반으로 하는 번역이다. 단어 단위의 번역에서 구 단위의 번역을 넘어 문장을 생산할 수 있는 단위까지 확대되었다. 이는 우리가 잘 알고 있는 구글 번역과 네이버 번역 등이 이에 해당된다.

④ 4단계: 심화 학습 능력을 기반으로 하는 인공 신경망 기술 기반Neutral Machine Translation, NMT 번역으로 2016년, 구글에서 내놓은 GNMP라는 신경망 활용 번역기는 통계 기계번역과 마찬가지로 대용량의 통계를 기반 학습을 통해 산출된 번역물이다. 기존의 통계 기반 기계번역은 입력된 문장을 단어와 구절 단위로 나눠서 번역하고, 다시 어순 배열의 규칙에 따라 문장을 생산해 냈지만, 인공신경망 기계번역은 문장에 담긴 모든 정보와 연결 관계 전체를 학습하기 때문에 드러난 언어적 정보뿐만 아니라 문맥의 흐름도 잘 파악하여 번역한 결과라서 매우 자연스럽고 보다 더 정확성이 향상된 번역이라고 볼 수 있다.

제4차 산업혁명의 도래와 함께 모든 분야에서 변화가 일기 시작하였다. 의료계에서는 의사의 도움 없이 스스로 병을 진단할 수 있는 인공지능(AI)기가 시판될 상황에 놓여 있고, 2016년 일본에서는 AI가 쓴 공상과학(SF) 소설이 공상과학문학상에서 1차 심사를 통과하기도 했고, 2017년 구글은 AI를 이용해 음악과 미술 작품을 만드는 '마젠타 프로젝트'를 선보이기도 했다(이기문, 2018). 이렇듯 인간 고유의 영역이라고 생각되었던 '창작 영역'에서도 인공지능 수행력이 빠르게 발전하기 시작했다. 번역에서도 정보 전달 텍스트나 '기술적 문서technical text' 번역 시에는 기계번역으로 초벌 번역을 한 후, 인간이 포스트 에디팅 작업을 하는 과정이 확산되기 시작하였다(Koglin, 2015). 인간이 포스트 에디팅 작업을 하기에 앞서 어떤 점을 중점으로 에디팅을 하여야 하는

지, 어떤 기준으로 에디팅을 해야 하는 가이드라인을 정해야 한다. 이는 포스트 에디팅 의뢰인의 기대치client expectation, 작업 소요시간turn-around time, 또는 문서 상용주기document life-cycle에 따라 달라질 수 있고(Allen, 2003; TAUS/CNGL, 2011), 텍스트 타입에 따라 달라질 수 있기 때문에 포스트 에디팅 가이드라인 요소 또한 달라져야 한다. 따라서 이러한 상세한 요소들을 포함한 연구가 지속적으로 이루어져야 하고 기계와 인간이 서로 협력하여 결과물을 산출해 내는 포스트 에디팅을 어떻게 교과 과정에 접목하여 교육할 것인가? 또 기계번역을 넘을 수 있는, 즉 인간의 언어적 창의력을 십분 발휘할 수 있는 번역 분야는 어떤 분야인가? 등등의 과제가 놓여 있는 만큼 향후 통번역학계에서 보다 심도 있는 논의와 연구가 지속되어야 할 것이다.

Ⅵ. 결론

최근 기계번역은 언어 간의 문자 전환을 넘어 음성인식(STT), 자동번역(TTT), 음성합성(TTS)엔진과 결합하여, 자동통역기(STS)까지 빠르게 기능적 통합을 이루고 있다. 이를 활용하여 인간과 챗봇이 S-Rsender-receiver의 역할을 수행할 수 있는 단계로 발전하여 이것이 언어 분석, 외국어 교육, 통번역 서비스 등의 산업으로 발전하고 있다. 이를 넓은 의미에서 인공지능을 활용한 기계번역 영역이라고 할 수 있다. 이러한 변화로 여러 언론에서는 인공지능 번역을 미래사회에서 통번역을 담당할 주체로 주목하고 있다. 기계번역의 발전은 앞으로도 계속될 것이지만 기계번역 기술은 인간이 사용하는 도구적 개념 안에서 발전할 수밖에 없기 때문에 분명한 한계점이 있을 것이고, 우리가 사용하는 언어는 유기체적인 특징을 가지고 있으며, 변화와 생성의 끊임없는 과정 안에서 성장하고 있고, 통번역은 단순히 언어의 전환이 아닌 통번역사의 전략에 의한 언어의 선택이라는 분명한 전문 영역이 있다는 점이다. 하지만 앞으로의 통번역은 인간의 전략과 기계의 보완적 역할이 동시에 발휘될 수 있는 방향으로 나아가야 하며 인간 능력 향상에 도움이 될 수 있도록 기계번역 기술환경을 조성해 나가야 할 것이다. 앞으로 기계번역의 번역 결과가 인간 번역에 필적할 수 있는 시대가 오겠지만 그 결과는 인간의 생상성 향상에 기여해야 할 것이다. 하지만 최종 판단과 창조력은 인간의 영역이고 기계번역은 인간의 언어 사용 직관과 언어에 대한 창조성 그리고 생산성을 넘어설 수 없다. 즉 기계번역은 인간의 언어 사용의 창조성에 후행할 수밖에 없다고 판단된다.

참고문헌

김진아, 『한국 통번역교육의 과거, 현재 미래』, 『통번역학연구』 제18권3호, 2014.

장애리, 『국내 기계 통번역의 발전 현황 분석: 한·중 언어 쌍을 중심으로』, 『번역학 연구』, 2017.

마승혜, 『한영 기계번역 포스트 에디팅에 대한 경험적 고찰: 학부 교육 과정 및 결과를 중심으로』, 『통번역학연구』 제 22권 1호, 2018.

______, 『기계번역의 한계에 대한 상세 고찰』, 『통번역학연구』제 22권 3호, 2018.

이준호, 『포스트에디팅 교육을 위한 포스트에디팅과 인간번역의 차이 연구』, 『통역과 번역』제20권1호, 2018.

이상빈, 『학부 번역전공자의 구글 기계번역 포스트에디팅에 관한 현상학 연구』, 『통번역학연구』제22권1호, 2018.

이창수, 『기능주의적 번역이론에서 본 우리나라 관광안내 사이트 번역의 실태 연구』, 『통역과 번역』 5(2), 2003.

임형재·부티투안, 『국내 커뮤니티 통·번역사의 역량과 역할에 대한 정책 검토 -베트남 통·번역 지원 인력을 중심으로』,『현대사회와 다문화』제8권 1호, 2018.

정철자,『번역교육과정 개발평가: 시장수요를 중심으로』,『번역학연구』13(2), 2012.

최소희,『한국에서의 통역교육과 통역시장』,『언어와 언어학』21, 1995.

李忠辉,『《朝鲜馆译语》考论』,『文献双月刊』第6期, 2018.

______,『明代中央机构朝鲜通事设置考』,『辽东学院学报 (社会科学版)』第 2 1卷 第 6 期, 2019.

______,『清代高丽佐领金新达礼兄弟考略』,『满族研究1期』(总第 134 期), 2019.

______,『汉至清代朝鲜语译员的设置及活动研究』,『东疆学刊』第34卷 第2期, 2017.

임형재·김금숙외 1명,『외국어로서의 한국어통번역학의 이해』, 하우출판사, 2023.

한국고전용어사전 저자, 편집부 출판사 : 세종대왕기념사업회, 2001.

김현주
한국외국어대학교
중국어통번역학과

중국 고전문학의 현재와 미래

Ⅰ. 서론

20세기 한국의 중국문학계는 중국 고전문학을 필수로 공부하고 많은 연구 종사자를 양성해 왔지만, 이 과목을 왜 학습하는지에 대해서는 그다지 의문을 갖지 않았다. 이 글은 중국 고전문학을 공부하고 연구하는 우리가 이 영역을 학습해 왔던 배경을 살펴보고, 중국 고전문학이라는 영역의 본질을 바로 알고 그것이 현재의 학문과 사회와 인간의 삶에 어떤 의미로 영향을 줄 수 있을지를 생각해 보기 위한 것이다. 이에 따라 지난 80여 년 동안 중국문학 연구가 고전문학의 무엇을 공부하고 무엇을 연구하여 어떤 성과를 축적해 왔는지, 그리고 이 연구는 미래에 어떤 변화와 창신을 모색할 것인지를 논점의 주제로 삼고 개괄적인 검토.정리 및 추구할 사항들을 논의해 보고자 한다.

Ⅱ. 중국 고전문학의 범주

1. 중국 고전문학이란?

중국 고대역사는 黃帝→夏(BC20~BC16)→商(BC14~BC11)→周(BC11~BC3)로 전개되었다. 중국문학은 중국인에 의해 중국어로 창작되고 중국인(漢族)에 의해 감상된 문학이다. 중국의 고전문학(classical literature)[1]은 구비와 기록을 통해 중국역사에서 계승되어 온 문학을 말한다. 고전문학은 그 시대를 반영하는 내용을 비교적 엄격한 규율에 맞추어 창작한 것이고, 오랜 시간 동안 사람들에게 훌륭하다고 인정받아 온 작품이다. 고전의 시기는 구비작품이 기록을 통해 보존된 상고시기부터 지식인에 의해 작품으로 창작되고 기록된 역사시기를 포괄하고 있다. 다만 고대와 근대의 연결지점에 속한 작품들은 후인의 평가 기준에 맞추어 그 범위를 탄력적으로 논할 수 있을 것이다.

이 글에서 중국의 고전문학을 이야기할 때는 필요에 따라 그 안에 서양의 고전문학과 구분되어 논할 수 있는데, 그것은 또한 중국 고전문학의 특성을 이루는 요소가 될 수 있다. 우리가 흔히 중국의 고전문학이라고 할 때 종종『시경』, 이백과 두보의 시, 소식의『적벽부』, 나관중의『삼국지』, 기군상의『조씨고아』 등을 떠올리는 이유는 그것이 고대 중국의 사회상, 중국인의 전통적 가치관, 한족의 관습과 문화를 담고 있다고 여기기 때문이다. 그래서 고전문학은

---

1 고전문학은 그리스 고전문학에서 비롯된 용어다. 고전이란 로마 시민 중 가장 높은 계급을 의미하였는데, 르네상스시기부터 '공식적인 규범' 또는 '우수성'에 대한 용어로 사용된다. 이때의 고전Classic이라는 용어는 문학과 미술에만 적용되었다. '고전적이다'는 말은 역사적 역할을 하였고 현대에도 영향을 미친 학문을 뜻하며 '古文'이라고도 한다. 이것과 대비되는 근현대기의 문학을 신문학이라 할 수 있다. https://100.daum.net/search/entry?q=%EA%B3%A0%EC%A0%84+%EB%AC%B8%ED%95%99%EC%9D%B4%EB%9E%80 (24 .7. 1)

인생과 사회와 문화와 역사를 그려내는 중요한 요소라고 생각하게 된다.[2]

2. 중국 고전문학의 범주와 문학적 특징

중국 고전문학의 내용적 범주와 형식적 규칙은 서양의 것과 다르다.

먼저 고전문학의 내용을 보자면 서양이 순문학[3]의 성격이 강한 데 반해, 중국은 사회성, 정치성, 집체성을 우선하는 공리적 성격을 위주로 문학의 범주가 넓다고 할 수 있다. 작가는 개인의 내면적 사상감정보다 사회와 집체라는 외적 대상을 창작주체로 삼았다. 대화체로 엮어진『論語』는 군자와 소인의 태도를 비유로 혹은 직설로 표현함으로써 사람이 가져야 하는 규범과 윤리를 제시하였고, 산문시 형식으로 된『赤壁賦』는 나와 객의 대화를 통해 인생과 우주에 대한 거시적 관점을 제시하였다. 작품 속에는 주체의 개인적 감정을 드러내기보다는 오히려 사회와 집단이라는 객체의 도덕과 수양을 이야기하고 있다.

陳伯海는 중국문학의 특성을 이야기하면서 '잡문학 체제', '美와 善이 공존하는 본질'을 거론하였다.[4] 이는 중국 고전문학이 순문학보다는 다기능적인 문학 체제이며, 총체적으로 공용성을 지닌다는 뜻으로, 문학의 역할을 순수한 감정의 표현보다는 사회적 기능이 우선인 잡문학적 성격으로 인식하고 있다는 말이다.

---

2 이러한 점은 동서를 막론하고 고전문학이 갖는 보편적 특성이며, 고전 작품은 각각 다른 환경에서 창작되지만 결국 인간의 보편적 진리와 도덕적 가치를 이루는 절대적 힘을 갖는다.

3 순문학은 예술성을 추구하여 구성과 문체, 캐릭터와 내면 갈등이 강조된다. 흥미 위주의 대중문학과 대비된다.

4 중국문학의 특성을 잡문학 체제, 美와 善이 공존하는 본질, 言志와 抒情의 내적 핵심, 物我一體의 느낌 방식, 정신과 의미를 전달하는 표현 방법, 中和의 미학풍격, 복고로 變通을 삼음 등 일곱 가지로 설명하고, 이 중 美와 善이 결합하고 美가 善에 종속되어 문학과 사회윤리의 관계가 긴밀하다고 보았다.(陳伯海(저), 민경삼(역),『중국문학사조감』, 경기: BOOKK, 2015. pp. 65-103.)

형식 면을 보면, 중국은 독자적인 문자와 언어가 있으므로 문학창작의 형식적 규칙이 당연히 독자적인 특성을 가진다. 단음절의 漢字로 구성된 문장은 글자 수를 따지는 것을 기본 형식으로 삼고, 글자의 수와 소리의 높이에 따라 운을 결정한다. 특히 시에서는 글자수와 박자의 상관성이 곧 음악적 효과를 이루게 되므로, 시의 형식을 점점 정형화함으로써 그 효과를 극대화할 수 있다. 시가 음악적 효과를 추구하게 된 이유는 바로 音樂이 사람의 성정을 교화하는 데 가장 중요한 방법이라는 유가의 주장이 내재하기 때문이다.

중국문학이 내용의 범주와 형식의 성격을 융합하여 다듬어낸 그들의 문학 체제는 위에서 언급한 바와 같이 곧 시, 산문, 부, 사, 희곡, 소설과 강창 형태의 장르들로 구분한다.

이상과 같은 내용의 범주와 형식적 규칙을 기본으로 여러 중국문학사 연구자들에 의해 제기되고 정리된 중국 고전문학의 특징을 서술하면 다음과 같다.

첫째, 학술문화적 성격을 갖는다. 중국문학은 독립된 분야가 아니라 학술적인 분야 내에 속해서 논의되었으므로 문학의 전통은 학술에서 비롯된다. 그래서 문화를 창조하고 계승하는 데에 문학의 역할과 영향이 크게 작용한다.

둘째, 정치적인 기능을 갖는다. 유가의 정치관은 禮와 樂을 중시하였고 예의 가르침은 문학을 통해 이루어졌다. 채시제도는 민정을 살필 수 있게 하고, 과거 제도는 관료가 예를 가르치는 문학창작자를 겸할 수 있게 하기 위해 실시된 것이다. 문학의 공용성이 강조되어 있다.

셋째, 지식계층에 의해 향유된다. 중국문학은 정치적 기능을 가지므로 창작은 글을 읽고 쓸 수 있는 지식계층에서 이루어진다. 구비문학은 제도에 따라 채집되고 기록되므로 이 또한 지식계층의 정치적 성향이 작용할 수밖에 없을 것이다.

넷째, 내재적 요소들의 상호작용이 문학발전을 일으킨다. 문학의 발전은 문학의 내재적 변화에 따르며, 변화를 일으키는 요소들의 상호작용에 의해 일어난다. 雅와 俗의 상호작용, 復古[5]와 革新의 상호작용, 文과 道의 상호작용, 韻文과 散文의 상호작용, 서로 다른 장르 간의 상호작용 등은 중국문학의 발전을 이루는 독특한 요소가 된다.

다섯째, 외래문화의 수용과 융합이 문학의 발전을 일으킨다. 주나라의 음악, 한나라의 음악, 수당의 음악, 원의 음악 등 역대 왕조는 문자가 아닌 소리의 수용과 융합으로도 문명 교류를 하였다. 한나라는 新聲으로 새로운 방중악가사가 쓰였고, 당나라는 서역과 여러 이민족의 음악을 수용하여 燕樂을 창조하고 그에 따른 수백 수의 가사가 만들어졌으며, 원나라는 북방민족의 음악에 따른 새로운 가사가 쓰였다. 인도의 불교예술은 당나라의 變文과 청대 寶卷의 탄생을 가져왔다.

여섯째, 유가의 현실관과 도가의 자연관은 문학사조의 양대 성격을 이룬다. 정치와 사회가 태평성대를 누릴 때에는 사회참여적인 유가의 사상이 문학창작을 주도하고, 사회가 혼란하여 삶에 회의를 가질 때에는 현실도피와 자연은둔적인 도가의 사상이 문학발전을 부추겼다.

일곱째, 漢字의 활용이 문학적 표현의 개성을 이룬다. 단음절 표의문자인 한자는 해음, 함축, 상징의 수사법으로써 중국문학에 은근함과 함축성과 해학과 낭만적 의미를 뚜렷하게 형상화시켰다.

여덟째, 모방과 표절의 진위가 존재한다. 전통과 고전을 중시하는 중국문

---

5 고전문학에서 나타나는 복고의 예로 당나라 고문운동을 들 수 있다. 과거제를 통해 형성된 신흥 지식계층들이 주창한 것으로, 변려문의 폐해를 비판하고 선진과 한대의 산문을 회복하려 했다. 이들은 고문운동을 통해 오히려 당시의 사회개혁과 문화창도를 꾀하였고, 송나라의 문단을 새롭게 이끄는 동력이 되었다.

학환경은 종종 모방을 종용하는데, 지나칠 경우 표절과 위작이 나오기도 한다. 이러한 풍토는 오랜 시기를 걸쳐 공공연히 행해졌으며 작품의 바른 감상을 저해하는 요인이 된다.

아홉째, 지역적 조건은 남방과 북방의 문학적 특징을 낳았다. 남방은 온화한 기후와 풍요로운 작물과 세심한 인성으로 말미암아 문학특징이 은근하고 화려하며 낭만적이라면, 북방은 척박한 대지와 검약한 생활과 호탕한 인성으로 인해 문학의 내용과 풍격은 직설적이고 소박하며 호방하다고 할 수 있다.

열 번째, 작품의 내용과 주제는 보편적 감정을 추구한다. 문학 작품은 작가 개인의 내면세계와 주관적 경험을 표현하기보다 공동체를 대신하여 삶의 애환을 이야기하고 공동체의 감정과 경험을 묘사하고 있다. 한 작가의 작품을 읽고 공동체 개인이 공감하게 되고, 나아가 공동체의 가치관을 형성하게 되는 것이 창작의 최고 경지이며 중국문학의 사회적 기능이라고 할 수 있다. 문학이 추구하는 경계에 이르게 하는 방법은 사물의 지극히 평범한 이치를 평범하게 표현할 수 있는 작가의 순수한 심미관에 달려 있다. 도연명의『采菊東籬下, 悠然見南山』(『飮酒 五』), 원호문의『寒波澹澹起, 白鳥悠悠下』(『穎亭留別』)와 같은 구절은 고요한 가운데 오로지 경물로써 경물을 바라보기 때문에 자연과 사람이 하나가 되는 최고의 경계에 이르렀다고 한다.

열한 번째, 창작을 위주로 한다. 중국문학은 정치적 기능과 공용성이 그 본질을 이루는 주 요소이기 때문에 작가는 사회적 사명의식에 기반하여 창작하며, 그것이 공용성을 갖고 백성을 교화하고 위정자의 도를 잘 반영해 냈는가가 작품에 대한 감상과 평가의 기준이 된다. 이와같은 창작배경은 이론과 비평의 체계화를 더디게 하였다. 중국 고전문학이 다양한 장르가 있는 이유는 외재적 여건에 따라 작가의 창작의식이 자유롭게 움직이는 데 기인한 것이다.

그들은 때로는 기존 체재에서 변화를 시도하고 때로는 민간에서 독특한 체재를 가져와 새로운 체재로 다듬어냄으로써 문학발전을 도모해 왔다.

3. 한국에서의 중국 고전문학의 위상과 의미

한국은 예부터 이웃국가인 중국과 깊은 학술적 교류를 하였으며, 특히 고전문학에 대한 한국인의 애호는 고금으로 끊이지 않고 있다. 한국에서의 중국 고전문학에 대한 관심은 신라시대부터이며, 고려시대 漢文學으로 정착하면서 본격적으로 중국과의 문학 교류가 이루어졌다. 고려문단은 송대문인들과 직접적으로 교류하기도 하고 많은 서적을 구입했을 뿐 아니라, 공식적으로 수차례 새로운 문화자료와 전문 인력 요청을 했던 사실은 『고려사』에 기록되어 있다. 송.원대의 새로운 문체를 학습하고 창작하려는 노력은 고려문인의 詞문학 습작에 대한 기록에서도 나타난다.[6] 이처럼 한국 문단에서는 고전문학의 여러 체제를 답습함으로써 각 체제의 형식과 수사를 수용하였음은 물론 그 내용의 소재와 주제는 한국문인들의 창작에 큰 동력이 되었다. 이러한 지속적 교류와 습작은 한시와 산문 외에 가사문학, 시조, 연장체 시가 등 한국문학의 새로운 문학 체제 창조와 발전에 주요한 근간을 이루었다. 또 다른 방면으로 고대 중국어인 문언문 학습은 중국문학뿐 아니라 한국의 고전문학을 연구하는 데 필수요건이 된다.

이와 같이 한국의 중문학 외에 국문학에서도 중국 고전문학과 고문학습이 반드시 선행되어야 하는 이유는 무엇보다 중국 고전에 담긴 선현의 사상과 문화의 내용이 한국 전통의 문화 형성과 발전에 큰 영향을 주었기 때문이며, 또

6 拙著,「高麗時期中國詞文學的流入及其接受融合情況」,『한중언어문화연구』제15호, 2008.

한 고금을 막론하고 중국과 중국사회와 중국문화를 잘 이해하기 위한 최선의 방책이라고 인식하기 때문이다.[7]

현대에 이르러 대학을 중심으로 중국 고전문학은 다양한 과목명으로 연구와 교육이 이루어지고 있으며, 한국과 중국의 오랜 문화 교류 때문에 중문과뿐 아니라 국문과, 한문과에서도 중국 고전문학은 필수과목으로 개설하고 있다. 이러한 점은 중국 고전문학이 단순한 외국문학의 하나가 아닌 한국전통문학을 형성하는 주요 요소라는 의미를 시사한다.

Ⅲ. 중국 고전문학 연구의 회고

1. 중국 고전문학의 본질과 흐름

21세기를 맞으며 중국학계에서는 지난 세기 중국문학 연구에 대한 총론적인 면과 각론적인 면에서 각각에 대한 회고와 토론이 있었다. 봉건제에서 근대로 넘어오는 사회제도와 이데올로기적 격변기를 맞았던 20세기는 고전문학의 전통을 계승하면서 아울러 근현대 문학 이론에 의거한 고전문학에 대한 비평과 개선을 일구어왔다. 여기서는 고전문학의 본질과 흐름을 개술하고 고전문학 연구에서 주목할 수 있는 몇 가지를 정리해 보고자 한다.

7 연구에 따르면 국내 주요 대학 중문과 고문과목의 공통된 학습 목표는 고문에 대한 독해력 배양과 중국문화를 이해하는 것이며, 이로써 고대 선인들의 명문을 감상하면서 사유의 힘을 기르고, 지식을 배양하고 지혜를 함양하여 인문학적 소양을 증진하기 위함이라고 정리할 수 있다. (拙著, 「韓國大學古代中國語教育現況與分析」, 『中原華語文學報』 第13卷, 臺北 , 2014.)

중국 고전문학의 본질

중국문학은 상고시기(B.C11~B.C3)에 학술을 겸하여 함께 논하였으며[8], 그 이후 2C까지 文과 學이 분립되는 과정을 거쳐 3C에 이르러 비로소 문학은 경학. 사학. 현학 등에서 독립되어 지금의 문학관념을 세워나갔다. 이 시기는 魏晉南北朝라는 대혼란기로서, 문학종사자들은 문학을 감정과 미감을 갖는 文과 이지와 응용을 구사한 筆로 구분할 수 있게 되었으며 바로 지금의 純文學과 議論文學의 선성이 된 것이다.[9]

애초의 문학의 본질은 『毛詩.大序』에서 詩教로 기술한 바 첫째, 천자가 민정을 살펴 자신의 정치득실을 살피고, 둘째, 상층을 풍간하는 수단으로, 셋째, 백성을 이롭게 하기 위한 교화의 수단이라는 주장에 기초하였다.(詩者，....情發於聲，聲成文謂之音。治世之音安以樂，其政和；亂世之音怨以怒，其政乖；亡國之音哀以思，其民困。故正得失，動天地，感鬼神，莫近於詩。先王以是經夫婦，成孝敬，厚人倫，美教化，移風俗。(『毛詩.大序』)) 즉, 문학은 바른 정치를 위한 기능으로 활용되어 중국 전통 문학의 근간으로 삼았으므로, 이것이 중국문학의 본질이라 할 수 있다. 그 후 문학에 대한 자각이 일어나면서 문학은 감정과 심성의 모습이요, 정신과

---

8 상고시기에 문학이 존재하였는가는 문헌의 기록에 의거해서 논해야 하는데, 沈德潛은 요순시대 가요와 은대의 갑골 금문의 시를 여러 문헌에서 찾아 『고시원』에 수록함으로써 문학은 황제시기부터 존재하였다고 서술하였다. (由守乎唐而不能上窮其源，故分門立戶者得從而爲之辭，則唐詩者宋元之上流，而古詩又唐人之發源也。予前與樹滋陳子輯唐詩成帙，窺其盛矣。茲復溯隋陳而上，極乎黃軒，凡三百篇、楚騷而外，自郊廟樂章訖童謠裏諺，無不備采。당시를 고수함으로 인해 그 원류를 탐구하여 올라갈 수 없었기 때문에, 부문을 나누고 일파를 세우는 사람들은 이것에서 구실을 삼았다. 그런데, 당시는 송시(宋詩)·원시(元詩)의 상류이고, 고시(古詩)는 당시의 발원지이다. 나는 일전에 진수자(陳樹滋)와 함께 당시를 모아 책으로 만들어 그 흥성함을 살펴보았다. 여기에서부터 다시 수(隋)나라 진(陳)나라 위로 거슬러 올라가 황제(黃帝) 시대에까지 이르니, 무릇『시경(詩經)』과『초사(楚辭)』 외에도 교묘악부(郊廟樂府)에서 동요와 속담에 이르기까지 수집하지 않은 것이 없다.)(沈德潛著, 馮保善注,『新譯古詩源.序』, 三民書局, 2013.)

9 허세욱,『중국고전문학사.상』, 서울: 법문사, 1986. p. 18.

理智의 가락이라(文章者，蓋性情之風標，神明之律呂也.(蕭子顯『南齊書.文章論』))외치며 미문만을 내세운 협의의 문학을 주장하였다. 중국문학의 본질은 광의의 범주와 협의의 범주에 따라 각각 이해할 수 있으며, 협의의 범주에 의론성을 지닌 산문을 포함시켜서 본질의 절충안을 고려할 수 있을 것이다.

중국 고전문학의 흐름

중국 고전문학은 그 본질에 대한 인식을 바탕에 두고 시대와 사조에 따라 독특한 장르를 탄생시키고, 문단에서 한 시기 흥성하다가 쇠하면서 새로운 변화를 일으키며 자연적 발전을 하게 된다. 문학의 발전을 이해하려면 문학사 서술의 분기를 먼저 논하지 않을 수 없다. 중국 고전문학사의 흐름을 각 시기로 나누는 데에는 대개 두 관점이 있다. 하나는 일반적인 시대 분류에 따르는 방법으로서, 역사서술과 같은 先秦문학, 秦·漢문학, 魏·晉·南北朝문학, 隋·唐·五代문학, 宋代문학, 遼·金·元문학, 明代문학, 淸代문학으로 나누어 주로 한 시대에 하나의 새로운 장르가 탄생하는 상관관계를 만들게 된다. 다른 하나는 중국사회와 문학발전의 특수관계에 따라 분류하는 방법으로서, 고대문학, 근대문학, 현대문학으로 나누고 어느 한 시대와 새로운 장르의 탄생을 필연적으로 관련짓지는 않는다. 전자의 예로는 허세욱『중국고전문학사』를, 후자의 예로는 김학주『중국문학사』의 시기 분류를 들 수 있다. 근자에 문학사 분류 방법론 연구에서 문학의 변화는 사회의 발전과 궤를 같이한다는 사실에 근거하여 성당시기 주요시인이었던 이백과 두보를 안사의 난 전후로 나누어 이백은 성당에 두보는 중당에 두는 것이 옳다는 주장이 일반적인 견해가 되었다. 왜냐하면 이백의 浪漫飄逸한 창작은 성당의 낭만 기풍을 최고로 끌어올

렸고 두보의 沈鬱頓挫한 창작은 중당 사회의 격변하는 모습과 지식인의 고뇌를 가장 잘 표현하였으므로, 문학의 본질이 시대의 반영과 긴밀하게 작용한다는 관점에서 이백과 두보는 각각 성당과 중당의 대표 시인으로 분류하는 것이 타당할 수 있다.

중국문학사의 기술은 새로운 자료의 발견과 새로운 연구 방법에 따라 장르의 기원, 작품의 해석과 진위, 작가의 생평들에 대한 조정이 불가피하게 되며, 따라서 문학사 흐름은 새로운 사실에 근거하여 재조정과 서술이 이루어진다. 1900년에 발견된 돈황문건에는 민간문학의 여러 체재들이 초록되어 있었는데 이 방대한 자료들로 말미암아 문학사에는 1,000년 전 唐代의 민간문학이 한 챕터로 첨가되었다. 그중 變文이라는 체재가 후대 강창문학발전에 중요한 실마리를 제공하였고, 曲子詞라는 형태가 송사의 내원을 밝히는 결정적 증거가 되어 중국 중세문학 연구에 새로운 틀을 세웠다. 돈황출토 문건은 당대 사원에서 발달한 변문의 존재를 우리에게 알려주었고, 채시제도가 없었던 당대의 민간가요의 모습과 그것으로써 詞의 기원을 당대에 두어야 할 증거를 보여준 것으로서, 중국문학계로 하여금 새로이 문학사를 저술하게 만든 중요한 자료이다.

이와 같이 고전문학은 먼저 본질을 사회와 정치 등 민족집체에 근거를 두어 공동체의 발전을 위한 공용성을 지닌다. 그것은 시대의 흐름에 따라 적절한 표현 체제를 창조하고 향유할 수 있는 내재적 보편성을 갖고 있다는 점에서 서양과 다른 독특한 성격을 형성하고 있다고 할 것이다. 그러므로 고전문학을 공부하고자 한다면 첫째, 그 본질에 충실하고 문학의 흐름 속에 내재한 독특한 성격을 파악하는 데 집중하는 것이 필요하다. 어설픈 서양의 문학 이론이나 일시적으로 유행하는 연구 방법으로 접근한다면 이내 본질에서 벗어나 기대한 바를 성취하지 못할 것이다. 중국은 文·史·哲을 아우르는 전통 학문을 하기 위해서 小學[10]이라는 전통 언어학 과정을 우선 학습해야 했다. 지금은 이 과정이 학술계에서 여러 분야로 나뉘어 전문화되었으므로, 고대문학 연구에 필요한 사항은 문자학, 성운학, 교감학, 훈고학 등으로 세분된 각 분야의 연구 성과를 활용함으로써 텍스트 고찰을 위한 언어학적 문제들을 신속하게 해결할 수 있게 되었다.

둘째, 본질을 사회와 집체에 두고 있으므로 해당시기의 역사와 사회배경에 대한 이해가 있어야 한다. 우리는 어느 시대건 어느 장르건 우선 해당 시기의 역사와 사회에 관한 서적을 읽고 이해하는 자세가 필요하다. 아울러 텍스트를 이해하려면 반드시 문언문의 독해력을 갖추어야 하는데, 최근 한국에서 활발하게 번역되고 있는 중국 역사서와 필기류 번역서들도 많은 도움이 될 수 있을 것이다.

셋째로 고려할 점은, 중국역사만큼 방대한 문헌들에 대한 서지학적 이해이다. 고전문학의 작가와 작품은 고대문헌에 기록되어 있기 때문에 문헌의 분류법과 구성 체제를 알고 텍스트에 대한 역대 학자들의 주석과 평론들도 다루는 방법을 알아두면 편리하다.

2. 근 20년간 한국에서의 중국 고전문학 연구와 변화

21세기들어 중국학계는 지난 세기를 회고하며 연구 범위와 방법론에 대한 담론이 끊임없이 이어지고 있다.[11] 기본적으로 이루어지는 연구 외에 국내에서

10 고대중국에서는 경학을 하기 위해 먼저 문자학, 음운학, 훈고학을 총괄하는 소학분야를 학습해야 한다.

11 2000년대에 들어서서 중국 고전문학에 대한 연구는 이전의 성과 위에 새로운 영역으로 그 범위를 확대하여 새로운 연구 방법으로 연구가 진행되어왔다. 중국에서는 20세기 중국문학 각 영역에 대한 반사와 담론을 다룬 『중

최근에 감지되는 독특한 현상의 원인을 알아보고자, 그간 발표된 연구물 중심으로 자료를 수집하여 일차 검토를 하였다. 지난 20년간 한국의 중국 고전문학 연구상황을 학술지발표논문, 석 · 박사학위논문, 단행본전문서 별로 조감해 보면 몇 가지 연구 동향에 주목할 수 있다. 지면 여건상 분석한 세부표는 생략하고 주요 자료만 주석으로 넣었다.

학술지 발표논문

중국 고전문학 발표논문 현황은 중국문학 관련 학술지의 전수 조사가 필요하나 고전문학의 연구 방향을 이해하는 차원에서 국내에서 출간한 학술지 중 역사가 오래된『中語中文學』(1979년 창립, 한국중어중문학회지)과『中國語文學』(1980년창립, 영남중국어문학회지)두 학술지에 2000년 ~ 2023년의 20여 년간 발표한 고전문학 논문들을 각 장르별, 연도별로 분류한[12] 결과를 정리하면 다음과 같다. 두 학술지는 다 국내 학계에 권위 있는 잡지다.『중어중문학』은 초기에 대학교원 중심으로 출간하다가 점차 전국적 학술지로 확대되었다.『중국어문학』은 지방을 근거지로 한 고전문학 중심의 학술지였고 점차 연구 영역이 다양해졌다.

국 고전문학연구의 회고와 전망』(董乃斌等著, 이홍진 등 공역, 역락 2010)이 출판되었고, 한국에서는 2000년대의 새로운 연구 동향을 10개 영역으로 소개한 글이 있다.(이창숙,『2000년대 중국 고전문학연구의 신동향』,『학문연구의 동향과 쟁점』제4집, 대한민국 학술원)

12 먼저, 한국학술지인용색인(www.kci.co.kr)에서 해당 학술지를 검색하여 등재된 논문 (2002년~2023년)을 받아 중국 고전문학을 구분한 후 제목과 키워드를 살펴보아 세부 분야를 분류하여 중국 고전문학의 연구 영역과 연구 방법의 현황을 살펴보았다. 세부 분야는 한국연구재단 KRI 연구분야 기준을 준용하여 시가, 소설, 희곡, 산문, 사(곡), 사부, 비평, 문화, 비교, 문화사, 서지 등 11가지로 분류하였다.

①『중어중문학』[13]

-총편수 : 965편(고전문학 306편, 현대문학 어학 659편)

-고전문학 장르별 편수 :

소설 86편, 시 67편, 비평 47편, 문화 32편, 희곡 26편....

②『중국어문학』[14]

-총편수 : 902편(고전문학 463편, 현대문학.어학 439편)

-고전문학 장르별 편수 :

시 136편, 소설 111편, 문화48편, 사24편....

각주의 분류표를 조감해 보면 고전문학 중심의『중국어문학』은 고전문학 논문이 더 많이 다루어지고 있음을 알 수 있다. 이 두 학술지발표 논문중 소설이 각각 85편 28%, 111편 24%, 시가는 각각 67편 22%, 136편 29%로 양적 우위를 차지하고 있다.

석 · 박사학위논문

국내에서 석·박사 학위논문 전체를 전공별로 일목요연하게 보유하고 있는

---

13 『중어중문학』은 1979년 한국중어중문학회(韓國中語中文學會)에서 창간하였으며 중국언어학과 중국문학을 위주로 관련 분야의 연구 성과를 발표하는 전문 학술지로서 현재까지 95호를 발간했다. 한국학술지인용색인에서 받은 30권부터 94권까지 게재된 총 논문 수는 950편이며 이중 중국 고전문학 관련 논문은 300편(31.6%)이다.

〈표〉『중어중문학』에 게재된 중국 고전문학의 세부 분야별 논문현황

14 『중국어문학』은 1980년 영남중국어문학회(嶺南中國語文學會)에서 창간하였으며 중국어문학, 한중비교문학 및 한중문화 등에 관한 연구논문, 번역, 서평, 연구자료를 대상으로 하고 있으며 현재 95호를 발간했다. 본 학술지의 중국 고전문학은 2000년대에는 중국현대문학이나 어학에 비하여 발표 수가 많았으나 2010년대에는 중국현대문학이나 어학에 비하여 비중이 낮아졌으며 연도가 지남에 따라 다소 감소하고 있는 양상을 보인다.

〈표〉『중국어문학』에 게재된 중국 고전문학의 세부 분야별 논문 현황

기관은 찾기 어렵다. 다만, 국내 대학교의 학술정보를 가장 많이 보유하고 학술정보서비스(www.riss)를 통해 중국 고전문학의 학위논문 추세를 조사했다. 학술정보서비스에서 '중국 고전문학'을 키워드로 하여 검색하고[15] 인문학분야의 각 학위논문을 분석하여 소설, 시가, 산문, 희곡 등 11편 항목으로 분류했다. 2002년~2022년까지 석사학위논문은 356편, 박사학위논문은 162편을 조사했다.

① 석사논문[16] :

석사학위논문의 총량은 356편으로 증가하는 추세를 보이며 분야별로 분류하였다. 장르별로는 소설과 시가의 비중이 높으며, 산문, 희곡, 사부 등은 매우 적다.

-총편수 356편(국문과 147편(2011~2022, 105편), 중문과 86편(2011~2022, 48편))

-장르별 편수 :

소설 106편, 시71편, 비교문학 66편(소설, 시, ...), 희곡 13편....

② 박사논문[17] :

박사학위논문은 총 162편으로, 장르별로는 소설과 시가의 비중이 높고, 형식면에서는 비교 연구와 비평 연구의 비중이 높으며 전체적으로 증가하는 양상을 보인다.

---

15 학술정보서비스는 검색을 요청한 키워드와 시스템에서 보유하고 있는 학위논문 DB의 제목, 주제어, 초록, 목차 등을 검색하여 결과를 보여준다.

16 〈표〉'중국 고전문학' 석사학위논문의 계열별 현황

17 〈표〉'중국 고전문학' 석사학위논문의 분야별 현황
〈표〉'중국 고전문학' 박사학위논문의 계열별 현황

-총편수 162편 (국문과 92편, 중문과 41편)

-장르별 편수 :

소설 40편, 비교문학 39편(소설9, 시12, 일반10), 비평 30편, 시가 24편...

각주의 계열별 국내 중국 고전문학 연구 석 · 박사학위논문 현황에서 눈에 띄는 점은 학위논문 수에 있어서 국문과가 중문과를 압도적으로 능가하고 있다는 것이다. 그 이유 중 하나는 비교문학이 25%로 나타나는바, 대부분이 한국문학과 중국문학의 비교 연구로 보인다. 이는 고전 영역에서 나타나는 당연한 현상이라 할 수 있다지만, 상대적으로 중문과의 학위논문이 전체 석박사 학위논문 수의 30%에 미치지 못하여 국문과 학위논문 수와는 상당한 차이가 나는 상황임을 주목할 필요가 있다.

고전문학 연구가 주로 시가에 머물렀던 20세기와 달리 근 20년간 소설, 희곡 등에 시선을 돌리게 된 점도 유의할 만하다. 소설, 희곡은 서구 문학 이론으로 연구해 볼 수 있는 대상일 것이며, 또한 소설, 희곡의 소재와 주제들은 중국 대중문화의 콘텐츠 구성에 다양한 모티프를 제공하고 있으므로, 중국문화학 연구에 풍부한 자료가 된다.

단행본전문서(2000~2023)

학술정보서비스에서 '중국 고전문학', '중국 고전소설', '중국 고전시가' 등 세부 장르별을 키워드로 검색하여 한국에서 발행된 단행본을 조사했다. 검색 결과에서 재발간, 중복 등을 제외하고 378류를 대상으로 각 문헌을 분석하여 소설, 시가, 비평 등의 장르로 분류하였다.

-총권수 : 378류

-장르별 수량 :

소설 226류, 시 57류, 비평 37류, 문학사 24류......

중국문학이 국내에서 공부하고 연구되어 온 지 80년이 지났으나 단행본 저술은 완만하게 증가하고 있다고 할 수 있다. 이 시기 동안 378류의 저술이 이루어졌는데 장르별로는 소설이 226류로 59%, 시 57류로 15%, 비평 37류로 9% 등으로 나타난다.[18] 연도별로는 2014년에 29권, 2022년에 27권, 2011년 19권 등으로 나타나지만 불규칙한 변동의 이유를 파악하려면 다각적 분석 기준이 요구된다.

소설류가 지속적으로 출판이 되었다는 것도 주목할 점이다. 이 항목에서 눈에 띄는 점은 378류의 단행본 전문서는 편찬 성격에 따라 번역, 역주, 역해, 주해, 편역, 편저, 평역, 저술로 세분하여 살펴볼 필요가 있다.[19] 순수 번역이 169류로 45%, 역주, 역해, 주해, 편역 등이 70류로 19%, 평역, 편저 등이 99류로 25%, 전문저술이 40류로 10%이다. 전문저술과 편저가 27%인 이외에는 번역류가 주를 이루고 있는 점은 고전문학 연구를 위한 기본지식과 정보 제공 등의 기초 작업이 우세하다는 의미로 보여진다.

---

18 〈표〉 '중국 고전문학' 박사학위논문의 분야별 현황
〈표〉 '중국 고전문학' 단행본 분야별 발간 현황

19 〈표〉 '중국 고전문학' 단행본의 형태별 발간 현황

3. 중국 고전문학 연구의 특징

이상으로 발표된 학술논문, 전문서적, 학위논문으로 20년간 중국 고전문학 연구 동향을 살펴보았다. 특별히 눈에 띄는 점은 첫째, 중국 고전문학 연구가 국문과에서 많이 이루어지고 있다는 것이고, 둘째, 학술논문이든 전문서이든 소설 연구량이 시가 연구를 압도적으로 능가하고 있다는 것이다. 기초적인 정리를 통해 중국 고전문학은 단순히 중문학에서만 다루어지는 것이 아니라 비교문학을 통해 얼마든지 그 접근 시각을 다양화할 수 있는 영역임을 재확인하게 된다. 향후의 중문학 연구는 국문학 혹은 한문학과와의 공동 연구와 토론을 통하여 그 영역을 확장해야 하고, 국문학 발전을 위해 양자의 협력과 상호 인정이 필요하다고 할 것이다.

이 외에, 고전문학이 반드시 시에만 한정된 것이 아니라 소설로, 희곡으로, 강창으로써 다양한 감정과 사고를 표현한 예술임을 재인식할 필요가 있다. 문학의 소비자를 고려한다면 고전문학은 중국 고전에 대한 감상의 폭을 넓혀줄 수 있고, 고대 중국 엘리트층의 고상한 문화라는 인식의 틀에서 벗어나 평범한 인간의 삶과 생각을 표현한 것임을 밝히고자 노력해야 할 것이다.

Ⅳ. 중국 고전문학 연구의 미래

1. 중국 고전과 문학 발전의 동력

중국의 고전문학이 이루어온 문학적 가치는 두 가지 방면으로 이야기할 수 있다. 한가지는, 그 본질을 충실하게 다듬고 궁구하여 내재된 뜻을 분명하게 해석함으로써 그 시기의 사람들이 수용하고 이해할 수 있도록 체계를 확립하였다는 사실이다. 다른 하나는, 앞에서 쌓아온 연구 성과가 각 시대에 맞는 새로운 창작을 일으켰고, 그 과정이 고전문학의 내재적 변화와 발전을 이루어내는 동력이 되었다는 사실이다. 다시 말하면, 고전 텍스트에 대한 본질적 연구는 고전문학의 내재적 변화와 발전규율을 규명해 보는 열쇠가 된다는 뜻이다. 고전의 보전과 지속적 보전 속에 일어나는 자연적 변화가 진정한 중국문학의 발전을 이루어낸 것이라고 볼 수 있다. 그러므로 고전문학을 공부하고 연구하고자 한다면 먼저 그 본질에 충실하고 축적된 성과에 대한 일관성 있는 수용의 태도가 필요하며, 그다음으로 문학사를 통해 이루어낸 새로운 변화 위에 현재의 문학환경과 융합할 수 있는 주변 영역과 방법을 탐색해 나가는 자세가 필요함을 제안하고 싶다.

덧붙여서 고전문학 연구에 반드시 선행되어야 할 사항은, 고전을 이루어낸 고전문학사에 대한 학습과 연구가 근간이 되어야 한다는 것이다. 유기적으로 구성된 문학사는 작가와 작품을 소개하는 외에 일관된 배경의 흐름을 찾아야 한다. 이것은 작가군의 구성, 유파의 성격, 사조발전의 기복과 흥망성쇠, 체재의 변천에서 문학과 사회생활, 시대정신, 민족전통, 세계문명 등 여러 방면과의 상호작용에 이르기까지 모든 것이 포함된다.[20]

2. 한국문학에서의 중국 고전문학과 외국문학으로서의 중국 고전문학 :양방위적 탐구

한국의 중국 고전문학 연구자들은 중국 고전문학을 대하는 태도에 조정이 필요하다. 한국은 일찍이 중국 고전문학을 접해 왔고 자연스럽게 한국에서의

20 陳伯海(저), 민경삼(역), 『중국문학사조감』, 경기: BOOKK, 2015. p. 10.

모방과 창작이 따랐다. 이러한 풍조는 현대에 와서 중국의 고전문학을 통해 마치 우리 선조의 생각을 잘 알아내는 것으로 착각하게 만든다. 그것을 한국문학과 유사한 스타일로 여긴다면 마치 중국문학을 한국문학의 일부분 혹은 한국문학을 중국문학의 일부분으로 오해하기 쉽다. 우리와 다른 역사, 지역, 언어, 사회배경을 가진 이민족의 문학을 넓은 포용심으로 이해하면 안 된다. 오히려 우리와 역사와 언어가 다른 그들의 문학으로 인정하고 객관적인 시각으로 새로운 방법과 태도로 접근하는 것이 옳다. 유사한 점은 비교의 대상으로 삼을 수 있으며, 동아시아 문명권내에서의 문화의 수용과 영향관계로 파악하는 것이 좋을 것이다.

3. 타 영역과의 교차 연구 · 융합 연구

중국 고전문학은 여러 장르로 이루어져 있다. 각 장르별 연구는 고전의 성격을 다양하면서도 분명하게 이해하도록 한다. 각 장르별 연구는 텍스트 분석 이외에 그 장르가 포함하고 있는 타 영역의 학문과 교차 연구할 수 있고, 서로 다른 장르들 간의 융합 연구가 가능할 수 있다.

돈황의 문건들에 보이는 건축, 의술, 신앙, 교통, 상업, 관습, 음식 등 광범위한 문서들의 내용은 돈황 민간문학 작품과 교차 연구를 할 수 있는 충분한 조건을 갖고 있다. 예를 들면, 곡자사의 음악과 무도 부분에 대한 연구는 음악 이론과 무도 이론을 활용하여 교차 연구를 진행함으로써 곡자사의 총체적 연행 형태를 파악할 수 있다. 또한, 장회소설 연구에서 시와 산문이 섞여 있는 작품에 대한 시적 문장과 산문적 문장구성의 융합 연구는 중국소설의 구성적 성격을 특징지을 수 있을 것이다. 송대 문장가의 산문 속에 내재된 道의 내용과 도학가의 산문에 내재된 文의 기교는 문학과 철학의 융합 연구로써 송대 산문의 특징을 파악할 수 있다.

이와 같이 문학텍스트에 대한 문학적 본질을 잃지 않되 관련된 타 영역과의 교차와 융합으로 연구 범위를 확장함으로써 고전문학은 인문학의 영역을 탄탄하고 유의미하게 규명해 나갈 수 있을 것이다.

4. 대학에서의 중국 고전문학 교육의 의의와 학습의 의미

중국과의 오랜 문화적 유대관계로 인하여 한국인의 문학 정서 속에는 중국문학을 감상하는 이해의 폭이 상당히 깊다. 한자에 대한 이해, 추상적 형상에 대한 이해, 상징적 비유에 대한 이해, 스토리의 전개와 흐름에 대한 이해, 내재된 도에 대한 이해, 함축과 해음에 대한 이해, 풍자와 반어에 대한 이해 등이 어느 국가의 문학보다 빠르고 정확하다. 이러한 정서적 이해 때문에 우리는 쉽게 중국의 고전문학을 공부하고 이해할 수 있다. 대학 교육에서 고문문장에 대한 오독과 한국문학과의 동일시함 등에 주의한다면, 중국 고전문학 학습을 통해 중국의 오랜 문화전통을 올바로 이해하는 시각을 키우게 될 것이다. 나아가 연구 현장에서 동아시아 공동체로서의 상호 교류와 수용과 작용의 흔적을 찾아갈 수 있는 방법을 모색한다면, 서로 다른 문명권의 상호 교류와 융합의 연구 방법을 정립할 수 있을 것이다.

V. 맺는말

인류에게 문학이라 명명된 학문이 존재해 왔다는 사실은 사회를 이루고 사는 공동체의 행복과 풍요를 위한 축복이다. 그 가운데서 세대를 연이어 사람들에게 불리고 기록된 고전문학은 중국 수천 년 문화의 정수라 해도 지나치지 않을 것이다. 한국에서의 중국 고전문학은 가장 친숙하고 생소하지 않은 외국 문학이며, 오랜 사랑을 받아온 고전문학은 한국사회의 문화 속에 녹아서 어떠한 형태로든 새로운 문화창조에 일조하여 왔음이 분명하다. 이와같은 배경은 중국 고전문학을 공부하고 연구하는 우리가 긍정적으로 중국문학을 이해하는 데 도움이 되는 조건들이다. 중국문학을 공부하고 연구하고자 하는 우리가 객관적이고 과학적인 시각으로 중국문학의 본질과 특징을 탐구하려는 의지를 가질 때, 향후 고전문학 연구에서 새로운 영역으로의 확대와 융합과 교차 연구를 가능하게 할 수 있을 것이다. 중국 고전의 본질적 특징이 우리들의 공부와 연구에서 더욱 인간다운 사고와 태도를 갖도록 인도하는 안내자가 되기를 기대한다.

참고문헌

허세욱,『중국고전문학사.상.하』, 법문사, 1986.
前野直彬. 김양수 등 옮김,『중국문학서설』, 도서출판 창, 1992
김학주,『중국문학사』, 신아사, 1992
서경호,『중국문학의 발생과 그변화의 궤적』, 문학과지성사, 2003
董乃斌等著, 이홍진 등 공역,『중국고전문학연구의 회고와 전망 』, 역락, 2010
진백해저. 민경삼역,『중국문학사 조감』, BOOKK, 2015

지은이들

김종호

한국외국어대학교 중국어과를 졸업하고, 동 대학 대학원 중국어과에서 석사, 연세대학교 대학원 중어중문학과에서 박사 학위를 취득하고, 현재 한국외국어대학교 중국언어문화학부 교수로 재직 중이다. 성신여자대학교 중어중문학과 교수, UC. Berkeley, center for chinese studies visiting scholar, 國立臺灣師範大學 文學院 國文係 客座教授, 北京語言大學 語言學係 短期 語言學教授, 중국학연구회회장 등을 역임하였다. 저서로 『현대중국어 화제화 이중명사 구문 연구』, 『현대중국어 10문형 50구문』, 『도표로 보는 정통문법』, 『공자, 멋진 사람을 말하다』, 『생성문법이란 무엇인가?』, 『논어명구(문체부 세종학술도서)』, 『최소주의 생성문법 13강』, 『한문해석공식: 촘스키가 논어를 읽는다면(문체부 세종학술도서)』, 『AI시대 기초한문공부: 생성문법으로 한문해석하기』, 『공식으로 한문 텍스트 읽기: 5문형 16공식』, 『현대중국어 최소주의 생성문법(대한민국학술원 우수학술도서)』 등이 있고 중국어학 관련 80여 편의 학술 논문을 발표하였다.

김진아

한국외국어대학교 중국어과 졸업, 동대학 통번역대학원에서 통번역 석사, 중국 상해 복단대학교 중국어문학원에서 문학박사를 취득하였고 현재 한국외국어대학교 통번역대학원 한중과 교수로 재직 중이다. 지식경제부 번역교정위원, 보건복지부 인력개발원 의료통역자문 위원및 강사, 중국 천진시 천인계획 전문가, 중국 전국통번역자격시험 통역교재 심사위원, 『신경전 한국어통번역총서 8권』 출판 총편집장 등을 역임하였다. 저서로서는 『북경이야기』, 『의료중국어회화1,2』, 『술술 읽히는 삼국지』 등 14권이 있고, 역서로는 『번역학 비판』, 『시진핑의 외교연설』 등 4권이 있으며, 중국통번역, 중국현대한어 등 관련 40여 편의 논문을 국내외 학술지에 발표하였다.

김태성

한국외국어대학교 중국어과를 졸업하고, 타이완 보인대학에서 석사, 동오대학에서 박사 학위를 취득하였으며, 현재 한국외국어대학교 중국언어문화학부 교수로 재직 중이다. 한국중국언어학회 총무이사와 중국학연구회 회장을 역임하였고, 주요논문으로 「조선 신숙주의 중국어관」, 「낙선재본 홍루몽 역음 성모 표기체계 고찰」을 발표하는 등 조선시대 역학서의 역음 표기와 관련한 연구와 지도를 해오고 있다.

김현주

한국외국어대학교 중국어과와 대학원 석사반을 졸업하고, 국립대만사범대학 국문연구소에서 박사(고전문학, 돈황학)를 수학하였다. 한국외국어대학교 중국어통번역학과에서 교수를 역임하고 현재 동 대학의 명예교수로 있다. 세계실크로드학회 사무총장, 한국외대 실크로드연구센터장, 한국돈황실크로드학회 회장을 역임하였고, 현재 동방시화학회 부회장, 중국문학지리학회 고문을 맡고 있다. 저서로는 『唐五代敦煌民歌』, 『중국어한자읽기사전』, 『중국기초고문』(공저), 『한국詞문학의세계』(공저), 『벽계만지 역주』(공역), 『역주 도이지략』(공역) 등이 있고, 연구논문으로 「중당 민간곡자사의 문인사화 과정고찰」, 「韓國近50年來詞文學硏究狀況」외 70여 편을 발표하였다. 중국 사문학, 돈황학, 실크로드와 문명교류에 관심을 갖고 연구하고 있다.

나민구

한국외국어대학교 중국어과를 졸업하고, 프랑스 파리제7대학교 대학원 중국언어문화학과에서 석사, 파리 사회과학고등연구원(EHESS)에서 언어학 박사를 취득하였고, 현재 한국외국어대학교 중국언어문화학부 교수로 재직 중이다. 세계중국어 수사학회 회장, 세계수사학역사학회 이사, 한국중어중문학회 회장을 역임하고 현재 한국수사학회 회장, 한국동아시아과학철학회 회장, SETI Korea(Search for Extraterrestrial Intelligence 한국 외계지적생명체 탐사) 사무국장을 맡고 있다. 저서로서는 『중국 수사학』, 『중국어 레토릭』 등이 있고 수사학, 사회언어학, 우주과학 관련 100편 이상의 국내외 학술지 논문을 발표하였다.

민경만

한국외국어대학교 중국어통번역학과를 졸업한 후, 중국정부초청장학생으로 베이징어언대학교에서 석사 및 박사 학위를 취득하였다. 한국외국어대학교 중국연구소에서 책임연구원을 역임하였으며, 현재는 학술연구교수로 연구를 진행 중이다. 저서로는 『語言資源(第三輯)』(語文出版社, 공저), 『留學韓國語(四)』(北京大學出版社, 공편)이 있다. 주요 연구 분야는 '중국어 방언학', '문화언어학', '한국한자음' 등이며, 국내외 학술지에 20여 편의 논문을 발표하였다.

박정원

한국외국어대학교 중국어과를 졸업하고, 한국외국어대학교 대학원 석사(중국현대문학), 북경대학에서 중국 현당대문학으로 문학박사를 취득하였고, 현재 한국외국어대학교 중국언어문화학부 교수로 재직 중이다. 저서로는 『온택트시대 교육콘텐츠 디자인』, 『온택트시대 교육콘텐츠 디자인』, 『Wordpress 웹퍼블리싱』, 『데이터 큐레이팅』, 『데이터 시각화: Tableau』, 『LMS 플랫폼과 웹콘텐츠』, 『데이터 큐레이션 플랫폼』, 『콘텐츠 큐레이션 플랫폼』, 『워드프레스 테마: Newspaper』, 『네트워크 데이터 큐레이팅: Gephi, VOSviewer』, 『네트워크 데이터 큐레이팅: Netminer, AI 프롬프팅』등이 있고 『중국어문 텍스트 시각화 및 공유 플랫폼 구축 전략 연구』, 『AI시대 중국현당대 문학 텍스트 분석 전략』, 『중국학 AI 챗봇 프롬프트 엔지니어링』, 등의 학술논문을 발표하였다.

박흥수

한국외국어대학교 중국어과를 졸업하고, 동 대학 대학원 중국어과에서 석사, 국립대만사범대학 국문연구소에서 문학박사 학위를 취득하고, 현재 한국외국어대학교 중국언어문화학부 교수로 재직 중이다. 중국어교육학회 회장, 한국중국언어학회 회장, 한중언어문화연구회 회장, 중국학연구회 회장, 국제중국언어학회(IACL) 이사를 역임하였다. 저서로는 『현대 중국어 준접사 연구』, 『한자에 반영된 중국문화』 등이 있고 중국문자학, 중국어 어휘론 관련 120여 편의 학술 논문을 발표하였다.

윤비취

성신여자대학교 독어독문학과(중어중문학과 부전공)를 졸업하고, 한국외국어대학교 대학원 중어중문학과에서 석사, 중국 길림대학교(吉林大学)에서 언어학 박사 학위를 취득하였고, 현재 한국외국어대학교 중국언어문화학부 강사로 재직 중이다. 한국외국어대학교 중국연구소 책임연구원을 역임하고, 현재 중국학연구회 총무이사, 한국중어중문학회 운영위원을 맡고 있다. 번역서로는 『국제 중국어 교육용 중국 사회 문화 교육 참고서』가 있고 중국어 응용언어학, 한중언어대조에 대한 연구를 하고 있으며, 국내외 학술지에 다수의 관련 논문을 발표하였다.

임대근

한국외국어대학교 중국어과를 졸업하고, 한국외대 중어중문학과에서 문학석사와 문학박사학위를 취득하였다. 현재 한국외국어대학교 융합인재학부와 디지털콘텐츠학부 교수이다. 글로벌문화콘텐츠학회장, 한국문화콘텐츠비평협회장을 역임하고, 현재 한국외대 컬처-테크놀로지융합대학 학장, 대만연구센터장, 사단법인 아시아문화콘텐츠연구소 대표, 전주국제단편영화제 조직위원장, 한국영화학회 부회장 겸 편집위원장, Forum for World Literature Studies 편집위원 등을 맡고 있다. 저서로 『문화콘텐츠론』, 『인간의 무늬』, 『중국초기영화 1896~1931』, 『한류 생태계와 지속가능성』(공저) 등이 있고 중국영화, 한류와 아시아 대중문화, 트랜스아이덴티티 스토리텔링, 문화콘텐츠론 관련 100편 이상의 국내외 학술지 논문을 발표하였다.

장은영

한국외국어대학교 중국어과를 졸업하고, 한국외국어대학교 대학원 중어중문학과에서 석사, 국립대만사범대학 국문연구소에서 문학 박사를 취득하였으며, 현재 한국외국어대학교 외국어교육학부(중국어교육전공) 부교수로 재직 중이다. 한국중국어교육학회 편집이사, 중국학연구회 총무이사, 한국중국언어학회 편집이사 등을 역임하고, 현재 한국중국언어학회 총무이사를 맡고 있다. 주요 연구분야는 중국어교육, 중국문자학이며, 국내외 학술지에 다수의 관련 논문을 발표하였다.

최재영

한국외국어대학교 중국어과를 졸업하고, 중국 베이징대학교 대학원 중문과에서 석·박사학위를 취득하였다. 2003년부터 현재까지 한국외국어대학교 중국어통번역학과에서 교수로 재직 중이며, 현재 한국중국언어학회 회장을 맡고 있다. 중국어역사문법, 중국어문법화에 대한 연구를 하고 있으며, 국내외의 학술지에 다수의 관련 논문을 발표하였다.

홍현지

清华大学 中国语言文学系에서 汉语言文学을 전공하고, 한국외국어대학교 대학원 중어중문학과에서 언어학 석 박사 학위를 취득하였다. 현재 한국외국어대학교 중국언어문화학부 강사로 재직 중이다. 중국 성운학, 역사음운학에 대한 연구를 하고 있으며, 국내외 학술지에 다수의 관련 논문을 발표하였다.

姜颖

중국 대련외국어대학교 한국어과를 졸업하고, 중국 대외경제무역대학교에서 언어학 및 응용언어학 석사 학위를 취득하였다. 한국 경희대학교 어학연수, 영국 리버풀대학교 방문학자 활동 및 한국외국어대학교 공자아카데미 중국 측 원장을 역임하고, 현재 북경외국어대학교 국제교류협력처 부처장으로 재직 중이다. 번역서『국제 중국어 교육용 중국 사회 문화 교육 참고서』와 다수의 중국 저서를 출판하였으며, 주요 연구 분야는 한중 문화, 다문화 교류, 외국인 유학생 유치 및 양성, 고등교육 국제화 등이다.

중국 언어문화 돋보기

초판 인쇄 2024년 12월 20일
초판 발행 2024년 12월 31일

지은이 한국외대 중국연구소(나민구 윤비취 강영 김종호 김진아 김태성 김현주 민경만 박정원 박홍수 임대근 장은영 최재영 홍현지)
발행인 박연관
기획 신선호
편집장 장혜정
도서편집 박미현
디자인 최재영
인사행정 김지은
재무회계 강재린 박민영
출판행정 김가은
캐릭터 김세원
발행처 한국외국어대학교 지식출판콘텐츠원
02450 서울특별시 동대문구 이문로 107
전화 02)2173-2494~7
FAX 02)2173-3363
홈페이지 http://press.hufs.ac.kr
전자우편 press@hufs.ac.kr
출판등록 제6-6호(1969. 4. 30)
인쇄·제본 (주)파일투프린트 02)2272-1084

ISBN 979-11-7199-283-6 [93720] **정가** 25,000원

* 잘못된 책은 교환하여 드립니다.

HUiNE 은 한국외국어대학교출판부의 어학도서, 사회과학도서, 지역학 도서 Sub Brand이다. 한국외대의 영문명인 HUFS, 현명한 국제전문가 양성(International+Intelligent)의 의미를 담고 있으며, 휴인(携引)의 뜻인 '이끌다, 끌고 나가다'라는 의미처럼 출판계를 이끄는 리더로서, 혁신의 이미지를 담고 있다.